SAMKSHIPTA-VALMIKI-RAMAYAN

SAMKSHIPTA-VALMIKI-RAMAYAN

OR

THE RAMAYANA OF VALMIKI

C. V. VAIDYA

GYAN

Published by

GYAN

Gyan Publishing House
5, Ansari Road
Daryaganj, New Delhi-110002
Phone: 011-47034999, 9811692060
E-mail: books@gyanbooks.com

Distribution Network
gyanbooks.com
India, USA, Canada, UK, Australia

ISBN: 978-93-6780-428-5 (PB)

First Published, 1914

2nd Impression 2024

Printed at: Gyan Press, Delhi.

SAMKSHIPTA-VALMIKI-RAMAYAN
Author: C. V. VAIDYA

SAMKSHIPTA-VÂLMÎKI-RÂMÂYANA

OR

THE RÂMÂYANA OF VÂLMÎKI

ABRIDGED

BY

C. V. VAIDYA, M. A., LL. B.,

HONRY. FELLOW, UNIVERSITY OF BOMBAY, AND SOMETIME CHIEF JUSTICE, GWALIOR STATE.

SECOND EDITION.

PUBLISHED BY

RAMCHANDRA GOVIND & SON,

KALBADEVI ROAD, BOMBAY.

1914.

॥ श्री ॥

संक्षिप्तवाल्मीकिरामायणम्।

चिंतामण विनायक वैद्य.

द्वितीयावृत्तिः।

प्रकाशक:

रामचंद्र गोविंद ॲन्ड सन्,

कालबादेवी रोड, मुंबई.

सन १९१४

मूल्यं सार्ध-रूपकः।

PREFACE TO THE FIRST EDITION.

While reading the Ra'ma'yana and the Maha'bha'rata, the idea struck me that abridged forms of the Epics would be useful in more ways than one. They would interest those who knowing Sanskrit would like to know something of the Epics at first hand but who have not the patience or the leisure to go through the voluminous originals. Secondly they would be invaluable as text-books in Schools and Colleges which are at present compelled to exclude the Epics from their curriculum owing to their enormous length. Students are thus at present debarred from drinking at the pure fountain-head of Sanskrit poetry with its chaste language and its high ideals ; and have to study instead later Epic poetry which even in Ka'lida'sa, is more artificial and laboured and is certainly more debased in taste. Lastly it would be useful from a critical point of view, to see what the Epics might have been in their original unexpanded shape. Very few deny that the Epics only assumed their present bulky form sometime before the beginning of the Christian Era. With these three purposes in view, I have abridged the Ra'ma'yana and the Maha'bha'rata, giving the chief story in a connected form and in the very words of the author, and preserving at considerable length, such passages or episodes as constitute the most beautiful portions of the Epics, from a poetical or didactic point of view. I have also tried to give what may be supposed to be the original archaic portions of them. It is to be hoped that I have succeeded in my attempt and that it is liked by those for whom it is intended.

This abridgment of the Ra'ma'yana contains about 4500 Shlokas and is about one sixth of the original. I have used for this abridgment the Bombay version of the Epic. I have also prepared a few explanatory notes from the commentary which will be affixed if required. As the work was got through the press hastily, the addition of a corrigenda was found necessary and will, I hope, be tolerated.

31st August 1902. C. V. VAIDYA.

PREFACE TO THE SECOND EDITION.

This edition has been prepared with great care and all the necessary corrections have been made. Short explanatory notes from the commentary have also been appended at the end. It is hoped that this edition will be found satisfactory by those students, especially of the Allahabad University, who have occasion to use it.

30th September, 1914. C. V. VAIDYA.

॥ श्रीगणेशाय नमः ॥

अथ

संक्षिप्तवाल्मीकिरामायणम्.

श्री

प्रणिपत्य गिरामीशं पितरं च विनायकम् ॥
चिन्तामणिः संक्षिपति नृणां रामायणं मुदे ॥ १ ॥

१–बालकाण्डम् ।

अथ प्रथमः सर्गः ।

तपःस्वाध्यायनिरतो वाल्मीकिर्वाग्विदां वरः ॥
विचचार वनं पश्यन्नेकदा विपुलं महत् ॥ १
तस्याभ्याशे तु मिथुनं चरन्तमनपायिनम् ॥
ददर्श भगवाँस्तत्र क्रौञ्चयोश्चारुनिस्वनम् ॥ २
तस्मात्तु मिथुनादेकं पुमांसं पापनिश्चयः ॥
जघान वैरनिलयो निषादस्तस्य पश्यतः ॥ ३
तथाविधं द्विजं दृष्ट्वा निषादेन निपातितम् ॥
ऋषेर्धर्मात्मनस्तस्य कारुण्यं समपद्यत ॥ ४
ततः करुणवेदित्वादधर्मोऽयमिति द्विजः ॥
निशाम्य रुदतीं क्रौञ्चीमिदं वचनमब्रवीत् ॥ ५
मा निषाद प्रतिष्ठां त्वमगमः शाश्वतीः समाः ॥
यत्क्रौञ्चमिथुनादेकमवधीः काममोहितम् ॥ ६
समाक्षरैश्चतुर्भिर्यः पादैर्गीतो महर्षिणा ॥
सोऽनुव्याहरणाद्भूयः शोकः श्लोकत्वमागतः ॥ ७
तस्य बुद्धिरियं जाता महर्षेर्भावितात्मनः ॥
कृत्स्नं रामायणं काव्यमीदृशैः करवाण्यहम् ॥ ८
प्राप्तराज्यस्य रामस्य वाल्मीकिर्भगवानृषिः ॥
चकार चरितं कृत्स्नं विचित्रपदमर्थवत् ॥ ९

चतुर्विंशत्सहस्राणि श्लोकानामुक्तवानृषिः ॥
तथा सर्गशतान्पञ्च षट्काण्डानि तथोत्तरम् ॥ १०
कृत्वा तु तन्महाप्राज्ञः सभविष्यं सहोत्तरम् ॥
चिन्तयामास कोन्वेतत्प्रयुञ्जीयादिति प्रभुः ११
कुशीलवौ तु धर्मज्ञौ राजपुत्रौ यशस्विनौ ॥
भ्रातरौ स्वरसम्पन्नौ ददर्शाश्रमवासिनौ ॥ १२
स तु मेधाविनौ दृष्ट्वा वेदेषु परिनिष्ठितौ ॥
वेदोपबृंहणार्थाय तावग्राहयत प्रभुः ॥ १३
काव्यं रामायणं कृत्स्नं सीतायाश्चरितं महत् ॥
पाठ्ये गेये च मधुरं प्रमाणैस्त्रिभिरन्वितम् ॥ १४
जातिभिः सप्तभिर्युक्तं तन्त्रीलयसमन्वितम् ॥
वीरादिभीरसैर्युक्तं हास्यरौद्रभयानकैः ॥ १५
तौ तु गान्धर्वतत्वज्ञौ स्थानमूर्छनकोविदौ ॥
भ्रातरौ स्वरसम्पन्नौ गन्धर्वाविव रूपिणौ ॥ १६
ऋषीणां च द्विजातीनां साधूनां च समागमे ॥
यथोपदेशं तत्वज्ञौ जगतुस्तौ समाहितौ ॥ १७
प्रशस्यमानौ सर्वत्र कदाचित्तत्र गायकौ ॥
रथ्यासु राजमार्गेषु ददर्श भरताग्रजः ॥ १८
स्ववेश्म चानीय ततो भ्रातरौ स कुशीलवौ ॥
पूजयामास पूजार्हौ रामः शत्रुनिबर्हणः ॥ १९
आसीनः काञ्चने दिव्ये स च सिंहासने प्रभुः ॥
उपोपविष्टैः सचिवैर्भ्रातृभिश्च समन्वितः ॥ २०
दृष्ट्वा तु रूपसम्पन्नौ विनीतौ भ्रातरावुभौ ॥
उवाच लक्ष्मणं रामः शत्रुघ्नं भरतं तथा ॥
श्रूयतामेतदाख्यानमनयोर्देववर्चसोः ॥ २१
तौ चापि मधुरं रक्तं स्वचित्तायतनिस्वनम् ॥
तन्त्रीलयवदत्यर्थं विश्रुतार्थमगायताम् ॥ २२

ह्लादयत्सर्वगात्राणि मनांसि हृदयानि च ॥
श्रोत्राश्रयसुखं गेयं तद्बभौ जनसंसदि ॥ २३
ततस्तु तौ रामवचःप्रचोदितावगायतां मार्गविधानसम्पदा ॥
स चापि रामः परिषद्गतः शनैर्बुभूषया सक्तमना बभूव ॥ २४

अथ द्वितीयः सर्गः ।

कोसलो नाम मुदितः स्फीतो जनपदो महान् ॥
निविष्टः सरयूतीरे प्रभूतधनधान्यवान् ॥ २५
अयोध्या नाम नगरी तत्रासील्लोकविश्रुता ॥
मनुना मानवेन्द्रेण या पुरी निर्मिता स्वयम् ॥ २६
आयता दश च द्वे च योजनानि महापुरी ॥
श्रीमती त्रीणि विस्तीर्णा सुविभक्तमहापथा ॥ २७
राजमार्गेण महता सुविभक्तेन शोभिता ॥
मुक्तपुष्पावकीर्णेन जलसिक्तेन नित्यशः ॥ २८
तां तु राजा दशरथो महाराष्ट्रविवर्धनः ॥
पुरीमावासयामास दिवि देवपतिर्यथा ॥ २९
कपाटतोरणवतीं सुविभक्तान्तरापणाम् ॥
सर्वयन्त्रायुधवतीमुषितां सर्वशिल्पिभिः ॥ ३०
सूतमागधसम्बाधां श्रीमतीमतुलप्रभाम् ॥
उच्चाट्टालध्वजवतीं शतघ्नीशतसङ्कुलाम् ॥ ३१
उद्यानाम्रवणोपेतां महतीं सालमेखलाम् ॥ ३२
काम्बोजविषये जातैर्बाह्लीकैश्च हयोत्तमैः ॥
वनायुजैर्नदीजैश्च पूर्णां हरिहयोत्तमैः ॥ ३३
विन्ध्यपर्वतजैर्मत्तैस्तथा हैमवतैरपि ॥
मदान्वितैरतिबलैर्मातङ्गैः पर्वतोपमैः ॥ ३४
ये च बाणैर्न विध्यन्ति विविक्तमपरापरम् ॥
शब्दवेध्यं च विततं लघुहस्ता विशारदाः ॥ ३५

सिंहव्याघ्रवराहाणां मत्तानां नदतां वने ॥
हन्तारो निशितैः शस्त्रैर्बलाद्बाहुबलैरपि ॥ ३६
तादृशानां सहस्रैस्तामभिपूर्णां महारथैः ॥
दीर्घदर्शी महातेजा पौरजानपदप्रियः ॥ ३७
इक्ष्वाकूणामतिरथो यज्वा धर्मपरो वशी ॥
महर्षिकल्पो राजर्षिस्त्रिषु लोकेषु विश्रुतः ॥ ३८
बलवान्निहतामित्रो मित्रवान्विजितेन्द्रियः ॥
धनैश्च संचयैश्चान्यैः शक्रवैश्रवणोपमः ॥ ३९
तेन सत्याभिसन्धेन त्रिवर्गमनुतिष्ठता ॥
पालिता सा पुरी श्रेष्ठा इन्द्रेणेवामरावती ॥ ४०
मन्त्रज्ञाश्चेङ्गितज्ञाश्च नित्यं प्रियहिते रताः ॥
अष्टौ बभूवुर्वीरस्य तस्यामात्या यशस्विनः ॥ ४१
शुचीनामेकबुद्धीनां सर्वेषां सम्प्रजानताम् ॥
नासीत्पुरे वा राष्ट्रे वा मृषावादी नरः क्वचित् ॥ ४२
क्वचिन्न दुष्टस्तत्रासीत्परदाररतिर्नरः ॥
प्रशान्तं सर्वमेवासीद्राष्ट्रं पुरवरं च तत् ॥ ४३

अथ तृतीयः सर्गः।

तस्य चैवंप्रभावस्य धर्मज्ञस्य महात्मनः ॥
सुतार्थं तप्यमानस्य नासीद्वंशकरः सुतः ॥ ४४
चिन्तयानस्य तस्यैवं बुद्धिरासीन्महात्मनः ॥
सुतार्थं वाजिमेधेन किमर्थं न यजाम्यहम् ॥ ४५
ततोऽब्रवीन्महातेजाः सुमन्त्रं मन्त्रिसत्तमम् ॥
शीघ्रमानय मे सर्वान्गुरूँस्तान्सपुरोहितान् ॥ ४६
ततः सुमन्त्रस्त्वरितं गत्वा त्वरितविक्रमः ॥
समानयत्स तान्सर्वान्समस्तान्वेदपारगान् ॥ ४७

तान्पूजयित्वा धर्मात्मा राजा दशरथस्तदा ॥
इदं धर्मार्थसहितं श्लक्ष्णं वचनमब्रवीत् ॥ ४८
मम लालप्यमानस्य सुतार्थं नास्ति वै सुखम् ॥
तदर्थं हयमेधेन यक्ष्यामीति मतिर्मम ॥ ४९
ऊचुश्च परमप्रीताः सर्वे दशरथं वचः ॥
संभाराः संभ्रियन्तां ते तुरगश्च विमुच्यताम् ॥ ५०
सरय्वाश्चोत्तरे तीरे यज्ञभूमिर्विधीयताम् ॥
सर्वथा प्राप्स्यसे पुत्रानभिप्रेतांश्च पार्थिव ॥ ५१
अमात्यानब्रवीद्राजा हर्षव्याकुललोचनः ॥
संभाराः संभ्रियन्तां मे गुरूणां वचनादिह ॥ ५२
ऋत्विग्भिरुपसंदिष्टो यथावत्क्रतुराप्यताम् ॥
इत्युक्त्वा नृपशार्दूलः सचिवान्समुपस्थितान् ॥
विसर्जयित्वा स्वं वेश्म प्रविवेश महामतिः ॥ ५३
ततः स गत्वा ताः पत्नीर्नरेन्द्रो हृदयङ्गमाः ॥
उवाच दीक्षां विशत यक्ष्येऽहं सुतकारणात् ॥ ५४
तासां तेनातिकान्तेन वचनेन सुवर्चसाम् ॥
मुखपद्मान्यशोभन्त पद्मानीव हिमात्यये ॥ ५५
ततो वसिष्ठप्रमुखाः सर्व एव द्विजोत्तमाः ॥
ऋष्यशृङ्गं पुरस्कृत्य यज्ञकर्मारभंस्तदा ॥ ५६
यज्ञवाटं गताः सर्वे यथाशास्त्रं यथाविधि ॥
श्रीमांश्च सह पत्नीभी राजा दीक्षामुपाविशत् ॥ ५७
अथ संवत्सरे पूर्णे तस्मिन्प्राप्ते तुरङ्गमे ॥
सरय्वाश्चोत्तरे तीरे राज्ञो यज्ञोऽभ्यवर्तत ॥ ५८
आहूयांश्चक्रिरे तत्र शक्रादीन्विबुधोत्तमान् ॥
ऋष्यशृङ्गादयो मन्त्रैः शिक्षाक्षरसमन्वितैः ॥ ५९
गीतिभिर्मधुरैः स्निग्धैर्मन्त्राह्वानैर्यथार्हतः ॥
होतारो ददुराचाह्य हविर्भागान्दिवौकसाम् ॥ ६०

न तेष्वहःसु श्रान्तो वाऽक्षुधितो वा न दृश्यते ॥
नाविद्वान्ब्राह्मणः कश्चिन्नाशतानुचरस्तथा ॥ ६१
ब्राह्मणा भुञ्जते नित्यं नाथवन्तश्च भुञ्जते ॥
तापसा भुञ्जते चापि श्रमणाश्चैव भुञ्जते ॥ ६२
दिवसे दिवसे तत्र संस्तरे कुशला द्विजाः ॥
सर्वकर्माणि चक्रुस्ते यथाशास्त्रं प्रचोदिताः ॥ ६३
प्राप्ते यूपोच्छ्रये तस्मिन्षड् बैल्वाः खादिरास्तथा ॥
तावन्तो बिल्वसहिताः पर्णिनश्च तथा परे ॥ ६४
कारिताः सर्व एवैते शास्त्रज्ञैर्यज्ञकोविदैः ॥
शोभार्थं तस्य यज्ञस्य काञ्चनालंकृताभवन् ॥ ६५
पशूनां त्रिशतं तत्र यूपेषु नियतं तदा ॥
अश्वरत्नोत्तमं तत्र राज्ञो दशरथस्य ह ॥ ६६
कौसल्या तं हयं तत्र परिचर्य्य समन्ततः ॥
कृपाणैर्विशशासैनं त्रिभिः परमया मुदा ॥ ६७
पतत्रिणस्तस्य वपामुद्धृत्य नियतेन्द्रियः ॥
ऋत्विक्परमसम्पन्नः श्रपयामास शास्त्रतः ॥ ६८
धूमगन्धं वपायास्तु जिघ्रति स्म नराधिपः ॥
यथाकालं यथान्यासं निर्णुदन्पापमात्मनः ॥ ६९
ततः प्रसर्पकेभ्यस्तु हिरण्यं सुसमाहितः ॥
जाम्बूनदं कोटिसंख्यं ब्राह्मणेभ्यो ददौ तदा ॥ ७०
अथोऽब्रवीदृष्यश्रृङ्गं राजा दशरथस्तदा ॥
कुलस्य वर्धनं तत्तु कर्तुमर्हसि सुव्रत ॥ ७१
तथेति च स राजानमुवाच द्विजसत्तमः ॥
इष्टिं तेऽहं करिष्यामि पुत्रीयां पुत्रकारणात् ॥
अथर्वशिरसि प्रोक्तैर्मन्त्रैः सिद्धां विधानतः ॥ ७२
ततः प्राक्रमदिष्टिं तां पुत्रीयां पुत्रकारणात् ॥
जुहावाग्नौ च तेजस्वी मन्त्रदृष्टेन कर्मणा ॥ ७३

ततो वै यजमानस्य पावकादतुलप्रभम् ॥
प्रादुर्भूतं महद्भूतं महावीर्यं महाबलम् ॥ ७४
कृष्णं रक्ताम्बरधरं रक्तास्यं दुन्दुभिस्वनम् ॥
स्निग्धहर्यक्षतनुजश्मश्रुप्रवरमूर्धजम् ॥ ७५
शुभलक्षणसम्पन्नं दिव्याभरणभूषितम् ॥
शैलशृङ्गसमुत्सेधं दृप्तशार्दूलविक्रमम् ॥ ७६
दिवाकरसमाकारं दीप्तानलशिखोपमम् ॥
तप्तजाम्बूनदमयीं राजतान्तपरिच्छदाम् ॥ ७७
दिव्यपायससम्पूर्णां पात्रीं पत्नीमिव प्रियाम् ॥
प्रगृह्य विपुलां दोर्भ्यां स्वयं मायामयीमिव ॥ ७८
समवेक्ष्याब्रवीद्वाक्यमिदं दशरथं नृपम् ॥
प्राजापत्यं नरं विद्धि मामिहाऽभ्यागतं नृप ॥ ७०
राजन्नर्चयता देवानद्य प्राप्तमिदं त्वया ॥
इदं तु नृपशार्दूल पायसं देवनिर्मितम् ॥
प्रजाकरं गृहाण त्वं धन्यमारोग्यवर्धनम् ॥ ७०
भार्याणामनुरूपाणामश्नीतेति प्रयच्छ वै ॥
तासु त्वं लप्स्यसे पुत्रान्यदर्थं यजसे नृप ॥ ८१
तथेति नृपतिः प्रीतः शिरसा प्रतिगृह्य ताम् ॥
पात्रीं देवान्नसम्पूर्णां देवदत्तां हिरण्मयीम् ॥ ८२
अभिवाद्य च तद्भूतमद्भुतं प्रियदर्शनम् ॥
मुदा परमया युक्तश्चकाराभिप्रदक्षिणम् ॥ ८३
ततस्तदद्भुतप्रख्यं भूतं परमभास्वरम् ॥
संवर्तयित्वा तत्कर्म तत्रैवान्तरधीयत ॥ ८४
सोऽन्तःपुरं प्रविश्यैव कौसल्यामिदमब्रवीत् ॥
पायसं प्रतिगृह्णीष्व पुत्रीयं त्विदमात्मनः ॥ ८५
कौसल्यायै नरपतिः पायसार्धं ददौ तदा ॥
अर्धादर्धं ददौ चापि सुमित्रायै नराधिपः ८६

कैकेय्यै चावशिष्टार्धं ददौ पुत्रार्थकारणात् ॥
अनुचिन्त्य सुमित्रायै पुनरेव महामतिः ॥ ८७
ततस्तु ताः प्राश्य तमुत्तमस्त्रियो महीपतेरुत्तमपायसं पृथक् ॥
हुताशनादित्यसमानतेजसोऽचिरेण गर्भान्प्रतिपेदिरे तदा ॥ ८८

अथ चतुर्थः सर्गः ।

ततश्च द्वादशे मासे चैत्रे नावमिके तिथौ ॥
नक्षत्रेऽदितिदैवत्ये स्वोच्चसंस्थेषु पञ्चसु ॥ ८९
ग्रहेषु कर्कटे लग्ने वाक्पताविन्दुना सह ॥
प्रोद्यमाने जगन्नाथं सर्वलोकनमस्कृतम् ॥ ९०
कौसल्याऽजनयद्रामं दिव्यलक्षणसंयुतम् ॥
विष्णोरर्धं महाभागं पुत्रमैक्ष्वाकुनन्दनम् ॥
लोहिताक्षं महाबाहुं रक्तोष्ठं दुन्दुभिस्वनम् ॥ ९१
भरतो नाम कैकेय्यां जज्ञे सत्यपराक्रमः ॥
साक्षाद्विष्णोश्चतुर्भागः सर्वैः समुदितो गुणैः ॥ ९२
अथ लक्ष्मणशत्रुघ्नौ सुमित्राऽजनयत्सुतौ ॥
वीरौ सर्वास्त्रकुशलौ विष्णोरर्धसमन्वितौ ॥ ९३
पुष्ये जातस्तु भरतो मीनलग्ने प्रसन्नधीः ॥
सार्पे जातौ तु सौमित्री कुलीरेऽभ्युदिते रवौ ॥ ९४
राजपुत्रा महात्मानश्चत्वारो जज्ञिरे पृथक् ॥
गुणवन्तः सुरूपाश्च रुच्या प्रोष्ठपदोपमाः ॥ ९५
उत्सवश्च महानासीदयोध्यायां जनाकुलः ॥
रथ्याश्च जनसंबाधा नटनर्तकसंकुलाः ॥ ९६
प्रदेयांश्च ददौ राजा सूतमागधबन्दिनाम् ॥
ब्राह्मणेभ्यो ददौ वित्तं गोधनानि सहस्रशः ॥ ९७
अतीत्यैकादशाहं तु नामकर्म तथाऽकरोत् ॥
ज्येष्ठं रामं महात्मानं भरतं कैकेयीसुतम् ॥ ९८

सौमित्रिं लक्ष्मणमिति शत्रुघ्नमपरं तथा ॥
तेषामपि महातेजा रामः सत्यपराक्रमः ॥
इष्टः सर्वस्य लोकस्य शशाङ्क इव निर्मलः ॥ ९९
गजस्कन्धेऽश्वपृष्ठे च रथचर्यासु संमतः ॥
धनुर्वेदे च निरतः पितुः शुश्रूषणे रतः ॥ १००
बाल्यात्प्रभृति सुस्निग्धो लक्ष्मणो लक्ष्मिवर्धनः ॥
सर्वप्रियकरस्तस्य रामस्यापि शरीरतः ॥ १०१
न च तेन विना निद्रां लभते पुरुषोत्तमः ॥
यदा हि हयमारूढो मृगयां याति राघवः ॥
अथैनं पृष्ठतोऽभ्येति स धनुः परिपालयन् ॥ १०२
भरतस्यापि शत्रुघ्नो लक्ष्मणावरजो हि सः ॥ १०३
ते यदा ज्ञानसंपन्नाः सर्वे समुदिता गुणैः ॥
ह्रीमन्तः कीर्तिमन्तश्च सर्वज्ञा दीर्घदर्शिनः ॥ १०४
तेषामेवंप्रभावाणां सर्वेषां दीप्ततेजसाम् ॥
पिता दशरथो हृष्टो ब्रह्मा लोकाधिपो यथा ॥ १०५

अथ पञ्चमः सर्गः ।

अथ राजा दशरथस्तेषां दारक्रियां प्रति ॥
चिन्तयामास धर्मात्मा सोपाध्यायः सबान्धवः ॥ १०६
तस्य चिन्तयमानस्य मन्त्रिमध्ये महात्मनः ॥
अभ्यागच्छन्महातेजा विश्वामित्रो महामुनिः ॥ १०७
अथ हृष्टमना राजा विश्वामित्रं महामुनिम् ॥
उवाच परमोदारो हृष्टस्तमभिपूजयन् ॥ १०८
यथाऽमृतस्य संप्राप्तिर्यथा वर्षमनूदके ॥
यथा सदृशदारेषु पुत्रजन्माप्रजस्य वै ॥ १०९
प्रनष्टस्य यथा लाभो यथा हर्षो महोदयः ॥
तथैवागमनं मन्ये स्वागतं ते महामुने ॥ ११०
ब्रूहि यत्प्रार्थितं तुभ्यं कार्यमागमनं प्रति ॥
इच्छाम्यनुगृहीतोऽहं त्वदर्थं परिवृद्धये ॥
कार्यस्य न विमर्शं च गन्तुमर्हसि सुव्रत ॥ १११

कर्ता चाहमशेषेण दैवतं हि भवान्मम ॥
मम चायमनुप्राप्तो महानभ्युदयो द्विज ॥ ११२
तच्छ्रुत्वा राजसिंहस्य वाक्यमद्भुतविस्तरम् ॥
हृष्टरोमा महातेजा विश्वामित्रोऽभ्यभाषत ॥ ११३
सदृशं राजशार्दूल तवैव भुवि नान्यतः ॥
महावंशप्रसूतस्य वसिष्ठव्यपदेशिनः ॥ ११४
यत्तु मे हृद्गतं वाक्यं तस्य कार्यस्य निश्चयम् ॥
कुरुष्व राजशार्दूल भव सत्यप्रतिश्रवः ॥ ११५
अहं नियमातिष्ठे विध्यर्थं पुरुषर्षभ ॥
तस्य विघ्नकरौ द्वौ तु राक्षसौ कामरूपिणौ ॥ ११६
व्रते तु बहुशश्चीर्णे समाप्त्यां राक्षसाविमौ ॥
मारीचश्च सुबाहुश्च वीर्यवन्तौ सुशिक्षितौ ॥ ११७
तौ मांसरुधिरौघेण वेदिं तामभ्यवर्षताम् ॥
अवधूते तथाभूते तस्मिन्नियमनिश्चये ॥ ११८
कृतश्रमो निरुत्साहस्तस्माद्देशादपाक्रमे ॥
न च मे क्रोधमुत्स्रष्टुं बुद्धिर्भवति पार्थिव ॥ ११९
स्वपुत्रं राजशार्दूल रामं सत्यपराक्रमम् ॥
काकपक्षधरं वीरं ज्येष्ठं मे दातुमर्हसि ॥ १२०
शक्तो ह्येष मया गुप्तो दिव्येन स्वेन तेजसा ॥
राक्षसा ये विघ्नकर्तारस्तेषामपि विनाशने ॥ १२१
श्रेयश्चास्मै प्रदास्यामि बहुरूपं न संशयः ॥
त्रयाणामपि लोकानां येन ख्यातिं गमिष्यति ॥ १२२
अभिप्रेतमसंसक्तमात्मजं दातुमर्हसि ॥
दशरात्रं हि यज्ञस्य रामं राजीवलोचनम् ॥ १२३
नात्येति कालो यज्ञस्य यथाऽयं मम राघव ॥
तथा कुरुष्व भद्रं ते मा च शोके मनः कृथाः ॥ १२४
इत्येवमुक्त्वा धर्मात्मा धर्मार्थसहितं वचः ॥
विरराम महातेजा विश्वामित्रो महामतिः ॥ १२५

तच्छ्रुत्वा राजशार्दूलो विश्वामित्रस्य भाषितम् ॥
मुहूर्तमिव निःसंज्ञः संज्ञावानिदमब्रवीत् ॥ १२६
ऊनषोडशवर्षो मे रामो राजीवलोचनः ॥
न युद्धयोग्यतामस्य पश्यामि सह राक्षसैः ॥ १२७
इयमक्षौहिणी सेना यस्याहं पतिरीश्वरः ॥
अनया सहितो गत्वा योद्धाऽहं तैर्निशाचरैः ॥ १२८
इमे शूराश्च विक्रान्ता भृत्या मेऽस्त्रविशारदाः ॥
योग्या रक्षोगणैर्योद्धुं न रामं नेतुमर्हसि ॥ १२९
अहमेव धनुष्पाणिर्गोप्ता समरमूर्धनि ॥
यावत्प्राणान्धरिष्यामि तावद्योत्स्ये निशाचरैः ॥ १३०
निर्विघ्ना व्रतचर्या सा भविष्यति सुरक्षिता ॥
अहं तत्र गमिष्यामि न रामं नेतुमर्हसि ॥ १३१
बालो ह्यकृतविद्यश्च न च वेत्ति बलाबलम् ॥
न चास्त्रबलसंयुक्तो न च युद्धविशारदः ॥
न चासौ रक्षसां योग्यः कूटयुद्धा हि राक्षसाः ॥ १३२
विप्रयुक्तो हि रामेण मुहूर्तमपि नोत्सहे ॥
जीवितुं मुनिशार्दूल न रामं नेतुमर्हसि ॥ १३३
यदि वा राघवं ब्रह्मन्नेतुमिच्छसि सुव्रत ॥
चतुरङ्गसमायुक्तं मया सह च तं नय ॥ १३४
अथ कालोपमौ युद्धे सुतौ सुन्दोपसुन्दयोः ॥
यज्ञविघ्नकरौ तौ ते नैव दास्यामि पुत्रकम् ॥ १३५
मारीचश्च सुबाहुश्च वीर्यवन्तौ सुशिक्षितौ ॥
तयोरन्यतरं योद्धुं यास्यामि ससुहृद्गणः ॥ १३६
तच्छ्रुत्वा वचनं तस्य स्नेहपर्याकुलाक्षरम् ॥
समन्युः कौशिको वाक्यं प्रत्युवाच महीपतिम् ॥ १३७
पूर्वमर्थं प्रतिश्रुत्य प्रतिज्ञां हातुमिच्छसि ॥
राघवाणामयुक्तोऽयं कुलस्यास्य विपर्ययः ॥ १३८

यदीदं तत्क्षमं राजन् गमिष्यामि यथागतम् ॥
मिथ्याप्रतिज्ञः काकुत्स्थ सुखी भव सुहृद्वृतः ॥ १३९
तस्य रोषपरीतस्य विश्वामित्रस्य धीमतः ॥
चचाल वसुधा कृत्स्ना देवानां च भयं महत् ॥ १४०
त्रस्तरूपं तु विज्ञाय जगत्सर्वं महानृषिः ॥
नृपतिं सुव्रतो धीरो वसिष्ठो वाक्यमब्रवीत् ॥ १४१
इक्ष्वाकूणां कुले जातः साक्षाद्धर्म इवापरः ॥
धृतिमान्सुव्रतः श्रीमान्न धर्मं हातुमर्हसि ॥ १४२
कृतास्त्रमकृतास्त्रं वा नैनं शक्ष्यन्ति राक्षसाः ॥
गुप्तं कुशिकपुत्रेण ज्वलनेनामृतं यथा ॥ १४३
एष विग्रहवान्धर्म एष वीर्यवतां वरः ॥
एष विद्याधिको लोके तपसश्च परायणम् ॥ १४४
एषोऽस्त्रान् विविधान्वेत्ति त्रैलोक्ये सचराचरे ॥
नैवमन्यः पुमान्वेत्ति न च वेत्स्यन्ति केचन ॥ १४५
तेषां निग्रहणे शक्तः स्वयं च कुशिकात्मजः ॥
तव पुत्रहितार्थाय त्वामुपेत्याभियाचते ॥ १४६
तथा वसिष्ठे ब्रुवति राजा दशरथः स्वयम् ॥
प्रहृष्टवदनो राममाजुहाव सलक्ष्मणम् ॥ १४७
कृतस्वस्त्ययनं मात्रा पित्रा दशरथेन च ॥
पुरोधसा वसिष्ठेन मङ्गलैरभिमन्त्रितम् ॥ १४८
स पुत्रं मूर्ध्न्युपाघ्राय राजा दशरथस्तदा ॥
ददौ कुशिकपुत्राय सुप्रीतेनान्तरात्मना ॥ १४९
विश्वामित्रो ययावग्रे ततो रामो महायशाः ॥
काकपक्षधरो धन्वी तं च सौमित्रिरन्वगात् ॥ १५०
कलापिनौ धनुष्पाणी शोभयानौ दिशो दश ॥
अनुजग्मतुरक्षुद्रौ पितामहमिवाश्विनौ ॥ १५१
अध्यर्धयोजनं गत्वा सरय्वा दक्षिणे तटे ॥
रामेति मधुरां वाणीं विश्वामित्रोऽभ्यभाषत ॥ १५२

गृहाण वत्स सलिलं मा भूत्कालस्य पर्ययः ॥
मन्त्रग्रामं गृहाण त्वं बलामतिबलां तथा ॥ १५३

न श्रमो न ज्वरो वा ते न रूपस्य विपर्ययः
न च सुप्तं प्रमत्तं वा धर्षयिष्यन्ति नैर्ऋताः ॥ १५४

न बाह्वोः सदृशो वीर्ये पृथिव्यामस्ति कश्चन ॥
त्रिषु लोकेषु वा राम न भवेत्सदृशस्तव ॥ १५५

क्षुत्पिपासे न ते राम भविष्येते नरोत्तम ॥
बलामतिबलां चैव पठतस्तात राघव ॥ १५६

ततो रामो जलं स्पृष्ट्वा प्रहृष्टवदनः शुचिः ॥
प्रतिजग्राह ते विद्ये महर्षेर्भावितात्मनः ॥ १५७

विद्यासमुदितो रामः शुशुभे भीमदर्शनः ॥
सहस्ररश्मिर्भगवान् शरदीव दिवाकरः ॥ १५८

गुरुकार्याणि सर्वाणि नियुज्य कुशिकात्मजे ॥
ऊषुस्तां रजनीं तत्र सरय्वां ससुखं त्रयः ॥ १५९

अथ षष्ठः सर्गः ।

प्रभातायां तु शर्वर्यां विश्वामित्रो महामुनिः ॥
अभ्यभाषत काकुत्स्थौ शयानौ पर्णसंस्तरे ॥ १६०

कौसल्यासुप्रजा राम पूर्वा सन्ध्या प्रवर्तते ॥
उत्तिष्ठ नरशार्दूल कर्तव्यं दैवमाह्निकम् ॥ १६१

तस्यर्षेः परमोदारं वचः श्रुत्वा नरोत्तमौ ॥
स्नात्वा कृतोदकौ वीरौ जेपतुः परमं जपम् ॥ १६२

कृताह्निकौ महावीर्यौ विश्वामित्रं तपोधनम् ॥
अभिवाद्यातिसंहृष्टौ गमनायाभितस्थतुः ॥ १६३

तौ प्रयान्तौ महावीर्यौ दिव्यां त्रिपथगां नदीम् ॥
ददृशाते ततस्तत्र सरय्वाः संगमे शुभे ॥ १६४

तत्राश्रमपदं पुण्यमृषीणां भावितात्मनाम् ॥
बहुवर्षसहस्राणि तप्यतां परमं तपः ॥ १६५
ततः प्रभाते विमले कृताह्निकमरिन्दमौ ॥
विश्वामित्रं पुरस्कृत्य नद्यास्तीरमुपागतौ ॥ १६६
ते च सर्वे महात्मानो मुनयः संशितव्रताः ॥
उपस्थाप्य शुभं नावं विश्वामित्रमथाब्रुवन् ॥ १६७
आरोहतु भवान्नावं राजपुत्रपुरस्कृतः ॥
अरिष्टं गच्छ पन्थानं मा भूत्कालस्य पर्ययः ॥ १६८
विश्वामित्रस्तथेत्युक्त्वा तानृषीन्प्रतिपूज्य च ॥
ततार सहितस्ताभ्यां सरितं सागरङ्गमाम् ॥ १६९
ताभ्यां सुसरिद्भ्यां कृत्वा प्रणाममतिधार्मिकौ ॥
तीरं दक्षिणमासाद्य जग्मतुर्लघुविक्रमौ ॥ १७०
स वनं घोरसंकाशं दृष्ट्वा नरवरात्मजः ॥
अविप्रहतमैक्ष्वाकः पप्रच्छ मुनिपुङ्गवम् ॥ १७१
अहो वनमिदं दुर्गं झिल्लिकागणसंयुतम् ॥
भैरवैः श्वापदैः कीर्णं शकुन्तैर्दारुणारवैः ॥ १७२
धवाश्वकर्णककुभैर्बिल्वतिन्दुकपाटलैः ॥
संकीर्णं बदरीभिश्च किं त्विदं दारुणं वनम् ॥ १७३
वि०उ०—एतौ जनपदौ स्फीतौ दीर्घकालमरिन्दम ॥
मलदाश्च करूषाश्च मुदिता धनधान्यतः ॥ १७४
कस्यचित्त्वथ कालस्य यक्षिणी कामरूपिणी ॥
बलं नागसहस्रस्य धारयन्ती तदा ह्यभूत् ॥ १७५
ताटका नाम भद्रं ते भार्या सुन्दस्य धीमतः ॥
मारीचो राक्षसः पुत्रो यस्याः शक्रपराक्रमः ॥ १७६
सेयं पन्थानमावृत्य वसत्यत्यर्धयोजने ॥
अतएव च गन्तव्यं ताटकाया वनं यतः ॥ १७७
स्वबाहुबलमाश्रित्य जहीमां दुष्टचारिणीम् ॥
मन्नियोगादिमं देशं कुरु निष्कण्टकं पुनः ॥ १७८

नहि कश्चिदिमं देशं शक्तो ह्यागन्तुमीदृशम् ॥
न हि ते स्त्रीवधकृते घृणा कार्या नरोत्तम ॥ १७९
चातुर्वर्ण्यहितार्थं हि कर्त्तव्यं राजसूनुना ॥
नृशंसमनृशंसं वा प्रजारक्षणकारणात् ॥ १८०
श्रूयते हि पुरा शक्रो विरोचनसुतां नृप ॥
पृथिवीं हन्तुमिच्छन्तीं मन्थरामभ्यसूदयत् ॥ १८१
विष्णुना च पुरा राम भृगुपत्नी पतिव्रता ॥
अनिन्द्रं लोकमिच्छन्ती काव्यमाता निषूदिता ॥ १८२
एवमुक्तो धनुर्मध्ये बद्ध्वा मुष्टिमरिन्दमः ॥
ज्याघोषमकरोत्तीव्रं दिशः शब्देन नादयन् ॥ १८३
तं शब्दमभिनिध्याय राक्षसी क्रोधमूर्छिता ॥
श्रुत्वा चाभ्यद्रवत्क्रुद्धा यत्र शब्दो विनिःसृतः ॥ १८४
उद्धुन्वाना रजो घोरं ताटका राघवावुभौ ॥
रजोमेघेन महता मुहूर्तं सा व्यमोहयत् ॥ १८५
तामापतन्तीं वेगेन विक्रान्तामशनीमिव ॥
शरेणोरसि विव्याध सा पपात ममार च ॥ १८६
ततो मुनिवरः प्रीतस्ताटकावधतोषितः ॥
मूर्ध्नि राममुपाघ्राय इदं वचनमब्रवीत् ॥ १८७
इहाद्य रजनीं राम वसाम शुभदर्शन ॥
श्वः प्रभाते गमिष्यामस्तदाश्रमपदं मम ॥ १८८
अथ तां रजनीमुष्य विश्वामित्रो महायशाः ॥
प्रहस्य राघवं वाक्यमुवाच मधुरस्वरम् ॥ १८९
परितुष्टोऽस्मि भद्रं ते राजपुत्र महायशः ॥
प्रीत्या परमया युक्तो ददाम्यस्त्राणि सर्वशः ॥ १९०
देवासुरगणान्वापि सगन्धर्वोरगान्भुवि ॥
यैरमित्रान्प्रसह्याजौ वशीकृत्य जयिष्यसि ॥ १९१

ततः स प्राङ्मुखो भूत्वा शुचिर्मुनिवरस्तदा ॥
ददौ रामाय सुप्रीतो मन्त्रग्राममनुत्तमम् । १९२
सर्वसंग्रहणं येषां दैवतैरपि दुर्लभम् ॥
तान्यस्त्राणि तदा विप्रो राघवाय न्यवेदयत् ॥ १९३

अथ सप्तमः सर्गः ।

अद्य गच्छामहे राम सिद्धाश्रममनुत्तमम् ॥
तदाश्रमपदं तात तवाप्येतद्यथा मम ॥ १९४
इत्युक्त्वा परमप्रीतो गृह्य रामं सलक्ष्मणम् ॥
प्रविशन्नाश्रमपदं व्यरोचत महामुनिः ॥
शशीव गतनीहारः पुनर्वसुसमन्वितः ॥ १९५
तं दृष्ट्वा मुनयः सर्वे सिद्धाश्रमनिवासिनः ॥
उत्पत्त्योत्पत्य सहसा विश्वामित्रमपूजयन् ॥ १९६
मुहूर्तमथ विश्रान्तौ राजपुत्रावरिन्दमौ ॥
प्राञ्जली मुनिशार्दूलमूचतु रघुनन्दनौ ॥ १९७
अद्यैव दीक्षां प्रविश भद्रं ते मुनिपुङ्गव ॥
सिद्धाश्रमोऽयं सिद्धः स्यात्सत्यमस्तु वचस्तव ॥ १९८
एवमुक्तो महातेजा विश्वामित्रो महानृषिः ॥
प्रविवेश तदा दीक्षां नियतो नियतेन्द्रियः ॥ १९९
अथ तौ देशकालज्ञौ राजपुत्रावरिन्दमौ ॥
देशे काले च वाक्यज्ञावब्रूतां कौशिकं वचः ॥ २००
भगवञ्छ्रोतुमिच्छावो यस्मिन्काले निशाचरौ ॥
संरक्षणीयौ तौ ब्रूहि नातिवर्तेत तत्क्षणम् ॥ २०१
एवं ब्रुवाणौ काकुत्स्थौ त्वरमाणौ युयुत्सया ॥
सर्वे ते मुनयः प्रीताः प्रशशंसुर्नृपात्मजौ ॥ २०२
अद्य प्रभृति षड्रात्रं रक्षतां राघवौ युवाम् ॥
दीक्षां गतो ह्येष मुनिर्मौनित्वं च गमिष्यति ॥ २०३

तौ तु तद्वचनं श्रुत्वा राजपुत्रौ यशस्विनौ ॥
अनिद्रं षडहोरात्रं तपोवनमरक्षताम् ॥ २०४
उपासांचक्रतुर्वीरौ यत्तौ परमधन्विनौ ॥
ररक्षतुर्मुनिवरं विश्वामित्रमरिन्दमम् ॥ २०५
अथ काले गते तस्मिन्षष्ठेऽहनि तथागते ॥
सौमित्रिमब्रवीद्रामो यत्तो भव समाहितः ॥ २०६
रामस्यैवं ब्रुवाणस्य त्वरितस्य युयुत्सया ॥
प्रजज्वाल ततो वेदिः सोपाध्यायपुरोहिता ॥ २०७
सदर्भचमसस्रुक्का ससमित्कुसुमोच्चया ॥
विश्वामित्रेण सहिता वेदिर्जज्वाल सर्त्विजा ॥ २०८
मन्त्रवच्च यथान्यायं यज्ञोऽसौ संप्रवर्तते ॥
आकाशे च महाञ्छब्दः प्रादुरासीद्भयानकः ॥ २०९
आवार्य गगनं मेघो यथा प्रावृषि दृश्यते ॥
तथा मायां विकुर्वाणौ राक्षसावभ्यधावताम् ॥ २१०
तावापतन्तौ सहसा दृष्ट्वा राजीवलोचनः ॥
मानवं परमोदारमस्त्रं परमभास्वरम् ॥
चिक्षेप परमक्रुद्धो मारीचोरसि राघवः ॥ २११
स तेन परमास्त्रेण मानवेन समाहतः ॥
संपूर्णं योजनशतं क्षिप्तः सागरसंप्लवे ॥ २१२
विचेतनं विघूर्णितं शितेषुबलपीडितम् ॥
निरस्तं दृश्य मारीचं रामो लक्ष्मणमब्रवीत् ॥ २१३
इमानपि वधिष्यामि निर्घृणान्दुष्टचारिणः ॥
राक्षसान्पापकर्मस्थान् यज्ञघ्नान् रुधिराशनान् ॥ २१४
इत्युक्त्वा लक्ष्मणं चाशु लाघवं दर्शयन्निव ॥
विगृह्य सुमहच्चास्त्रमाग्नेयं रघुनन्दनः ॥
सुबाहूरसि चिक्षेप स विद्धः प्रापतद्भुवि ॥ २१५
शेषान्वायव्यमादाय निजघान महायशाः ॥
राघवः परमोदारो मुनीनां मुदमावहन् ॥ २१६

स हत्वा राक्षसान्सर्वान्यज्ञघ्नान् रघुनन्दनः ॥
ऋषिभिः पूजितस्तत्र यथेन्द्रो विजये पुरा ॥ २१७
अथ यज्ञे समाप्ते तु विश्वामित्रो महामुनिः ॥
निरीतिका दिशो दृष्ट्वा काकुत्स्थमिदमब्रवीत् ॥ २१८
कृतार्थोऽस्मि महाबाहो कृतं गुरुवचस्त्वया ॥
सिद्धाश्रममिदं सत्यं कृतं वीर महायशः ॥ २१९
स हि रामं प्रशस्यैवं ताभ्यां संध्यामुपागमत् ॥ २२०

अथ अष्टमः सर्गः ॥ ८ ॥

अथ तां रजनीं तत्र कृतार्थौ रामलक्ष्मणौ ॥
ऊषतुर्मुदितौ वीरौ प्रहृष्टेनान्तरात्मना ॥ २२१
प्रभातायां तु शर्वर्यां कृतपौर्वाह्णिकक्रियौ ॥
विश्वामित्रं ऋषींश्चान्यान्सहितावभिजग्मतुः ॥ २२२
अभिवाद्य मुनिश्रेष्ठं ज्वलन्तमिव पावकम् ॥
ऊचतुः परमोदारं वाक्यं मधुरभाषिणौ ॥ २२३
इमौ स्म मुनिशार्दूल किङ्करौ समुपागतौ
आज्ञापय मुनिश्रेष्ठ शासनं करवाव किम् ॥ २२४
एवमुक्ते तयोर्वाक्ये सर्व एव महर्षयः ॥
विश्वामित्रं पुरस्कृत्य रामं वचनमब्रुवन् ॥ २२५
मैथिलस्य नरश्रेष्ठ जनकस्य भविष्यति ॥
यज्ञः परमधर्मिष्ठस्तत्र यास्यामहे वयम् ॥ २२६
त्वं चैव नरशार्दूल सहास्माभिर्गमिष्यसि ॥
अद्भुतं च धनूरत्नं तत्र त्वं द्रष्टुमर्हसि ॥ २२७
नास्य देवा न गन्धर्वा नासुरा न च राक्षसाः ॥
कर्तुमारोपणं शक्ता न कथंचन मानुषाः ॥ २२८
धनुषस्तस्य वीर्यं हि जिज्ञासन्तो महीक्षितः ॥
न शेकुरारोपयितुं राजपुत्रा महाबलाः ॥ २२९

तद्धनुर्नरशार्दूल मैथिलस्य महात्मनः ॥
तच्च द्रक्ष्यसि काकुत्स्थ यज्ञं च परमाद्भुतम् ॥ २३०
एवमुक्त्वा मुनिवरः प्रस्थानमकरोत्तदा ॥
सर्षिसङ्घः सकाकुत्स्थ आमन्त्र्य वनदेवताः ॥ २३१
स्वस्ति वोऽस्तु गमिष्यामिः सिद्धः सिद्धाश्रमादहम् ॥
उत्तरे जाह्नवीतीरे हिमवन्तं शिलोच्चयम् ॥ २३२
इत्युक्त्वा मुनिशार्दूलः कौशिकः स तपोधनः ॥
उत्तरां दिशमुद्दिश्य प्रस्थातुमुपचक्रमे ॥ २३३
ते गत्वा दूरमध्वानं लम्बमाने दिवाकरे ॥
वासं चक्रुर्मुनिगणाः शोणाकूले समाहिताः ॥ २३४
उपास्य रात्रिशेषं तु शोणाकूले महर्षिभिः ॥
निशायां सुप्रभातायां कृतपूर्वाह्णिकक्रियः ॥
गमनं रोचयामास वाक्यं चेदमुवाच ह ॥ २३५
अयं शोणः शुभजलोऽगाधः पुलिनमण्डितः ॥
कतरेण पथा ब्रह्मन्संतरिष्यामहे वयम् ॥ २३६
एवमुक्तस्तु रामेण विश्वामित्रोऽब्रवीदिदम् ॥
एष पन्था मयोद्दिष्टो येन यान्ति महर्षयः ॥ २३७
ते गत्वा दूरमध्वानं गतेऽर्धदिवसे तदा ॥
जान्हवीं सरितं श्रेष्ठां ददृशुर्मुनिसेविताम् ॥ २३८
तां दृष्ट्वा पुण्यसलिलां हंससारससेविताम् ॥
बभूवुर्मुनयः सर्वे मुदिताः सहराघवाः ॥ २३९
उष्य तत्र निशामेकां जग्मतुर्मिथिलां ततः ॥ २४०
तां दृष्ट्वा मुनयः सर्वे जनकस्य पुरीं शुभाम् ॥
साधु साध्विति शंसन्तो मिथिलां समपूजयन् ॥ २४१
मिथिलोपवने तत्र आश्रमं दृश्य राघवः ॥
पुराणं निर्जनं रम्यं पप्रच्छ मुनिपुङ्गवम् ॥ २४२
इदमाश्रमसंकाशं किं त्विदं मुनिवर्जितम् ॥
श्रोतुमिच्छामि भगवन्कस्यायं पूर्व आश्रमः ॥ २४३

वि०उ०—हन्त ते कथयिष्यामि शृणु तत्वेन राघव ॥
यस्यैतदाश्रमपदं शप्तं कोपान्महात्मनः ॥ २४४
गौतमस्य नरश्रेष्ठ पूर्वमासीन्महात्मनः ॥
आश्रमो दिव्यसंकाशः सुरैरपि सुपूजितः ॥ २४५
स चात्र तप आतिष्ठदहल्यासहितः पुरा ॥
वर्षपूगान्यनेकानि राजपुत्र महायशाः ॥ २४६
तस्यान्तरं विदित्वा च सहस्राक्षः शचीपतिः ॥
मुनिवेषधरो भूत्वा अहल्यामिदमब्रवीत् ॥ २४७
ऋतुकालं प्रतीक्षन्ते नार्थिनः सुसमाहिते ॥
संगमं त्वहमिच्छामि त्वया सह सुमध्यमे ॥ २४८
मुनिवेषं सहस्राक्षं विज्ञाय रघुनन्दन ॥
मतिं चकार दुर्मेधा देवराजकुतूहलात् ॥ २४९
अथाब्रवीत्सुरश्रेष्ठं कृतार्थेनान्तरात्मना ॥
कृतार्थाऽस्मि सुरश्रेष्ठ गच्छ शीघ्रमितः प्रभो ॥
आत्मानं मां च देवेश सर्वथा रक्ष गौतमात् ॥ २५०
एवं संगम्य तु तदा निश्चक्रामोटजात्ततः ॥
सुसंभ्रमात्त्वरन् राम शङ्कितो गौतमं प्रति ॥ २५१
गौतमं स ददर्शाथ प्रविशन्तं महामुनिम् ॥
गृहीतसमिधं तत्र सकुशं मुनिपुङ्गवम् ॥
दृष्ट्वा सुरपतिस्त्रस्तो विषण्णवदनोऽभवत् ॥ २५२
अथ दृष्ट्वा सहस्राक्षं मुनिवेषधरं मुनिः ॥
दुर्वृत्तं वृत्तसंपन्नो रोषाद्वचनमब्रवीत् ॥ २५३
मम रूपं समास्थाय कृतवानसि दुर्मते ॥
अकर्तव्यमिदं यस्माद्विफलस्त्वं भविष्यसि ॥ २५४
गौतमेनैवमुक्तस्य सरोषेण महात्मना ॥
पेततुर्वृषणौ भूमौ सहस्राक्षस्य तत्क्षणात् ॥ २५५
तथा शप्त्वा च वै शक्रं भार्यामपि च शप्तवान् ॥
इह वर्षसहस्राणि बहूनि निवसिष्यसि ॥ २५६

वातभक्षा निराहारा तप्यन्ती भस्मशायिनी ॥
अदृश्या सर्वभूतानामाश्रमेऽस्मिन्वसिष्यसि ॥ २५७
यदैतच्च वनं घोरं रामो दशरथात्मजः ॥
आगमिष्यति दुर्धर्षस्तदा पूता भविष्यसि ॥ २५८
तस्यातिथ्येन दुर्वृत्ते लोभमोहविवर्जिता ॥
मत्सकाशं मुदा युक्ता स्ववपुर्धारयिष्यसि ॥ २५९
तदागच्छ महातेज आश्रमं पुण्यकर्मणः ॥
तारयैनां महाभागामहल्यां देवरूपिणीम् ॥ २६०
विश्वामित्रवचः श्रुत्वा राघवः सहलक्ष्मणः ॥
विश्वामित्रं पुरस्कृत्य आश्रमं प्रविवेश ह ॥ २६१
ददर्श च महाभागां तपसा द्योतितप्रभाम् ॥
लोकैरपि समागम्य दुर्निरीक्ष्यां सुरासुरैः ॥ २६२
प्रयत्नान्निर्मितां धात्रा दिव्यां मायामयीमिव ॥
धूमेनाभिपरीताङ्गीं दीप्तामग्निशिखामिव ॥ २६३
सतुषारावृतां साभ्रां पूर्णचन्द्रप्रभामिव ॥
मध्येऽम्भसो दुराधर्षां दीप्तां सूर्यप्रभामिव ॥ २६४
सा हि गौतमवाक्येन दुर्निरीक्ष्या बभूव ह ॥
त्रयाणामपि लोकानां यावद्रामस्य दर्शनम् ॥
शापस्यान्तमुपागम्य तेषां दर्शनमागता ॥ २६५
राघवौ तु तदा तस्याः पादौ जगृहतुर्मुदा ॥
स्मरन्ती गौतमवचः प्रतिजग्राह सा हि तौ ॥ २६६
पाद्यमर्घ्यं तथातिथ्यं चकार सुसमाहिता ॥
प्रतिजग्राह काकुत्स्थो विधिदृष्टेन कर्मणा ॥ २६७
साधु साध्विति देवास्तामहल्यां समपूजयन् ॥
तपोबलविशुद्धाङ्गीं गौतमस्य वशानुगाम् ॥ २६८
गौतमोऽपि महातेजा अहल्यासहितः सुखी ॥
रामं संपूज्य विधिवत्तपस्तेपे महातपाः ॥ २६९

ततः प्रागुत्तरां गत्वा रामः सौमित्रिणा सह ॥
विश्वामित्रं पुरस्कृत्य यज्ञवाटमुपागमत् ॥ २७०
विश्वामित्रमनुप्राप्तं श्रुत्वा नृपवरस्तदा ॥
प्रत्युज्जगाम सहसा विनयेन समन्वितः ॥
विश्वामित्राय पूजार्घं ददौ धर्मपुरस्कृतम् ॥ २७१
प्रतिगृह्य तु तां पूजां जनकस्य महात्मनः ॥
पप्रच्छ कुशलं राज्ञो यज्ञस्य च निरामयम् ॥ २७२
स तांश्चाथ मुनीन् पृष्ट्वा सोपाध्यायपुरोधसः ॥
यथार्हमृषिभिः सर्वैः समागच्छत्प्रहृष्टवत् ॥ २७३
अथ राजा मुनिश्रेष्ठं कृताञ्जलिरभाषत ॥
इमौ कुमारौ भद्रं ते देवतुल्यपराक्रमौ ॥ २७४
गजतुल्यगती वीरौ शार्दूलवृषभोपमौ ॥
अश्विनाविव रूपेण समुपस्थितयौवनौ ॥ २७५
यदृच्छयेव गां प्राप्तौ देवलोकादिवामरौ ॥
कथं पद्भ्यामिह प्राप्तौ किमर्थं कस्य वा मुने ॥ २७६
वरायुधधरौ वीरौ कस्य पुत्रौ महामुने ॥
भूषयन्ताविमं देशं चन्द्रसूर्याविवाम्बरम् ॥ २७७
परस्परस्य सदृशौ प्रमाणेङ्गितचेष्टितैः ॥
काकपक्षधरौ वीरौ श्रोतुमिच्छामि तत्वतः ॥ २७८
तस्य तद्वचनं श्रुत्वा जनकस्य महात्मनः ॥
न्यवेदयदमेयात्मा पुत्रौ दशरथस्य तौ ॥ २७९
सिद्धाश्रमनिवासं च राक्षसानां वधं तथा ॥
तत्रागमनमव्यग्रं विशालायाश्च दर्शनम् ॥ २८०
अहल्यादर्शनं चैव गौतमेन समागमम् ॥
महाधनुषि जिज्ञासां कर्तुमागमनं तथा ॥ २८१
एतत्सर्वं महातेजा जनकाय महात्मने ॥
निवेद्य विरराामाथ विश्वामित्रो महामुनिः । २८२

ज० उ०—धन्योऽस्म्यनुगृहीतोऽस्मि यस्य मे मुनिपुङ्गव ॥
यज्ञं काकुत्स्थसहितः प्राप्तवानसि कौशिक ॥ २८३
दक्षयज्ञवधे पूर्वं धनुरायम्य शङ्करः ॥
विध्वस्य त्रिदशान् रोषात्सलीलमिदमब्रवीत् ॥ २८४
यस्माद्भागार्थिनो भागान्नाकल्पयत मे सुराः ॥
वराङ्गानि महार्हाणि धनुषा शातयामि वः ॥ २८५
ततो विमनसः सर्वे देवा वै मुनिपुङ्गव ॥
प्रासादयन्त देवेशं तेषां प्रीतोऽभवद्भवः ॥ २८६
तदेतद्देवस्य धनूरत्नं महात्मनः ॥
न्यासभूतं तदा न्यस्तमस्माकं पूर्वजे विभौ ॥ २८७
अथ मे कृषतः क्षेत्रं लाङ्गलादुत्थिता सुता ॥
क्षेत्रं शोधयता लब्धा नाम्ना सीतेति विश्रुता ॥ २८८
भूतलादुत्थितां तां तु वर्धमानां ममात्मजाम् ॥
वरयामासुरागत्य राजानो मुनिपुङ्गव ॥ २८९
तेषां वरयतां कन्यां सर्वेषां पृथिवीक्षिताम् ॥
वीर्यशुल्केति भगवन्न ददामि सुतामहम् ॥ २९०
ततः सर्वे नृपतयः समेत्य मुनिपुङ्गव ॥
मिथिलामप्युपागम्य वीर्यं जिज्ञासवस्तदा ॥ २९१
तेषां जिज्ञासमानानां शैवं धनुरुपाहृतम् ॥
न शेकुर्ग्रहणे तस्य धनुषस्तोलनेऽपि वा ॥ २९२
तेषां वीर्यवतां वीर्यमल्पं ज्ञात्वा महामुने ॥
प्रत्याख्याता नृपतयस्तन्निबोध तपोधन ॥ २९३
ततः परमकोपेन राजानो मुनिपुङ्गव ॥
अरुन्धन्मिथिलां सर्वे वीर्यसंदेहमागताः ॥ २९५
ततः संवत्सरे पूर्णे क्षयं यातानि सर्वशः ॥
साधनानि मुनिश्रेष्ठ ततोऽहं भृशदुःखितः ॥ २९५
ततो देवगणान्सर्वांस्तपसाऽहं प्रसादयम् ॥
ददुश्च परमप्रीताश्चतुरङ्गबलं सुराः । २९६

ततो भग्ना नृपतयो हन्यमाना दिशो ययुः ॥
अवीर्या वीर्यसंदिग्धाः सामात्याः पापकारिणः ॥ २९७
तदेतन्मुनिशार्दूल धनुः परमभास्वरम् ॥
रामलक्ष्मणयोश्चापि दर्शयिष्यामि सुव्रत ॥ २९८
यद्यस्य धनुषो रामः कुर्यादारोपणं मुने ॥
सुतामयोनिजां सीतां दद्यां दाशरथेरहम् ॥ २९९
ततः स राजा जनकः सचिवान् व्यादिदेश ह ॥
धनुरानीयतां दिव्यं गन्धमाल्यानुलेपितम् ॥ ३००
जनकेन समादिष्टाः सचिवाः प्राविशन् पुरम् ॥
तद्धनुः पुरतः कृत्वा निर्जग्मुरमितौजसः ॥ ३०१
नृणां शतानि पञ्चाशद्व्यायतानां महात्मनाम् ॥
मंजूषामष्टचक्रां तां समूहुस्ते कथंचन ॥ ३०२
महर्षेर्वचनाद्रामो यत्र तिष्ठति तद्धनुः ॥
मंजूषां तामपावृत्य दृष्ट्वा धनुरथाब्रवीत् ॥ ३०३
इदं धनुर्वरं दिव्यं संस्पृशामीह पाणिना ॥
यत्नवांश्च भविष्यामि तोलने पूरणेऽपि वा ॥ ३०४
बाढमित्यब्रवीद्राजा मुनिश्च समभाषत ॥
लीलया स धनुर्मध्ये जग्राह वचनान्मुनेः ॥ ३०५
आरोपयित्वा मौर्वीं च पूरयामास तद्धनुः ॥
तद्बभञ्ज धनुर्मध्ये नरश्रेष्ठो महायशाः ॥ ३०६
तस्य शब्दो महानासीन्निर्घातसमनिस्वनः ॥
भूमिकंपश्च सुमहान्पर्वतस्येव दीर्यतः ॥ ३०७
निपेतुश्च नरा सर्वे तेन शब्देन मोहिताः ॥
वर्जयित्वा मुनिवरं राजानं तौ च राघवौ ॥ ३०८
प्रत्याश्वस्ते जने तस्मिन् राजा विगतसाध्वसः ॥
उवाच प्राञ्जलिर्वाक्यं वाक्यज्ञो मुनिपुङ्गवम् ॥ ३०९
भगवन्दृष्टवीर्यो मे रामो दशरथात्मजः ॥
अत्यद्भुतमचिन्त्यं च अतर्कितमिदं मया ॥ ३१०

जनकानां कुले कीर्तिमाहरिष्यति मे सुता ॥
सीता भर्तारमासाद्य रामं दशरथात्मजम् ॥ ३११
मम सत्या प्रतिज्ञा सा वीर्यशुल्केति कौशिक ॥
सीता प्राणैर्बहुमता देया रामाय मे सुता ॥ ३१२
भवतोऽनुमते ब्रह्मन् शीघ्रं गच्छन्तु मन्त्रिणः ॥
मम कौशिक भद्रं ते अयोध्यां त्वरिता रथैः ॥ ३१३
राजानं प्रश्रितैर्वाक्यैरानयन्तु पुरं मम ॥
प्रदानं वीर्यशुल्कायाः कथयन्तु च सर्वशः ॥ ३१४
मुनिगुप्तौ च काकुत्स्थौ कथयन्तु नृपाय वै ॥
कौशिकस्तु तथेत्याह राजा चाभाष्य मन्त्रिणः ॥ ३१५
अयोध्यां प्रेषयामास धर्मात्मा कृतशासनान् ॥
यथावृत्तं समाख्यातुमानेतुं च नृपं तथा ॥ ३१६

अथ नवमः सर्गः ।

जनकेन समादिष्टा दूतास्ते क्लान्तवाहनाः ॥
त्रिरात्रमुषिता मार्गे अयोध्यां प्राविशन्पुरीम् ॥ ३१७
ते राजवचनाद्गत्वा राजवेश्म प्रवेशिताः ॥
ददृशुर्देवसंकाशं वृद्धं दशरथं नृपम् ॥ ३१८
बद्धाञ्जलिपुटाः सर्वे दूता विगतसाध्वसाः ॥
राजानं प्रश्रितं वाक्यमब्रुवन्मधुराक्षरम् ॥ ३१९
मैथिलो जनको राजा साग्निहोत्रपुरस्कृतः ॥
मुहुर्मुहुर्मधुरया स्नेहसंरक्तया गिरा ॥ ३२०
कुशलं चाव्ययं चैव सोपाध्यायपुरोहितम् ॥
जनकस्त्वां महाराज पृच्छते सपुरःसरम् ॥ ३२१
पृष्ट्वा कुशलमव्यग्रं वैदेहो मिथिलाधिपः ॥
कौशिकानुमते वाक्यं भवन्तमिदमब्रवीत् ॥ ३२२

पूर्वं प्रतिज्ञा विदिता वीर्यशुल्का ममात्मजा ॥
राजानश्च कृतामर्षा निर्वीर्या विमुखीकृताः ॥ ३२३
सेयं मम सुता राजन् विश्वामित्रपुरस्कृतैः ॥
यदृच्छयागतैः राजन्निर्जिता तव पुत्रकैः ॥ ३२४
तच्च रत्नं धनुर्दिव्यं मध्ये भग्नं महात्मना ॥
रामेण हि महाबाहो महत्यां जनसंसदि ॥ ३२५
अस्मै देया मया सीता वीर्यशुल्का महात्मने ॥
प्रतिज्ञां तर्तुमिच्छामि तदनुज्ञातुमर्हसि ॥ ३२६
सोपाध्यायो महाराज पुरोहितपुरस्कृतः ॥
शीघ्रमागच्छ भद्रं ते द्रष्टुमर्हसि राघवौ ॥ ३२७
दूतवाक्यं तु तच्छ्रुत्वा राजा परमहर्षितः ॥
वसिष्ठं वामदेवं च मन्त्रिणश्चैवमब्रवीत् ॥ ३२८
यदि वो रोचते वृत्तं जनकस्य महात्मनः ॥
पुरीं गच्छामहे शीघ्रं मा भूत्कालस्य पर्ययः ॥ ३२९
वचनाच्च नरेन्द्रस्य सेनाऽथ चतुरङ्गिणी ॥
राजानमृषिभिः सार्धं व्रजन्तं पृष्ठतोऽन्वयात् ॥ ३३०
गत्वा चतुरहं मार्गे विदेहानभ्युपेयिवान् ॥
राजा च जनकः श्रीमान् श्रुत्वा पूजामकल्पयत् ॥
उवाच वचनं श्रेष्ठो नरश्रेष्ठं मुदान्वितम् ॥ ३३१
स्वागतं ते नरश्रेष्ठ दिष्ट्या प्राप्तोऽसि राघव ॥
पुत्रयोरुभयोः प्रीतिं लप्स्यसे वीर्यनिर्जिताम् ॥ ३३२
दिष्ट्या प्राप्तो महातेजा वसिष्ठो भगवानृषिः ॥
सह सर्वैर्द्विजश्रेष्ठैर्देवैरिव शतक्रतुः ॥ ३३३
दिष्ट्या मे निर्जिता विघ्ना दिष्ट्या मे पूजितं कुलम् ॥
राघवैः सह सम्बन्धाद्वीर्यश्रेष्ठैर्महाबलैः ॥ ३३४
वीर्यशुल्कां मम सुतां सीतां सुरसुतोपमाम् ॥
द्वितीयामूर्मिलां चैव त्रिर्वदामि न संशयः ॥ ३३५

ददामि परमप्रीतो वध्वौ ते मुनिपुंगव ॥
रामलक्ष्मणयो राजन्गोदानं कारयस्व ह ॥ ३३६
मघा ह्यद्य महाबाहो तृतीयदिवसे प्रभो ॥
फल्गुन्यामुत्तरे राजँस्तस्मिन्वैवाहिकं कुरु ॥ ३३७
तमुक्तवन्तं वैदेहं विश्वामित्रो महामुनिः ॥
उवाच वचनं वीरं वसिष्ठसहितो नृपम् ॥ ३३८
अचिन्त्यान्यप्रमेयाणि कुलानि नरपुङ्गव ॥
इक्ष्वाकूणां विदेहानां नैषां तुल्योऽस्ति कश्चन ॥ ३३९
सदृशो धर्मसंबन्धः सदृशो रूपसंपदा ॥
रामलक्ष्मणयो राजन्सीतयोर्मिलया सह ॥ ३४०
वक्तव्यं च नरश्रेष्ठ श्रूयतां वचनं मम ॥
भ्राता यवीयान्धर्मज्ञ एष राजा कुशध्वजः ॥ ३४१
अस्य धर्मात्मनो राजन् रूपेणाप्रतिमं भुवि ॥
सुताद्वयं नरश्रेष्ठ पत्न्यर्थं वरयामहे ॥ ३४२
भरतस्य कुमारस्य शत्रुघ्नस्य च धीमतः ॥
वरये ते सुते राजँस्तयोरर्थे महात्मनोः ॥ ३४३
पुत्रा दशरथस्येमे रूपयौवनशालिनः ॥
लोकपालसमाः सर्वे देवतुल्यपराक्रमाः ॥ ३४४
उभयोरपि राजेन्द्र सम्बन्धेनानुबध्यताम् ॥
इक्ष्वाकुकुलमव्यग्रं भवतः पुण्यकर्मणः ॥ ३४५
विश्वामित्रवचः श्रुत्वा वसिष्ठस्य मते तदा ॥
जनकः प्राञ्जलिर्वाक्यमुवाच मुनिपुङ्गवौ ॥ ३४६
कुलं धन्यमिदं मन्ये येषां तौ मुनिपुङ्गवौ ॥
सदृशं कुलसंबन्धं यदाऽऽज्ञापयतः स्वयम् ॥ ३४७
एवं भवतु भद्रं वः कुशध्वजसुते इमे ॥
पत्न्यौ भजेतां सहितौ शत्रुघ्नभरतावुभौ ॥ ३४८
एकाह्ना राजपुत्रीणां चतसृणां महामुने ॥
पाणीन्गृह्णन्तु चत्वारो राजपुत्रा महाबलाः ॥ ३४९

स गत्वा निलयं राजा श्राद्धं कृत्वा विधानतः ॥
प्रभाते काल्यमुत्थाय चक्रे गोदानमुत्तमम् ॥ ३५०
गवां शतसहस्रं च ब्राह्मणेभ्यो नराधिपः ॥
एकैकशो ददौ राजा पुत्रानुद्दिश्य धर्मतः ॥ ३५१
सुवर्णशृङ्ग्यः संपन्नाः सवत्साः कांस्यदोहनाः ॥
गवां शतसहस्राणि चत्वारि पुरुषर्षभः ॥ ३५२
ततो राजा विदेहानां वसिष्ठमिदमब्रवीत् ॥
कारयस्व ऋषे सर्वामृषिभिः सह धार्मिक ॥ ३५३
रामस्य लोकरामस्य क्रियां वैवाहिकीं प्रभो ॥
तथेत्युक्त्वा तु जनकं वसिष्ठो भगवानृषिः ॥ ३५४
विश्वामित्रं पुरस्कृत्य शतानन्दं च धार्मिकम् ॥
प्रपामध्ये तु विधिवद्वेदिं कृत्वा महातपाः ॥
अलंचकार तां वेदिं गन्ध पुष्पैः समन्ततः ॥ ३५५
ततः सीतां समानीय सर्वाभरणभूषिताम् ॥
समक्षमग्नेः संस्थाप्य राघवाभिमुखे तदा ॥ ३५६
अब्रवीज्जनको राजा कौसल्यानन्दवर्धनम् ॥
इयं सीता मम सुता सहधर्मचरी तव ॥ ३५७
प्रतीच्छ चैनां भद्रं ते पाणिं गृह्णीष्व पाणिना ॥
पतिव्रता महाभागा छायेवानुगता सदा ॥ ३५८
इत्युक्त्वा प्राक्षिपद्राजा मन्त्रपूतं जलं तदा ॥
साधु साध्विति देवानामृषीणां वदतां तदा ॥ ३५९
अब्रवीज्जनको राजा हर्षेणाभिपरिप्लुतः ॥
लक्ष्मणागच्छ भद्रं ते ऊर्मिलामुद्यतां मया ॥ ३६०
प्रतीच्छ पाणिं गृह्णीष्व मा भूत्कालस्य पर्ययः ॥
तमेवं जनकोमुक्त्वा भरतं चाभ्यभाषत ॥ ३६१
गृहाण पाणिं माण्डव्याः पाणिना रघुनन्दन ॥
शत्रुघ्नं चापि धर्मात्मा अब्रवीन्मिथिलेश्वरः ॥ ३६२
श्रुतकीर्तेर्महाबाहो पाणिं गृह्णीश्व पाणिना ॥
सर्वे भवन्तः सौम्याश्च सर्वे सुचरितव्रताः ॥ ३६३

पत्नीभिः सन्तु काकुत्स्था मा भूत्कालस्य पर्ययः ॥
जनकस्य वचः श्रुत्वा पाणीन्पाणिभिरस्पृशन् ॥ ३६४
चत्वारस्ते चतसृणां वसिष्ठस्य मते स्थिताः ॥
अग्निं प्रदक्षिणं कृत्वा वेदिं राजानमेव च ॥ ३६५
ऋषींश्चापि महात्मानः सहभार्या रघूद्वहाः ॥
यथोक्तेन ततश्चक्रुर्विवाहं विधिपूर्वकम् ॥ ३६६
पुष्पवृष्टिर्महत्यासीदन्तरिक्षात्सुभास्वरा ॥
दिव्यदुन्दुभिनिर्घोषैर्गीतवादित्रनिस्वनैः ॥ ३६७
ननृतुश्चाप्सरःसंघा गन्धर्वाश्च जगुः कलम् ॥
विवाहे रघुमुख्यानां तदद्भुतमदृश्यत ॥ ३६८
ईदृशे वर्तमाने तु तूर्योद्धुष्टनिनादिते ॥
त्रिरग्निं ते परिक्रम्य ऊहुर्भार्या महौजसः ॥ ३६९
अथोपकार्यां जग्मुस्ते सभार्या रघुनन्दनाः ॥
राजाऽप्यनुययौ पश्यन् सर्षिसङ्घः सबान्धवः ॥ ३७०

अथ दशमः सर्गः ।

अथ रात्र्यां व्यतीतायां विश्वामित्रो महामुनिः ॥
आपृष्ट्वा तौ च राजानौ जगामोत्तरपर्वतम् ॥ ३७१
विश्वामित्रे गते राजा वैदेहं मिथिलाधिपम् ॥
आपृष्ट्वैव जगामाशु राजा दशरथः पुरीम् ॥ ३७२
अथ राजा विदेहानां ददौ कन्याधनं बहु ॥
गवां शतसहस्राणि बहूनि मिथिलेश्वरः ॥ ३७३
कम्बलानां च मुख्यानां क्षौमान् कोट्यम्बराणि च ॥
ददौ कन्याशतं तासां दासीदासमनुत्तमम् ॥ ३७४
दत्वा बहुविधं राजा समनुज्ञाप्य पार्थिवम् ॥
प्रविवेश स्वनिलयं मिथिलां मिथिलेश्वरः ॥ ३७५

राजाऽप्ययोध्याधिपतिः सह पुत्रैर्महात्मभिः ॥
ऋषीन् सर्वान्पुरस्कृत्य जगाम स बलान्वितः ॥ ३७६
गच्छन्तं तु नरव्याघ्रं सर्षिसङ्घं सराघवम् ॥
घोरास्तु पक्षिणो वाचो व्याहरन्ति समन्ततः ॥ ३७७
भौमाश्चैव मृगाः सर्वे गच्छन्ति स्म प्रदक्षिणम् ॥
तान्दृष्ट्वा राजशार्दूलो वसिष्ठं पर्यपृच्छत ॥ ३७८
असौम्याः पक्षिणो घोरा मृगाश्चापि प्रदक्षिणाः ॥
किमिदं हृदयोत्कम्पि मनो मम विषीदति ॥ ३७९
तेषां संवदतां तत्र वायुः प्रादुर्बभूव ह ॥
कम्पयन्मेदिनीं सर्वां पातयंश्च महाद्रुमान् ॥ ३८०
तमसा संवृतः सूर्यः सर्वे नावेदिषुर्दिशः ॥
भस्मना चावृतं सर्वं संमूढमिव तद्बलम् ॥ ३८१
वसिष्ठ ऋषयश्चान्ये राजा च ससुतस्तदा ॥
ससंज्ञा इव तत्रासन्सर्वमन्यद्विचेतनम् ॥ ३८२
तस्मिंस्तमसि घोरे तु भस्मच्छन्ने सा चमूः ॥
ददर्श भीमसंकाशं जटामण्डलधारिणम् ॥ ३८३
भार्गवं जामदग्न्येयं राजा राजविमर्दनम् ॥
कैलासमिव दुर्धर्षं कालाग्निमिव दुःसहम् ॥ ३८४
ज्वलन्तमिव तेजोभिर्दुर्निरीक्ष्यं पृथग् जनैः ॥
स्कन्धे चासज्य परशुं धनुर्विद्युद्गणोपमम् ॥ ३८५
प्रगृह्य शरमुग्रं च त्रिपुरघ्नं यथा शिवम् ॥
तं दृष्ट्वा भीमसंकाशं ज्वलन्तमिव पावकम् ॥ ३८६
वसिष्ठप्रमुखा विप्रा जपहोमपरायणाः ॥
संगता मुनयः सर्वे संजजल्पुरथो मिथः ॥ ३७८
कच्चित्पितृवधामर्षी क्षत्रं नोत्सादयिष्यति ॥
पूर्वं क्षत्रवधं कृत्वा गतमन्युर्गतज्वरः ॥ ३८८
क्षत्रस्योत्सादनं भूयो न खल्वस्य चिकीर्षितम् ॥

एवमुक्त्वाऽर्घ्यमादाय भार्गवं भीमदर्शनम् ॥
ऋषयो राम रामेति मधुरं वाक्यमब्रुवन् ॥ ३८९
प्रतिगृह्य तु तां पूजामृषिदत्तां प्रतापवान् ॥
रामं दाशरथिं रामो जामदग्न्योऽभ्यभाषत ॥ ३९०
राम दाशरथे वीर वीर्यं ते श्रूयतेऽद्भुतम् ॥
धनुषो भेदनं चैव निखिलेन मया श्रुतम् ॥ ३९१
तच्छ्रुत्वाऽहमनुप्राप्तो धनुर्गृह्यापरं शुभम् ॥ ३९२
तदिदं घोरसंकाशं जामदग्न्यं महद्धनुः ॥
पूरयस्व शरेणैव स्वबलं दर्शयस्व च ॥ ३९३
तदहं ते बलं दृष्ट्वा धनुषोऽप्यस्य पूरणे ॥
द्वन्द्वयुद्धं प्रदास्यामि वीर्यश्लाघ्यमहं तव ॥ ३९४
तस्य तद्वचनं श्रुत्वा राजा दशरथस्तदा ॥
विषण्णवदनो दीनः प्रांजलिर्वाक्यमब्रवीत् ॥ ३९५
क्षत्ररोषात्प्रशान्तस्त्वं ब्राह्मणश्च महातपाः ॥
बालानां मम पुत्राणामभयं दातुमर्हसि ॥ ३९६
भार्गवाणां कुले जातः स्वाध्यायव्रतशालिनाम् ॥
सहस्राक्षे प्रतिज्ञाय शस्त्रं प्रक्षिप्तवानसि ॥ ३९७
स त्वं धर्मपरो भूत्वा कश्यपाय वसुन्धराम् ॥
दत्वा वनमुपागम्य महेन्द्रकृतकेतनः ॥ ३९८
मम सर्वविनाशाय संप्राप्तस्त्वं महामुने ॥
न चैकस्मिन्हते रामे सर्वे जीवामहे वयम् ॥ ३९९
ब्रुवत्येवं दशरथे जामदग्न्यः प्रतापवान् ॥
अनादृत्य तु तद्वाक्यं राममेवाऽभ्यभाषत ॥ ४००
इमे द्वे धनुषी श्रेष्ठे दिव्ये लोकाभिपूजिते ॥
दृढे बलवती मुख्ये सुकृते विश्वकर्मणा ॥ ४०१
अनुसृष्टं सुरैरेकं त्र्यम्बकाय युयुत्सवे ॥
त्रिपुरघ्नं नरश्रेष्ठ भग्नं काकुत्स्थ यत्त्वया ॥ ४०२

इदं द्वितीयं दुर्धर्षं विष्णोर्दत्तं सुरोत्तमैः ॥
तदिदं वैष्णवं राम धनुः परपुरंजय ॥
समानसारं काकुत्स्थ रौद्रेण धनुषा त्विदम् ॥ ४०३
श्रुत्वा तु जामदग्न्यस्य वाक्यं दाशरथिस्तदा ॥
गौरवाद्यन्त्रितकथः पितू राममथाब्रवीत् ॥ ४०४
श्रुतवानस्मि यत्कर्म कृतवानसि भार्गव ॥
अनुरुध्यामहे ब्रह्मन्पितुरानृण्यमास्थितः ॥ ४०५
वीर्यहीनमिवाशक्तं क्षत्रधर्मेण भार्गव ॥
अवजानासि मे तेजः पश्य मेऽद्य पराक्रमम् ॥ ४०६
इत्युक्त्वा राघवः क्रुद्धो भार्गवस्य वरायुधम् ॥
शरं च प्रतिजग्राह हस्ताल्लघुपराक्रमः ॥ ४०७
आरोप्य स धनू रामः शरं सज्यं चकार ह ॥
जामदग्न्यं ततो रामं रामः क्रुद्धोऽब्रवीदिदम् ॥ ४०८
ब्राह्मणोऽसीति पूज्यो मे विश्वामित्रकृतेन च ॥
तस्माच्छक्तो न ते राम मोक्तुं प्राणहरं शरम् ॥ ४०९
इमां वा त्वद्गतिं राम तपोबलसमर्जितान् ॥
लोकानप्रतिमान्वापि हनिष्यामीति मे मतिः ॥ ४१०
न ह्ययं वैष्णवो दिव्यः शरः परपुरञ्जयः ॥
मोघः पतति वीर्येण बलदर्पविनाशनः ॥ ४११
जडीकृते तदा लोके रामे वरधनुर्धरे ॥
निर्वीर्यो जामदग्न्योऽसौ रामो राममुदैक्षत ॥ ४१२
तेजोनिर्गतवीर्यत्वाज्जामदग्न्यो जडीकृतः ॥
रामं कमलपत्राक्षं मन्दं मन्दमुवाच ह ॥ ४१३
अक्षय्यं मधुहन्तारं जानामि त्वां सुरेश्वर ॥
धनुषोऽस्य परामर्शात्स्वस्ति तेऽस्तु परन्तप ॥ ४१४
न चेयं तव काकुत्स्थ व्रीडा भवितुमर्हति ॥
त्वया त्रैलोक्यनाथेन यदहं विमुखीकृतः ॥ ४१५

शरमप्रतिमं राम मोक्तुमर्हसि सुव्रत ॥
शरमोक्षे गमिष्यामि महेन्द्रं पर्वतोत्तमम् ॥ ४१६
तथा ब्रुवति रामे तु जामदग्न्ये प्रतापवान् ॥
रामो दाशरथिः श्रीमाँश्चिक्षेप शरमुत्तमम् ॥ ४१७
स हतान् दृश्य रामेण स्वाँल्लोकाँस्तपसाऽर्जितान् ॥
जामदग्न्यो जगामाशु महेन्द्रं पर्वतोत्तमम् ॥ ४१८
ततो वितिमिराः सर्वा दिशश्चोपदिशस्तथा ॥
सुराः सर्षिगणा रामं प्रशशंसुरुदायुधम् ॥ ४१९
गते रामे प्रशान्तात्मा रामो दाशरथिर्धनुः ॥
वरुणायाप्रमेयाय ददौ हस्ते महायशाः ॥ ४२०
अभिवाद्य ततो रामो वसिष्ठप्रमुखानृषीन् ॥
पितरं विकलं दृष्ट्वा प्रोवाच रघुनन्दनः ॥ ४२१
जामदग्न्यो गतो रामः प्रयातु चतुरङ्गिणी ॥
अयोध्याभिमुखी सेना त्वया नाथेन पालिता ॥ ४२२
रामस्य वचनं श्रुत्वा राजा दशरथः सुतम्
बाहुभ्यां संपरिष्वज्य मूर्ध्न्युपाघ्राय राघवम् ॥ ४२३
गतो राम इति श्रुत्वा हृष्टः प्रमुदितो नृपः ॥
पुनर्जातं तदा मेने पुत्रमात्मानमेव च ॥ ४२४
चोदयामास तां सेनां जगामाशु ततः पुरीम् ॥
पताकाध्वजिनीं रम्यां तूर्योद्घुष्टनिनादिताम् ॥ ४२५
सिक्तराजपथां रम्यां प्रकीर्णकुसुमोत्कराम् ॥
राजप्रवेशसुमुखैः पौरैर्मङ्गलपाणिभिः ॥ ४२६
संपूर्णां प्राविशद्राजा जनौघैः समलंकृताम् ॥
पौरैः प्रत्युद्गतो दूरं द्विजैश्च पुरवासिभिः ॥ ४२७
ननन्द स्वजनै राजा गृहे कामैः सुपूजितः ॥
कौसल्या च सुमित्रा च कैकेयी च सुमध्यमा ॥ ४२८
अभिवाद्याभिवाद्यांश्च सर्वा राजसुतास्तदा ॥
रेमिरे मुदिताः सर्वा भर्तृभिः सहिता रहः ॥ ४२९

कस्यचित्त्वथ कालस्य राजा दशरथः सुतम् ॥
भरतं कैकेयीपुत्रमब्रवीद्रघुनन्दनः ॥ ४३०
अयं केकयराजस्य पुत्रो वसति पुत्रक ॥
त्वां नेतुमागतो वीरो युधाजिन्मातुलस्तव ॥ ४३१
श्रुत्वा दशरथस्यैतद्भरतः कैकेयीसुतः ॥
गमनायाभिचक्राम शत्रुघ्नसहितस्तदा ॥
आपृच्छ्य पितरं शूरो रामं चाक्लिष्टकारिणम् ॥ ४३२
गते च भरते रामो लक्ष्मणश्च महाबलः ॥
पितरं देवसंकाशं पूजयामासतुस्तदा ॥ ४३३
पितुराज्ञां पुरस्कृत्य पौरकार्याणि सर्वशः ॥
चकार रामः सर्वाणि प्रियाणि च हितानि च ॥ ४३४
मातृभ्यो मातृकार्याणि कृत्वा परमयन्त्रितः ॥
गुरूणां गुरुकार्याणि काले कालेऽन्ववैक्षत ॥ ४३५
एवं दशरथः प्रीतो ब्राह्मणा नैगमास्तदा ॥
रामस्य शीलवृत्तेन सर्वे विषयवासिनः ॥ ४३६
रामश्च सीतया सार्धं विजहार बहूनृतून् ॥
मनस्वी तद्गतमनास्तया हृदि समर्पितः ॥ ४३७
प्रिया तु सीता रामस्य दाराः पितृकृता इति ॥
गुणाद्रूपगुणाच्चापि प्रीतिर्भूयोऽभिवर्धते ॥ ४३८
तस्याश्च भर्ता द्विगुणं हृदये परिवर्तते ॥
अन्तर्गतमपि व्यक्तमाख्याति हृदयं हृदा ॥ ४३९
तया स राजर्षिसुतोऽभिकाम्यया ॥
समेयिवानुत्तमराजकन्यया ॥
अतीव रामः शुशुभे मुदान्वितो ॥
विभुः श्रिया विष्णुरिवामरेश्वरः ॥ ४४०

२ अयोध्याकाण्डम् ।

पूर्वार्द्धम् ।

अथ प्रथमः सर्गः ।

अथ राज्ञो बभूवैवं वृद्धस्य चिरजीविनः ॥
प्रीतिरेषा कथं रामो राजा स्यान्मयि जीवति ॥ १
तं समीक्ष्य तदा राजा युक्तं समुदितैर्गुणैः ॥
निश्चित्य सचिवैः सार्धं यौवराज्यममन्यत ॥ २
नानानगरवास्तव्यान्पृथग्जानपदानपि ॥
समानिनाय मेदिन्यां प्रधानान्पृथिवीपतिः ॥ ३
न तु केकयराजानं जनकं वा नराधिपः ॥
त्वरया चानयामास पश्चात्तौ श्रोष्यतः प्रियम् ॥ ४
ततः परिषदं सर्वामामन्त्र्य वसुधाधिपः ॥
हितमुद्धर्षणं चैवमुवाच प्रथितं वचः ॥ ५
इदं शरीरं कृत्स्नस्य लोकस्य चरता हितम् ॥
पाण्डुरस्यातपत्रस्य छायायां जरितं मया ॥ ६
प्राप्य वर्षसहस्राणि बहून्यायूंषि जीवतः ॥
जीर्णस्यास्य शरीरस्य विश्रान्तिमभिरोचये ॥ ७
राजप्रभावजुष्टां च दुर्वहामजितेन्द्रियैः ॥
परिश्रान्तोऽस्मि लोकस्य गुर्वीं धर्मधुरं वहन् ॥ ८
सोऽहं विश्राममिच्छामि पुत्रं कृत्वा प्रजाहिते ॥
सन्निकृष्टानिमान्सर्वाननुमान्य द्विजर्षभान् ॥ ९
अनुजातो हि मां सर्वैर्गुणैः श्रेष्ठो ममात्मजः ॥
पुरन्दरसमो वीर्ये रामः परपुरञ्जयः ॥ १०
तं चन्द्रमिव पुष्येण युक्तं धर्मभृतां वरम् ॥
यौवराज्ये नियोक्ताऽस्मि प्रातः पुरुषपुङ्गवम् ॥ ११
अनुरूपः स वो नाथो लक्ष्मीवाँल्लक्ष्मणाग्रजः ॥
त्रैलोक्यमपि नाथेन येन स्यान्नाथवत्तरम् ॥ १२

यदिदं मेऽनुरूपार्थं मया साधु सुमन्त्रितम् ॥
भवन्तो मेऽनुमन्यन्तां कथं वा करवाण्यहम् ॥ १३
इति ब्रुवन्तं मुदिताः प्रत्यनन्दन्नृपा नृपम् ॥
वृष्टिमन्तं महामेघं नर्दन्त इव बर्हिणः ॥ १४
स्निग्धोऽनुनादः संजज्ञे ततो हर्षसमीरितः ॥
जनौघोद्घुष्टसन्नादो मेदिनीं कम्पयन्निव ॥ १५
ते तमूचुर्महात्मानः पौरजानपदैः सह ॥
बहवो नृप कल्याणगुणाः सन्ति सुतस्य ते ॥ १६
दिव्यैर्गुणैः शक्रसमो रामः सत्यपराक्रमः ॥
इक्ष्वाकुभ्योऽपि सर्वेभ्यो ह्यतिरिक्तो विशांपते ॥ १७
धर्मज्ञः सत्यसन्धश्च शीलवाननसूयकः ॥
क्षान्तः सान्त्वयिता श्लक्ष्णः कृतज्ञो विजितेन्द्रियः ॥ १८
बहुश्रुतानां वृद्धानां ब्राह्मणानामुपासिता ॥
तेनास्येहातुला कीर्तिर्यशस्तेजश्च वर्धते ॥ १९
देवासुरमनुष्याणां सर्वास्त्रेषु विशारदः ॥
सम्यग्विद्याव्रतस्नातो यथावत्साङ्गवेदवित् ॥ २०
पौरान्स्वजनवन्नित्यं कुशलं परिपृच्छति ॥
पुत्रेष्वग्निषु दारेषु प्रेष्यशिष्यगणेषु च ॥ २१
उत्तरोत्तरयुक्तौ च वक्ता वाचस्पतिर्यथा ॥
सुभ्रूरायतताम्राक्षः साक्षाद्विष्णुरिव स्वयम् ॥ २२
शक्तस्त्रैलोक्यमप्येष भोक्तुं किं नु महीमिमाम् ॥
नास्य क्रोधः प्रसादश्च निरर्थोऽस्ति कदाचन ॥ २३
राममिन्दीवरश्यामं सर्वशत्रुनिबर्हणम् ॥
पश्यामो यौवराज्यस्थं तव राजोत्तमात्मजम् ॥ २४
तेषामञ्जलिपद्मानि प्रगृहीतानि सर्वशः ॥
प्रतिगृह्याब्रवीद्राजा तेभ्यः प्रियहितं वचः ॥ २५
अहोऽस्मि परमप्रीतः प्रभावश्चातुलो मम ॥
यन्मे ज्येष्ठं प्रियं पुत्रं यौवराज्यस्थमिच्छथ ॥ २६

चैत्रः श्रीमानयं मासः पुण्यः पुष्पितकाननः ॥
यौवराज्याय रामस्य सर्वमेवोपकल्पताम् ॥ २७
वसिष्ठं मुनिशार्दूलं राजा वचनमब्रवीत् ॥
अभिषेकाय रामस्य यत्कर्म सपरिच्छदम् ॥ २८
तदद्य भगवन्सर्वमाज्ञापयितुमर्हसि ॥
व. उ.—शुक्लमाल्यानि लाजांश्च पृथक् च मधुसर्पिषी ॥ २९
आहतानि च वासांसि रथं सर्वायुधान्यपि ॥
चतुरङ्गबलं चैव गजं च शुभलक्षणम् ॥ ३०
चामरव्यजने चोभे ध्वजं छत्रं च पाण्डुरम् ॥
शतं च शातकुम्भानां कुम्भानामग्निवर्चसाम् ॥ ३१
हिरण्यशृङ्गमृषभं समग्रं व्याघ्रचर्म च ॥
यच्चान्यत्किंचिदेष्टव्यं तत्सर्वमुपकल्पताम् ॥ ३२
उपस्थापयत प्रातरग्न्यगारे महीपतेः ॥ ३३
अन्तःपुरस्य द्वाराणि सर्वस्य नगरस्य च ॥
चन्दनस्रग्भिरर्च्यन्तां धूपैश्च घ्राणहारिभिः ॥ ३४
सत्कृत्य द्विजमुख्यानां श्वः प्रभाते प्रदीयताम् ॥
घृतं दधि च लाजाश्च दक्षिणाश्चापि पुष्कलाः ॥ ३५
ततः सुमन्त्रं द्युतिमान् राजा वचनमब्रवीत् ॥
रामः कृतात्मा भवता शीघ्रमानीयतामिति ॥ ३६
स तथेति प्रतिज्ञाय सुमन्त्रो राजशासनात् ॥
रामं तत्रानयांचक्रे रथेन रथिनां वरम् ॥ ३७
प्रासादस्थो दशरथो ददर्शायान्तमात्मजम् ॥
गन्धर्वराजप्रतिमं लोके विख्यातपौरुषम् ॥ ३८
दीर्घबाहुं महासत्त्वं मत्तमातङ्गगामिनम् ॥
चन्द्रकान्ताननं राममतीवप्रियदर्शनम् ॥
न ततर्प समायान्तं पश्यमानो नराधिपः ॥ ३९
अवतार्य सुमन्त्रस्तु राघवं स्यन्दनोत्तमात् ॥
पितुः समीपं गच्छन्तं प्राञ्जलिः पृष्ठतोऽन्वगात् ॥ ४०

स प्राञ्जलिरभिप्रेत्य प्रणतः पितुरन्तिके ॥
नाम स्वं श्रावयन् रामो ववन्दे चरणौ पितुः ॥ ४१
तं दृष्ट्वा प्रणतं पार्श्वे कृताञ्जलिपुटं नृपः ॥
गृह्याञ्जलौ समाकृष्य सस्वजे प्रियमात्मजम् ॥ ४२
उवाचेदं वचो राजा देवेन्द्रमिव कश्यपः ॥
ज्येष्ठायामसि मे पत्न्यां सदृश्यां सदृशः सुतः ॥ ४३
उत्पन्नस्त्वं गुणज्येष्ठो मम रामात्मजः प्रियः ॥
तस्मात्त्वं पुष्ययोगेन यौवराज्यमवाप्नुहि ॥ ४४
कामतस्त्वं प्रकृत्यैव निर्णीतो गुणवानिति ॥
गुणवत्यपि तु स्नेहात्पुत्र वक्ष्यामि ते हितम् ॥ ४५
भूयो विनयमास्थाय भव नित्यं जितेन्द्रियः ॥
कामक्रोधसमुत्थानि त्यजस्व व्यसनानि च ॥ ४६
परोक्षया वर्तमानो वृत्त्या प्रत्यक्षया तथा ॥
इष्टानुरक्तप्रकृतिर्यः पालयति मेदिनीम् ॥
तस्य नन्दन्ति मित्राणि लब्ध्वाऽमृतमिवामराः ॥ ४७
तच्छ्रुत्वा सुहृदस्तस्य रामस्य प्रियकारिणः ॥
त्वरिताः शीघ्रमागत्य कौसल्यायै न्यवेदयन् ॥ ४८
सा हिरण्यं च गाश्चैव रत्नानि विविधानि च ॥
व्यादिदेश प्रियाख्येभ्यः कौसल्या प्रमदोत्तमा ॥ ४९
अथाभिवाद्य राजानं रथमारुह्य राघवः ॥
ययौ स्वं द्युतिमद्वेश्म जनौघैः प्रतिपूजितः ॥ ५०
ते चापि पौरा नृपतेर्वचस्तच्छ्रुत्वा तदा लाभमिवेष्टमाशु ॥
नरेन्द्रमामन्त्र्य गृहाणि गत्वा देवान्समानर्चुरभिप्रहृष्टाः ॥५१

अथ द्वितीयः सर्गः ।

ज्ञातिदासी यतो जाता कैकेय्या तु सहोषिता ॥
प्रासादं चन्द्रसंकाशमारुरोह यदृच्छया ॥ ५२

सिक्तराजपथां कृत्स्नां प्रकीर्णकमलोत्पलाम् ॥
अयोध्यां मन्थरा तस्मात्प्रासादादन्ववैक्षत ॥ ५३
सिक्तां चन्दनतोयैश्च शिरःस्नातजनैर्युताम् ॥
शुक्लदेवगृहद्वारां सर्ववादित्रनादिताम् ॥ ५४
हृष्टप्रमुदितैः पौरैरुच्छ्रितध्वजमालिनीम् ॥
अयोध्यां मन्थरा दृष्ट्वा परं विस्मयमागता ॥ ५५
सा हर्षोत्फुल्लनयनां पाण्डुरक्षौमवासिनीम् ॥
अविदूरे स्थितां दृष्ट्वा धात्रीं पप्रच्छ मन्थरा ॥ ५६
उत्तमेनाभिसंयुक्ता हर्षेणार्थपरा सती ॥
राममाता धनं किं नु जनेभ्यः संप्रयच्छति ॥ ५७
अतिमात्रं प्रहर्षः किं जनस्यास्य च शंस मे ॥
कारयिष्यति किं वापि संप्रहृष्टो महीपतिः ॥ ५८
विदीर्यमाणा हर्षेण धात्री तु परया मुदा ॥
आचचक्षेऽथ कुब्जायै भूयसीं राघवे श्रियम् ॥ ५९
श्वः पुष्येण जितक्रोधं यौवराज्येन चानघम् ॥
राजा दशरथो राममभिषेक्ता हि राघवम् ॥ ६०
धात्र्यास्तु वचनं श्रुत्वा कुब्जा क्षिप्रममर्षिता ॥
कैलासशिखराकारात्प्रासादादवरोहत ॥ ६१
सा दह्यमाना क्रोधेन मन्थरा पापदर्शिनी ॥
शयानामेव कैकेयीमिदं वचनमब्रवीत् ॥ ६२
उत्तिष्ठ मूढे किं शेषे भयं त्वामभिवर्तते ॥
उपप्लुतमघौघेन नात्मानमवबुध्यसे ॥ ६३
अनिष्टे सुभगाकारे सौभाग्येन विकत्थसे ॥
चलं हि तव सौभाग्यं नद्याः स्रोत इवोष्णगे ॥ ६४
अक्षयं तु महद्देवी प्रवृत्तं त्वद्विनाशनम् ॥
रामं दशरथो राजा यौवराज्येऽभिषेक्ष्यति ॥ ६५
साऽस्म्यगाधे भये मग्ना दुःखशोकसमन्विता ॥
दह्यमानानलेनेव त्वद्धितार्थमिहागता ॥ ६६

नराधिपकुले जाता महिषी त्वं महीपतेः ॥
उग्रत्वं राजधर्माणां कथं देवि न बुध्यसे ॥ ६७
उपस्थितः प्रयुञ्जानस्त्वयि सान्त्वमनर्थकम् ॥
अर्थेनैवाद्य ते भर्ता कौसल्यां योजयिष्यति ॥ ६८
अपवाह्य तु दुष्टात्मा भरतं तव बन्धुषु ॥
काल्ये स्थापयिता रामं राज्ये निहतकण्टके ॥ ६९
शत्रुः पतिप्रवादेन मात्रेव हितकाम्यया ॥
आशीविष इवाङ्केन बाले परिधृतस्त्वया ॥ ७०
सा प्राप्तकालं कैकेयि क्षिप्रं कुरु हितं तव ॥
त्रायस्व पुत्रमात्मानं मां च विस्मयदर्शने ॥ ७१
मन्थराया वचः श्रुत्वा शयनात्सा शुभानना ॥
उत्तस्थौ हर्षसंपूर्णा चन्द्रलेखेव शारदी ॥ ७२
इदं तु मन्थरे मह्यमाख्यातं परमं प्रियम् ॥
रामे वा भरते वाऽहं विशेषं नोपलक्षये ॥
तस्मात्तुष्टाऽस्मि यद्राजा रामं राज्येऽभिषेक्ष्यति ॥ ७३
मन्थरा त्वभ्यसूयैनामुवाचेदं हि दुःखिता ॥
हर्षं किमर्थमस्थाने कृतवत्यसि बालिशे ॥ ७४
शोकसागरमध्यस्थं नात्मानमवबुध्यसे ॥ ७५
सुभगा किल कौसल्या यस्याः पुत्रोऽभिषेक्ष्यते ॥
यौवराज्येन महता श्वः पुष्येण द्विजोत्तमैः ॥ ७६
प्राप्तां वसुमतीं प्रीतिं प्रतीतां हतविद्विषम् ॥
उपस्थास्यसि कौसल्यां दासीवत्त्वं कृताञ्जलिः ॥ ७७
एवं च त्वं सहास्माभिस्तस्याः प्रेष्या भविष्यसि ॥
पुत्रश्च तव रामस्य प्रेष्यत्वं हि गमिष्यति ॥ ७८
भविता राघवो राजा राघवस्य च यः सुतः ॥
राजवंशात्तु भरतः कैकेयि परिहास्यते ॥ ७९
ध्रुवं तु भरतं रामः प्राप्य राज्यमकण्टकम् ॥
देशान्तरं नाययिता लोकान्तरमथापि वा ॥ ८०

श्रूयते हि द्रुमः कश्चिच्छेत्तव्यो वनजीवनैः ॥
सन्निकर्षादिषीकाभिर्मोचितः परमाद्भयात् ॥ ८१
तस्माद्राजगृहादेवं वनं गच्छतु राघवः ॥
एतद्धि रोचते मह्यं भृशं चापि हितं तव ॥ ८२
दर्पान्निराकृता पूर्वं त्वया सौभाग्यवत्तया ॥
राममाता सपत्नी ते कथं वैरं न यापयेत् ॥ ८३
एवमुक्ता तु कैकेयी क्रोधेन ज्वलितानना ॥
दीर्घमुष्णं विनिश्वस्य मन्थरामिदमब्रवीत् ॥ ८४
अद्य राममितः क्षिप्रं वनं प्रस्थापयाम्यहम् ॥
यौवराज्येन भरतं क्षिप्रमद्याभिषेचये ॥ ८५
इदं त्विदानीं संपश्य केनोपायेन साधये ॥
भरतः प्राप्नुयाद्राज्यं न तु रामः कथंचन ॥ ८६
एवमुक्ता तु सा देव्या मन्थरा पापदर्शिनी ॥
रामार्थमुपहिसन्तीं कैकेयीमिदमब्रवीत् ॥ ८७
हन्तेदानीं प्रपश्य त्वं कैकेयि श्रूयतां वचः ॥
यथा ते भरतो राज्यं पुत्रः प्राप्स्यति केवलम् ॥ ८८
पुरा देवासुरे युद्धे सहराजर्षिभिः पतिः ॥
अगच्छत्त्वामुपादाय देवराजस्य साह्यकृत् ॥ ८९
दिशमास्थाय कैकेयि दक्षिणां दण्डकान्प्रति ॥
वैजयन्तमिति ख्यातं पुरं यत्र तिमिध्वजम् ॥ ९०
स शम्बर इति ख्यातः शतमायो महासुरः ॥
ददौ शक्रस्य संग्रामं देवसंघैरनिन्दितः ॥ ९१
तस्मिन्महति संग्रामे पुरुषान्क्षतविक्षतान् ॥
रात्रौ प्रसुप्तान् घ्नन्ति स्म तरसाऽपास्य राक्षसाः ॥ ९२
तत्राकरोन्महायुद्धं राजा दशरथस्तदा ॥
असुरैश्च महाबाहु शस्त्रैश्च शकलीकृतः ॥ ९३
अपवाह्य त्वया देवि संग्रामान्नष्टचेतनः ॥
तत्रापि विक्षतः शस्त्रैः पतिस्ते रक्षितस्त्वया ॥ ९४

तुष्टेन तेन दत्तौ ते द्वौ वरौ शुभदर्शने ॥
स त्वयोक्तः पतिर्देवि यदिच्छेयं तदा वरम् ॥ ९५
गृह्णीयां तु तदा भर्तस्तथेत्युक्तं महात्मना ॥ ९६
तौ च याचस्व भर्तारं भरतस्याभिषेचनम् ॥
प्रव्राजनं च रामस्य वर्षाणि च चतुर्दश ॥ ९७
चतुर्दश हि वर्षाणि रामे प्रव्राजिते वनम् ॥
प्रजाभावगतस्नेहः स्थिरः पुत्रो भविष्यति ॥ ९८
क्रोधागारं प्रविश्याद्य क्रुधेवाश्वपतेः सुते ॥
शेष्वानन्तर्हितायां त्वं भूमौ मलिनवासिनी ॥ ९९
दयिता त्वं सदा भर्तुरत्र मे नास्ति संशयः ॥
त्वत्कृते च महाराजो विशेदपि हुताशनम् १००
मणिमुक्तासुवर्णानि रत्नानि विविधानि च ॥
दद्याद्दशरथो राजा मा स्म तेषु मनः कृथाः ॥ १०१
तथा प्रोत्साहिता देवी गत्वा मन्थरया सह ॥
क्रोधागारं विशालाक्षी सौभाग्यमदगर्विता ॥
अशेत शतसाहस्रं मुक्ताहारं वराङ्गना ॥ १०२
अवमुच्य वरार्हाणि शुभान्याभरणानि च ॥
अपविद्धानि कैकेय्या तानि भूमिं प्रपेदिरे ॥ १०३
तया तान्यपविद्धानि माल्यान्याभरणानि च ॥
अशोभयन्त वसुधां नक्षत्राणि यथा नभः ॥ १०४

अथ तृतीयः सर्गः ।

प्रियार्हां प्रियमाख्यातुं विवेशान्तः पुरं वशी ॥
स कैकेय्या गृहं श्रेष्ठं प्रविवेश महायशाः ॥ १०५
पाण्डुराभ्रमिवाकाशं राहुयुक्तं निशाकरः ॥
शुकबर्हिसमायुक्तं क्रौञ्चहंसरुतायुतम् ॥ १०६

वादित्ररवसंघुष्टं कुब्जावामनिकायुतम् ॥
लतागृहैश्चित्रगृहैश्चम्पकाशोकशोभितैः ॥ १०७
दान्तराजतसौवर्णवेदिकाभिः समायुतम् ॥
नित्यपुष्पफलैर्वृक्षैर्वापीभिरुपशोभितम् ॥ १०८
उपपन्नं महार्हैश्च भूषणैस्त्रिदिवोपमम् ॥
प्रविवेश महाराजः स्वमन्तःपुरमृद्धिमत् ॥ १०९
न ददर्श स्त्रियं राजा कैकेयीं शयनोत्तमे ॥
न हि तस्य पुरा देवी तां वेलामत्यवर्तत ॥ ११०
प्रतीहारी त्वथोवाच संत्रस्ता तु कृताञ्जलिः ॥
देव देवी भृशं क्रुद्धा क्रोधागारमभिद्रुता ॥ १११
तत्र तां पतितां भूमौ शयानामतथोचिताम् ॥
प्रतप्त इव दुःखेन सोऽपश्यज्जगतीपतिः ॥ ११२
स वृद्धस्तरुणीं भार्यां प्राणेभ्योऽपि गरीयसीम् ॥
अपापः पापसंकल्पां ददर्श धरणीतले ॥ ११३
परिमृज्य च पाणिभ्यामभिसंत्रस्तचेतनः ॥
कामी कमलपत्राक्षीमुवाच वनितामिदम् ॥ ११४
न तेऽहमभि जानामि क्रोधमात्मनि संश्रुतम् ॥
देवी केनाभियुक्ताऽसि केन वाऽसि विमानिता ॥ ११५
यदिदं मम दुःखाय शेषे कल्याणि पांसुषु ॥
भूमौ शेषे किमर्थं त्वं मयि कल्याणचेतसि ॥ ११६
करिष्यामि तव प्रीतिं सुकृतेनापि ते शपे ॥
यावदावर्तते चक्रं तावती मे वसुंधरा ॥ ११७
कै०उ०—नास्मि विप्रकृता देव केनचिन्नावमानिता ॥
अभिप्रायस्तु मे कश्चित्तमिच्छामि त्वया कृतम् ॥ ११८
प्रतिज्ञां प्रतिजानीष्व यदि त्वं कर्तुमिच्छसि ॥
अथ ते व्याहरिष्यामि यथाभिप्रार्थितं मया ॥ ११९
तामुवाच महाराजः कैकेयीमीषदुत्स्मयः ॥
कामी हस्तेन संगृह्य मूर्धजेषु भुवि स्थिताम् ॥ १२०

अवलिप्ते न जानासि त्वत्तः प्रियतरो मम ॥
मनुजो मनुजव्याघ्राद्रामादन्यो न विद्यते ॥ १२१
तेनाजय्येन मुख्येन राघवेण महात्मना ॥
शपे ते जीवनार्हेण ब्रूहि यन्मनसेप्सितम् ॥ १२२
बलमात्मनि पश्यन्ती न विशङ्कितुमर्हसि ॥
करिष्यामि तव प्रीतिं सुकृतेनापि ते शपे ॥ १२३
तेन वाक्येन संहृष्टा तमभिप्रायमात्मनः ॥
व्याजहार महाघोरमभ्यागतमिवान्तकम् ॥ १२४
कै० उ० —यथा क्रमेण शपसे वरं मम ददासि च ॥
तच्छृण्वन्तु त्रयस्त्रिंशद्देवाः सेन्द्रपुरोगमाः ॥ १२५
चन्द्रादित्यौ नभश्चैव ग्रहा रात्र्यहनी दिशः ॥
जगच्च पृथिवी चेयं सगन्धर्वाः सराक्षसाः ॥ १२६
सत्यसंधो महातेजा धर्मज्ञः सत्यवाक् शुचिः ॥
वरं मम ददात्येष सर्वे शृण्वन्तु देवताः ॥ १२७
अभिषेकसमारंभो राघवस्योपकल्पितः ॥
अनेनैवाभिषेकेण भरतो मेऽभिषिच्यताम् ॥ १२८
नव पञ्च च वर्षाणि दण्डकारण्यमाश्रितः ॥
चीराजिनधरो धीरो रामो भवतु तापसः ॥ १२९
भरतो भजतामद्य यौवराज्यमकण्टकम् ॥
एष मे परमः कामो दत्तमेव वरं वृणे ॥
अद्य चैव हि पश्येयं प्रयान्तं राघवं वने ॥ १३०
ततः श्रुत्वा महाराजः कैकेय्या दारुणं वचः ॥
चिन्तामभिसमापेदे मुहूर्तं प्रतताप च ॥ १३१
प्रतिलभ्य ततः संज्ञां कैकेयीवाक्यतापितः ॥
असंवृतायामासीनो जगत्यां दीर्घमुच्छ्वसन् ॥ १३२
मण्डले पन्नगो रुद्धो मन्त्रैरिव महाविषः ॥
अहो धिगिति सामर्षो वाचमुक्त्वा नराधिपः ॥ १३३

मोहमापेदिवान् भूयः शोकोपहतचेतनः ॥
चिरेण तु नृपः संज्ञां प्रतिलभ्य सुदुःखितः ॥ १३४
कैकयीमब्रवीत्क्रुद्धो निर्दहन्निव तेजसा ॥
नृशंसे दुष्टचारित्रे कुलस्यास्य विनाशिनि ॥ १३५
किं कृतं तव रामेण पापे पापं मया विना ॥
सदा ते जननीतुल्यां वृत्तिं वहति राघवः ॥
तस्यैवं त्वमनर्थाय किंनिमित्तमिहोद्यता ॥ १३६
त्वं मयाऽऽत्मविनाशाय भवनं स्वं निवेशिता ॥
अविज्ञानान्नृपसुता व्याली तीक्ष्णविषा यथा ॥ १३७
जीवलोको यदा सर्वो रामस्याह गुणस्तवम् ॥
अपराधं कमुद्दिश्य त्यक्ष्यामीष्टमहं सुतम् ॥ १३८
कौसल्यां च सुमित्रां च त्यजेयमपि वा श्रियम् ॥
जीवितं चात्मना रामं न त्वेव पितृवत्सलम् ॥ १३९
परा भवति मे प्रीतिर्दृष्ट्वा तनयमग्रजम् ॥
अपश्यतस्तु मे रामं नष्टं भवति चेतनम् ॥ १४०
तिष्ठेल्लोको विना सूर्यं सस्यं वा सलिलं विना ॥
नतु रामं विना देहे तिष्ठेत्तु मम जीवितम् ॥ १४१
तदलं त्यजतामेष निश्चयः पापनिश्चये ॥
अपि ते चरणौ मूर्ध्ना स्पृशाम्येष प्रसीद मे ॥ १४२
इक्ष्वाकूणां कुले देवि संप्राप्तः सुमहानयम् ॥
अनयो नयसंपन्ने यत्र ते विकृता मतिः ॥ १४३
नहि किंचिदयुक्तं वा विप्रियं वा पुरा मम ॥
अकरोस्त्वं विशालाक्षि तेन न श्रद्दधामि ते ॥ १४४
तस्य धर्मात्मनो देवि वने वासं यशस्विनः ॥
कथं रोचयसे भीरु नव वर्षाणि पञ्च च ॥ १४५
अत्यन्तसुकुमारस्य तस्य धर्मे कृतात्मनः ॥
कथं रोचयसे वासमरण्ये भृशदारुणे ॥ १४६

मम वृद्धस्य कैकेयी गतान्तस्य तपस्विनः ॥
दीनं लालप्यमानस्य कारुण्यं कर्तुमर्हसि ॥ १४७
पृथिव्यां सागरान्तायां यत्किंचिदधिगम्यते ॥
तत्सर्वं तव दास्यामि मा च त्वं मृत्युमाविश ॥ १४८
इति दुःखाभिसंतप्तं विलपन्तमचेतनम् ॥
घूर्णमानं महाराजं शोकेन समभिप्लुतम् ॥ १४९
पारं शोकार्णवस्याशु प्रलपन्तं पुनः पुनः ॥
प्रत्युवाचाथ कैकेयी रौद्राद्रौद्रतरं वचः ॥ १५०
यदि दत्वा वरौ राजन्पुनः प्रत्यनुतप्यसे ॥
धार्मिक त्वं कथं वीर पृथिव्यां कथयिष्यसि ॥ १५१
यदा समेता बहवस्त्वया राजर्षयः सह ॥
प्रथयिष्यन्ति धर्मज्ञाः तत्र किं प्रतिवक्ष्यसि ॥ १५२
शैब्यः श्येनकपोतीये स्वमांसं पक्षिणे ददौ ॥
अलर्कश्चक्षुषी दत्वा जगाम गतिमुत्तमाम् ॥ १५३
सागरः समयं कृत्वा न वेलामतिवर्तते ॥
समयं मानृतं कार्षीः पूर्ववृत्तमनुस्मरन् ॥ १५४
स त्वं धर्मं परित्यज्य रामं राज्येऽभिषिच्य च ॥
सह कौसल्यया नित्यं रन्तुमिच्छसि दुर्मते ॥ १५५
अहं हि विषमद्यैव पीत्वा बहु तवाग्रतः ॥
पश्यतस्ते मरिष्यामि रामो यद्यभिषिच्यते ॥ १५६
भरतेनात्मना चाहं शपे ते मनुजाधिप ॥
यथा नान्येन तुष्येयमृते रामविवासनात् ॥ १५७
एतावदुक्त्वा वचनं कैकेयी विरराम ह ॥
विलपन्तं च राजानं न प्रतिव्याजहार सा ॥ १५८
श्रुत्वा तु राजा कैकेय्या वाक्यं परमशोचनम् ॥
रामस्य च वनेवासमैश्वर्यं भरतस्य च ॥ १५९
नाभ्यभाषत कैकेयीं मुहूर्तं व्याकुलेन्द्रियः ॥
प्रैक्षतानिमिषो देवीं प्रियामप्रियवादिनीम् ॥ १६०

स देव्या व्यवसायं च घोरं च शपथं कृतम् ॥
ध्यात्वा रामेऽतिनिश्वस्य छिन्नस्तरुरिवापतत् ॥ १६१
दीनयाऽतुरया वाचा इति होवाच कैकेयीम् ॥
अनर्थमिममर्थाभं केन त्वमुपदेशिता ॥ १६२
तां तु मे सुकृतां बुद्धिं सुहृद्भिः सहनिश्चिताम् ॥
कथं द्रक्ष्याम्यपावृत्तां परैरिव हतां चमूम् ॥
किं मां वक्ष्यन्ति राजानो नानादिग्भ्यः समागताः ॥ १६३
नहि राममहं दृष्ट्वा प्रवसन्तं महावने ॥
चिरं जीवितुमाशंसे रुदन्तीं चापि मैथिलीम् ॥ १६४
अनार्य इति मामार्याः पुत्रविक्रायकं ध्रुवम् ॥
विकरिष्यन्ति रथ्यासु सुरापं ब्राह्मणं यथा ॥ १६५
चिरं खलु मया पापे त्वं पापेनाभिरक्षिता ॥
अज्ञानादुपसंपन्ना रज्जुरुद्बन्धनी यथा ॥ १६६
कौसल्यां च सुमित्रां च मां च पुत्रैस्त्रिभिः सह ॥
प्रक्षिप्य नरके सा त्वं कैकेयि सुखिता भव ॥ १६७
मृते मयि गते रामे वनं पुरुषपुङ्गवे ॥
सेदानीं विधवा राज्यं सपुत्रा कारयिष्यसि ॥ १६८
न जीवितं मेऽस्ति कुतः पुनः सुखं विनात्मजेनात्मवतां कुतो रतिः ॥
ममाहितं देवि न कर्तुमर्हसि स्पृशामि पादावपि ते प्रसीद मे ॥ १६९
स भूमिपालो विलपन्ननाथवत्स्त्रिया गृहीतो हृदयेतिमात्रया ॥
पपात देव्याश्चरणौ प्रसारितावुभावसंप्राप्य यथाऽतुरस्तथा ॥ १७०

अथ चतुर्थः सर्गः ।

तथा विलपतस्तस्य परिभ्रमितचेतसः ॥
अस्तमभ्यागमत्सूर्यो रजनी चाभ्यवर्तत ॥ १७१
सा त्रियामा तदार्तस्य चन्द्रमण्डलमण्डिता ॥
राज्ञो विलपमानस्य न व्यभासत शर्वरी ॥ १७२

सदैवोष्णं विनिश्वस्य वृद्धो दशरथो नृपः ॥
विललापार्तवद्दुःखं गगनासक्तलोचनः ॥ १७३
ततः प्रभातां रजनीमुदिते च दिवाकरे ॥
पुण्यनक्षत्रयोगे च मुहूर्ते च समागते ॥ १७४
वसिष्ठो गुणसंपन्नः शिष्यैः परिवृतस्तदा ॥
उपगृह्याशु संभारान्प्रविवेश पुरोत्तमम् ॥ १७५
सिक्तसंमार्जितपथां पताकोत्तमभूषिताम् ॥
संहृष्टमनुजोपेतां समृद्धविपणापणाम् ॥ १७६
तां पुरीं समतिक्रम्य पुरन्दरपुरोपमाम् ॥
ददर्शान्तः पुरं श्रीमान्नानाध्वजगणायुतम् ॥ १७७
तदन्तःपुरमासाद्य व्यतिचक्राम तं जनम् ॥
वसिष्ठः परमः प्रीतः परमर्षिभिरावृतः ॥ १७८
स त्वपश्यद्विनिष्क्रान्तं सुमन्त्रं नाम सारथिम्
द्वारे मनुजसिंहस्य सचिवं प्रियदर्शनम् ॥ १७९
तमुवाच महातेजाः सूतपुत्रं विशारदम् ॥
वसिष्ठः क्षिप्रमाचक्ष्व नृपतेर्मामिहागतम् ॥ १८०
त्वरयस्व महाराजं यथा समुदितेऽहनि ॥
पुण्यनक्षत्रयोगे च रामो राज्यमवाप्नुयात् ॥ १८१
इति तस्य वचः श्रुत्वा सूतपुत्रो महाबलः ॥
स्तुवन्नृपतिशार्दूलं प्रविवेश निवेशनम् ॥ १८२
तं तु पूर्वोदितं वृद्धं द्वारस्था राजसम्मताः ॥
न शेकुरभिसंरोद्धुं राज्ञः प्रियचिकीर्षवः ॥ १८३
स समीपस्थितो राज्ञस्तामवस्थामजज्ञिवान् ॥
वाग्भिः परमतुष्टाभिरभिष्टोतुं प्रचक्रमे ॥ १८४
ततस्तु राजा तं सूतं सन्नहर्षः सुतं प्रति ॥
शोकरक्तेक्षणः श्रीमानुद्वीक्ष्योवाच धार्मिकः ॥
वाक्यैस्तु खलु मर्माणि मम भूयो निकृन्तसि ॥ १८५

सुमन्त्रः करुणं श्रुत्वा दृष्ट्वा दीनं च पार्थिवम् ॥
प्रगृहीताञ्जलिः किंचित्तस्माद्देशादपाक्रमत् ॥ १८६
यदा वक्तुं स्वयं दैन्यान्न शशाक महीपतिः ॥
तदा सुमन्त्रं मन्त्रज्ञा कैकेयी प्रत्युवाच ह ॥ १८७
सुमन्त्र राजा रजनीं रामहर्षसमुत्सुकः ॥
प्रजागरपरिश्रान्तो निद्रावशमुमागतः ॥ १८८
तद्गच्छ त्वरितं सूत राजपुत्रं यशस्विनम् ॥
राममानय भद्रं ते नात्र कार्या विचारणा ॥ १८९
सू० उ०—अश्रुत्वा राजवचनं कथं गच्छामि भामिनि ॥
तच्छ्रुत्वा मन्त्रिणो वाक्यं राजा मन्त्रिणमब्रवीत् ॥ १९०
सुमन्त्र रामं द्रक्ष्यामि शीघ्रमानय सुन्दरम् ॥
स मन्यमानः कल्याणं हृदयेन ननन्द च ॥
निर्जगाम च स प्रीत्या त्वरितो राजशासनात् ॥ १९१
स तदन्तःपुरद्वारं समतीत्य जनाकुलम् ॥
अविविक्तां ततः कक्ष्यामाससाद पुराणवित् ॥ १९२
तं वैश्रवणसंकाशमुपविष्टं स्वलङ्कृतम् ॥
ददर्श सूतः पर्यंके सौवर्णे सोत्तरच्छदे ॥ १९३
स्थितया पार्श्वतश्चापि बालव्यजनहस्तया ॥
उपेतं सीतया भूयश्चित्रया शशिनं यथा ॥ १९४
तं तपन्तमिवादित्यमुपपन्नं स्वतेजसा ॥
ववन्दे वरदं बन्दी विनयज्ञो विनीतवत् ॥ १९५
प्राञ्जलिः सुमुखं दृष्ट्वा विहारशयनासने ॥
राजपुत्रमुवाचेदं सुमन्त्रो राजसत्कृतः ॥ १९६
कौसल्या सुप्रजा राम पिता त्वां द्रष्टुमिच्छति ॥
महिष्याऽपि कैकेय्या गम्यतां तत्र मा चिरम् ॥ १९७
एवमुक्तस्तु संहृष्टो नरसिंहो महाद्युतिः ॥
ततः संमानयामास सीतामिदमुवाच ह ॥ १९८

देवि देवश्च देवी च समागम्य मदन्तरे ॥
मन्त्रयेते ध्रुवं किंचिदभिषेचनसंहितम् ॥ १९९
हन्त शीघ्रमितो गत्वा द्रक्ष्यामि च महीपतिम् ॥
सह त्वं परिवारेण सुखमास्व रमस्व च ॥ २००
पतिसंमानिता सीता भर्तारमसितेक्षणा ॥
आद्वारमनुवव्राज मङ्गलान्यभिदध्युषी ॥ २०१
स सर्वाः समतिक्रम्य कक्ष्या दशरथात्मजः ॥
सन्निवर्त्य जनं सर्वं शुद्धान्तःपुरमत्यगात् ॥ २०२
स ददर्शासने रामो विषण्णं पितरं शुभे ॥
कैकेय्या सहितं दीनं मुखेन परिशुष्यता ॥ २०३
स पितुश्चरणौ पूर्वमभिवाद्य विनीतवत् ॥
ततो ववन्दे चरणौ कैकेय्याः सुसमाहितः ॥ २०४
रामेत्युक्त्वा तु वचनं बाष्पपर्याकुलेक्षणः ॥
शशाक नृपतिर्दीनो नेक्षितुं नाभिभाषितुम् ॥ २०५
तदपूर्वं नरपतेर्दृष्ट्वा रूपं भयावहम् ॥
रामोऽपि भयमापन्नः पदा स्पृष्ट्वेव पन्नगम् ॥ २०६
इन्द्रियैरप्रमत्तैस्तं शोकसंतापकर्षितम् ॥
निश्वसन्तं महाराजं व्यथिताकुलचेतसम् ॥ २०७
उर्मिमालिनमक्षोभ्यं क्षुभ्यन्तमिव सागरम् ॥
उपप्लुतमिवादित्यमुक्तानृतमृषिं यथा ॥ २०८
अचिन्त्यकल्पं नृपतेस्तं शोकमुपधारयन् ॥
बभूव संरब्धतरः समुद्र इव पर्वणि ॥ २०९
स दीन इव शोकार्तो विषण्णवदनद्युतिः ॥
कैकेयीमभिवाद्यैव रामो वचनमब्रवीत् ॥ २१०
कच्चिन्मया नापराद्धं अज्ञानाद्येन मे पिता ॥
कुपितस्तन्ममाचक्ष्व त्वमेवैनं प्रसादय ॥ २११
शारीरो मानसो वापि कच्चिदेनं न बाधते ॥
संतापो वाऽभितापो वा दुर्लभं हि सदा सुखम् ॥ २१२

काचिन्न किंचिद्भरते कुमारे प्रियदर्शने ॥
शत्रुघ्ने वा महासत्वे मातॄणां वा ममाशुभम् ॥ २१३
अतोषयन्महाराजमकुर्वन्वा पितुर्वचः ॥
मुहूर्त्तमपि नेच्छेयं जीवितुं कुपिते नृपे ॥ २१४
एवमुक्ता तु कैकेयी राघवेण महात्मना ॥
उवाचेदं सुनिर्लज्जा धृष्टमात्महितं वचः ॥ २१५
न राजा कुपितो राम व्यसनं नास्य किंचन ॥
किंचिन्मनोगतं त्वस्य त्वद्भयान्नानुभाषते ॥ २१६
प्रियं त्वामप्रियं वक्तुं वाणी नास्य प्रवर्तते ॥
तदवश्यं त्वया कार्यं यदनेन श्रुतं मम ॥ २१७
एष मह्यं वरं दत्वा पुरा मामभिपूज्य च ॥
स पश्चात्तप्यते राजा यथाऽन्यः प्राकृतस्तथा ॥ २१८
अतिसृज्य ददानीति वरं मम विशांपतिः ॥
स निरर्थं गतजले सेतुं बन्धितुमिच्छति ॥ २१९
धर्ममूलमिदं राम विदितं च सतामपि ॥
तत्सत्यं न त्यजेद्राजा कुपितस्त्वत्कृते यथा ॥ २२०
एतत्तु वचनं श्रुत्वा कैकेय्या समुदाहृतम् ॥
उवाच व्यथितो रामस्तां देवीं नृपसन्निधौ ॥ २२१
अहो धिङ्नार्हसे देवि वक्तुं मामीदृशं वचः ॥
अहं हि वचनाद्राज्ञः पतेयमपि पावके ॥ २२२
तद्ब्रूहि वचनं देवि राज्ञो यदभिकांक्षितम् ॥
करिष्ये प्रतिजाने च रामो द्विर्नाभिभाषते ॥ २२३
तमार्जवसमायुक्तमनार्या सत्यवादिनम् ॥
उवाच रामं कैकेयी वचनं भृशदारुणम् ॥ २२४
पुरा देवासुरे युद्धे पित्रा ते मम राघव ॥
रक्षितेन वरौ दत्तौ सशल्येन महारणे ॥ २२५
तत्र मे याचितो राजा भरतस्याभिषेचनम् ॥
गमनं दण्डकारण्ये तव चाद्यैव राघव ॥ २२६

यदि सत्यप्रतिज्ञं त्वं पितरं कर्तुमिच्छसि ॥
आत्मानं च नरश्रेष्ठ मम वाक्यमिदं शृणु ॥ २२७
सन्निदेशे पितुस्तिष्ठ यथाऽनेन प्रतिश्रुतम् ॥
त्वयाऽरण्यं प्रवेष्टव्यं नव वर्षाणि पञ्च च ॥ २२८
अभिषेकमिदं त्यक्त्वा जटाचीरधरो भव ॥
भरतः कोसलपतेः प्रशास्तु वसुधामिमाम् ॥ २२९
एतेन त्वां नरेन्द्रोऽयं कारुण्येन समाप्लुतः ॥
शोकैः संक्लिष्टवदनो न शक्नोति निरीक्षितुम् ॥ २३०
एतत्कुरु नरेन्द्रस्य वचनं रघुनन्दन ॥
सत्येन महता राम तारयस्व नरेश्वरम् ॥ २३१
तदप्रियममित्रघ्नो वचनं मरणोपमम् ॥
श्रुत्वा न विव्यथे रामः कैकेयीं चेदमब्रवीत् ॥ २३२
एवमस्तु गमिष्यामि वनं वस्तुमहं त्वितः ॥
जटाचीरधरो राज्ञः प्रतिज्ञामनुपालयन् ॥ २३३
इदं तु ज्ञातुमिच्छामि किमर्थं मां महीपतिः ॥
नाभिनन्दति दुर्धर्षो यथापूर्वमरिन्दमः ॥ २३४
मन्युर्न च त्वया कार्यो देवि ब्रूमि तवाग्रतः ॥
यास्यामि भव सुप्रीता वनं चीरजटाधरः ॥ २३५
हितेन गुरुणा पित्रा कृतज्ञेन नृपेण च ॥
नियुज्यमानो विस्रब्धः किन्न कुर्यामहं प्रियम् ॥ २३६
अलीकं मानसं त्वेकं हृदयं दहते मम ॥
स्वयं यन्नाह मां राजा भरतस्याभिषेचनम् ॥ २३७
तथाऽऽश्वासय ह्रीमन्तं किं त्विदं यन्महीपतिः ॥
वसुधासक्तनयनो मन्दमश्रूणि मुञ्चति ॥ २३८
गच्छन्तु चैवानयितुं दूताः शीघ्रजवैर्हयैः ॥
भरतं मातुलकुलादद्यैव नृपशासनात् ॥ २३९
दण्डकारण्यमेषोऽहं गच्छाम्येव हि सत्वरः ॥
अविचार्य पितुर्वाक्यं समा वस्तुं चतुर्दश ॥ २४०

सा हृष्टा तस्य तद्वाक्यं श्रुत्वा रामस्य कैकेयी ॥
प्रस्थानं श्रद्दधाना सा त्वरयामास राघवम् ॥ २४१
एवं भवतु यास्यन्ति दूताः शीघ्रजवैर्हयैः ॥
भरतं मातुलकुलादिहावर्तयितुं नराः ॥ २४२
तव त्वहं क्षमं मन्ये नोत्सुकस्य विलम्बनम् ॥
राम तस्मादितः शीघ्रं वनं त्वं गन्तुमर्हसि ॥ २४३
व्रीडान्वितः स्वयं यच्च नृपस्त्वां नाभिभाषते ॥
नैतत्किंचिन्नरश्रेष्ठ मन्युरेषोऽपनीयताम् ॥ २४४
यावत्त्वं न वनं यातः पुरादस्मादतित्वरन् ॥
पिता तावन्न ते राम स्नास्यते भोक्ष्यतेऽपि वा ॥ २४५
धिक्कष्टमिति निश्वस्य राजा शोकपरिप्लुतः ॥
मूर्च्छितो न्यपतत्तस्मिन्पर्यङ्के हेमभूषिते ॥ २४६
रामोऽप्युत्थाप्य राजानं कैकेय्याऽभिप्रचोदितः ॥
कशयेव हतो वाजी वनं गन्तुं कृतत्वरः ॥
न दृष्टपूर्वं कल्याणं सुखं वा पतिपौरुषे ॥
अपि पुत्रे विपश्येयमिति रामं स्थितं मया ॥
सा बहून्यमनोज्ञानि वाक्यानि हृदयच्छिदाम् ॥
अहं श्रोष्ये सपत्नीनामवराणां परा सती ॥ २४९
अतो दुःखतरं किन्नु प्रमदानां भविष्यति ॥
मम शोको विलापश्च यादृशोऽयमनन्तकः ॥
त्वयि सन्निहितेऽप्येवमहमासं निराकृता ॥ २५०
किं पुनः प्रोषिते तात ध्रुवं मरणमेव हि ॥
स्थिरं नु हृदयं मन्ये ममेदं यन्न दीर्यते ॥ २५१
भरतः पालयेद्राज्यं शुश्रूषेच्च पितुर्यथा ॥
तथा भवत्या कर्तव्यं स हि धर्मः सनातनः ॥ २५२
रामस्य तु वचः श्रुत्वा भृशं दुःखगतः पिता ॥
शोकादशक्नुवन्वक्तुं प्ररुरोद महास्वनम् ॥ २५३

अथ पञ्चमः सर्गः ।

वन्दित्वा चरणौ राज्ञो विसंज्ञस्य पितुस्तदा ॥
कैकेय्याश्चाप्यनार्याया निष्पपात महाद्युतिः ॥ २५४
स रामः पितरं कृत्वा कैकेयीं च प्रदक्षिणम् ॥
निष्क्रम्यान्तःपुरात्तस्मात्स्वं ददर्श सुहृज्जनम् ॥ २५५
तं बाष्पपरिपूर्णाक्षः पृष्ठतोऽनुजगाम ह ॥
लक्ष्मणः परमक्रुद्धः सुमित्रानन्दवर्धनः ॥ २५६
अभिषेचनिकं भाण्डं कृत्वा रामः प्रदक्षिणम् ॥
शनैर्जगाम सापेक्षो दृष्टिं तत्राविचालयन् ॥ २५७
न चास्य महतीं लक्ष्मीं राज्यनाशोऽपकर्षति ॥
लोककान्तस्य कान्तत्वाच्छीतरश्मेरिव क्षयः ॥ २५८
न वनं गन्तुकामस्य त्यजतश्च वसुंधराम् ॥
सर्वलोकातिगस्यैव लक्ष्यते चित्तविक्रिया ॥ २५९
~~प्रतिषिध्य शुभं छत्रं व्यजने च स्वलंकृतम्~~ ॥
तु ज्ञातुमिच्छामि किमयं मां महीपतिः ॥
भिनन्दति दुर्धर्षो यथापूर्वमरिन्दमः ॥ २३४ ६०
र्न च त्वया कार्यो देवि ब्रूमि तवाग्रतः ॥
ष्यामि भव सुप्रीता वनं चीरजटाधरः ॥ २३५ ६१
न गुरुणा पित्रा कृतज्ञेन नृपेण च ॥
युज्यमानो विस्रब्धः किन्न कुर्यामहं प्रियम् ॥ २३६ ६२
लीकं मानसं त्वेकं हृदयं दहते मम ॥
यं यन्नाह मां राजा भरतस्याभिषेचनम् ॥ २३७ ६३
ाऽऽश्वासय ह्रीमन्तं किं त्विदं यन्महीपतिः ॥
परिष्वक्तश्च बाहुभ्यामवघ्रातश्च मूर्धनि ॥ २६४
तमुवाच दुराधर्षं राघवं सुतमात्मनः ॥
कौसल्या पुत्रवात्सल्यादिदं प्रियहितं वचः ॥ २६५
वृद्धानां धर्मशीलानां राजर्षीणां महात्मनाम् ॥
प्राप्नुह्यायुश्च कीर्तिं च धर्मं चाप्युचितं कुले ॥ २६६

स स्वभावविनीतश्च गौरवाच्च तथा नतः ॥
प्रस्थितो दण्डकारण्यमाप्रष्टुमुपचक्रमे ॥ २६७
देवि नूनं न जानीषे महद्भयमुपस्थितम् ॥
इदं तव च दुःखाय वैदेह्या लक्ष्मणस्य च ॥ २६८
चतुर्दश हि वर्षाणि वत्स्यामि विजने वने ॥
भरताय महाराजो यौवराज्यं प्रयच्छति ॥ २६९
सा निकृत्तेव सालस्य यष्टिः परशुना वने ॥
पपात सहसा देवी देवतेव दिवश्च्युता ॥ २७०
उपावृत्योत्थितां दीनां वडवामिव वाहिताम् ॥
पांसुगुण्ठितसर्वाङ्गीं विममर्श च पाणिना ॥ २७१
सा राघवमुपासीनमसुखार्ता सुखोचिता ॥
उवाच पुरुषव्याघ्रमुपशृण्वति लक्ष्मणे ॥ २७२
एक एव हि वन्ध्यायाः शोको भवति मानसः ॥
अप्रजाऽस्मीति सन्तापो न ह्यन्यः पुत्र विद्यते ॥ २७३
न दृष्टपूर्वं कल्याणं सुखं वा पतिपौरुषे ॥
अपि पुत्रे विपश्येयमिति राम स्थितं मया ॥ २७४
सा बहून्यमनोज्ञानि वाक्यानि हृदयच्छिदाम् ॥
अहं श्रोष्ये सपत्नीनामवराणां परा सती ॥ २७५
अतो दुःखतरं किन्नु प्रमदानां भविष्यति ॥
मम शोको विलापश्च यादृशोऽयमनन्तकः ॥ २७६
त्वयि सन्निहितेऽप्येवमहमासं निराकृता ॥
किं पुनः प्रोषिते तात ध्रुवं मरणमेव हि ॥ २७७
स्थिरं नु हृदयं मन्ये ममेदं यन्न दीर्यते ॥
प्रावृषीव महानद्या स्पृष्टं कूलं नवाम्भसा ॥ २७८
विलपन्तीं तथा दीनां कौसल्यां जननीं ततः ॥
उवाच रामो धर्मात्मा वचनं धर्मसंहितम् ॥ २७९
नास्ति शक्तिः पितुर्वाक्यं समतिक्रमितुं मम ॥
प्रसादये त्वां शिरसा गन्तुमिच्छाम्यहं वनम् ॥ २८०

ऋषिणा च पितुर्वाक्यं कुर्वता वनचारिणा ॥
गौर्हता जानता धर्मं कण्डुना च विपश्चिता ॥ २८१
अस्माकं तु कुले पूर्वं सगरस्याज्ञया पितुः ॥
खनद्भिः सागरैर्भूमिमवाप्तः सुमहान्वधः ॥ २८२
जामदग्न्येन रामेण रेणुका जननी स्वयम् ॥
कृत्ता परशुनाऽरण्ये पितुर्वचनकारणात् ॥ २८३
धर्मो हि परमो लोके धर्मे सत्यं प्रतिष्ठितम् ॥
धर्मसंश्रितमप्येतत्पितुर्वचनमुत्तमम् ॥ २८४
अनुमन्यस्व मां देवि गमिष्यन्तमितो वनम् ॥
शापिताऽसि मम प्राणैः कुरु स्वस्त्ययनानि मे ॥ २८५
तीर्णप्रतिज्ञश्च वनात्पुनरेष्याम्यहं पुरीम् ॥
ययातिरिव राजर्षिः पुरा हित्वा पुनर्दिवम् ॥ २८६
त्वया मया च वैदेह्या लक्ष्मणेन सुमित्रया ॥
पितुर्नियोगे स्थातव्यमेष धर्मः सनातनः ॥ २८७
तं समीक्ष्य व्यवसितं पितुर्निर्देशपालने ॥
कौसल्या बाष्पसंरुद्धा वचो धर्मिष्ठमब्रवीत् ॥ २८८
गमने सुकृतां बुद्धिं न ते शक्नोमि पुत्रक ॥
विनिवर्तयितुं वीर नूनं कालो दुरत्ययः ॥ २८९
गच्छ पुत्र त्वमेकाग्रो भद्रं तेऽस्तु सदा विभो ॥
पुनस्त्वयि निवृत्ते तु भविष्यामि गतक्लमा ॥ २९०
प्रत्यागते महाभागे कृतार्थे चरितव्रते ॥
पितुरानृण्यतां प्राप्ते स्वपिष्ये परमं सुखम् ॥ २९१
यं पालयसि धर्मं त्वं प्रीत्या च नियमेन च ॥
स वै राघवशार्दूल धर्मस्त्वामभिरक्षतु ॥ २९२
यानि दत्तानि तेऽस्त्राणि विश्वामित्रेण धीमता ॥
तानि त्वामभिरक्षन्तु गुणैः समुदितं सदा ॥ २९३
पितृशुश्रूषया पुत्र मातृशुश्रूषया तथा ॥
सत्येन च महाबाहो चिरं जीवाभिरक्षितः ॥ २९४

राक्षसानां पिशाचानां रौद्राणां क्रूरकर्मणाम् ॥
क्रव्यादानां च सर्वेषां मा भूत्पुत्रक ते भयम् ॥ २९५
इति माल्यैः सुरगणान्गन्धैश्चापि यशस्विनी ॥
स्तुतिभिश्चानुरूपाभिरानर्चायतलोचना ॥ २९६
अतीव चाश्रुप्रतिपूर्णलोचना समाप्य च स्वस्त्ययनं यथाविधि ॥
प्रदक्षिणं चापि चकार राघवं पुनः पुनश्चापि निरीक्ष्य सस्वजे ॥ २९७
तया हि देव्या च कृतप्रदक्षिणो निपीड्य मातुश्चरणौ पुनः पुनः ॥
जगाम सीतानिलयं महायशाः स राघवः प्रज्वलितस्तया श्रिया २९८

अथ षष्ठः सर्गः ।

वैदेही चापि तत्सर्वं न शुश्राव तपस्विनी ॥
तदेव हृदि तस्याश्च यौवराज्याभिषेचनम् ॥ २९९
देवकार्यं स्म सा कृत्वा कृतज्ञा हृष्टचेतना ॥
अभिज्ञा राजधर्माणां राजपुत्री प्रतीक्षती ॥ ३००
प्रविवेशाथ रामस्तु स्ववेश्म सुविभूषितम् ॥
प्रहृष्टजनसंपूर्णं श्रिया किंचिदवाङ्मुखः ॥ ३०१
अथ सीता समुत्पत्य वेपमाना च तं पतिम् ॥
अपश्यच्छोकसन्तप्तं चिन्ताव्याकुलितेन्द्रियम् ॥ ३०२
तां दृष्ट्वा स हि धर्मात्मा न शशाक मनोगतम् ॥
तं शोकं राघवः सोढुं ततो विवृततां गतः ॥ ३०३
विवर्णवदनं दृष्ट्वा तं प्रस्विन्नममर्षणम् ॥
आह दुःखाभिसन्तप्ता किमिदानीमिदं प्रभो ॥ ३०४
अद्य बार्हस्पतः श्रीमान्युक्तः पुष्येण राघव ॥
प्रोच्यते ब्राह्मणैः प्राज्ञैः केन त्वमसि दुर्मनाः ॥ ३०५
न ते शतशलाकेन जलफेननिभेन च ॥
आवृत्तं वदनं वल्गु छत्रेणाभिविराजते ॥ ३०६

व्यजनाभ्यां च मुख्याभ्यां शतपत्रनिभेक्षणम् ॥
चन्द्रहंसप्रकाशाभ्यां वीज्यते न तवाननम् ॥ ३०७
वाग्मिनो बन्दिनश्चापि प्रहृष्टास्त्वां नरर्षभ ॥
स्तुवन्तो नाद्य दृश्यन्ते मङ्गलैः सूतमागधाः ॥ ३०८
अपूर्वो मुखवर्णश्च न प्रहर्षश्च लक्ष्यते ॥ ३०९
इतीव विलपन्तीं तां प्रोवाच रघुनन्दनः ॥
सीते तत्रभवाँस्तातः प्रव्राजयति मां वनम् ॥ ३१०
कुले महति संभूते धर्मज्ञे धर्मचारिणि ॥
शृणु जानकि येनेदं क्रमेणाद्यागतं मम ॥ ३११
राज्ञा सत्यप्रतिज्ञेन पित्रा दशरथेन वै ॥
कैकेय्यै मम मात्रे तु पुरा दत्तौ महावरौ ॥ ३१२
तयाऽद्य मम सज्जेऽस्मिन्नभिषेके नृपोद्यते ॥
प्रचोदितः स समयो धर्मेण प्रतिनिर्जितः ॥ ३१३
चतुर्दश हि वर्षाणि वस्तव्यं दण्डके मया ॥
पित्रा मे भरतश्चापि यौवराज्ये नियोजितः ॥ ३१४
सोऽहं त्वामागतो द्रष्टुं प्रस्थितो विजनं वनम् ॥
भरतस्य समीपे ते नाहं कथ्यः कदाचन ॥ ३१५
ऋद्धियुक्ता हि पुरुषा न सहन्ते परस्तवम् ॥
तस्मान्न ते गुणाः कथ्या भरतस्याग्रतो मम ॥ ३१६
अहं चापि प्रतिज्ञां तां गुरोः समनुपालयन् ॥
वनमद्यैव यास्यामि स्थिरीभव मनस्विनि ॥ ३१७
याते च मयि कल्याणि वनं मुनिनिषेवितम् ॥
व्रतोपवासपरया भवितव्यं त्वयाऽनघे ॥ ३१८
कल्यमुत्थाय देवानां कृत्वा पूजां यथाविधि ॥
वन्दितव्यो दशरथः पिता मम जनेश्वरः ॥ ३१९
विप्रियं च न कर्त्तव्यं भरतस्य कदाचन ॥
स हि राजा च वैदेहि देशस्य च कुलस्य च ॥ ३२०

सा त्वं वसेह कल्याणि राज्ञः संमनुवर्तिनी ॥
भरतस्य रता धर्मे सत्यव्रतपरायणा ॥ ३२१

एवमुक्ता तु वैदेही प्रियार्हा प्रियवादिनी ॥
प्रणयादेव संक्रुद्धा भर्तारमिदमब्रवीत् ॥ ३२२

वीराणां राजपुत्राणां शस्त्रास्त्रविदुषां नृप ॥
अनर्हमयशस्यं च न श्रोतव्यं त्वयेरितम् ॥ ३२३

आर्यपुत्र पिता माता भ्राता पुत्रस्तथा स्नुषा ॥
स्वानि पुण्यानि भुञ्जानाः स्वं स्वं भाग्यमुपासते ॥ ३२४

भर्तुर्भाग्यं तु नार्येका प्राप्नोति पुरुषर्षभ ॥
अतश्चैवाहमादिष्टा वने वस्तव्यमित्यपि ॥ ३२५

न पिता नात्मजो वात्मा न माता न सखीजनः ॥
इह प्रेत्य च नारीणां पतिरेको गतिः सदा ॥ ३२६

यदि त्वं प्रस्थितो दुर्गं वनमद्यैव राघव ॥
अग्रतस्ते गमिष्यामि मृद्नन्ती कुशकण्टकान् ॥ ३२७

ईर्ष्यां रोषं बहिष्कृत्य भुक्तशेषमिवोदकम् ॥
नय मां वीर विस्रब्धः पापं मयि न विद्यते ॥ ३२८

अहं दुर्गं गमिष्यामि वनं पुरुषवर्जितम् ॥
नानामृगगणाकीर्णं शार्दूलगणसेवितम् ॥ ३२९

सुखं वने निवत्स्यामि यथैव भवने पितुः ॥
अचिन्तयन्ती त्रींल्लोकान् चिन्तयन्ती पतिव्रतम् ॥ ३३०

शुश्रूषमाणा ते नित्यं नियता ब्रह्मचारिणी ॥
सह रंस्ये त्वया वीर वनेषु मधुगन्धिषु ॥ ३३१

त्वं हि कर्तुं वने शक्तो राम संपरिपालनम् ॥
अन्यस्यापि जनस्येह किं पुनर्मम मानद ॥ ३३२

न ते दुःखं करिष्यामि निवसन्ती त्वया सदा ॥
अग्रतस्ते गमिष्यामि भोक्ष्ये भुक्तवति त्वयि ॥ ३३३

इच्छामि परतः शैलान्पल्वलानि सरांसि च ॥
द्रष्टुं सर्वत्र निर्भीता त्वया नाथेन धीमता ॥
हंसकारण्डवाकीर्णाः पद्मिनीः साधुपुष्पिताः ॥ ३३४
अनन्यभावामनुरक्तचेतसं त्वया वियुक्तां मरणाय निश्चिताम् ॥
नयस्व मां साधु कुरुष्व याचनां नातो मया ते गुरुता भविष्यति ३३५

अथ सप्तमः सर्गः ।

स एवं ब्रुवतीं सीतां धर्मज्ञां धर्मवत्सलः ॥
न नेतुं कुरुते बुद्धिं वने दुःखानि चिन्तयन् ॥ ३३६
सान्त्वयित्वा ततस्तां तु बाष्पदूषितलोचनाम् ॥
निवर्तनार्थे धर्मात्मा वाक्यमेतदुवाच ह ॥ ३३७
सीते महाकुलीनाऽसि धर्मे च निरता सदा ॥
इहाचर स्वधर्मं त्वं यथा मे मनसः सुखम् ॥ ३३८
सीते विमुच्यतामेषा वनवासकृता मतिः ॥
बहुदोषं हि कान्तारं वनमित्यभिधीयते ॥ ३३९
गिरिनिर्झरसंभूता गिरिनिर्दरिवासिनाम् ॥
सिंहानां निनदा दुःखाः श्रोतुं दुःखमतो वनम् ॥ ३४०
सग्रहाः सरितश्चैव पङ्कवत्यस्तु दुस्तराः ॥
मत्तैरपि गजैर्नित्यमतो दुःखतरं वनम् ॥ ३४१
लता कण्टकसंकीर्णाः कृकवाकूपनादिताः ॥
निरपाश्च सुदुःखाश्च मार्गा दुःखमतो वनम् ॥ ३४२
सुप्यते पर्णशय्यासु स्वयं भग्नासु भूतले ॥
रात्रिषु श्रमखिन्नेन तस्माद्दुःखमतो वनम् ॥ ३४३
अहोरात्रं च संतोषः कर्तव्यो नियतात्मना ॥
फलैर्वृक्षावपतितैः सीते दुःखमतो वनम् ॥ ३४४
अतीववातस्तिमिरं बुभुक्षा चास्ति नित्यशः ॥
भयानि च महान्त्यत्र अतो दुःखतरं वनम् ॥ ३४५

सरीसृपाश्च बहवो बहुरूपाश्च भामिनि ॥
चरन्ति पथि ते दर्पात्ततो दुःखतरं वनम् ॥ ३४६
द्रुमाः कण्टकिनश्चैव कुशाः काशाश्च भामिनि ॥
वने व्याकुलशाखाग्रास्तेन दुःखमतो वनम् ॥ ३४७
तदलं ते वनं गत्वा क्षेमं नहि वनं तव ॥
विमृशन्निव पश्यामि बहुदोषकरं वनम् ॥ ३४८
एतत्तु वचनं श्रुत्वा सीता रामस्य दुःखिता ॥
प्रसक्ताश्रुमुखी मन्दमिदं वचनमब्रवीत् ॥ ३४९
ये त्वया कीर्तिता दोषा वने वस्तव्यतां प्रति ॥
गुणानित्येव तान्विद्धि तव स्नेहपुरस्कृता ॥ ३५०
मृगाः सिंहा गजाश्चैव शार्दूलाः शरभास्तथा ॥
चमराः सृमराश्चैव ये चान्ये वनचारिणः ॥ ३५१
अदृष्टपूर्वरूपत्वात्सर्वे ते तव राघव ॥
रूपं दृष्ट्वाऽपसर्पेयुस्तव सर्वे हि बिभ्यति ॥ ३५२
त्वया च सह गन्तव्यं मया गुरुजनाज्ञया ॥
त्वद्वियोगेन मे राम त्यक्तव्यमिह जीवनम् ॥ ३५३
अथापि च महाप्राज्ञ ब्राह्मणानां मया श्रुतम् ॥
पुरा पितृगृहे सत्यं वस्तव्यं किल मे वने ॥ ३५४
लक्षणिभ्यो द्विजातिभ्यः श्रुत्वाऽहं वचनं गृहे ॥
वनवासकृतोत्साहा नित्यमेव महाबल ॥ ३५५
इह लोके च पितृभिर्या स्त्री यस्य महाबल ॥
अद्भिर्दत्ता स्वधर्मेण प्रेत्यभावेऽपि तस्य सा ॥ ३५६
एवमस्मात्स्वकां नारीं सुव्रतां हि पतिव्रताम् ॥
नाभिरोचयसे नेतुं त्वं मां केनेह हेतुना ॥ ३५७
यदि मां दुःखितामेवं वनं नेतुं न चेच्छसि ॥
विषमग्निं जलं वाऽहमास्थास्ये मृत्युकारणात् ॥ ३५८
द्युमत्सेनसुतं वीरं सत्यवन्तमनुव्रताम् ॥
सावित्रीमिव मां विद्धि त्वमात्मवशवर्तिनीम् ॥ ३५९

न त्वहं मनसा त्वन्यं द्रष्टाऽस्मि त्वदृतेऽनघ ॥
त्वया राघव गच्छेयं यथान्या कुलपांसनी ॥ ३६०
शाद्वलेषु यदा शिश्ये वनान्तर्वनगोचरा ॥
कुथास्तरणयुक्तेषु किं स्यात्सुखतरं ततः ॥ ३६१
यस्त्वया सह स स्वर्गो निरयो यस्त्वया विना ॥
इति जानन्परां प्रीतिं गच्छ राम मया सह ॥ ३६२
इमं हि सहितुं शोकं मुहूर्तमपि नोत्सहे ॥
किं पुनर्दश वर्षाणि त्रीणि चैकं च दुःखिता ॥ ३६३
इति सा शोकसंतप्ता विलप्य करुणं बहु ॥
चुक्रोश पतिमायस्ता भृशमालिङ्ग्य सत्वरम् ॥ ३६४
सा विद्धा बहुभिर्वाक्यैर्दिग्धैरिव गजाङ्गना ॥
चिरसंनियतं बाष्पं मुमोचाग्निमिवारणिः ॥ ३६५
तस्याः स्फटिकसंकाशं वारिसंतापसंभवम् ॥
नेत्राभ्यां परिसुस्राव पङ्कजाभ्यामिवोदकम् ॥ ३६६
तां परिष्वज्य बाहुभ्यां विसंज्ञामिव दुःखिताम् ॥
उवाच वचनं रामः परिविश्वासयंस्तदा ॥ ३६७
न देवि तव दुःखेन स्वर्गमप्यभिरोचये ॥
नहि मेऽस्ति भयं किंचित्स्वयंभोरिव सर्वतः ॥ ३६८
तव सर्वमभिप्रायमविज्ञाय शुभानने ॥
वासं न रोचयेऽरण्ये शक्तिमानपि रक्षणे ॥ ३६९
सा हि दिष्टानवद्याङ्गि वनाय मदिरेक्षणे ॥
अनुगच्छस्व मां भीरु सहधर्मचरी भव ॥ ३७०
सर्वथा सदृशं सीते मम स्वस्य कुलस्य च ॥
व्यवसायमनुक्रान्ता कान्ते त्वमतिशोभनम् ॥ ३७१
आरभस्व शुभश्रोणि वनवासक्षमाः क्रियाः ॥
ब्राह्मणेभ्यश्च रत्नानि भिक्षुकेभ्यश्च भोजनम् ॥
देहि चाशंसमानेभ्यः संत्वरस्व च मा चिरम् ॥ ३७२

अनुकूलं तु सा भर्तुर्ज्ञात्वा गमनमात्मनः ॥
क्षिप्रं प्रमुदिता देवी दातुमेव प्रचक्रमे ॥ ३७३
एवं श्रुत्वा स संवादं लक्ष्मणः पूर्वमागतः ॥
बाष्पपर्याकुलमुखः शोकं सोढुमशक्नुवन् ॥ ३७४
स भ्रातुश्चरणौ गाढं निपीड्य रघुनन्दनः ॥
सीतामुवाचातिशयां राघवं च महाव्रतम् ॥ ३७५
यदि गन्तुं कृता बुद्धिर्वनं मृगगजायुतम् ॥
अहं त्वाऽनुगमिष्यामि वनमग्रे धनुर्धरः ॥ ३७६
मया समेतोऽरण्यानि रम्याणि विचरिष्यसि ॥
पक्षिभिर्भृङ्गयूथैश्च संघुष्टानि समन्ततः ॥ ३७७
न देवलोकाक्रमणं नामरत्वमहं वृणे ॥
ऐश्वर्यं चापि लोकानां कामये न त्वया विना ॥ ३७८
एवं ब्रुवाणः सौमित्रिर्वनवासाय निश्चितः ॥
रामेण बहुभिः सान्त्वैर्निषिद्धः पुनरब्रवीत् ॥ ३७९
अनुज्ञातस्तु भवता पूर्वमेव यदस्म्यहम् ।
किमिदानीं पुनरपि क्रियते मे निवारणम् ॥ ३८०
रामस्त्वनेन वाक्येन सुप्रीतः प्रत्युवाच तम् ॥
व्रजापृच्छस्व सौमित्रे सर्वमेव सुहृज्जनम् ॥ ३८१
ये च राज्ञो ददौ दिव्ये महात्मा वरुणः स्वयम् ॥
जनकस्य महायज्ञे धनुषी रौद्रदर्शने ॥ ३८२
अभेद्ये कवचे दिव्ये तूणी चाक्षय्यसायकौ ॥
आदित्यविमलाभौ द्वौ खड्गौ हेमपरिष्कृतौ ॥ ३८३
सत्कृत्य निहितं सर्वमेतदाचार्यसद्मनि ॥
सर्वमायुधमादाय क्षिप्रमाव्रज लक्ष्मण ॥ ३८४
अहं प्रदातुमिच्छामि यदिदं मामकं धनम् ॥
ब्राह्मणेभ्यस्तपस्विभ्यस्त्वया सह परन्तप ॥ ३८५
नित्यस्वाध्यायशीलत्वान्नान्यत्कुर्वन्ति किंचन ॥
अलसा स्वादुकामाश्च महतां चापि संमताः ॥ ३८६

ततः पुरुषशार्दूलस्तद्धनं लक्ष्मणः स्वयम् ॥
यथोक्तं ब्राह्मणेन्द्राणामददाद्धनदो यथा ॥ ३८७
अथाब्रवीद्बाष्पगलांस्तिष्ठतश्चोपजीविनः ॥
स प्रदाय बहुद्रव्यमेकैकस्योपजीवनम् ॥ ३८८
लक्ष्मणस्य च यद्वेश्म गृहं च यदिदं मम ॥
अशून्यं कार्यमेकैकं यावदागमनं मम ॥ ३८९
इत्युक्त्वा दुःखितं सर्वं जनं तमुपजीविनम् ॥
द्विजेभ्यो बालवृद्धेभ्यः कृपणेभ्यो ह्यदापयत् ॥ ३९०

अथ अष्टमः सर्गः ।

दत्त्वा तु सह वैदेह्या ब्राह्मणेभ्यो धनं बहु ॥
जग्मतुः पितरं द्रष्टुं सीतया सह राघवौ ॥ ३९१
पदातिं सानुजं दृष्ट्वा ससीतं च जनास्तदा ॥
ऊचुर्बहुजना वाचः शोकोपहतचेतसः ॥ ३९२
या न शक्या पुरा द्रष्टुं भूतैराकाशगैरपि ॥
तामद्य सीतां पश्यन्ति राजमार्गगता जनाः ॥ ३९३
ततः कमलपत्राक्षः श्यामो निरुपमो महान् ॥
उवाच रामस्तं सूतं पितुराख्याहि मामिति ॥ ३९४
स रामप्रेषितः क्षिप्रं सन्तापकलुषेन्द्रियम् ॥
प्रविश्य नृपतिं सूतो निश्वसन्तं ददर्श ह ॥ ३९५
उपरक्तमिवादित्यं भस्मच्छन्नमिवानलम् ॥
तटाकमिव निस्तोयमपश्यज्जगतीपतिम् ॥ ३९६
आबोध्य च महाप्राज्ञः परमाकुलचेतनम् ॥
राममेवानुशोचन्तं सूतः प्राञ्जलिरब्रवीत् ॥ ३९७
अयं स पुरुषव्याघ्रो द्वारि तिष्ठति ते सुतः ॥
ब्राह्मणेभ्यो धनं दत्त्वा सर्वं चैवोपजीविनाम् ॥ ३९८

स त्वां पश्यतु भद्रं ते रामः सत्यपराक्रमः ॥
सर्वान्सुहृद आपृच्छय त्वां हीदानीं दिदृक्षते ॥ ३९९
गमिष्यति महारण्यं तं पश्य जगतीपते ॥
वृतं राजगुणैः सर्वैरादित्यमिव रश्मिभिः ॥ ४००
स सत्यवाक्यो धर्मात्मा गाम्भीर्यात्सागरोपमः ॥
आकाश इव निष्कम्पो नरेन्द्रः प्रत्युवाच तम् ॥ ४०१
सुमन्त्रानय मे दारान्ये केचिदिह मामकाः ॥
दारैः परिवृतः सर्वैर्द्रष्टुमिच्छामि राघवम् ॥ ४०२
आगतेषु च दारेषु समवेक्ष्य महीपतिः ॥
उवाच राजा तं सूतं सुमन्त्रानय मे सुतम् ॥ ४०३
स सूतो राममादाय लक्ष्मणं मैथिलीं तथा ॥
जगामाभिमुखस्तूर्णं सकाशं जगतीपतेः ॥ ४०४
स राजा पुत्रमायान्तं दृष्ट्वाऽऽचारात्कृताञ्जलिम् ॥
उत्पपातासनात्तूर्णमार्तः स्त्रीजनसंवृतः ॥ ४०५
सोऽभिदुद्राव वेगेन रामं दृष्ट्वा विशांपतिः ॥
तमसंप्राप्य दुःखार्तः पपात भुवि मूर्छितः ॥ ४०६
तं रामोऽभ्यपतत्क्षिप्रं लक्ष्मणश्च महारथः ॥
विसंज्ञमिव दुःखेन सशोकं नृपतिं तथा ॥ ४०७
स्त्रीसहस्रनिनादश्च संजज्ञे राजवेश्मनि ॥
हा हा रामेति सहसा भूषणध्वनिमिश्रितः ॥ ४०८
तं परिष्वज्य बाहुभ्यां तावुभौ रामलक्ष्मणौ ॥
पर्यङ्के सीतया सार्धं रुदन्तः समवेशयन् ॥ ४०९
अथ रामो मुहूर्तस्य लब्धसंज्ञं महीपतिम् ॥
उवाच प्राञ्जलिर्बाष्पशोकार्णवपरिप्लुतम् ॥ ४१०
आपृच्छे त्वां महाराज सर्वेषामीश्वरोऽसि नः ॥
प्रस्थितं दण्डकारण्यं पश्य त्वं कुशलेन माम् ॥ ४११
लक्ष्मणं चानुजानीहि सीता चान्वेतु मां वनम् ॥
कारणैर्बहुभिस्तथ्यैर्वार्यमाणौ न चेच्छतः ॥ ४१२

अनुजानीहि सर्वान्नः शोकमुत्सृज्य मानद ॥
लक्ष्मणं मां च सीतां च प्रजापतिरिवात्मजान् ॥ ४१३
प्रतीक्षमाणमव्यग्रमनुज्ञां जगतीपतेः ॥
उवाच राजा संप्रेक्ष्य वनवासाय राघवम् ॥ ४१४
अहं राघव कैकेय्या वरदानेन मोहितः ॥
अयोध्यायां त्वमेवाद्य भव राजा निगृह्य माम् ॥ ४१५
एवमुक्तो नृपतिना रामो धर्मभृतां वरः ॥
प्रत्युवाचाञ्जलिं कृत्वा पितरं वाक्यकोविदः ॥ ४१६
भवान्वर्षसहस्राय पृथिव्या नृपते पतिः ॥
अहं त्वरण्ये वत्स्यामि न मे राज्यस्य काङ्क्षिता ॥ ४१७
नव पञ्च च वर्षाणि वनवासे विहृत्य ते ॥
पुनः पादौ ग्रहीष्यामि प्रतिज्ञांते नराधिप ॥ ४१८
रुदन्नार्तः प्रियं पुत्रं सत्यपाशेन संयतः ॥
कैकेय्या चोद्यमानस्तु मिथो राजा तमब्रवीत् ॥ ४१९
श्रेयसे वृद्धये तात पुनरागमनाय च ॥
गच्छस्वारिष्टमव्यग्रः पन्थानमकुतोभयम् ॥ ४२०
नहि सत्यात्मनस्तात धर्माभिमनसस्तव ॥
सन्निवर्तयितुं बुद्धिः शक्यते रघुनन्दन ॥ ४२१
अद्य त्विदानीं रजनीं पुत्र मा गच्छ सर्वथा ॥
एकाहं दर्शनेनापि साधु तावच्चराम्यहम् ॥ ४२२
मातरं मां च संपश्यन्वसेमामद्य शर्वरीम् ॥
तर्पितः सर्वकामैस्त्वं श्वः कल्ये साधयिष्यसि ॥ ४२३
अथ रामस्तदा श्रुत्वा पितुरार्त्तस्य भाषितम् ॥
लक्ष्मणेन सह भ्रात्रा दीनो वचनमब्रवीत् ॥ ४२४
प्राप्स्यामि यानद्य गुणान्को मे श्वस्तान्प्रदास्यति ॥
अपक्रमणमेवातः सर्वकामैरहं वृणे ॥ ४२५
यस्तु युद्धे वरो दत्तः कैकेय्यै वरद त्वया ॥
दीयतां निखिलेनैव सत्यस्त्वं भव पार्थिव ॥ ४२६

मा विमर्शो वसुमती भरताय प्रदीयताम् ॥
न हि मे काङ्क्षितं राज्यं सुखमात्मनि वा प्रियम् ॥ ४२७
यथा निदेशं कर्तुं वै तवैव रघुनंदन ॥
अपगच्छतु ते दुःखं माभूर्बाष्पपरिप्लुतः ॥
नहि क्षुभ्यति दुर्धर्षः समुद्रः सरितां पतिः ॥ ४२८
त्वामहं सत्यमिच्छामि नानृतं पुरुषर्षभ ॥
प्रत्यक्षं तव सत्येन सुकृतेन च ते शपे ॥ ४२९
मा चोत्कण्ठा कृता देव वने रंस्यामहे वयम् ॥
प्रशान्तहरिणाकीर्णे नानाशकुनिनादिते ॥ ४३०
एवं स राजा व्यसनाभिपन्नस्तापेन दुःखेन च पीड्यमानः ॥
आलिङ्ग्य पुत्रं सुविनष्टसंज्ञो भूमिं गतो नैव विचेष्ट किंचित् ॥ ४३१
देव्यः समस्ता रुरुदुः समेतास्तां वर्जयित्वा नरदेवपत्नीम् ॥
रुदन्सुमित्रोऽपि जगाम मूर्च्छां हाहाकृतं तत्र बभूव सर्वम् ॥ ४३२

अथ नवमः सर्गः ।

ततः सुमन्त्रमैक्ष्वाकः पीडितोऽत्र प्रतिज्ञया ॥
सबाष्पमतिनिश्वस्य जगादेदं पुनर्वचः ॥ ४३३
सूत रत्नसुसंपूर्णा चतुर्विधबला चमूः ॥
राघवस्यानुयात्रार्थं क्षिप्रं प्रतिविधीयताम् ॥ ४३४
रा० उ०—त्यक्तभोगस्य मे राजन्वने वन्येन जीवतः ॥
किं कार्यमनुयात्रेण त्यक्तसंगस्य सर्वतः ॥ ४३५
यो हि दत्वा द्विपश्रेष्ठं कक्ष्यायां कुरुते मनः ॥
रज्जुस्नेहेन किं तस्य त्यजतः कुञ्जरोत्तमम् ॥ ४३६
सर्वाण्येवानुजानामि चीराण्येवानयन्तु मे ॥
खनित्रपिटके चोभे समानयत गच्छत ॥ ४३७
अथ चीराणि कैकेयी स्वयमाहृत्य राघवम् ॥
उवाच परिधत्स्वेति जनौघे निरपत्रपा ॥ ४३८

स चीरे पुरुषव्याघ्रः कैकेय्याः प्रतिगृह्य ते ॥
सूक्ष्मवस्त्रमवक्षिप्य मुनिवस्त्राण्यवस्त ह ॥ ४३९
लक्ष्मणश्चापि तत्रैव विहाय वसने शुभे ॥
तापसाच्छादने चैव जग्राह पितुरग्रतः ॥ ४४०
अथात्मपरिधानार्थं सीता कौशेयवासिनी ॥
संप्रेक्ष्य चीरं संत्रस्ता पृषती वागुरामिव ॥ ४४१
सा व्यपत्रपमाणेव प्रगृह्य च सुदुर्मनाः ॥
कैकेय्याः कुशचीरे ते जानकी शुभलक्षणा ॥ ४४२
अश्रुसंपूर्णनेत्रा च धर्मज्ञा धर्मदर्शिनी ॥
गन्धर्वराजप्रतिमं भर्तारमिदमब्रवीत् ॥ ४४३
कथं नु चीरं बध्नन्ति मुनयो वनवासिनः ॥
इति ह्यकुशला सीता सा मुमोह मुहुर्मुहुः ॥ ४४४
कृत्वा कण्ठे स्म सा चीरमेकमादाय पाणिना ॥
तस्थौ ह्यकुशला तत्र व्रीडिता जनकात्मजा ॥ ४४५
तस्यास्तत्क्षिप्रमागत्य रामो धर्मभृतां वरः ॥
चीरं बबन्ध सीतायाः कौशेयस्योपरि स्वयम् ॥ ४४६
रामं प्रेक्ष्य तु सीताया बध्नन्तं चीरमुत्तमम् ॥
अन्तःपुरचरा नार्यो मुमुचुर्वारि नेत्रजम् ॥ ४४७
ऊचुश्च परमायत्ता रामं ज्वलिततेजसम् ॥
वत्स नैव नियुक्तेयं वनवासे मनस्विनी ॥ ४४८
नेयमर्हति कल्याणी वस्तुं तापसवद्वने ॥
कुरु नो याचनां पुत्र सीता तिष्ठतु भामिनी ॥ ४४९
तासामेवंविधा वाचः शृण्वन्दशरथात्मजः ॥
बबन्धैव तथा चीरं सीतया तुल्यशीलया ॥ ४५०
चीरे गृहीते तु तया सबाष्पो नृपतेर्गुरुः ॥
निवार्य सीतां कैकेयीं वसिष्ठो वाक्यमब्रवीत् ॥ ४५१
अतिप्रवृत्ते दुर्मेधे कैकेयि कुलपांसिनि ॥
वञ्चयित्वा तु राजानं न प्रमाणेऽवतिष्ठसि ॥ ४५२

न गन्तव्यं वनं देव्या सीतया शीलवर्जिते ॥
अनुष्ठास्यति रामस्य सीता प्रकृतमासनम् ॥ ४५३

आत्मा हि दाराः सर्वेषां दारसंग्रहवर्तिनाम् ॥
आत्मेयमिति रामस्य पालयिष्यति मेदिनीम् ॥ ४५४

अथ यास्यति वैदेही वनं रामेण संगता ॥
वयमत्रानुयास्यामः पुरं चेदं गमिष्यति ॥ ४५५

अन्तपालाश्च यास्यन्ति सदारो यत्र राघवः ॥
सहोपजीव्यं राष्ट्रं च पुरं च सपरिच्छदम् ॥ ४५६

भरतश्च सशत्रुघ्नश्चीरवासा वनेचरः ॥
वने वसन्तं काकुत्स्थमनुवत्स्यति पूर्वजम् ॥ ४५७

ततः शून्यां गतजनां वसुधां पादपैः सह ॥
त्वमेका शाधि दुर्वृत्ता प्रजानामहिते स्थिता ॥ ४५८

नहि तद्भविता राष्ट्रं यत्र रामो न भूपतिः ॥
तद्वनं भविता राष्ट्रं यत्र रामो निवत्स्यति ॥ ४५९

न ह्यदत्तां महीं पित्रा भरतः शास्तुमिच्छति ॥
त्वयि वा पुत्रवद्वस्तुं यदि जातो महीपतेः ॥ ४६०

यद्यपि त्वं क्षितितलाद्गगनं चोत्पतिष्यसि ॥
पितृवंशचरित्रज्ञः सोऽन्यथा न करिष्यति ॥ ४६१

तत्त्वया पुत्रगर्धिन्या पुत्रस्य कृतमप्रियम् ॥
लोके न हि स विद्येत यो न राममनुव्रतः ॥ ४६२

द्रक्ष्यसेऽद्यैव कैकेयि पशुव्यालमृगद्विजान् ॥
गच्छतः सह रामेण पादपांश्च तदुन्मुखान् ॥ ४६३

अथोत्तमान्याभरणानि देवि देहि स्नुषायै व्यपनीय चीरम् ॥
न चीरमस्याः प्रविधीयतेति न्यवारयत्तद्वसनं वसिष्ठः ॥ ४६४

अथ दशमः सर्गः ।

तस्यां चीरं वसानायां नाथवत्यामनाथवत् ॥
प्रचुक्रोश जनः सर्वो धिक्त्वां दशरथं त्विति ॥ ४६५
तेन तत्र प्रणादेन दुःखितः स महीपतिः ॥
स निश्वस्योष्णमैक्ष्वाकस्तां भार्यामिदमब्रवीत् ॥ ४६६
सुकुमारी च बाला च सततं च सुखोचिता ॥
नेयं वनस्य योग्येति सत्यमाह गुरुर्मम ॥ ४६७
रामेण यदि ते पापे किंचित्कृतमशोभनम् ॥
अपकारः क इह ते वैदेह्या दर्शितोऽधमे ॥ ४६८
मृगीवोत्फुल्लनयना मृदुशीला मनस्विनी ॥
अपकारं कमिव ते करोति जनकात्मजा ॥ ४६९
ननु पर्याप्तमेवं ते पापे रामविवासनम् ॥
किमेभिः कृपणैर्भूयः पातकैरपि ते कृतैः ॥ ४७०
प्रतिज्ञातं मया तावत्त्वयोक्तं देवि शृण्वता ॥
रामं यदभिषेकाय त्वमिहागतमब्रवीः ॥ ४७१
तत्त्वेतत्समतिक्रम्य निरयं गन्तुमिच्छसि ॥
मैथिलीमपि या हि त्वमीक्षसे चीरवासिनीम् ॥ ४७२
एवं ब्रुवन्तं पितरं रामः संप्रस्थितो वनम् ॥
अवाक्शिरसमासीनमिदं वचनमब्रवीत् ॥ ४७३
इयं धार्मिक कौसल्या मम माता यशस्विनी ॥
वृद्धा चाक्षुद्रशीला च न च त्वां देव गर्हते ॥ ४७४
मया विहीनां वरद प्रपन्नां शोकसागरम् ॥
अदृष्टपूर्वव्यसनां भूयः संमन्तुमर्हसि ॥ ४७५
रामस्य तु वचः श्रुत्वा मुनिवेषधरं च तम् ॥
समीक्ष्य सह भार्याभी राजा विगतचेतनः ॥ ४७६
संज्ञां तु प्रतिलभ्यैव मुहूर्तात्स महीपतिः ॥
नेत्राभ्यामश्रुपूर्णाभ्यां सुमन्त्रमिदमब्रवीत् ॥ ४७७

औपवाह्यं रथं योज्य त्वमायाहि हयोत्तमैः ॥
प्रापयैनं महाभागमितो जनपदात्परम् ॥ ४७८
एवं मध्ये गुणवतां गुणानां फलमुच्यते ॥
पित्रा मात्रा च यत्साधुर्वीरो निर्वास्यते वनम् ॥ ४७९
राज्ञो वचनमाज्ञाय सुमन्त्रः शीघ्रविक्रमः ॥
योजयित्वा ययौ तत्र रथमश्वैरलंकृतम् ॥ ४८०
अथ रामश्च सीता च लक्ष्मणश्च कृताञ्जलिः ॥
उपसंगृह्य राजानं चक्रुर्दीनाः प्रदक्षिणम् ॥ ४८१
तं चापि समनुज्ञाप्य धर्मज्ञः सह सीतया ॥
राघवः शोकसंमूढो जननीमभ्यवादयत् ॥ ४८२
अन्वक्षं लक्ष्मणो भ्रातुः कौसल्यामभ्यवादयत् ॥
अपि मातुः सुमित्राया जग्राह चरणौ पुनः ॥ ४८३
तं वन्दमानं रुदती माता सौमित्रिमब्रवीत् ॥
रामं दशरथं विद्धि मां विद्धि जनकात्मजाम् ॥
अयोध्यामटवीं विद्धि गच्छ तात यथासुखम् ॥ ४८४
तं रथं सूर्यसंकाशं सीता हृष्टेन चेतसा ॥
आरुरोह वरारोहा कृत्वाऽलङ्कारमात्मनः ॥ ४८५
वनवासं हि सङ्ख्याय वासांस्याभरणानि च ॥
भर्तारमनुगच्छन्त्यै सीतायै श्वशुरो ददौ ॥ ४८६
तथैवायुधजातानि भ्रातृभ्यां कवचानि च ॥
रथोपस्थे प्रविन्यस्य सचर्मकठिनं च यत् ॥ ४८७
सीतातृतीयानारूढान् दृष्ट्वा रथमचोदयत् ॥
सुमन्त्रः संमतानश्वान्वायुवेगसमान्जवे ॥ ४८८
ततः सबालवृद्धा सा पुरी परमपीडिता ॥
राममेवाभिदुद्राव घर्मार्तः सलिलं यथा ॥ ४८९
पार्श्वतः पृष्ठतश्चापि लम्बमानास्तदुन्मुखाः ॥
बाष्पपूर्णमुखाः सर्वे तमूचुर्भृशनिस्वनाः ॥ ४९०

संयच्छ वाजिनां रश्मीन्सूत याहि शनैः शनैः ॥
मुखं द्रक्ष्याम रामस्य दुर्दर्शं नो भविष्यति ॥ ४९१
आयसं हृदयं नूनं राममातुरसंशयम् ॥
यद्देवगर्भप्रतिमे वनं याति न भिद्यते ॥ ४९२
कृतकृत्या हि वैदेही छायेवानुगता पतिम् ॥
न जहाति रता धर्मे मेरुमर्कप्रभा यथा ॥ ४९३
अहो लक्ष्मण सिद्धार्थः सततं प्रियवादिनम् ॥
भ्रातरं देवसंकाशं यस्त्वं परिचरिष्यसि ॥ ४९४
एवं वदन्तस्ते सोढुं न शेकुर्बाष्पमागतम् ॥
नरास्तमनुगच्छन्ति प्रियमिक्ष्वाकुनन्दनम् ॥ ४९५
अथ राजा वृतः स्त्रीभिर्दीनाभिर्दीनचेतनः ॥
निर्जगाम प्रियं पुत्रं द्रक्ष्यामीति ब्रुवन् गृहात् ॥ ४९६
रामो याहीति तं सूतं तिष्ठेतिं च जनस्तथा ॥
उभयं नाशकत्सूतः कर्तुमध्वनि चोदितः ॥ ४९७
दृष्ट्वा तु नृपतिः श्रीमानेकचित्तगतं पुरम् ॥
निपपातैव दुःखेन कृत्तमूल इव द्रुमः ॥ ४९८
ततो हलहलाशब्दो जज्ञे रामस्य पृष्ठतः ॥
नराणां प्रेक्ष्य राजानं सीदन्तं भृशदुःखितम् ॥ ४९९
अन्वीक्षमाणो रामस्तु विषण्णं भ्रान्तचेतसम् ॥
राजानं मातरं चैव ददर्शानुगतौ पथि ॥ ५००
स बद्ध इव पाशेन किशोरो मातरं यथा ॥
धर्मपाशेन संयुक्तः प्रकाशं नाभ्युदैक्षत ॥ ५०१
पदातिनौ च यानार्हावदुःखार्हौ सुखोचितौ ॥
दृष्ट्वा संचोदयामास शीघ्रं याहीति सारथिम् ॥ ५०२
प्रत्यागारमिवायान्ती सवत्सा वत्सकारणात् ॥
बद्धवत्सा यथा धेनू राममाताऽभ्यधावत ॥ ५०३
तथा रुदन्तीं कौसल्यां रथं तमनुधावतीम् ॥
क्रोशन्तीं राम रामेति हा सीते लक्ष्मणेति च ॥ ५०४
असकृत्प्रैक्षत सतां नृत्यन्ती मिवमातरम् ॥

यमिच्छेत्पुनरायान्तं नैनं दूरमनुव्रजेत् ॥
इत्यमात्या महाराजमूचुर्दशरथं वचः ॥ ५०५
तेषां वचः सर्वगुणोपपन्नः प्रस्विन्नगात्रः प्रविषण्णरूपः ॥
निशम्य राजा कृपणः सभार्यो व्यवस्थितस्तं सुतमीक्षमाणः ॥
यावत्तु निर्यतस्तस्य रजोरूपमदृश्यत ॥
नैवेक्ष्वाकुवरस्तावत्संजहारात्मचक्षुषी ॥ ५०७
न पश्यति रजोऽप्यस्य यदा रामस्य भूमिपः ॥
तदार्तश्च विषण्णश्च पपात धरणीतले ॥ ५०८
अथ रेणुसमुध्वस्तं समुत्थाप्य नराधिपम् ॥
न्यवर्तत तदा देवी कौसल्या शोककर्शिता ॥ ५०९
अथ गद्गदशब्दस्तु विलपन्वसुधाधिपः ॥
उवाच मृदु मन्दार्थं वचनं दीनमस्वरम् ॥ ५१०
कौसल्याया गृहं शीघ्रं राममातुर्नयन्तु माम् ॥
न ह्यन्यत्र ममाश्वासो हृदयस्य भविष्यति ॥ ५११
इति ब्रुवन्तं राजानमनयन्द्वारदर्शिनः ॥
कौसल्याया गृहं तत्र न्यवेश्यत विनीतवत् ॥ ५१२
ततस्तत्र प्रविष्टस्य कौसल्याया निवेशनम् ॥
अधिरुह्यापि शयनं बभूव लुलितं मनः ॥ ५१३
पुत्रद्वयविहीनं च स्नुषया च विवर्जितम् ॥
अपश्यद्भवनं राजा नष्टचन्द्रमिवाम्बरम् ॥ ५१४
तच्च दृष्ट्वा महाराजो भुजमुद्यम्य वीर्यवान् ॥
उच्चैः स्वरेण प्राक्रोशत् हा राम विजहासि नौ ॥ ५१५
सुखिता बत तं कालं जीविष्यन्ति नरोत्तमाः ॥
परिष्वजन्तो ये रामं द्रक्ष्यन्ति पुनरागतम् ॥ ५१६
अथ रात्र्यां प्रपन्नायां कालरात्र्यामिवात्मनः ॥
अर्धरात्रे दशरथः कौसल्यामिदमब्रवीत् ॥ ५१७
न त्वां पश्यामि कौसल्ये साधु मां पाणिना स्पृश ॥
रामं मेऽनुगता दृष्टिरद्यापि न निवर्तते ॥ ५१८

तं राममेवानुविचिन्तयन्तं समीक्ष्य देवी शयने नरेन्द्रम् ॥
उपोपविश्याधिकमार्तरूपा विनिश्वसंतं विललाप कृच्छ्रम् ॥ ५१९

अथ एकादशः सर्गः ।

रामोऽपि रात्रिशेषेण तेनैव महदन्तरम् ॥
जगाम पुरुषव्याघ्रः पितुराज्ञामनुस्मरन् ॥ ५२०
तथैव गच्छतस्तस्य व्यपायाद्रजनी शिवा ॥
उपास्य तु शिवां सन्ध्यां विषयानत्यगाहत ॥ ५२१
ग्रामान्विकृष्टसीमान्तान्पुष्पितानि वनानि च ॥
पश्यन्नतिययौ शीघ्रं शरैरिव हयोत्तमैः ॥ ५२२
ततो वेदश्रुतिं नाम शिववारिवहां नदीम् ॥
उत्तीर्याभिमुखः प्रायागदस्त्याध्युषितां दिशम् ॥ ५२३
गत्वा तु सुचिरं कालं ततः शीतवहां नदीम् ॥
गोमतीं गोयुतानूपामतरत्सागरङ्गमाम् ॥ ५२४
ततो धान्यधनोपेतान्दानशीलजनान् शिवान् ॥
अकुतश्चिद्भयान्रम्यांश्चैत्ययूपसमावृतान् ॥ ५२५
उद्यानाम्रवणोपेतान्संपन्नसलिलाशयान् ॥
तुष्टपुष्टजनाकीर्णान्गोकुलाकुलसेवितान् ॥ ५२६
रक्षणीयान्नरेन्द्राणां ब्रह्मघोषाभिनादितान् ॥
रथेन पुरुषव्याघ्रः कोसलानत्यवर्तत ॥ ५२७
तत्र त्रिपथगां दिव्यां शीततोयामशैवलाम् ॥
ददर्श राघवो गङ्गां रम्यां ऋषिनिषेविताम् ॥ ५२८
समुद्रमहिषीं गङ्गां सारसक्रौञ्चनादिताम् ॥
आससाद महाबाहुः शृङ्गवेरपुरं प्रति ॥ ५२९
तामूर्मिकलिलावर्तामन्ववेक्ष्य महारथः ॥
सुमन्त्रमब्रवीत्सूतमिहैवाद्य वसामहे ॥ ५३०

अविदूरादयं नद्या बहुपुष्पप्रवालवान् ॥
सुमहानिङ्गुदीवृक्षो वसामोऽत्रैव सारथे ॥ ५३१

रामोऽभियाय तं रम्यं वृक्षमिक्ष्वाकुनन्दनः ॥
रथादवतरत्तस्मात्सभार्यः सहलक्ष्मणः ॥ ५३२
तत्र राजा गुहो नाम रामस्यात्मसमः सखा ॥
निषादजात्यो बलवान्स्थपतिश्चेति विश्रुतः ॥ ५३३
स श्रुत्वा पुरुषव्याघ्रं रामं विषयमागतम् ॥
वृद्धैः परिवृतोऽमात्यैर्ज्ञातिभिश्चाप्युपागतः ॥ ५३४
ततश्चीरोत्तरासंगः सन्ध्यामन्वास्य पश्चिमाम् ॥
जलमेवाददे भोज्यं लक्ष्मणेनाहृतं स्वयम् ॥ ५३५
तस्य भूमौ शयानस्य पादौ प्रक्षाल्य लक्ष्मणः ॥
सभार्यस्य ततोऽभ्येत्य तस्थौ वृक्षमुपाश्रितः ॥ ५३६
गुहोऽपि सह सूतेन सौमित्रिमनुभाषयन् ॥
अन्वजाग्रत्ततो राममप्रमत्तो धनुर्धरः ॥ ५३७
प्रभातायां तु शर्वर्यां पृथुवक्षा महायशाः ॥
उवाच रामः सौमित्रिं लक्ष्मणं शुभलक्षणम् ॥ ५३८
भास्करोदयकालोऽयं गता भगवती निशा ॥
असौ सुकृष्णो विहगः कोकिलस्तात कूजति ॥ ५३९
बर्हिणां च विनिर्घोषः श्रूयते नदतां वने ॥
तराम जान्हवीं सौम्य शीघ्रगां सागरङ्गमाम् ॥ ५४०
ततः कलापान्संनह्य खड्गौ बध्वा च धन्विनौ ॥
जग्मतुर्येन तां गंगां सीतया सह राघवौ ॥ ५४१
राममेवं तु धर्मज्ञमुपागत्य विनीतवत् ॥
किमहं करवाणीति सूतः प्राञ्जलिरब्रवीत् ॥ ५४२
रा० उ०—अदृष्टदुःखं राजानं वृद्धमार्यं जितेन्द्रियम् ॥
ब्रूयास्त्वमभिवाद्यैव मम हेतोरिदं वचः ॥ ५४३
न चाहमनुशोचामि लक्ष्मणो न च शोचति ॥
अयोध्यायाश्च्युताश्चेतिं वने वत्स्यामहेति वा ॥ ५४४

चतुर्दशसु वर्षेषु निवृत्तेषु पुनः पुनः ॥
लक्ष्मणं मां च सीतां च द्रक्ष्यसे शीघ्रमागतान् ॥ ५४५
एवमुक्त्वा तु राजानं मातरं च सुमन्त्र मे ॥
अन्याश्च देवीः सहिताः कैकेयीं च पुनः पुनः ॥
आरोग्यं ब्रूहि कौसल्यामथ पादाभिवन्दनम् ॥ ५४६
ब्रूयाश्चापि महाराजं भरतं क्षिप्रमानय ॥
भरतं च परिष्वज्य यौवराज्येऽभिषिच्य च ॥
अस्मत्संतापजं दुःखं न त्वामभिभविष्यति ॥ ५४७
भरतश्चापि वक्तव्यो यथा राजनि वर्तसे ॥
तथा मातृषु वर्तेथाः सर्वास्वेवाविशेषतः ॥ ५४८
यथा च तव कैकेयी सुमित्रा चाविशेषतः ॥
तथैव देवी कौसल्या मम माता विशेषतः ॥ ५४९
तातस्य प्रियकामेन यौवराज्यमवेक्षता ॥
लोकयोरुभयोः शक्यं नित्यदा सुखमेधितुम् ॥ ५५०
इत्युक्त्वा वचनं सूतं सान्त्वयित्वा पुनः पुनः ॥
गुहं वचनमक्लीबो रामो हेतुमदब्रवीत् ॥ ५५१
नेदानीं गुह योग्योऽयं वासो मे सजने वने ॥
अवश्यमाश्रमे वासः कर्तव्यस्तद्गतो विधिः ॥ ५५२
सोऽहं गृहीत्वा नियमं तपस्विजनभूषणम् ॥
हितकामः पितुर्भूयः सीताया लक्ष्मणस्य च ॥ ५५३
जटाः कृत्वा गमिष्यामि न्यग्रोधक्षीरमानय ॥
तत्क्षीरं राजपुत्राय गुहः क्षिप्रमुपाहरत् ॥ ५५४
लक्ष्मणस्यात्मनश्चैव रामस्तेनाकरोज्जटाः ॥
तौ तदा चीरसम्पन्नौ जटामण्डलधारिणौ ॥
अशोभेतामृषिसमौ भ्रातरौ रामलक्ष्मणौ ॥ ५५५
ततस्तं समनुज्ञाप्य गुहमिक्ष्वाकुनन्दनः ॥
जगाम तूर्णमव्यग्रः सभार्यः सहलक्ष्मणः ॥ ५५६

स तु दृष्ट्वा नदीतीरे नावमिक्ष्वाकुनन्दनः ॥
तितीर्षुः शीघ्रगां गङ्गामिदं वचनमब्रवीत् ॥ ५५७
आरोह त्वं नरव्याघ्र स्थितां नावमिमां शनैः ॥
सीतां चारोपयान्वक्षं परिगृह्य मनस्विनीम् ॥ ५५८
स भ्रातुः शासनं श्रुत्वा सर्वमप्रतिकूलयन् ॥
आरोप्य मैथिलीं पूर्वमारुरोहात्मवांस्ततः ॥ ५५९
अथारुरोह तेजस्वी स्वयं लक्ष्मणपूर्वजः ॥
ततो निषादाधिपतिर्गुहो ज्ञातीनचोदयत् ॥ ५६०
राघवोऽपि महातेजा नावमारुह्य तां ततः ॥
ब्रह्मवत्क्षत्रवच्चैव जजाप हितमात्मनः ॥ ५६१
ततस्तैश्चालिता नौका कर्णधारसमाहिता ॥
शुभस्फ्यवेगाभिहता शीघ्रं सलिलमत्यगात् ॥ ५६२
तीरं तु समनुप्राप्य नावं हित्वा नरर्षभः ॥
प्रातिष्ठत सह भ्रात्रा वैदेह्या च परन्तपः ॥ ५६३
अग्रतो गच्छ सौमित्रे सीता त्वामनुगच्छतु ॥
पृष्ठतोऽनुगमिष्यामि सीतां त्वां चानुपालयन् ॥ ५६४
अन्योन्यस्य हि नो रक्षा कर्तव्या पुरुषर्षभ ॥
अद्य दुःखं तु वैदेही वनवासस्य वेत्स्यति ॥ ५६५
प्रनष्टजनसंबाधं क्षेत्रारामविवर्जितम् ॥
विषमं च प्रपातं च वनमद्य प्रवेक्ष्यति ॥ ५६६
तौ तत्र हत्वा चतुरो महामृगान्वराहमृश्यं पृषतं महारुरुम् ॥
आदाय मेध्यं त्वरितं बुभुक्षितौ वासाय काले ययतुर्वनस्पतिम् ॥ ५६७

अथ द्वादशः सर्गः ।

ते तु तस्मिन्महावृक्षे उषित्वा रजनीं शुभाम् ॥
विमलेऽभ्युदिते सूर्ये तस्माद्देशात्प्रतस्थिरे ॥ ५६८

यत्र भागीरथीं गङ्गां यमुनाऽभिप्रवर्तते ॥
जग्मुस्तं देशमुद्दिश्य विगाह्य सुमहद्वनम् ॥ ५६९
ते भूमिभागान्विविधान्देशांश्चापि मनोहरान् ॥
अदृष्टपूर्वान्पश्यन्तस्तत्र तत्र यशस्विनः ॥ ५७०
धन्विनौ तौ सुखं गत्वा लम्बमाने दिवाकरे ॥
गङ्गायमुनयोः सन्धौ प्रापतुर्निलयं मुनेः ॥ ५७१
रामस्त्वाश्रममासाद्य त्रासयन् मृगपक्षिणः ॥
गत्वा मुहूर्तमध्वानं भरद्वाजमुपागमत् ॥ ५७२
स प्रविश्य महात्मानमृषिं शिष्यगणैर्वृतम् ॥
संशितव्रतमेकाग्रं तपसा लब्धचक्षुषम् ॥ ५७३
हुताग्निहोत्रं दृष्ट्वैव महाभागः कृताञ्जलिः ॥
रामः सौमित्रिणा सार्धं सीतया चाभ्यवादयत् ॥ ५७४
न्यवेदयत चात्मानं तस्मै लक्ष्मणपूर्वजः ॥ ५७५
तस्य तद्वचनं श्रुत्वा राजपुत्रस्य धीमतः ॥
उपानयत धर्मात्मा गामर्घ्यमुदकं ततः ॥ ५७६
नानविधानन्नरसान्वन्यमूलफलाश्रयान् ॥
तेभ्यो ददौ तप्ततपा वासं चैवाभ्यकल्पयत् ॥ ५७७
भरद्वाजोऽब्रवीद्वाक्यं धर्मयुक्तमिदं तदा ॥
चिरस्य खलु काकुत्स्थ पश्याम्यहमुपागतम् ॥
श्रुतं तव मया चैव विवासनमकारणम् ॥ ५७८
दशक्रोश इतस्तात गिरिर्यस्मिन्निवत्स्यासि ॥
महर्षिसेवितः पुण्यः पर्वतः शुभदर्शनः ॥ ५७९
गोलाङ्गूलानुचरितो वानरर्क्षनिषेवितः ॥
चित्रकूट इति ख्यातो गन्धमादनसन्निभः ॥ ५८०
यावता चित्रकूटस्य नरः शृङ्गाण्यवेक्षते ॥
कल्याणानि समाधत्ते न मोहे कुरुते मनः ॥ ५८१
प्रविविक्तमहं मन्ये तं वासं भवतः सुखम् ॥
इह वा वनवासाय वस राम मया सह ॥ ५८२

सीतातृतीयः काकुत्स्थः परिश्रान्तः सुखोचितः ॥
भरद्वाजाश्रमे रम्ये तां रात्रिमवसत्सुखम् ॥ ५८३
उषित्वा रजनीं तत्र राजपुत्रावरिन्दमौ ॥
महर्षिमभिवाद्याथ जग्मतुस्तं गिरिं प्रति ॥ ५८४
तेषां स्वस्त्ययनं चैव महर्षिः स चकार ह ॥
प्रस्थितान्प्रेक्ष्य तांश्चैव पिता पुत्रानिवौरसान् ॥ ५८५
ततः प्रचक्रमे वक्तुं वचनं स महामुनिः ॥
भरद्वाजो महातेजा रामं सत्यपराक्रमम् ॥ ५८६
गङ्गायमुनयोः सन्धिमादाय मनुजर्षभ ॥
कालिन्दीमनुगच्छेतां नदीं पश्चान्मुखाश्रिताम् ॥ ५८७
अथासाद्य तु कालिन्दीं प्रतिस्रोतःसमागताम् ॥
तस्यास्तीर्थं प्रचरितं प्रकामं प्रेक्ष्य राघव ॥ ५८८
तत्र यूयं प्लवं कृत्वा तरतांशुमतीं नदीम् ॥
ततो न्यग्रोधमासाद्य महान्तं हरितच्छदम् ॥ ५८९
समासाद्य च तं वृक्षं वसेद्वातिक्रमेत वा ॥
स पन्थाः चित्रकूटस्य गतस्य बहुशो मया ॥ ५९०
रम्यो मार्दवयुक्तश्च दावैश्चैव विवर्जितः ॥
इति पन्थानमादिश्य महर्षिः स न्यवर्तत ॥ ५९१
अथासाद्य तु कालिन्दीं शीघ्रस्रोतस्विनीं नदीम् ॥
चिन्तामापेदिरे सद्यो नदीजलतितीर्षवः ॥ ५९२
तौ काष्ठसंघाटमथो चक्रतुः सुमहाप्लवम् ॥
शुष्कैर्वंशैः समाकीर्णमुशीरैश्च समावृतम् ॥ ५९३
ततो वैतसशाखाश्च जम्बुशाखाश्च वीर्यवान् ॥
चकार लक्ष्मणश्छित्वा सीतायाः सुखमासनम् ॥ ५९४
तत्र श्रियमिवाचिन्त्यां रामो दाशरथिः प्रियाम् ॥
ईषत्स लज्जमानां तामध्यारोपयत प्लवम् ॥ ५९५
पार्श्वे तत्र च वैदेह्या वसने भूषणानि च ॥
प्लवे कठिनकाजं च रामश्चक्रे समाहितः ॥ ५९६

आरोप्य सीतां प्रथमं संघाटं परिगृह्य तौ ॥
ततः प्रतेरतुर्यत्तौ प्रीतौ दशरथात्मजौ ॥ ५९७
वृक्षेषु प्लवमुत्सृज्य प्रस्थाय यमुनावनात् ॥
श्यामं न्यग्रोधमासेदुः शीतलं हरितच्छदम् ॥ ५९८
क्रोशमात्रं ततो गत्वा भ्रातरौ रामलक्ष्मणौ ॥
बहून्मेध्यान्मृगान् हत्वा चेरतुर्यमुनावने ॥ ५९९
ततः संप्रस्थितः काले रामः सौमित्रिणा सह ॥
सीतां कमलपत्राक्षीमिदं वचनमब्रवीत् ॥ ६००
आदीप्तानिव वैदेहि सर्वतः पुष्पितान्नगान् ॥
स्वैः पुष्पैः किंशुकान्पश्य मालिनः शिशिरात्यये ॥ ६०१
पश्य भल्लातकान्बिल्वान्नरैरनुपसेवितान् ॥
फलपुष्पैरवनतान्नूनं शक्ष्याम जीवितुम् ॥ ६०२
पश्य द्रोणप्रमाणानि लम्बमानानि लक्ष्मण ॥
मधूनि मधुकारीभिः संभृतानि नगे नगे ॥ ६०३
एष क्रोशति नत्यूहस्तं शिखी प्रतिकूजति ॥
रमणीये वनोद्देशे पुष्पसंस्तरसंकटे ॥ ६०४
मातङ्गयूथानुसृतं पक्षिसंघानुनादितम् ॥
चित्रकूटमिमं पश्य प्रवृद्धशिखरं गिरिम् ॥ ६०५
समभूमितले रम्ये द्रुमैर्बहुभिरावृते ॥
पुण्ये रंस्यामहे तात चित्रकूटस्य कानने ॥ ६०६
ततस्तौ पादचारेण गच्छन्तौ सह सीतया ॥
रम्यमासेदतुः शैलं चित्रकूटं मनोरमम् ॥ ६०७
अभिगम्याश्रमं सर्वे वाल्मीकिमभिवादयन् ॥
तान्महर्षिः प्रमुदितः पूजयामास धर्मवित् ॥ ६०८
आस्यतामिति चोवाच स्वागतं तं निवेद्य च ॥
ततोऽब्रवीन्महाबाहुर्लक्ष्मणं लक्ष्मणाग्रजः ॥ ६०९
लक्ष्मणानय दारूणि दृढानि च वराणि च ॥
कुरुष्वावसथं सौम्य वासे मेऽभिरतं मनः ॥ ६१०

तस्य तद्वचनं श्रुत्वा सौमित्रिर्विविधान्द्रुमान् ॥
आजहार ततश्चक्रे पर्णशालामरिन्दमः ॥ ६११
तां निष्ठितां बद्धकटां दृष्ट्वा रामः सुदर्शनाम् ॥
शुश्रूषमाणमेकाग्रमिदं वचनमब्रवीत् ॥ ६१२
ऐणेयमांसमाहृत्य शालां यक्ष्यामहे वयम् ॥
कर्तव्यं वास्तुशमनं सौमित्रे चिरजीविभिः ॥ ६१३
मृगं हत्वानय क्षिप्रं लक्ष्मणेह शुभेक्षण ॥
स लक्ष्मणः कृष्णमृगं हत्वा मेध्यं प्रतापवान् ॥ ६१४
अथ चिक्षेप सौमित्रिः समिद्धे जातवेदसि ॥
तत्तु पक्वं समाज्ञाय निष्टप्तछिन्नशोणितम् ॥ ६१५
लक्ष्मणः पुरुषव्याघ्रमथ राघवमब्रवीत् ॥
अयं सर्वसमस्ताङ्गः श्रितः कृष्णमृगो मया ॥
देवता देवसंकाश यजस्व कुशलो ह्यसि ॥ ६१६
रामः स्नात्वा तु नियतो गुणवाञ्जपकोविदः ॥
संग्रहेणाकरोत्सर्वान्मन्त्रान्सत्रावसानिकान् ॥ ६१७
इष्ट्वा देवगणान्सर्वान्विवेशावसथं शुचिः ॥
बभूव च मनोह्लादो रामस्यामिततेजसः ॥ ६१८
वेदिस्थलविधानानि चैत्यान्यायतनानि च ॥
आश्रमस्यानुरूपाणि स्थापयामास राघवः ॥ ६१९
सुरम्यमासाद्य तु चित्रकूटं नदीं च तां माल्यवतीं सुतीर्थाम् ॥
ननन्द हृष्टो मृगपक्षिजुष्टां जहौ च दुःखं पुरविप्रवासात् ॥ ६२०

अयोध्याकाण्डम् ।

उत्तरार्धम् ।

अथ प्रथमः सर्गः ।

अनुज्ञातः सुमन्त्रोऽथ योजयित्वा हयोत्तमान् ॥
अयोध्यामेव नगरीं प्रययौ गाढदुर्मनाः ॥ १
ततः सायाह्नसमये द्वितीयेऽहनि सारथिः ॥
अयोध्यां समनुप्राप्य निरानन्दां ददर्श ह ॥ २
स शून्यामिव निःशब्दां दृष्ट्वा परमदुर्मनाः ॥
सुमन्त्रश्चिन्तयामास शोकवेगसमाहतः ॥ ३
कच्चिन्न सगजा साश्वा सजना सजनाधिपा ॥
रामसंतापदुःखेन दग्धा शोकाग्निना पुरी ॥ ४
इति चिन्तापरः सूतो वाजिभिः शीघ्रयायिभिः ॥
नगरद्वारमासाद्य त्वरितः प्रविवेश ह ॥ ५
सुमन्त्रमभिधावन्तः शतशोऽथ सहस्रशः ॥
क्व राम इति पृच्छन्तः सूतमभ्यद्रवन्नराः ॥ ६
तेषां शशंस गङ्गायामहमापृच्छ्य राघवम् ॥
अनुज्ञातो निवृत्तोऽस्मि धार्मिकेण महात्मना ॥ ७
ते तीर्णा इति विज्ञाय बाष्पपूर्णमुखा नराः ॥
अहो धिगिति निश्वस्य हा रामेति विचुक्रुशुः ॥ ८
वातायनगतानां च स्त्रीणामन्वन्तरापणम् ॥
राममेवाभितप्तानां शुश्राव परिदेवनाम् ॥ ९
स राजमार्गमध्येन सुमन्त्रः पिहिताननः ॥
यत्र राजा दशरथस्तदेवोपययौ गृहम् ॥ १०
सोऽवतीर्य रथाच्छीघ्रं राजवेश्म प्रविश्य च ॥
कक्ष्याः सप्ताभिचक्राम महाजनसमाकुलाः ॥ ११
आयतैर्विमलैर्नेत्रैरश्रुवेगपरिप्लुतैः ॥ १२
अन्योन्यमभिवीक्षन्ते व्यक्तमार्ततराः स्त्रियः ॥

स प्रविश्याष्टमीं कक्ष्यां राजानं दीनमातुरम् ॥
पुत्रशोकपरिद्यूनमपश्यत्पाण्डुरे गृहे ॥ १३
अभिगम्य तमासीनं राजानमभिवाद्य च ॥
सुमन्त्रो रामवचनं यथोक्तं प्रत्यवेदयत् ॥ १४
स तूष्णीमेव तच्छ्रुत्वा राजा विद्रुतमानसः ॥
मूर्च्छितो न्यपतद्भूमौ रामशोकाभिपीडितः ॥ १५
ततोऽन्तःपुरमाविद्धं मूर्च्छिते पृथिवीपतौ ॥
उच्छ्रित्य बाहू चुक्रोश नृपतौ पतिते क्षितौ ॥ १६
सुमित्रया तु सहिता कौसल्या पतितं पतिम् ॥
उत्थापयामास तदा वचनं चेदमब्रवीत् ॥ १७
इमं तस्य महाभाग दूतं दुष्करकारिणः ॥
वनवासादनुप्राप्तं कस्मान्न प्रतिभाषसे ॥ १८
अद्येममनयं कृत्वा व्यपत्रपसि राघव ॥
उत्तिष्ठ सुकृतं तेऽस्तु शोकेन स्यात्सहायता ॥ १९
देव यस्या भयाद्रामं नानुपृच्छसि सारथिम् ॥
नेह तिष्ठति कैकेयी विश्रब्धं प्रतिभाष्यताम् ॥ २०
सा तथोक्त्वा महाराजं कौसल्या शोकलालसा ॥
धरण्यां निपपाताशु बाष्पविप्लुतभाषिणी ॥ २१
प्रतिबुद्धो मुहूर्तेन शोकोपहतचेतनः ॥
अथ राजा दशरथः स चिन्तामभ्यपद्यत ॥ २२
स राजा रजनीं षष्ठीं रामे प्रव्राजिते वनम् ॥
अर्धरात्रे दशरथः सोऽस्मरद्दुष्कृतं कृतम् ॥ २३
कौसल्यां पुत्रशोकार्तामिदं वचनमब्रवीत् ॥ २४
देव्यनूढा त्वमभवो युवराजो भवाम्यहम् ॥
ततः प्रावृडनुप्राप्ता मम कामविवर्धिनी ॥ २५
अपास्य हि रसान्भौमांस्तप्त्वा च जगदंशुभिः ॥
परेताचरितां भीमां रविराचरते दिशम् ॥ २६

उष्णमन्तर्दधे सद्यः स्निग्धा ददृशिरे घनाः ॥
ततो जहृषिरे सर्वे भेकसारङ्गबर्हिणः ॥ २७
क्लिन्नपक्षोत्तराः स्नाताः कृच्छ्रादिव पतत्रिणः ॥
वृष्टिवातावधूताग्रान्पादपानभिपेदिरे ॥ २८
पतितेनाम्भसा छन्नः पतमानेन चासकृत् ॥
आबभौ मत्तसारङ्गस्तोयराशिरिवाचलः ॥ २९
पाण्डुरारुणवर्णानि स्रोतांसि विमलान्यपि ॥
सुस्रुवुर्गिरिधातुभ्यः सभस्मानि भुजङ्गवत् ॥ ३०
तस्मिन्नतिसुखे काले धनुष्मानिषुमान्रथी ॥
व्यायामकृतसंकल्पः सरयूमन्वगान्नदीम् ॥ ३१
निपाने महिषं रात्रौ गजं वाऽभ्यागतं मृगम् ॥
अन्यद्वा श्वापदं किंचिज्जिघांसुरजितेन्द्रियः ॥ ३२
अथान्धकारे त्वश्रौषं जले कुम्भस्य पूर्यतः ॥
अचक्षुर्विषये घोषं वारणस्येव नर्दतः ॥ ३३
ततोऽहं शरमुद्धृत्य दीप्तमाशीविषोपमम् ॥
शब्दं प्रति गजप्रेप्सुरभिलक्ष्यमपातयम् ॥ ३४
अमुञ्चं निशितं बाणमहमाशीविषोपमम् ॥
तत्र वागुषसि व्यक्ता प्रादुरासीद्वनौकसः ॥ ३५
हा हेति पततस्तोये बाणाद्व्यथितमर्मणः ॥
तस्मिन्निपतिते भूमौ वागभूत्तत्र मानुषी ॥ ३६
कथं त्वस्मिन्‌ शस्त्रं न्यपतन्मयि तपस्विनि ॥
ऋषेर्हि न्यस्तदण्डस्य वने वन्येन जीवतः ॥
कथं नु शस्त्रेण वधो मद्विधस्य विधीयते ॥ ३७
नेमं तथाऽनुशोचामि जीवितक्षयमात्मनः ॥
मातरं पितरं चोभौ अनुशोचामि मद्वधे ॥ ३८
तदेतन्मिथुनं वृद्धं चिरकालभृतं मया ॥
मयि पञ्चत्वमापन्ने कां वृत्तिं वर्तयिष्यति ॥ ३९
तां गिरं करुणां श्रुत्वा मम धर्मानुकाङ्क्षिणः ॥
कराभ्यां सशरं चापं व्यथितस्यापतद्भुवि ॥ ४०

तं देशमहमागम्य दीनसत्त्वः सुदुर्मनाः ॥
अपश्यमिषुणा तीरे सरय्वास्तापसं हतम् ॥
अवकीर्णजटाभारं प्रविद्धकलशोदकम् ॥ ४१
स मामुद्वीक्ष्य नेत्राभ्यां त्रस्तमस्वस्थचेतनम् ॥
इत्युवाच वचः क्रूरं दिधक्षन्निव तेजसा ॥ ४२
किं तवापकृतं राजन्वने निवसता मया ॥
जिहीर्षुरम्भो गुर्वर्थं यदहं ताडितस्त्वया ॥ ४३
इयमेकपदी राजन्यतो मे पितुराश्रमः ॥
तं प्रसादय गत्वा त्वं न त्वा संकुपितः शपेत् ॥ ४४
विशल्यं कुरु मां राजन्मर्म मे निशितः शरः ॥
रुणद्धि मृदु सोत्सेधं तीरमम्बुरयो यथा ॥ ४५
ब्रह्महत्याकृतं तापं हृदयादपनीयताम् ॥
न द्विजातिरहं राजन्मा भूत्ते मनसो व्यथा ॥ ४६
तस्य त्वाताम्यमानस्य तं बाणमहमुद्धरम् ॥
स मामुद्वीक्ष्य संत्रस्तो जहौ प्राणांस्तपोधनः ॥ ४७
ततस्तं घटमादाय पूर्णं परमवारिणा ॥
आश्रमं तमहं प्राप्य यथाख्यातपथं गतः ॥ ४८
तत्राहं दुर्बलावन्धौ वृद्धावपरिणायकौ ।
अपश्यं तस्य पितरौ लूनपक्षाविव द्विजौ ॥ ४९
शोकोपहतचित्तश्च भयसंत्रस्तचेतनः ॥
तच्चाश्रमपदं गत्वा भूयः शोकमहं गतः ॥ ५०
पदशब्दं तु मे श्रुत्वा मुनिर्वाक्यमभाषत ॥
किं चिरायसि मे पुत्र पानीयं क्षिप्रमानय ॥ ५१
यन्निमित्तमिदं तात सलिले क्रीडितं त्वया ॥
उत्कण्ठिता ते मातेयं प्रविश क्षिप्रमाश्रमम् ॥ ५२
त्वं गतिस्त्वगतीनां च चक्षुस्त्वं हीनचक्षुषाम् ॥
समासक्तास्त्वयि प्राणाः कथं त्वं नाभिभाषसे ॥ ५३
मनसः कर्मचेष्टाभिरभिसंस्तभ्य वाग्बलम् ॥
आचचक्षे त्वहं तस्मै पुत्रव्यसनजं भयम् ॥ ५४

स बाष्पपूर्णवदनो निश्वसञ्छोकमूर्छितः ॥
मामुवाच महातेजाः कृताञ्जलिमुपस्थितम् ॥ ५५
यद्येतदशुभं कर्म न स्म मे कथयेः स्वयम् ॥
फलेन्मूर्धा स्म ते राजन्सद्यः शतसहस्रधा ॥ ५६
क्षत्रियेण वधो राजन्वानप्रस्थे विशेषतः ॥
ज्ञानपूर्वं कृतः स्थानाच्च्यावयेदपि वज्रिणम् ॥ ५७
नय नौ नृप तं देशमिति मां चाभ्यभाषत ॥
अद्य तं द्रष्टुमिच्छावः पुत्रं पश्चिमदर्शनम् ॥ ५८
अथाहमेकस्तं देशं नीत्वा तौ भृशदुःखितौ ॥
अस्पर्शयमहं पुत्रं तं मुनिं सह भार्यया ॥ ५९
तौ पुत्रमात्मनः स्पृष्ट्वा तमासाद्य तपस्विनौ ॥
निपेततुः शरीरेऽस्य पिता चैनमुवाच ह ॥ ६०
अपापोऽसि यथा पुत्र निहतः पापकर्मणा ॥
तेन सत्येन गच्छाशु ये लोकास्त्वस्त्रयोधिनाम् ॥ ६१
त्वयापि च यदज्ञानान्निहतो मे स बालकः ॥
तेन त्वामपि शप्स्येऽहं सुदुःखमतिदारुणम् ॥ ६२
पुत्रव्यसनजं दुःखं यदेतन्मम साम्प्रतम् ॥
एवं त्वं पुत्रशोकेन राजन्कालं करिष्यसि ॥ ६३
एवं शापं मयि न्यस्य विलप्य करुणं बहु ॥
चितामारोप्य देहं तन्मिथुनं स्वर्गमभ्यगात् ॥ ६४
तदेतच्चिन्तयानेन स्मृतं पापं मया स्वयम् ॥
तदा बाल्यात्कृतं देवि शब्दवेध्यनुकर्षिणा ॥ ६५
तस्यायं कर्मणो देवि विपाकः समुपस्थितः ॥
अपथ्यैः सह संभुक्ते व्याधिरन्नरसे यथा ॥ ६६
तस्मान्मामागतं भद्रे तस्योदारस्य तद्वचः ॥
इत्युक्त्वा स रुदंस्त्रस्तो भार्यामाह तु भूमिपः ॥ ६७
यदहं पुत्रशोकेन संत्यजिष्यामि जीवितम् ॥
चक्षुर्भ्यां त्वां न पश्यामि कौसल्ये त्वं हि मां स्पृश ॥ ६८

न तन्मे सदृशं देवि यन्मया राघवे कृतम् ॥
सदृशं तत्तु तस्यैव यदनेन कृतं मयि ॥ ६९
तस्यादर्शनजः शोकः सुतस्याप्रतिकर्मणः ॥
उच्छोषयति वै प्राणान्वारि स्तोकमिवातपः ॥ ७०
न ते मनुष्या देवास्ते ये चारुशुभकुण्डलम् ॥
मुखं द्रक्ष्यन्ति रामस्य वर्षे पञ्चदशे पुनः ॥ ७१
द्रक्ष्यन्ति सुखिनो रामं शुक्रं मार्गगतं यथा ॥
कौसल्ये चित्तमोहेन हृदयं सीदतेतराम् ॥ ७२
चित्तनाशाद्विपद्यन्ते सर्वाण्येवेन्द्रियाणि मे ॥
क्षीणस्नेहस्य दीपस्य संरक्ता रश्मयो यथा ॥ ७३
अयमात्मभवः शोको मामनाथमचेतनम् ॥
संसाधयति वेगेन यथा कूलं नदीरयः ॥ ७४
हा राघव महाबाहो हा ममायासनाशन ॥
हा पितृप्रिय मे नाथ हा ममासि गतः सुत ॥
हा कौसल्ये न पश्यामि हा सुमित्रे तपस्विनि ॥ ७५
हा नृशंसे ममामित्रे कैकेयि कुलपांसनि ॥
इति मातुश्च रामस्य सुमित्रायाश्च सन्निधौ ॥ ७६
राजा दशरथः शोचन् जीवितान्तमुपागमत् ॥
तथा तु दीनः कथयन्नराधिपः प्रियस्य पुत्रस्य विवासनातुरः ॥
गतेऽर्धरात्रे भृशदुःखपीडितस्तदा जहौ प्राणमुदारदर्शनः ॥ ७७

अथ द्वितीयः सर्गः ।

नृपे शान्तगुणे जाते कौसल्यां पतितां भुवि ॥
अपश्यंस्ताः स्त्रियः सर्वा हतां नागवधूमिव ॥ ७८
ताभिः स बलवान्नादः क्रोशन्तीभिरमुद्रुतः ॥
येन स्फीतीकृतो भूयस्तद्गृहं समनादयत् ॥ ७९
तत्परित्रस्तसंभ्रान्तपर्युत्सुकजनाकुलम् ॥
सर्वतस्तुमुलाक्रन्दं परितापार्तबान्धवम् ॥ ८०

सद्यो निपतितानन्दं दीनं विक्लवदर्शनम् ॥
बभूव नरदेवस्य सद्म दिष्टान्तमीयुषः ॥ ८१ ॥
तमग्निमिव संशान्तमम्बुहीनमिवार्णवम् ॥
गतप्रभमिवादित्यं स्वर्गस्थं प्रेक्ष्य भूमिपम् ॥ ८२
कौसल्या बाष्पपूर्णाक्षी विविधं शोककर्शिता ॥
उपगृह्य शिरो राज्ञः कैकेयीं प्रत्यभाषत ॥ ८३
सकामा भव कैकेयि भुङ्क्ष्व राज्यमकण्टकम् ॥
त्यक्त्वा राजानमेकाग्रा नृशंसे दुष्टचारिणि ॥ ८४
विहाय मां गतो रामो भर्ता च स्वर्गतो मम ॥
विपथे सार्थहीनेव नाहं जीवितुमुत्सहे ॥ ८५
भर्तारं तु परित्यज्य का स्त्री दैवतमात्मनः ॥
इच्छेज्जीवितुमन्यत्र कैकेय्यास्त्यक्तकर्मणः ॥ ८६
न लुब्धो बुध्यते दोषान्किंपाकमिव भक्षयन् ॥
कुब्जानिमित्तं कैकेय्या राघवाणां कुलं हतम् ॥ ८७
स मामनाथां विधवां नाद्य जानाति धार्मिकः ॥
रामः कमलपत्राक्षो जीवन्नाशमितो गतः ॥ ८८
साऽहमद्यैव दिष्टान्तं गमिष्यामि पतिव्रता ॥
इदं शरीरमालिङ्ग्य प्रवेक्ष्यामि हुताशनम् ॥ ८९
तां ततः संपरिष्वज्य विलपन्तीं तपस्विनीम् ॥
व्यपनिन्युः सुदुःखार्तां कौसल्यां व्यावहारिकाः ॥ ९०
तैलद्रोण्यां तदामात्याः संवेश्य जगतीपतिम् ॥
राज्ञः सर्वाण्यथादिष्टाश्चक्रुः कर्माण्यनन्तरम् ॥ ९१
निशा नक्षत्रहीनेव स्त्रीव भर्तृविवर्जिता ॥
पुरी नाराजताऽयोध्या हीना राज्ञा महात्मना ॥ ९२
बाष्पपर्याकुलजना हाहाभूतकुलाङ्गना ॥
शून्यचत्वरवेश्मान्ता न बभ्राज यथापुरम् ॥ ९३
व्यतीतायां तु शर्वर्यामादित्यस्योदये ततः ॥
समेत्य राजकर्तारः सभामीयुर्द्विजातयः ॥ ९४

मार्कण्डेयोऽथ मौद्गल्यो वामदेवश्च कश्यपः ॥
कात्यायनो गौतमश्च जाबालिश्च महायशाः ॥ ९५
एते द्विजाः सहामात्यैः पृथग्वाचमुदीरयन् ॥
वसिष्ठमेवाभिमुखाः श्रेष्ठं राजपुरोहितम् ॥ ९६
ऋ० उ०—इक्ष्वाकूणामिहाद्यैव कश्चिद्राजा विधीयताम् ॥
अराजकं हि नो राष्ट्रं विनाशं समवाप्नुयात् ॥ ९७
नाराजके जनपदे विद्युन्माली महास्वनः ॥
अभिवर्षति पर्जन्यो महीं दिव्येन वारिणा ॥ ९८
नाराजके जनपदे बीजमुष्टिः प्रकीर्यते ॥
नाराजके पितुः पुत्रो भार्या वा वर्तते वशे ॥ ९९
अराजके धनं नास्ति नास्ति भार्याऽप्यराजके ॥
इदमत्याहितं चान्यत्कुतः सत्यमराजके ॥ १००
नाराजके जनपदे स्वकं भवति कस्यचित् ॥
मत्स्या इव जना नित्यं भक्षयन्ति परस्परम् ॥ १०१
यथा दृष्टिः शरीरस्य नित्यमेव प्रवर्तते ॥
तथा नरेन्द्रो राष्ट्रस्य प्रभवः सत्यधर्मयोः ॥ १०२
अहो तम इवेदं स्यान्न प्रज्ञायेत किञ्चन ॥
राजा चेन्न भवेल्लोके विभजन्साध्वसाधुनी ॥ १०३
तेषां तद्वचनं श्रुत्वा वसिष्ठः प्रत्युवाच ह ॥
मित्रामात्यजनान्सर्वान्ब्राह्मणांस्तानिदं वचः ॥ १०४
यदसौ मातुलकुले दत्तराज्यः परं सुखी ॥
भरतो वसति भ्रात्रा शत्रुघ्नेन मुदान्वितः ॥ १०५
तच्छीघ्रं जवना दूता गच्छन्तु त्वरितं हयैः ॥
आनेतुं भ्रातरौ वीरौ किं समीक्ष्यामहे वयम् ॥ १०६
गच्छन्त्विति ततः सर्वे वसिष्ठं वाक्यमब्रुवन् ॥
तेषां तद्वचनं श्रुत्वा वसिष्ठो वाक्यमब्रवीत् ॥ १०७
एहि सिद्धार्थ विजय जयन्ताशोकनन्दन ॥
पुरं राजगृहं गत्वा शीघ्रं शीघ्रजवैर्हयैः ॥
त्यक्तशोकैरिदं वाच्यः शासनाद्भरतो मम ॥ १०८

पुरोहितस्त्वां कुशलं प्राह सर्वे च मन्त्रिणः ॥
त्वरमाणश्च निर्याहि कृत्यमात्ययिकं त्वया ॥ १०९
मा चास्मै प्रोषितं रामं मा चास्मै पितरं मृतम् ॥
भवन्तः शंसिषुर्गत्वा राघवाणामितः क्षयः ॥ ११०
कौशेयानि च वस्त्राणि भूषणानि वराणि च
क्षिप्रमादाय राज्ञश्च भरतस्य च गच्छत ॥ १११
ततः प्रास्थानिकं कृत्वा कार्यशेषमनन्तरम् ॥
वसिष्ठेनाभ्यनुज्ञाता दूताः संत्वरितं ययुः ॥ ११२
ते श्रान्तवाहना दूता विकृष्टेन सता पथा ॥
गिरिव्रजं पुरवरं शीघ्रमासेदुरञ्जसा ॥ ११३
समागम्य च राज्ञा ते राजपुत्रेण चार्चिताः ॥
राज्ञः पादौ गृहीत्वा च तमूचुर्भरतं वचः ॥ ११४
पुरोहितस्त्वां कुशलं प्राह सर्वे च मन्त्रिणः ॥
त्वरमाणश्च निर्याहि कृत्यमात्ययिकं त्वया ॥ ११५
इमानि च महार्हाणि वस्त्राण्याभरणानि च ॥
प्रतिगृह्य विशालाक्ष मातुलस्य च दापय ॥ ११६
प्रतिगृह्य च तत्सर्वं स्वनुरक्तः सुहृज्जने ॥
दूतानुवाच भरतः कामैः संप्रतिपूज्य तान् ॥ ११७
कच्चित्स कुशली राजा पिता दशरथो मम ॥
कच्चिदारोग्यता रामे लक्ष्मणे च महात्मनि ॥ ११८
आर्या च धर्मनिरता धर्मज्ञा धर्मवादिनी ॥
अरोगा चापि कौसल्या माता रामस्य धीमतः ॥ ११९
कच्चित्सुमित्रा धर्मज्ञा जननी लक्ष्मणस्य या ॥
शत्रुघ्नस्य च वीरस्य अरोगा चापि मध्यमा ॥ १२०
आत्मकामा सदा चण्डी क्रोधना प्राज्ञमानिनी ॥
अरोगा चापि मे माता कैकेयी किमुवाच ह ॥ १२१
एवमुक्तास्तु ते दूता भरतेन महात्मना ॥
ऊचुः संप्रश्रितं वाक्यमिदं तं भरतं तदा ॥ १२२

कुशलास्ते नरव्याघ्र येषां कुशलमिच्छसि ॥
श्रीश्च त्वां वृणुते पश्चा युज्यतां चापि ते रथः ॥ १२३
आपृच्छेहं महाराजं दूताः संत्वरयन्ति माम् ॥
एवमुक्त्वा स तान्दूतान्भरतः पार्थिवात्मजः ॥
दूतैः संचोदितो वाक्यं मातामहमुवाच ह ॥ १२४
राजन् पितुर्गमिष्यामि सकाशं दूतचोदितः ॥
पुनरप्यहमेष्यामि यदा मे त्वं स्मरिष्यसि ॥ १२५
भरतेनैवमुक्तस्तु नृपो मातामहस्तदा ॥
तमुवाच शुभं वाक्यं शिरस्याघ्राय राघवम् । १२६
गच्छ तातानुजाने त्वां कैकेयी सुप्रजास्त्वया ॥
मातरं कुशलं ब्रूयाः पितरं च परन्तप ॥ १२७
पुरोहितं च कुशलं ये चान्ये द्विजसत्तमाः ॥
तौ च तात महेष्वासौ भ्रातरौ रामलक्ष्मणौ ॥ १२८
तस्मै हस्त्युत्तमांश्चित्रान्कम्बलानजिनानि च ॥
सत्कृत्य केकयो राजा भरताय ददौ धनम् ॥ १२९
अन्तःपुरेऽतिसंवृद्धान् व्याघ्रवीर्यबलोपमान् ॥
दंष्ट्रायुक्तान्महाकायान् शुनश्चोपायनं ददौ ॥ १३०
रुक्मनिष्कसहस्रे द्वे षोडशाश्वशतानि च ॥
सत्कृत्य कैकयीपुत्रं कैकेयो धनमाविशत् ॥ १३१
तदामात्यानभिप्रेतान्विश्वास्यांश्च गुणान्वितान् ॥
ददावश्वपतिः शीघ्रं भरतायानुयायिनः ॥ १३२
ऐरावतानैन्द्रशिरान्नागान्वै प्रियदर्शनान् ॥
खरान् शीघ्रान्सुसंयुक्तान्मातुलोऽस्मै धनं ददौ ॥ १३३
स मातामहमापृच्छ्य मातुलं च युधाजितम् ॥
रथमारुह्य भरतः शत्रुघ्नसहितो ययौ ॥ १३४
ह्रादिनीं दूरपारां च प्रत्यक्स्रोतस्तरङ्गिणीम् ॥
शतद्रुमतरच्छ्रीमान्नदीमिक्ष्वाकुनन्दनः ॥ १३५
ऐलधाने नदीं तीर्त्वा प्राप्य चापरपर्वतान् ॥
शीलामाकुर्वतीं तीर्त्वा आग्नेयं शल्यकर्षणम् ॥ १३६

सत्यसन्धः शुचिर्भूत्वा प्रेक्षमाणः शिलावहाम् ॥
अभ्यगात्स महाशैलान्वनं चैत्ररथं प्रति ॥ १३७
सरस्वतीं च गङ्गां च युग्मेन प्रतिपद्य च ॥
उत्तरान्वीरमत्स्यानां भारुण्डं प्राविशद्वनम् ॥ १३८
वेगिनीं च कुलिङ्गाख्यां ह्रादिनीं पर्वतावृताम् ॥
यमुनां प्राप्य संतीर्णो बलमाश्वासयत्तदा ॥ १३९
भागीरथीं दुःप्रतरां सोंऽशुधाने महानदीम् ॥
उपायाद्राघवस्तूर्णं प्राग्वटे विश्रुते पुरे ॥ १४०
स गङ्गां प्राग्वटे तीर्त्वा समायात्कुटिकोष्टिकाम् ॥
सबलस्तां स तीर्त्वाऽथ समगाद्धर्मवर्धनम् ॥ १४१
तोरणं दक्षिणार्धेन जम्बूप्रस्थं समागमत् ॥
वरूथं च ययौ रम्यं ग्रामं दशरथात्मजः ॥ १४२
स तांस्तु प्रियकान्प्राप्य शीघ्रानास्थाय वाजिनः ॥
अनुज्ञाप्याथ भरतो वाहिनीं त्वरितो ययौ ॥ १४३
वासं कृत्वा सर्वतीर्थे तीर्त्वा चोत्तरगां नदीम् ॥
अन्या नदीश्च विविधैः पार्वतीयैस्तुरङ्गमैः ॥ १४४
हस्तिपृष्ठकमासाद्य कुटिकामध्यवर्तत ॥
ततार च नरव्याघ्रो लौहित्ये वकपीवतीम् ॥ १४५
एकसाले स्थाणुमतीं विनते गोमतीं नदीम् ॥
कालिङ्गनगरे चापि प्राप्य सालवनं तदा ॥ १४६
भरतः क्षिप्रमागच्छत्सुपरिश्रान्तवाहनः ॥
वनं च समतीत्याशु शर्वर्यामरुणोदये ॥ १४७
अयोध्यां मनुना राज्ञा निर्मितां स ददर्श ह ॥
तां पुरीं पुरुषव्याघ्रः सप्तरात्रोषितः पथि ॥ १३८
अयोध्यामग्रतो दृष्ट्वा सारथिं चेदमब्रवीत् ॥
अयोध्या दृश्यते दूरात्सारथे पाण्डुमृत्तिका ॥ १४९
अयोध्यायां पुरा शब्दः श्रूयते तुमुलो महान् ॥
समंतान्नरनारीणां तमद्य न शृणोम्यहम् ॥ १५०

उद्यानानि हि सायान्हे क्रीडित्वोपरतैर्नरैः ॥
समंताद्विप्रधावद्भिः प्रकाशन्ते ममान्यथा ॥ १५१
न यत्र यानैर्दृश्यन्ते न गजैर्नच वाजिभिः ॥
निर्यान्तो वाऽभियान्तो वा नरमुख्या यथा पुरा ॥ १५२
सर्वथा कुशलं सूत दुर्लभं मम बन्धुषु ॥
तथा ह्यसति संमोहे हृदयं सीदतीव मे ॥ १५३
विषण्णः श्रान्तहृदयस्त्रस्तः संलुलितेन्द्रियः ॥
भरतः प्रविवेशाशु पुरीमिक्ष्वाकुपालिताम् ॥ १५४
द्वारेण वैजयन्तेन प्राविशच्छ्रान्तवाहनः ॥
द्वास्थैरुत्थाय विजयं पृष्टस्तैः सहितो ययौ ॥ १५५

तां शून्यशृङ्गाटकवेश्मरथ्यां रजोऽरुणद्वारकवाटयन्त्राम् ॥
दृष्ट्वा पुरीमिन्द्रपुरीप्रकाशां दुःखेन संपूर्णतरो बभूव ॥ १५६
बभूव पश्यन्मनसोऽप्रियाणि यान्यन्यदा नास्य पुरे बभूवुः ॥
अवाक्शिरा दीनमना न हृष्टः पितुर्महात्मा प्रविवेश वेश्म ॥ १५७

अथ तृतीयः सर्गः।

अपश्यंस्तु ततस्तत्र पितरं पितुरालये ॥
जगाम भरतो द्रष्टुं मातरं मातुरालये ॥ १५८
अनुप्राप्तं तु तं दृष्ट्वा कैकेयी प्रोषितं सुतम् ॥
उत्पपात तदा हृष्टा त्यक्त्वा सौवर्णमासनम् ॥ १५९
स प्रविश्यैव धर्मात्मा स्वगृहं श्रीविवर्जितम् ॥
भरतः प्रेक्ष्य जग्राह जनन्याश्चरणौ शुभौ ॥ १६०
तं मूर्ध्नि समुपाघ्राय परिष्वज्य यशस्विनम् ॥
अङ्के भरतमारोप्य प्रष्टुं समुपचक्रमे ॥ १६१
अद्य ते कतिचिद्रात्र्यश्च्युतस्यार्यकवेश्मनः ॥
अपि नाध्वश्रमः शीघ्रं रथेनापततस्तव ॥ १६२

आर्यकस्ते सुकुशली युधाजिन्मातुलस्तव ॥
प्रवासाच्च सुखं पुत्र सर्वं मे वक्तुमर्हसि ॥ १६३
एवं पृष्टस्तु कैकेय्या प्रियं पार्थिवनन्दनः ॥
आचष्ट भरतः सर्वं मात्रे राजीवलोचनः ॥ १६४
भ० उ०—राजा भवति भूयिष्ठमिहाम्बाया निवेशने ॥
तमहं नाद्य पश्यामि द्रष्टुमिच्छन्निहागतः ॥ १६५
पितुर्ग्रहीष्ये पादौ च तं ममाख्याहि पृच्छतः ॥
आहोस्विदम्ब ज्येष्ठायाः कौसल्याया निवेशने ॥ १६६
तं प्रत्युवाच कैकेयी प्रियवद्घोरमप्रियम् ॥
अजानन्तं प्रजानन्ती राज्यलोभेन मोहिता ॥ १६७
या गतिः सर्वभूतानां तां गतिं ते पिता गतः ॥
राजा महात्मा तेजस्वी यायजूकः सतां गतिः ॥ १६८
तच्छ्रुत्वा भरतो वाक्यं धर्माभिजनवाञ्छुचिः ॥
पपात सहसा भूमौ पितृशोकबलार्दितः ॥ १६९
जननीं प्रत्युवाचेदं शोकैर्बहुभिरावृतः ॥ १७०
अभिषेक्ष्यति रामं नु राजा यज्ञं नु यक्ष्यते ॥
इत्यहं कृतसंकल्पो हृष्टो यात्रामयासिषम् ॥ १७१
तदिदं ह्यन्यथाभूतं व्यवदीर्णं मनो मम ॥
पितरं यो न पश्यामि नित्यं प्रियहिते रतम् ॥ १७२
अम्ब केनात्यगाद्राजा व्याधिना मय्यनागते ॥
धन्या रामादयः सर्वे यैः पिता संस्कृतः स्वयम् ॥ १७३
न नूनं मां महाराजः प्राप्तं जानाति कीर्तिमान् ॥
उपजिघ्रेत्तु मां मूर्ध्नि तातः सन्नाम्य सत्वरम् ॥ १७४
क्व स पाणिः सुखस्पर्शस्तातस्याक्लिष्टकर्मणः ॥
यो हि मां रजसा ध्वस्तमभीक्ष्णं परिमार्जति ॥ १७५
यो मे भ्राता पिता बन्धुर्यस्य दासोऽस्मि सम्मतः ॥
तस्य मां शीघ्रमाख्याहि रामस्याक्लिष्टकर्मणः ॥ १७६

पिता हि भवति ज्येष्ठो धर्ममार्यस्य जानतः ॥
तस्य पादौ ग्रहीष्यामि स हीदानीं गतिर्मम ॥ १७७
धर्मविद्धर्मशीलश्च महाभागो दृढव्रतः ॥
आर्ये किमब्रवीद्राजा पिता मे सत्यविक्रमः ॥ १७८
पश्चिमं साधु संदेशं इच्छामि श्रोतुमात्मनः ॥
इति पृष्टा यथा तत्वं कैकेयी वाक्यमब्रवीत् ॥ १७९
रामेति राजा विलपन् हा सीते लक्ष्मणेति च ॥
स महात्मा परं लोकं गतो गतिमतां वरः ॥ १८०
इतीमां पश्चिमां वाचं व्याजहार पिता तव ॥
कालधर्मं परिक्षिप्तः पाशैरिव महागजः ॥ १८१
सिद्धार्थास्तु नरा राममागतं सह सीतया ॥
लक्ष्मणं च महाबाहुं द्रक्ष्यन्ति पुनरागतम् ॥ १८२
स हि राजसुतः पुत्र चीरवासा महावनम् ॥
दण्डकान्सह वैदेह्या लक्ष्मणानुचरो गतः ॥ १८३
तच्छ्रुत्वा भरतस्त्रस्तो भ्रातुश्चारित्रशङ्कया ॥
स्वस्य वंशस्य माहात्म्यात्प्रष्टुं समुपचक्रमे ॥ १८४
कच्चिन्न ब्राह्मणधनं हृतं रामेण कस्यचित् ॥
कच्चिन्नाढ्यो दरिद्रो वा तेनापापो विहिंसितः ॥ १८५
कच्चिन्न परदारान्वा राजपुत्रोऽभिमन्यते ॥
कस्मात्स दण्डकारण्ये भ्राता रामो विवासितः ॥ १८६
एवमुक्ता तु कैकेयी भरतेन महात्मना ॥
उवाच वचनं हृष्टा वृथा पण्डितमानिनी ॥ १८७
नैवं न परदारान्स चक्षुर्भ्यामपिपश्यति ॥
मया तु पुत्र श्रुत्वैव रामस्येहाभिषेचनम् ॥
याचितस्ते पिता राज्यं रामस्य च विवासनम् ॥ १८८
स स्ववृत्तिं समास्थाय पिता ते तत्तथाऽकरोत् ॥
रामस्तु सह सौमित्रिः प्रेषितः सह सीतया ॥ १८९

त्वया त्विदानीं धर्मज्ञं राजत्वमवलम्ब्यताम् ॥
त्वत्कृते हि मया सर्वमिदमेवंविधं कृतम् ॥ १९०
मा शोकं मा च सन्तापं धैर्यमाश्रय पुत्रक ॥
त्वदधीना हि नगरी राज्यं चैतदनामयम् ॥ १९१
श्रुत्वा च स्वपितुर्वृत्तं भ्रातरौ च विवासितौ ॥
भरतो दुःखसन्तप्त इदं वचनमब्रवीत् ॥ १९२
दुःखे मे दुःखमकरोर्व्रणे क्षारमिवाददाः ॥
राजानं प्रेतभावस्थं कृत्वा रामं च तापसम् । १९३
कुलस्य त्वमभावाय कालरात्रिरिवागता ॥
अङ्गारमुपगुह्य स्म पिता मे नावबुद्धवान् ॥ १९४
नन्वार्योऽपि च धर्मात्मा त्वयि वृत्तिमनुत्तमाम् ॥
वर्तते गुरुवृत्तिज्ञो यथा मातरि वर्तते ॥ १९५
तथा ज्येष्ठा हि मे माता कौसल्या दीर्घदर्शिनी ॥
त्वयि धर्मं समास्थाय भगिन्यामिव वर्तते ॥ १९६
तस्याः पुत्रं महात्मानं चीरवल्कलवाससम् ॥
प्रस्थाप्य वनवासाय कथं पापे न शोचसे ॥ १९७
अहं हि पुरुषव्याघ्रावपश्यन्रामलक्ष्मणौ ॥
केन शक्तिप्रभावेण राज्यं रक्षितुमुत्सहे ॥ १९८
अथवा मे भवेच्छक्तिर्योगैर्बुद्धिबलेन वा ॥
सकामां न करिष्यामि त्वामहं पुत्रगर्धिनीम् ॥ १९९
उत्पन्ना तु कथं बुद्धिस्तवेयं पापदर्शिनि ॥
साधुचारित्रविभ्रष्टे पूर्वेषां नो विगर्हिता ॥ २००
एष त्विदानीमेवाहं मत्प्रियार्थं तवानघे ॥
निवर्तयिष्यामि वनात् भ्रातरं स्वजनप्रियम् ॥ २०१
निवर्तयित्वा रामं च तस्याहं दीप्ततेजसः ॥
दासभूतो भविष्यामि सुस्थितेनान्तरात्मना ॥ २०२
त्वत्कृते मे पिता वृत्तो रामश्चारण्यमाश्रितः ॥
अयशो जीवलोके च त्वयाऽहं प्रतिपादितः ॥ २०३

मातृरूपे ममामित्रे नृशंसे राज्यकामुके
न तेऽहमभिभाष्योऽस्मि दुर्वृत्ते पतिघातिनि ॥ २०४
न ह्यहं पापसंकल्पे पापे पापं त्वया कृतम् ॥
शक्तो धारयितुं पौरैरश्रुकण्ठैर्निरीक्षितः ॥ २०५
स तु राजात्मजश्चापि शत्रुघ्नसहितस्तदा ॥
प्रतस्थे भरतो येन कौसल्याया निवेशनम् ॥ २०६
ततः शत्रुघ्नभरतौ कौसल्यां प्रेक्ष्य दुःखितौ ॥
पर्यष्वजेतां दुःखार्तां पतितां नष्टचेतनाम् ॥ २०७
रुदन्तौ रुदती दुःखात्समेत्यार्या मनस्विनी ॥
भरतं प्रत्युवाचेदं कौसल्या भृशदुःखिता ॥ २०८
इदं ते राज्यकामस्य राज्यं प्राप्तमकण्टकम् ॥
संप्राप्तं बत कैकेय्या शीघ्रं क्रूरेण कर्मणा ॥ २०९
प्रस्थाप्य चीरवसनं पुत्रं मे वनवासिनम् ॥
कैकेयी कं गुणं तत्र पश्यति क्रूरदर्शिनी ॥ २१०
क्षिप्रं मामपि कैकेयी प्रस्थापयितुमर्हति ॥
हिरण्यनाभो यत्रास्ते सुतो मे सुमहायशाः ॥ २११
कामं वा स्वयमेवाद्य तत्र मां नेतुमर्हसि ॥
यत्रासौ पुरुषव्याघ्रस्तप्यते मे सुतस्तपः ॥ २१२
इदं हि तव विस्तीर्णं धनधान्यसमाचितम् ॥
हस्त्यश्वरथसंपूर्णं राज्यं निर्यातितं तया ॥ २१३
इत्यादिबहुभिर्वाक्यैः क्रूरैः संभर्त्सितोऽनघः ॥
विव्यथे भरतो तीव्रं व्रणे तुद्येव सूचिना ॥ २१४
पपात चरणौ तस्यास्तदा संभ्रान्तचेतनः ॥
प्राञ्जलिः प्रत्युवाचेदं शोकैर्बहुभिरावृताम् ॥ २१५
आर्ये कस्मादजानन्तं गर्हसे मामकल्मषम् ॥
विपुलां च मम प्रीतिं स्थितां जानासि राघवे ॥ २१६
कृतशास्त्रानुगा बुद्धिर्माभूत्तस्य कदाचन ॥
सत्यसन्धः सतां श्रेष्ठो यस्यार्योऽनुमते गतः ॥ २१७

प्रैष्यं पापीयसां यातु सूर्यं च प्रतिमेहतु ॥
हन्तु पादेन गां सुप्तां यस्यार्योऽनुमते गतः ॥ २१८
बलिषड्भागमुद्धृत्य नृपस्यारक्षितुः प्रजाः ॥
अधर्मो योऽस्य सोऽस्यास्तु यस्यार्योऽनुमते गतः ॥ २१९
हस्त्यश्वरथसंबाधे युद्धे शस्त्रसमाकुले ॥
मा स्म कार्षीत्सतां धर्मं यस्यार्योऽनुमते गतः ॥ २२०
पायसं कृसरं छागं वृथा सोऽश्नातु निर्घृणः॥
गुरूँश्चाप्यवजानातु यस्यार्योऽनुमते गतः ॥ २२१
अकर्ता चाकृतज्ञश्च त्यक्तश्च निरपत्रपः ॥
लोके भवतु विद्विष्टो यस्यार्योऽनुमते गतः ॥ २२२
संग्रामे समुपोढे च शत्रुपक्षभयंकरे ॥
पलायमानो वध्येत यस्यार्योऽनुमते गतः ॥ २२३
कपालपाणिः पृथिवीमटतां चीरसंवृतः ॥
भिक्षमाणो यथोन्मत्तो यस्यार्योऽनुमते गतः ॥ २२४
एवमाश्वासयन्नेव दुःखार्तोऽनुपपात ह ॥
विहीनां पतिपुत्राभ्यां कौसल्यां पार्थिवात्मजः ॥ २२५
तदा तं शपथैः कष्टैः शपमानमचेतनम् ॥
भरतं शोकसन्तप्तं कौसल्या वाक्यमब्रवीत् ॥ २२६
मम दुःखमिदं पुत्र भूयः समुपजायते ॥
शपथैः शपमानो हि प्राणानुपरुणत्सि मे ॥ २२७
दिष्ट्या न चलितो धर्मादात्मा ते सहलक्षणः ॥
वत्स सत्यप्रतिज्ञो हि सतां लोकानवाप्स्यसि ॥ २२८
इत्युक्त्वा चाङ्कमानीय भरतं भ्रातृवत्सलम् ॥
परिष्वज्य महाबाहुं रुरोद भृशदुःखिता ॥ २२९
एवं विलपमानस्य दुःखार्तस्य महात्मनः ॥
मोहाच्च शोकसंरम्भाद्बभूव लुलितं मनः ॥ २३०
लालप्यमानस्य विचेतनस्य प्रणष्टबुद्धेः पतितस्य भूमौ ॥
मुहुर्मुहुर्निश्वसतश्च दीर्घं सा तस्य शोकेन जगाम रात्रिः ॥ २३१

अथ चतुर्थः सर्गः ।

तमेवं शोकसंन्तप्तं भरतं कैकयीसुतम् ॥
उवाच वदतां श्रेष्ठो वसिष्ठः श्रेष्ठवागृषिः ॥ २३२
अलं शोकेन भद्रं ते राजपुत्र महायशः ॥
प्राप्तकालं नरपतेः कुरु संयानमुत्तमम् ॥ २३३
वसिष्ठस्य वचः श्रुत्वा भरतो धरणीं गतः ॥
प्रेतकृत्यानि सर्वाणि कारयामास धर्मवित् ॥ २३४
उद्धृत्य तैलसंसेकात्स तु भूमौ निवेशितम् ॥
आपीतवर्णवदनं प्रसुप्तमिव भूमिपम् ॥ २३५
शिबिकायामथारोप्य राजानं गतचेतनम् ॥
बाष्पकण्ठा विमनसस्तमूहुः परिचारकाः ॥ २३६
हिरण्यं च सुवर्णं च वासांसि विविधानि च ॥
प्रकिरन्तो जना मार्गे नृपतेरग्रतो ययुः ॥ २३७
गन्धानुच्चावचांश्चान्यांस्तत्र गत्वाऽथ भूमिपम् ॥
तत्र संवेशयामासुश्चितामध्ये तमृत्विजः ॥ २३८
तदा हुताशनं हुत्वा जेपुस्तस्य तदृत्विजः ॥
जगुश्च ते यथाशास्त्रं तत्र सामानि गायकाः ॥ २३९
शिबिकाभिश्च यानैश्च यथार्हं तस्य योषितः ॥
नगरान्निर्ययुस्तत्र वृद्धैः परिवृतास्तथा ॥ २४०
प्रसव्यं चापि तं चक्रुर्ऋत्विजोऽग्निचितं नृपम् ॥
स्त्रियश्च शोकसन्तप्ताः कौसल्याप्रमुखास्तदा ॥ २४१
क्रौञ्चीनामिव नारीणां निनादस्तत्र शुश्रुवे ॥
आर्तानां करुणं काले क्रोशन्तीनां सहस्रशः ॥ २४२
ततो रुदन्त्यो विवशा विलप्य च पुनः पुनः ॥
यानेभ्यः सरयूतीरमवतेरुर्नृपाङ्गनाः ॥ २४३
कृत्वोदकं ते भरतेन सार्धं नृपाङ्गना मन्त्रिपुरोहिताश्च ॥
पुरं प्रविश्याश्रुपरीतनेत्रा भूमौ दशाहं व्यनयन्त दुःखम् ॥ २४४

ततो दशाहेऽतिगते कृतशौचो नृपात्मजः ॥
द्वादशेऽहनि संप्राप्ते श्राद्धकर्माण्यकारयत् ॥ २४५ ॥
ब्राह्मणेभ्यो धनं रत्नं ददावन्नं च पुष्कलम् ॥
वास्तिकं बहु शुक्लं च गाश्चापि बहुशस्तदा ॥ २४६
दासीर्दासांश्च यानानि वेश्मानि सुमहान्ति च ॥
ब्राह्मणेभ्यो ददौ पुत्रो राज्ञस्तस्यौर्ध्वदैहिकम् ॥ २४७
ततः प्रभातसमये दिवसे च त्रयोदशे ॥
विललाप महाबाहुर्भरतः शोकमूर्च्छितः ॥ २४८
शब्दापिहितकण्ठश्च शोधनार्थमुपागतः ॥
चितामूले पितुर्वाक्यमिदमाह सुदुःखितः ॥ २४९
तात यस्मिन्निसृष्टोऽहं त्वया भ्रातरि राघवे ॥
तस्मिन्वनं प्रव्रजिते शून्ये त्यक्तोऽस्म्यहं त्वया ॥ २५०
यस्या गतिरनाथायाः पुत्रः प्रव्राजितो वनम् ॥
तामम्बां तात कौसल्यां त्यक्त्वा त्वं क गतो नृप ॥ २५१
शत्रुघ्नश्चापि भरतं दृष्ट्वा शोकपरिप्लुतम् ॥
विसंज्ञो न्यपतद्भूमौ भूमिपालमनुस्मरन् ॥ २५२
उन्मत्त इव निश्चिन्तो विललाप सुदुःखितः ॥
स्मृत्वा पितुर्गुणाङ्गानि तानि तानि तदा तदा ॥ २५३
मन्थराप्रभवस्तीव्रः कैकेयीग्राहसंकुलः ॥
वरदानमयोऽक्षोभ्योऽमज्जयच्छोकसागरः ॥ २५४
ततः प्रकृतिमान्वैद्यः पितुरेषां पुरोहितः ॥
वसिष्ठो भरतं वाक्यमुत्थाप्य तमुवाच ह ॥ २५५
त्रयोदशोऽयं दिवसः पितुर्वृत्तस्य ते विभो ॥
सावशेषास्थिनिचये किमिह त्वं विलम्बसे ॥ २५६
त्रीणि द्वन्द्वानि भूतेषु प्रवृत्तान्यविशेषतः ॥
तेषु चापरिहार्येषु नैवं भवितुमर्हसि ॥ २५७
सुमन्त्रश्चापि शत्रुघ्नमुत्थाप्याभिप्रसाद्य च ॥
श्रावयामास तत्त्वज्ञः सर्वभूतभवाभवम् ॥ २५८

उत्थितौ तौ नरव्याघ्रौ प्रकाशेते यशस्विनौ ॥
वर्षातपपरिग्लानौ पृथगिन्द्रध्वजाविव ॥ २५९
अश्रूणि परिमृद्गन्तौ रक्ताक्षौ दीनभाषिणौ ॥
अमात्यास्त्वरयन्ति स्म तनयौ चापराः क्रियाः ॥ २६०
ततः प्रभातसमये दिवसेऽथ चतुर्दशे ॥
समेत्य राजकर्तारो भरतं वाक्यमब्रुवन् ॥ २६१
गतो दशरथः स्वर्गं यो नो गुरुतरो गुरुः ॥
रामं प्रव्राज्य वै ज्येष्ठं लक्ष्मणं च महाबलम् ॥ २६२
त्वमद्य भव नो राजा राजपुत्र महायशः ॥
भरतस्तं जनं सर्वं प्रत्युवाच धृतव्रतः ॥ २६३
रामः पूर्वो हि नो भ्राता भविष्यति महीपतिः ॥
अहं त्वरण्ये वत्स्यामि वर्षाणि नव पञ्च च ॥ २६४
युज्यतां महती सेना चतुरङ्गमहाबला ॥
आनयिष्याम्यहं ज्येष्ठं भ्रातरं राघवं वनात् ॥ २६५
आभिषेचनिकं चैव सर्वमेतदुपस्कृतम् ॥
पुरस्कृत्य गमिष्यामि रामहेतोर्वनं प्रति ॥ २६६
क्रियतां शिल्पिभिः पन्थाः समानि विषमाणि च ॥
रक्षिणश्चानुसंयान्तु पथि दुर्गविचारकाः ॥ २६७
एवं संभाषमाणं तं रामहेतोर्नृपात्मजम् ॥
प्रत्युवाच जनः सर्वः श्रीमद्वाक्यमनुत्तमम् ॥ २६८
एवं ते भाषमाणस्य पद्मा श्रीरुपतिष्ठताम् ॥
यस्त्वं ज्येष्ठे नृपसुते पृथिवीं दातुमिच्छसि ॥ २६९
अथ भूमिप्रदेशज्ञाः सूत्रकर्मविशारदाः ॥
स्वकर्माभिरताः शूराः खनका यन्त्रकास्तथा ॥ २७०
कर्मान्तिका स्थपतयः पुरुषा यन्त्रकोविदाः ॥
तथा वर्धकयश्चैव मार्गिणो वृक्षतक्षकाः ॥ २७१
सूपकाराः सुधाकारा वंशचर्मकृतस्तथा ॥
समर्था ये च द्रष्टारः पुरतश्च प्रतस्थिरे ॥ २७२

ते स्ववारं समास्थाय वर्त्मकर्मणि कोविदाः ॥
कर्णैर्विविधोपेतैः पुरस्तात्संप्रतस्थिरे ॥ २७३
लतावल्लीश्च गुल्मांश्च स्थाणूनश्मन एव च ॥
जनास्ते चाक्रिरे मार्गं छिन्दन्तो विविधान्द्रुमान् ॥ २७४
स सुधाकुट्टिमतलः प्रपुष्पितमहीरुहः ॥
मत्तोद्घुष्टद्विजगणः पताकाभिरलंकृतः ॥ २७५
चन्दनोदकसंसिक्तो नानाकुसुमभूषितः ॥
बह्वशोभत सेनायाः पन्थाः सुरपथोपमः ॥ २७६
बहुपांसुचयाश्चापि परिखाः परिवारिताः ॥
तत्रेन्द्रनीलप्रतिमाः प्रतोलीवरशोभिताः ॥ २७७
ततो नान्दीमुखीं रात्रिं भरतं सूतमागधाः ॥
तुष्टुवुः सविशेषज्ञाः स्तवैर्मङ्गलसंस्तवैः ॥ २७८
सुवर्णकोणाभिहतः प्राणदद्यामदुन्दुभिः ॥
दध्मुः शङ्खांश्च शतशो वाद्यांश्चोच्चावचस्वरान् ॥ २७९
स तूर्यघोषः सुमहान्दिवमापूरयन्निव ॥
भरतं शोकसन्तप्तं भूयः शोकैररन्धयत् ॥ २८०
ततः प्रबुद्धो भरतस्तं घोषं सन्निवर्त्य च ॥
नाहं राजेति चोक्त्वा तमास्थाय स्यन्दनोत्तमम् ॥ २८१
प्रययौ भरतः शीघ्रं रामदर्शनकाम्यया ॥
अग्रतः प्रययुस्तस्य सर्वे मन्त्रिपुरोहिताः ॥ २८२
कैकेयी च सुमित्रा च कौसल्या च यशस्विनी ॥
रामानयनसंतुष्टा ययुर्यानेन भास्वता ॥ २८३
ते गत्वा दूरमध्वानं रथयानाश्वकुञ्जरैः ॥
समासेदुस्ततो गङ्गां शृङ्गवेरपुरं प्रति ॥ २८४
संप्रेक्ष्य गुहमायान्तं सूतपुत्रः प्रतापवान् ॥
भरतायाचचक्षेऽथ समयज्ञो विनीतवत् ॥ २८५
एष ज्ञातिसहस्रेण स्थपतिः परिवारितः ॥
तस्मात्पश्यतु काकुत्स्थ त्वां निषादाधिपो गुहः ॥ २८६

लब्ध्वानुज्ञां संप्रहृष्टो ज्ञातिभिः परिवारितः ॥
आगम्य भरतं प्रह्वो गुहो वचनमब्रवीत् ॥ २८७
धन्यस्त्वं न त्वया तुल्यं पश्यामि जगतीतले ॥
अयत्नादागतं राज्यं यस्त्वं त्यक्तुमिहेच्छसि ॥ २८८
तमेवमभिभाषन्तमाकाश इव निर्मलः ॥
भरतः श्लक्ष्णया वाचा गुहं वचनमब्रवीत् ॥ २८९
भ्राता मे क्वावसद्रात्रिं क्व सीता क्व च लक्ष्मणः ॥
अस्वपच्छयने कस्मिन्किं भुक्त्वा गुह शंस मे ॥ २९०
सोऽब्रवीद्भरतं हृष्टो निषादाधिपतिर्गुहः ॥
यद्विधं प्रतिपेदे च रामे प्रियहितेऽतिथौ ॥ २९१
एतदिङ्गुदीमूलं च इदमेव च तत्तृणम् ॥
अस्मिन्रामश्च सीता च रात्रिं तां शयितावुभौ ॥ २९२
तच्छ्रुत्वा निपुणं सर्वं भरतः सह मन्त्रिभिः ॥
इङ्गुदीमूलमागम्य रामशय्यामवैक्षत ॥ २९३
अब्रवीज्जननीः सर्वा इह तस्य महात्मनः ॥
शर्वरी शयिता भूमाविदमस्य विमर्दितम् ॥ २९४
अजिनोत्तरसंस्तीर्णे वरास्तरणसंचये ॥
शयित्वा पुरुषव्याघ्रः कथं शेते महीतले ॥ २९५
न नूनं दैवतं किंचित्कालेन बलवत्तरम् ॥
यत्र दाशरथी रामो भूमावेवमशेत सः ॥ २९६
यस्मिन्विदेहराजस्य सुता च प्रियदर्शना ॥
दयिता शयिता भूमौ स्नुषा दशरथस्य च ॥ २९७
हा हतोऽस्मि नृशंसोऽस्मि यत्सभार्यः कृते मम ॥
ईदृशीं राघवः शय्यामधिशेते ह्यनाथवत् ॥ २९८
धन्यः खलु महाभागो लक्ष्मणः शुभलक्षणः ॥
भ्रातरं विषमे काले यो राममनुवर्तते ॥ २९९

सिद्धार्था खलु वैदेही पतिं याऽनुगता वनम् ॥
वयं संशयिताः सर्वे हीनास्तेन महात्मना ॥ ३००
अकर्णधारा पृथिवी शून्येव प्रतिभाति मे ॥
गते दशरथे स्वर्गे रामे चारण्यमाश्रिते ॥ ३०१
अद्यप्रभृति भूमौ तु शयिष्येऽहं तृणेषु वा ॥
फलमूलाशनो नित्यं जटाचीराणि धारयन् ॥ ३०२
तस्याहमुत्तरं कालं निवत्स्यामि सुखं वने ॥
तत्प्रतिश्रुतमार्यस्य नैव मिथ्या भविष्यति ॥ ३०३

अथ पञ्चमः सर्गः ।

सा पुण्या ध्वजिनी गङ्गां दाशैः संतारिता स्वयम् ॥
मैत्रे मुहूर्ते प्रययौ प्रयागवनमुत्तमम् ॥ ३०४
भरद्वाजाश्रमं गत्वा क्रोशादेव नरर्षभः ॥
जनं सर्वमवस्थाप्य जगाम सह मन्त्रिभिः ॥ ३०५
ततः संदर्शने तस्य भरद्वाजस्य राघवः ॥
मन्त्रिणस्तानवस्थाप्य जगामानुपुरोहितम् ॥ ३०६
वसिष्ठमथ दृष्ट्वैव भरद्वाजो महातपाः ॥
संचचालासनात्तूर्णं शिष्यानर्घ्यमिति ब्रुवन् ॥ ३०७
समागम्य वसिष्ठेन भरतेनाभिवादितः ॥
अबुध्यत महातेजाः सुतं दशरथस्य तम् ॥ ३०८
ताभ्यामर्घ्यं च पाद्यं च दत्वा पश्चात्फलानि च ॥
आनुपूर्व्याच्च धर्मज्ञः पप्रच्छ कुशलं कुले ॥ ३०९
वसिष्ठो भरतश्चैनं पप्रच्छतुरनामयम् ॥
शरीरेऽग्निषु शिष्येषु वृक्षेषु मृगपक्षिषु ॥ ३१०
तथेति तु प्रतिज्ञाय भरद्वाजो महायशाः ॥
भरतं प्रत्युवाचेदं राघवस्नेहबन्धनात् ॥ ३११

किमिहागमने कार्यं तव राज्यं प्रशासतः ॥
एतदाचक्ष्व सर्वं मे नहि मे शुध्यते मनः ॥ ३१२
एवमुक्तो भरद्वाजं भरतः प्रत्युवाच ह ॥
पर्यश्रुनयनो दुःखाद्वाचा संसज्जमानया ॥ ३१३
हतोऽस्मि यदि मामेवं भगवानपि मन्यते ॥
मत्तो न दोषमाशङ्के मैवं मामनुशाधि हि ॥ ३१४
न चैतदिष्टं माता मे यदवोचन्मदन्तरे ॥
नाहमेतेन तुष्टश्च न तद्वचनमाददे ॥ ३१५
अहं तु तं नरव्याघ्रमुपयातः प्रसादकः ॥
प्रतिनेतुमयोध्यायां पादौ चास्याभिवन्दितुम् ॥ ३१६
वसिष्ठादिभिर्ऋत्विग्भिर्याचितो भगवांस्ततः ॥
उवाच तं भरद्वाजः प्रसादाद्भरतं वचः ॥ ३१७
त्वय्येतत्पुरुषव्याघ्र युक्तं राघववंशजे ॥
गुरुवृत्तिर्दमश्चैव साधूनां चानुयायिता ॥ ३१८
जाने चैतन्मनस्थं ते दृढीकरणमस्त्विति ॥
अपृच्छं त्वां तवात्यर्थं कीर्तिं समभिवर्धयन् ॥ ३१९
अयं वसति ते भ्राता चित्रकूटे महागिरौ ॥
श्वस्तु गन्तासि तं देशं वसाद्य सह मन्त्रिभिः ॥ ३२०
ततस्तां रजनीं व्युष्य भरतः सपरिच्छदः ॥
कृतातिथ्यो भरद्वाजं कामादभिजगाम ह ॥ ३२१
तमुवाचाञ्जलिं कृत्वा भरतोऽभिप्रणम्य च ॥
आश्रमादुपनिष्क्रान्तमृषिमुत्तमतेजसम् ॥ ३२२
सुखोषितोऽस्मि भगवन्समग्रबलवाहनः ॥
बलवत्तर्पितश्चाहं बलवान्भगवंस्त्वया ॥ ३२३
आमन्त्रयेऽहं भगवन्कामं त्वामृषिसत्तम ॥
समीपं प्रस्थितं भ्रातुर्मैत्रेणेक्षस्व चक्षुषा ॥ ३२४
ततो वाजिरथान्युक्त्वा दिव्यान्हेमविभूषितान् ॥
अध्यारोहत्प्रयाणार्थं बहून्बहुविधो जनः ॥ ३२५

गजकन्या गजाश्चैव हेमकक्ष्याः पताकिनः ॥
जीमूता इव घर्मान्ते सघोषाः संप्रतस्थिरे ॥ ३२६
तया महत्या यायिन्या ध्वजिन्या वनवासिनः ॥
अर्दिता यूथपा मत्ताः सयूथाः संप्रदुद्रुवुः ॥ ३२७
स गत्वा दूरमध्वानं संपरिश्रान्तवाहनः ॥
उवाच वचनं श्रीमान्वसिष्ठं मन्त्रिणां वरम् ॥ ३२८
यादृशं लक्ष्यते रूपं यथा चैव मया श्रुतम् ॥
व्यक्तं प्राप्ताः स्म तं देशं भरद्वाजोऽयमब्रवीत् ॥ ३२९
अयं गिरिश्चित्रकूटस्तथा मन्दाकिनी नदी ॥
एतत्प्रकाशते दूरान्नीलमेघनिभं वनम् ॥ ३३०
उत्तरे तु गिरेः पादे चित्रकूटस्य राघवः ॥
ददर्श कन्दरं रम्यं शिलाधातुसमन्वितम् ॥ ३३१
सुखप्रसेकैस्तरुभिः पुष्पभारावलम्बिभिः ॥
संवृतं च रहस्यं च मत्तद्विजगणायुतम् ॥ ३३२
तद्दृष्ट्वा सर्वभूतानां मनोदृष्टिहरं वनम् ॥
उवाच सीतां काकुत्स्थो वनदर्शनविस्मितः ॥ ३३३
वैदेहि रमते चक्षुस्तवास्मिन्गिरिकन्दरे ॥
परिश्रमविघातार्थं साधु तावदिहास्यताम् ॥ ३३४
त्वदर्थमिह विन्यस्ता त्वियं श्लक्ष्णसमा शिला ॥
यस्याः पार्श्वे तरुः पुष्पैः प्रविष्ट इव केसरैः ॥ ३३५
राघवेणैवमुक्ता सा सीता प्रकृतिदक्षिणा ॥
उवाच प्रणयस्निग्धमिदं श्लक्ष्णतरं वचः ॥ ३३६
अवश्यं वचनं कार्यं तव मे रघुनन्दन ॥
बहुशो भ्रमितश्चाद्य तव चैवं मनोरथः ॥
एवमुक्त्वा वरारोहा शिलां तामुपससर्प ह ॥ ३३७
एवं स विविधान्देशान्दर्शयित्वा प्रियां प्रियः ॥
आजगामाश्रमपदं सुसंश्लिष्टमलंकृतम् ॥ ३३८

प्रत्युज्जगाम तं भ्राता लक्ष्मणो गुरुवत्सलः ॥
दर्शयन्विविधं धर्मं सौमित्रिः सुकृतं तदा ॥ ३३९
शुद्धबाणहतांस्तत्र मेध्यान्कृष्णमृगान्दश ॥
राशीकृतान् शुष्यमाणानन्यान्कांश्चन कांश्चन ॥ ३४०
तदृष्ट्वा कर्म सौमित्रेर्भ्राता प्रीतोऽभवत्तदा ॥
क्रियतां बलयश्चेति रामः सीतामथान्वशात् ॥ ३४१
अग्रं प्रदाय भूतेभ्यः सीताऽथ वरवर्णिनी ॥
तयोरुपाददद्भ्रात्रोर्मधु मांसं च तद्भृशम् ॥ ३४२
तयोस्तुष्टिमथोत्पाद्य वीरयोः कृतशौचयोः ॥
विधिवज्जानकी पश्चाच्चक्रे सा प्राणधारणम् ॥ ३४३
तथा तत्रासतस्तस्य भरतस्योपयायिनः ॥
सैन्यरेणुश्च शब्दश्च प्रादुरास्तां नभस्पृशौ ॥ ३४४
हन्त लक्ष्मण पश्येह सुमित्रा सुप्रजास्त्वया ॥
भीमस्तनितगंभीरं तुमुलः श्रूयते स्वनः ॥ ३४५
एवमुक्तस्तु रामेण लक्ष्मणो वाक्यमब्रवीत् ॥
दिधक्षन्निव तां सेनां रुषितः पावको यथा ॥ ३४६
संपन्नं राज्यमिच्छंस्तु व्यक्तं प्राप्याभिषेचनम् ॥
आवां हन्तुं समभ्येति कैकेय्या भरतः सुतः ॥ ३४७
संप्राप्तोऽयमरिर्वीर भरतो वध्य एव हि ॥
भरतस्य वधे दोषं नाहं पश्यामि राघव ॥ ३४८
सुसंरब्धं तु भरतं लक्ष्मणं क्रोधमूर्च्छितम् ॥
रामस्तु परिसान्त्व्याथ वचनं चेदमब्रवीत् ॥ ३४९
पितुः सत्यं प्रतिश्रुत्य हत्वा भरतमाहवे ॥
किं करिष्यामि राज्येन सापवादेन लक्ष्मण ॥ ३५०
यद्विना भरतं त्वां च शत्रुघ्नं वापि मानद ॥
भवेन्मम सुखं किंचिद्भस्म तत्कुरुतां शिखी ॥ ३५१
मन्येऽहमागतोऽयोध्यां भरतो भ्रातृवत्सलः ॥
मम प्राणैः प्रियतरः कुलधर्ममनुस्मरन् ॥ ३५२

स्नेहेनाक्रान्तहृदयः शोकेनाकुलितेन्द्रियः ॥
द्रष्टुमभ्यागतो ह्येष भरतो नान्यथागतः ॥ ३५३
नहि ते निष्ठुरं वाच्यो भरतो नाप्रियं वचः ॥
अहं ह्यप्रियमुक्तः स्यां भरतस्याप्रिये कृते ॥ ३५४
कथं नु पुत्राः पितरं हन्युः कस्यांचिदापदि ॥
भ्राता वा भ्रातरं हन्यात्सौमित्रे प्राणमात्मनः ॥ ३५५
तथोक्तो धर्मशीलेन भ्रात्रा तस्य हिते रतः ॥
लक्ष्मणः प्रविवेशेव स्वानि गात्राणि लज्जया ॥ ३५६
व्रीडितं लक्ष्मणं दृष्ट्वा राघवः प्रत्युवाच ह ॥
एष मन्ये महाबाहुरिहास्मान्द्रष्टुमागतः ॥ ३५७
अथवा नौ ध्रुवं मन्ये मन्यमानः सुखोचितौ ॥
वनवासमनुध्याय गृहाय प्रति नेष्यति ॥ ३५८
इमां चाप्येष वैदेहीमत्यन्तसुखसेविनीम् ॥
पिता मे राघवः श्रीमान्वनादादाय यास्यति ॥ ३५९
स एष सुमहाकायः कम्पते वाहिनीमुखे ॥
नागः शत्रुञ्जयो नाम वृद्धस्तातस्य धीमतः ॥ ३६०
न तु पश्यामि तच्छत्रं पाण्डुरं लोकविश्रुतम् ॥
पितुर्दिव्यं महाभागं संशयो भवतीह मे ॥ ३६१
भरतेनाथ संदिष्टा संमर्दो न भवेदिति ॥
समंतात्तस्य शैलस्य सेना वासमकल्पयत् ॥ ३६२
अध्यर्धमिक्ष्वाकुचमूर्योजनं पर्वतस्य ह ॥
पार्श्वे न्यविशदावृत्य गजवाजिनराकुला ॥ ३६३

अथ षष्ठः सर्गः ।

निविष्टायां तु सेनायामुत्सुको भरतस्तथा ॥
जगाम भ्रातरं द्रष्टुं शत्रुघ्नमनुदर्शयन् ॥ ३६४
ऋषिं वसिष्ठं संदिश्य मातॄर्मे शीघ्रमानय ॥
इति त्वरितमग्रे स जगाम गुरुवत्सलः ॥ ३६५

सुमन्त्रस्त्वपि शत्रुघ्नमदूरादन्ववर्तत ॥
रामदर्शनजस्तर्षो भरतस्येव तस्य च ॥ ३६६
गच्छन्नेवाथ भरतस्तापसालयसंस्थिताम् ॥
भ्रातुः पर्णकुटीं श्रीमानुटजं च ददर्श ह ॥ ३६७
शालायास्त्वग्रतस्तस्या ददर्श भरतस्तदा ॥
काष्ठानि चावभग्नानि पुष्पाण्यवचितानि च ॥ ३६८
सालतालाश्वकर्णानां पर्णैर्बहुभिरावृताम् ॥
विशालां मृदुविस्तीर्णां कुशैर्वेदिमिवाध्वरे ॥ ३६९
निरीक्ष्य स मुहूर्तं तु ददर्श भरतो गुरुम् ॥
उटजे राममासीनं जटामण्डलधारिणम् ॥ ३७०
कृष्णाजिनधरं तं तु चीरवल्कलवाससम् ॥
सिंहस्कन्धं महाबाहुं पुण्डरीकनिभेक्षणम् ॥ ३७१
तं दृष्ट्वा भरतः श्रीमान् दुःखमोहपरिप्लुतः ॥
अभ्यधावत धर्मात्मा भरतः कैकयीसुतः ॥ ३७२
पादावप्राप्य रामस्य पपात भरतो रुदन् ॥
उक्त्वार्येति सकृद्दीनं पुनर्नोवाच किंचन ॥ ३७३
आघ्राय रामस्तं मूर्ध्नि परिष्वज्य च राघवम् ॥
अङ्के भरतमारोप्य पर्यपृच्छत सादरम् ॥ ३७४
क्व नु तेऽभूत्पिता तात यदरण्यं त्वमागतः ॥
नहि त्वं जीवतस्तस्य वनमागन्तुमर्हसि ॥ ३७५
चिरस्य बत पश्यामि दूराद्भरतमागतम् ॥
दुःप्रतीकमरण्येऽस्मिन् किं तात वनमागतः ॥ ३७६
कच्चिन्नु धरते तात राजा यत्त्वमिहागतः ॥
कच्चिन्न दीनः सहसा राजा लोकान्तरं गतः ॥ ३७७
कच्चित्सौम्य न ते राज्यं भ्रष्टं बालस्य शाश्वतम् ॥
कच्चिच्छुश्रूषसे तात पितुः सत्यपराक्रम ॥ ३७८
स कच्चिद्ब्राह्मणो विद्वान्धर्मनित्यो महाद्युतिः ।
इक्ष्वाकूणामुपाध्यायो यथावत् तात पूज्यते ॥ ३७९

यन्निमित्तमिमं देशं कृष्णाजिनजटाधरः ॥
हित्वा राज्यं प्रविष्टस्त्वं तत्सर्वं वक्तुमर्हसि ॥ ३८०
इत्युक्तः कैकयीपुत्रः काकुत्स्थेन महात्मना ॥
प्रगृह्य बलवद्भूयः प्राञ्जलिर्वाक्यमब्रवीत् ॥ ३८१
आर्य तातः परित्यज्य कृत्वा कर्म सुदुष्करम् ॥
गतः स्वर्गं महाबाहुः पुत्रशोकाभिपीडितः ॥ ३८२
स्त्रिया नियुक्तः कैकेय्या मम मात्रा परन्तप ॥
चकार सा महत्पापमिदमात्मयशोहरम् ॥ ३८३
सा राज्यफलमप्राप्य विधवा शोककर्शिता ॥
पतिष्यति महाघोरे नरके जननी मम ॥ ३८४
तस्य मे दासभूतस्य प्रसादं कर्तुमर्हसि ॥
अभिषिञ्चस्व चाद्यैव राज्येन मघवानिव ॥ ३८५
इमाः प्रकृतयः सर्वा विधवा मातरश्च याः ॥
त्वत्सकाशमनुप्राप्ताः प्रसादं कर्तुमर्हसि ॥ ३८६
तथाऽनुपूर्व्या युक्तश्च युक्तं चात्मनि मानद ॥
राज्यं प्राप्नुहि धर्मेण सकामान्सुहृदः कुरु ॥ ३८७
एभिश्च सचिवैः सार्धं शिरसा याचितो मया ॥
भ्रातुः शिष्यस्य दासस्य प्रसादं कर्तुमर्हसि ॥ ३८८
तदिदं शाश्वतं पित्र्यं सर्वं सचिवमण्डलम् ॥
पूजितं पुरुषव्याघ्र नातिक्रमितुमर्हसि ॥ ३८९
एवमुक्त्वा महाबाहुः सबाष्पः कैकेयीसुतः ॥
रामस्य शिरसा पादौ जग्राह भरतः पुनः ॥ ३९०
तं मत्तमिव मातङ्गं निश्वसन्तं पुनः पुनः ॥
भ्रातरं भरतं रामः परिष्वज्येदमब्रवीत् ॥ ३९१
कुलीनः सत्त्वसंपन्नस्तेजस्वी चरितव्रतः ॥
राज्यहेतोः कथं पापमाचरेन्मद्विधो जनः ॥ ३९२
न दोषं त्वयि पश्यामि सूक्ष्ममप्यरिसूदन ॥
न चापि जननीं बाल्यात्त्वं विगर्हितुमर्हसि ॥ ३९३

कामकारो महाप्राज्ञ गुरूणां सर्वदानघ ॥
उपपन्नेषु दारेषु पुत्रेषु च विधीयते ॥ ३९४
यावत्पितरि धर्मज्ञ गौरवं लोकसत्कृते ॥
तावद्धर्मकृतां श्रेष्ठ जनन्यामपि गौरवम् ॥ ३९५
एताभ्यां धर्मशीलाभ्यां वनं गच्छेति राघव ॥
मातापितृभ्यामुक्तोऽहं कथमन्यत्समाचरे ॥ ३९६
त्वया राज्यमयोध्यायां प्राप्तव्यं लोकसत्कृतम् ॥
वस्तव्यं दण्डकारण्ये मया वल्कलवाससा ॥ ३९७
एवमुक्त्वा महाराजो विभागं लोकसन्निधौ ॥
व्यादिश्य च महाराजो दिवं दशरथो गतः ॥ ३९८
स च प्रमाणं धर्मात्मा राजा लोकगुरुस्तव ॥
पित्रा दत्तं यथाभागमुपभोक्तुं त्वमर्हसि ॥ ३९९
किं करिष्याम्ययोध्यायां ताते दिष्टां गतिं गते ॥
कस्तां राजवराद्धीनामयोध्यां पालयिष्यति ॥ ४००
किं नु तस्य मया कार्यं दुर्जातेन महात्मनः ॥
यो मृतो मम शोकेन स मया न च संस्कृतः ॥ ४०१
अहो भरत सिद्धार्थो येन राजा त्वयाऽनघ ॥
शत्रुघ्नेन च सर्वेषु प्रेतकृत्येषु सत्कृतः ॥ ४०२
समाप्तवनवासं मामयोध्यायां परंतप ॥
को नु शासिष्यति पुनस्ताते लोकान्तरं गते ॥ ४०३
पुरा प्रेक्ष्य सुवृत्तं मां पिता यान्याह सान्त्वयन् ॥
वाक्यानि तानि श्रोष्यामि कुतः कर्णसुखान्यहम् ॥ ४०४
एवमुक्त्वाऽथ भरतं भार्यामभ्येत्य राघवः ॥
उवाच शोकसन्तप्तः पूर्णचन्द्रनिभाननाम् ॥ ४०५
सीते मृतस्ते श्वशुरः पितृहीनोऽसि लक्ष्मण ॥
भरतो दुःखमाचष्टे स्वर्गतिं पृथिवीपतेः ॥ ४०६
ततो बहुगुणं तेषां बाष्पं नेत्रेष्वजायत ॥
तथा ब्रुवति काकुत्स्थे कुमाराणां यशस्विनाम् ॥ ४०७

सा सीता स्वर्गतं श्रुत्वा श्वशुरं तं महानृपम् ॥
नेत्राभ्यामश्रुपूर्णाभ्यां न शशाकेक्षितुं प्रियम् ॥ ४०८
सान्त्वयित्वा तु तां रामो रुदन्तीं जनकात्मजाम् ॥
उवाच लक्ष्मणं तत्र दुःखितो दुःखितं वचः ॥ ४०९
आनयेङ्गुदिपिण्याकं चीरमाहर चोत्तरम् ॥
जलक्रियार्थं तातस्य गमिष्यामि महात्मनः ॥ ४१०
सीता पुरस्ताद्व्रजतु त्वमेनामभितो व्रज ॥
अहं पश्चाद्गमिष्यामि गतिर्ह्येषा सुदारुणा ॥ ४११
सुमन्त्रस्तैर्नृपसुतैः सार्धमाश्वास्य राघवम् ॥
अवतारयदालम्ब्य नदीं मन्दाकिनीं शिवाम् ॥ ४१२
शीघ्रस्रोतसमासाद्य तीर्थं शिवमकर्दमम् ॥
सिषिचुस्तूदकं राज्ञे तत एतद्भवत्विति ॥ ४१३
प्रगृह्य तु महीपालो जलपूरितमञ्जलिम् ॥
दिशं याम्यामभिमुखो रुदन्वचनमब्रवीत् ॥ ४१४
एतत्ते राजशार्दूल विमलं तोयमक्षयम् ॥
पितृलोकगतस्याद्य मद्दत्तमुपतिष्ठतु ॥ ४१५
ततो मन्दाकिनीतीरं प्रत्युत्तीर्य स राघवः ॥
पितुश्चकार तेजस्वी निर्वापं भ्रातृभिः सह ॥ ४१६
ऐङ्गुदं बदरैर्मिश्रं पिण्याकं दर्भसंस्तरे ॥
न्यस्य रामः सुदुःखार्तो रुदन्वचनमब्रवीत् ॥ ४१७
इदं भुङ्क्ष्व महाराज प्रीतो यदशना वयम् ॥
यदन्नः पुरुषो भवति तदन्नास्तस्य देवताः ॥ ४१८
ततस्तेनैव मार्गेण प्रत्युत्तीर्य सरित्तटात् ॥
आरुरोह नरव्याघ्रो रम्यं सानुं महीधरम् ॥ ४१९
ततः पर्णकुटीद्वारमासाद्य जगतीपतिः ॥
परिजग्राह पाणिभ्यामुभौ भरतलक्ष्मणौ ॥ ४२०

तेषां तु रुदतां शब्दात्प्रतिशब्दोऽभवद्गिरौ ॥
भ्रातॄणां सह वैदेह्या सिंहानां नर्दतामिव ॥ ४२१
महाबलानां रुदतां कुर्वतामुदकं पितुः ॥
विज्ञाय तुमुलं शब्दं त्रस्ता भरतसैनिकाः ॥ ४२२
अथ वाहान् परित्यज्य तं सर्वे प्रमुखाः स्वनम् ॥
अप्येकमनसो जग्मुर्यथास्थानं प्रधाविताः ॥ ४२३
अचिरप्रोषितं रामं चिरविप्रोषितं यथा ॥
द्रष्टुकामो जनः सर्वो जगाम सहसाश्रमम् ॥ ४२४
ततस्तं पुरुषव्याघ्रं यशस्विनमकल्मषम् ॥
आसीनं स्थण्डिले रामं ददर्श सहसा जनः ॥ ४२५
विगर्हमाणः कैकेयीं मन्थरासहितामपि ॥
अभिगम्य जनो रामं बाष्पपूर्णमुखोऽभवत् ॥ ४२६
तान्नरान्बाष्पपूर्णाक्षान्समीक्ष्याथ सुदुःखितान् ॥
पर्यष्वजत धर्मज्ञः पितृवन्मातृवच्च सः ॥ ४२७
वसिष्ठः पुरतः कृत्वा दारान्दशरथस्य च ॥
अभिचक्राम तं देशं रामदर्शनतर्षितः ॥ ४२८
राजपत्न्यश्च गच्छन्त्यो मन्दं मन्दाकिनीं प्रति ॥
ददृशुस्तत्र तत्तीर्थं रामलक्ष्मणसेवितम् ॥ ४२९
दक्षिणाग्रेषु दर्भेषु सा ददर्श महीतले ॥
पितुरिङ्गुदिपिण्याकं न्यस्तमायतलोचना ॥ ४३०
तं भूमौ पितुरार्त्तेन न्यस्तं रामेण वीक्ष्य सा ॥
उवाच देवी कौसल्या सर्वा दशरथस्त्रियः ॥ ४३१
इदमिक्ष्वाकुनाथस्य राघवस्य महात्मनः ॥
राघवेण पितुर्दत्तं पश्यतैतद्यथाविधि ॥ ४३२
चतुरन्तां महीं भुक्त्वा महेन्द्रसदृशो भुवि ॥
कथमिङ्गुदिपिण्याकं स भुंक्ते वसुधाधिपः ॥ ४३३
रामेणेङ्गुदिपिण्याकं पितुर्दत्तं समीक्ष्य मे ॥
कथं दुःखेन हृदयं न स्फोटति सहस्रधा ॥ ४३४

एवमार्तां सपत्न्यस्तां जग्मुराश्वास्य तां तदा ॥
ददृशुश्चाश्रमे रामं स्वर्गच्युतमिवामरम् ॥ ४३५
तं भोगैः संपरित्यक्तं रामं सम्प्रेक्ष्य मातरः ॥
आर्ता मुमुचुरश्रूणि सस्वरं शोककर्शिताः ॥ ४३६
तासां रामः समुत्थाय जग्राह चरणाम्बुजान् ॥
मातॄणां मनुजव्याघ्रः सर्वासां सत्यसङ्गरः ॥ ४३७
ताः पाणिभिः सुखस्पर्शैर्मृद्वङ्गुलितलैः शुभैः ॥
प्रममार्जू रजः पृष्ठाद्रामस्यायतलोचनाः ॥ ४३८
सौमित्रिरपि ताः सर्वा मातॄः सम्प्रेक्ष्य दुःखितः ॥
अभ्यवादयदासक्तं शनै रामादनन्तरम् ॥ ४३९
यथा रामे तथा तस्मिन्सर्वा ववृतिरे स्त्रियः ॥
वृत्तिं दशरथाज्जाते लक्ष्मणे शुभलक्षणे ॥ ४४०
सीतापि चरणाँस्तासां उपसंगृह्य दुःखिता ॥
श्वश्रूणामश्रुपूर्णाक्षी संबभूवाग्रतः स्थिता ॥ ४४१
तां परिष्वज्य दुःखार्ता माता दुहितरं यथा ॥
वनवासकृतां दीनां कौसल्या वाक्यमब्रवीत् ॥ ४४२
मुखं ते प्रेक्ष्य मां शोको दहत्यग्निरिवाश्रयम् ॥
भृशं मनसि वैदेहि व्यसनारणिसंभवः ॥ ४४३
ब्रुवन्त्यामेवमार्तायां जनन्यां भरताग्रजः ॥
पादावासाद्य जग्राह वसिष्ठस्य स राघवः ॥ ४४४
ततो जघन्यं सहितैः स्वमंत्रिभिः पुरप्रधानैश्च तथैव सैनिकैः ॥
जनेन धर्मज्ञतमेन धर्मवानुपोपविष्टो भरतस्तदाग्रजम् ॥ ४४५

अथ सप्तमः सर्गः ।

ततः पुरुषसिंहानां वृतानां तैः सुहृद्गणैः ॥
शोचतामेव रजनी दुःखेन व्यत्यवर्तत ॥ ४४६

रजन्यां सुप्रभातायां भ्रातरस्ते सुहृद्वृताः ॥
मन्दाकिन्यां हुतं जप्यं कृत्वा राममुपागमन् ॥ ४४७
तूष्णीं ते समुपासीना न कश्चित्किंचिदब्रवीत् ॥
भरतस्तु सुहृन्मध्ये रामं वचनमब्रवीत् ॥ ४४८
सान्त्विता मामिका माता दत्तं राज्यमिदं मम ॥
तद्ददामि तवैवाहं भुङ्क्ष्व राज्यमकण्टकम् ॥ ४४९
श्रेणयस्त्वां महाराज पश्यन्त्वग्र्याश्च सर्वशः ॥
प्रतपन्तमिवादित्यं राज्यस्थितमरिन्दमम् ॥ ४५०
तस्य साध्वनुमन्यन्त नागरा विविधा जनाः ॥
भरतस्य वचः श्रुत्वा रामं प्रत्यनुयाचतः ॥ ४५१
तमेवं दुःखितं प्रेक्ष्य विलपन्तं यशस्विनम् ॥
रामः कृतात्मा भरतं समाश्वासयदात्मवान् ॥ ४५२
नात्मनः कामकारो हि पुरुषोऽयमनीश्वरः ॥
इतश्चेतरतश्चैनं कृतान्तः परिकर्षति ॥ ४५३
सर्वे क्षयान्ता निचयाः पतनान्ताः समुच्छ्रयाः ॥
संयोगा विप्रयोगान्ता मरणान्तं च जीवितम् ॥ ४५४
यथा फलानां पक्वानां नान्यत्र पतनाद्भयम् ॥
एवं नरस्य जातस्य नान्यत्र मरणाद्भयम् ॥ ४५५
अत्येति रजनी या तु सा न प्रतिनिवर्तते ॥
यात्येव यमुना पूर्णं समुद्रमुदकार्णवम् ॥ ४५६
वयसः पतमानस्य स्रोतसो वाऽनिवर्तिनः ॥
आत्मा सुखे नियोक्तव्यः सुखभाजः प्रजाः स्मृताः ॥ ४५७
स स्वस्थो भव मा शोको यात्वा चावस तां पुरीम् ॥
तथा पित्रा नियुक्तोऽसि वशिना वदतां वर ॥ ४५८
यत्राहमपि तेनैव नियुक्तः पुण्यकर्मणा ॥
तत्रैवाहं करिष्यामि पितुरार्यस्य शासनम् ॥ ४५९
न मया शासनं तस्य त्यक्तुं न्याय्यमरिन्दम ॥
स त्वयाऽपि सदा मान्यः स वै बन्धुः स नः पिता ॥ ४६०

धार्मिकेणानृशंसेन नरेण गुरुवर्तिना ॥
भवितव्यं नरव्याघ्र परलोकं जिगीषता ॥ ४६१
एवमुक्त्वा तु विरते रामे वचनमर्थवित् ॥
उवाच भरतश्चित्रं धार्मिको धार्मिकं वचः ॥ ४६२
अमरोपमसत्वस्त्वं महात्मा सत्यसङ्गरः ॥
सर्वज्ञः सर्वदर्शी च बुद्धिमांश्चासि राघव ॥ ४६३
प्रोषिते मयि यत्पापं मात्रा मत्कारणात्कृतम् ॥
क्षुद्रया तदनिष्टं मे प्रसीदतु भवान्मम ॥ ४६४
धर्मबन्धेन बद्धोऽस्मि तेनेमां नेह मातरम् ॥
हन्मि तीव्रेण दण्डेन दण्डार्हां पापकारिणीम् ॥ ४६५
गुरुः क्रियावान्वृद्धश्च राजा प्रेतः पितेति च ॥
तातं न परिगर्हेऽहं दैवतं चेति संसदि ॥ ४६६
को हि धर्मार्थयोर्हीनमीदृशं कर्म किल्बिषम् ॥
स्त्रियः प्रियचिकीर्षुः सन्कुर्याद्धर्मज्ञ धर्मवित् ॥ ४६७
अन्तकाले हि भूतानि मुह्यन्तीति परा श्रुतिः ॥
राज्ञैवं कुर्वता लोके प्रत्यक्षा सा श्रुतिः कृता ॥ ४६८
पितुर्हि समतिक्रान्तं पुत्रो यः साधु मन्यते ॥
तदपत्यं मतं लोके विपरीतमतोऽन्यथा ॥ ४६९
कैकेयीं मां च तातं च सुहृदो बान्धवांश्च नः ॥
पौरजानपदान्सर्वान् त्रातु सर्वमिदं भवान् ॥ ४७०
क्व चारण्यं क्व च क्षात्रं क्व जटाः क्व च पालनम् ॥
ईदृशं व्याहतं कर्म न भवान्कर्तुमर्हति ॥ ४७१
अथ क्लेशजमेव त्वं धर्मं चरितुमिच्छसि ॥
धर्मेण चतुरो वर्णान्पालयन्क्लेशमाप्नुहि ॥ ४७२
श्रुतेन बालः स्थानेन जन्मना भवतो ह्यहम् ॥
स कथं पालयिष्यामि भूमिं भवति तिष्ठति ॥ ४७३
आक्रोशं मम मातुश्च प्रमृज्य पुरुषर्षभ ॥
अद्य तत्रभवन्तं च पितरं रक्ष किल्बिषात् ॥ ४७४

शिरसा त्वाऽभियाचेऽहं कुरुष्व करुणां मयि ॥
बान्धवेषु च सर्वेषु भूतेष्विव महेश्वरः ॥ ४७५
अथवा पृष्ठतः कृत्वा वनमेव भवानितः ॥
गमिष्यति गमिष्यामि भवता सार्धमप्यहम् ॥ ४७६
पुनरेवं ब्रुवाणं तं भरतं लक्ष्मणाग्रजः ॥
प्रत्युवाच ततः श्रीमान् ज्ञातिमध्ये सुसत्कृतः ॥ ४७७
पुरा भ्रातः पिता नः स मातरं ते समुद्वहन् ॥
मातामहे समाश्रौषीद्राज्यशुल्कमनुत्तमम् ॥ ४७८
देवासुरे च संग्रामे जनन्यै तव पार्थिवः ॥
संप्रहृष्टो ददौ राजा वरमाराधितः प्रभुः ॥ ४७९
ततः सा संप्रतिश्राव्य तव माता यशस्विनी ॥
अयाचत नरश्रेष्ठं द्वौ वरौ वरवर्णिनी ॥ ४८०
तव राज्यं नरव्याघ्र मम प्रव्राजनं तथा ॥
तच्च राजा तथा तस्यै नियुक्तः प्रददौ वरम् ॥ ४८१
तेन पित्राऽहमप्यत्र नियुक्तः पुरुषर्षभ ॥
चतुर्दश वने वासं वर्षाणि वरदानिकम् ॥ ४८२
सोऽहं वनमिदं प्राप्तो निर्जनं लक्ष्मणान्वितः ॥
सीतया चाप्रतिद्वन्द्वः सत्यवादे स्थितः पितुः ॥ ४८३
भवानपि तथेत्येव पितरं सत्यवादिनम् ॥
कर्तुमर्हसि राजेन्द्र क्षिप्रमेवाभिषिञ्चनात् ॥ ४८४
सत्यमेवानृशंसं च राजवृत्तं सनातनम् ॥
तस्मात्सत्यात्मकं राज्यं सत्ये लोकः प्रतिष्ठितः ॥ ४८५
भूमिः कीर्तिर्यशो लक्ष्मीः पुरुषं प्रार्थयन्ति हि ॥
सत्यं समनुवर्तन्ते सत्यमेव भजेत्ततः ॥ ४८६
विक्रीतमाहितं क्रीतं यत्पित्रा जीवता मम ॥
न तल्लोपयितुं शक्यं मया वा भरतेन वा ॥ ४८७
जानामि भरतं क्षान्तं गुरुसत्कारकारिणम् ॥
सर्वमेवात्र कल्याणं सत्यसन्धे महात्मनि ॥ ४८८

अनेन धर्मशीलेन वनात्प्रत्यागतः पुनः ॥
भ्रात्रा सह भविष्यामि पृथिव्याः पतिरुत्तमः ॥ ४८९
तमप्रतिमतेजोभ्यां भ्रातृभ्यां रोमहर्षणम् ॥
विस्मिताः संगमं प्रेक्ष्य समुपेता महर्षयः ॥ ४९०
त्रस्तगात्रस्तु भरतः स वाचा सज्जमानया ॥
कृताञ्जलिरिदं वाक्यं राघवं पुनरब्रवीत् ॥ ४९१
रक्षितुं सुमहद्राज्यमहमेकस्तु नोत्सहे ॥
पौरजानपदांश्चापि रक्तान् रञ्जयितुं सदा ॥ ४९२
इदं राज्यं महाप्राज्ञ स्थापय प्रतिपद्य हि ॥
शक्तिमानसि काकुत्स्थ लोकस्य परिपालने ॥ ४९३
एवमुक्त्वापतद्भ्रातुः पादयोर्भरतस्तदा ॥
भृशं संप्रार्थयामास राघवेति प्रियं वदन् ॥ ४९४
तमङ्के भ्रातरं कृत्वा रामो वचनमब्रवीत् ॥
श्यामं नलिनपत्राक्षं मत्तहंसस्वरः स्वयम् ॥ ४९५
लक्ष्मीश्चन्द्रादपेयाद्वा हिमवान्वा हिमं त्यजेत् ॥
अतीयात्सागरो वेलां न प्रतिज्ञामहं पितुः ॥ ४९६
कामाद्वा तात लोभाद्वा मात्रा तुभ्यमिदं कृतम् ॥
न तन्मनसि कर्तव्यं वर्तितव्यं च मातृवत् ॥ ४९७
एवं ब्रुवाणं भरतः कौसल्यासुतमब्रवीत् ॥
तेजसाऽदित्यसंकाशं प्रतिपच्चन्द्रदर्शनम् ॥ ४८८
अधिरोहार्य पादाभ्यां पादुके हेमभूषिते ॥
एते हि सर्वलोकस्य योगक्षेमं विधास्यतः ॥ ४९९
सोऽधिरुह्य नरव्याघ्रः पादुके व्यवमुच्य च ॥
प्रायच्छत्सुमहातेजा भरताय महात्मने ॥ ५००
स पादुके संप्रणम्य रामं वचनमब्रवीत् ॥
चतुर्दश हि वर्षाणि जटाचीरधरो ह्यहम् ॥ ५०१
फलमूलाशनो वीर भवेयम् रघुनन्दन ॥
तवागमनमाकाङ्क्षन्वसन्वै नगराद्बहिः ॥
तव पादुकयोर्न्यस्य राज्यतन्त्रं परन्तप ॥ ५०२

चतुर्दशे हि संपूर्णे वर्षेऽहनि रघूत्तमम् ॥
न द्रक्ष्यामि यदि त्वां तु प्रवेक्ष्यामि हुताशनम् ॥ ५०३
तथेति च प्रतिज्ञाय तं परिष्वज्य सादरम् ॥
शत्रुघ्नं च परिष्वज्य वचनं चेदमब्रवीत् ॥ ५०४
मातरं रक्ष कैकेयीं मा रोषं कुरु तां प्रति ॥
मया च सीतया चैव शप्तोऽसि रघुनन्दन ॥ ५०५
इत्युक्त्वाऽश्रुपरीताक्षो भ्रातरं विससर्ज ह ॥
स पादुके ते भरतः स्वलंकृते महोज्ज्वले संपरिगृह्य धर्मवित् ॥
प्रदक्षिणं चैव चकार राघवं चकार चैवोत्तमनागमूर्धनि ॥ ५०६
अथानुपूर्व्या प्रतिपूज्य तं जनं गुरूंश्च मन्त्रीन्प्रकृतीस्तथाऽनुजौ ॥
व्यसर्जयद्राघववंशदर्शनः स्थितः स्वधर्मे हिमवानिवाचलः ॥ ५०७
तं मातरो बाष्पगृहीतकण्ठयो दुःखेन नामन्त्रयितुं हि शेकुः ॥
स चैव मातॄरभिवाद्य सर्वा रुदन्कुटीं स्वां प्रविवेश रामः ॥ ५०८

अथ अष्टमः सर्गः ।

ततो निक्षिप्य मातॄस्ता अयोध्यायां दृढव्रतः ॥
भरतः शोकसन्तप्तो गुरूनिदमथाब्रवीत् ॥ ५०९
नन्दिग्रामं गमिष्यामि सर्वानामन्त्रयेऽत्र वः ॥
तत्र दुःखमिदं सर्वं सहिष्ये राघवं विना ॥ ५१०
गतश्चाहो दिवं राजा वनस्थः स गुरुर्मम ॥
रामं प्रतीक्ष्ये राज्याय स हि राजा महायशाः ॥ ५११
एतच्छ्रुत्वा शुभं वाक्यं भरतस्य महात्मनः ॥
अब्रुवन्मन्त्रिणयः सर्वे वसिष्ठश्च पुरोहितः ॥ ५१२
सुभृशं श्लाघनीयं च यदुक्तं भरत त्वया ॥
वचनं भ्रातृवात्सल्यादनुरूपं तवैव तत् ॥ ५१३
स वल्कलजटाधारी मुनिवेषधरः प्रभुः ॥
नन्दिग्रामेऽवसद्धीरः ससैन्यो भरतस्तदा ॥ ५१४

तदस्तु भरतः श्रीमानभिषिच्यार्यपादुके ॥
तदधीनस्तदा राज्यं कारयामास सर्वदा ॥ ५१५
राघवस्त्वपयातेषु सर्वेष्वनुविचिन्तयन् ॥
न तत्रारोचयद्वासं कारणैर्बहुभिस्तदा ॥ ५१६
इह मे भरतो दृष्टो मातरश्च सनागराः ॥
सा च मे स्मृतिरन्वेति तान्नित्यमनुशोचतः ॥ ५१७
स्कन्धावारनिवेशेन तेन तस्य महात्मनः ॥
हयहस्तिकरीषैश्च उपमर्दः कृतो भृशम् ॥ ५१८
तस्मादन्यत्र गच्छाम इति संचिन्त्य राघवः ॥
प्रातिष्ठत स वैदेह्या लक्ष्मणेन च संगतः ॥ ५१९
सोऽत्रेराश्रममासाद्य तं ववन्दे महायशाः ॥
तं चापि भगवानत्रिः पुत्रवत्प्रत्यपद्यत ॥ ५२०
स्वयमातिथ्यमादिश्य सर्वमस्य सुसत्कृतम् ॥
सौमित्रिं च महाभागं सीतां च समसान्त्वयत् ॥ ५२१
अनसूयां महाभागां तापसीं धर्मचारिणीम् ॥
प्रतिगृह्णीष्व वैदेहीमब्रवीदृषिसत्तमः ॥ ५२२
तां तु सीता महाभागामनसूयां पतिव्रताम् ॥
अभ्यवादयदव्यग्रा स्वं नाम समुदाहरत् ॥ ५२३
ततः सीतां महाभागां दृष्ट्वा तां धर्मचारिणीम् ॥
सान्त्वयन्त्यब्रवीद्वृद्धा दिष्ट्या धर्ममवेक्षसे ॥ ५२४
त्यक्त्वा ज्ञातिजनं सीते मानवृद्धिं च मानिनी ॥
अवरुद्धं वने रामं दिष्ट्या त्वमनुगच्छसि ॥ ५२५
नगरस्थो वनस्थो वा शुभो वा यदि वाऽशुभः ॥
यासां स्त्रीणां प्रियो भर्ता तासां लोका महोदयाः ॥ ५२६
दुःशीलः कामवृत्तो वा धनैर्वा परिवर्जितः ॥
स्त्रीणामार्यस्वभावानां परमं दैवतं पतिः ॥ ५२७
नियमैर्विविधैराप्तं तपो हि महदस्ति मे ॥
तत्संश्रित्य बलं सीते छन्दये त्वां शुचिव्रते । ५२८

सफलं च प्रहर्षं ते हन्त सीते करोम्यहम् ॥
इदं दिव्यं वरं माल्यं वस्त्रमाभरणानि च ॥ ५२९
अङ्गरागं च वैदेहि महार्हमनुलेपनम् ॥
मया दत्तमिदं सीते तव गात्राणि शोभयेत् ॥ ५३०
अङ्गरागेण दिव्येन लिप्ताङ्गी जनकात्मजे ॥
शोभयिष्यसि भर्तारं यथा श्रीर्विष्णुमव्ययम् ॥ ५३१
सा वस्त्रमङ्गरागं च भूषणानि स्रजस्तथा ॥
मैथिली प्रतिजग्राह प्रीतिदानमनुत्तमम् ॥ ५३२
सा तदा समलंकृत्य सीता सुरसुतोपमा ॥
प्रणम्य शिरसा पादौ रामं त्वभिमुखी ययौ ॥ ५३३
तथा तु भूषितां सीतां ददर्श वदतां वरः ॥
राघवः प्रीतिदानेन तपस्विन्या जहर्ष च ॥ ५३४
तस्यां रात्र्यां व्यतीतायामभिषिच्य हुताग्निकान् ॥
आपृच्छेतां नरव्याघ्रौ तापसान्वनगोचरान् ॥ ५३५
तावूचुस्ते वनचरास्तापसा धर्मचारिणः ॥
वनस्य तस्य संचारं राक्षसैः समभिप्लुतम् ॥ ५३६
रक्षांसि पुरुषादानि नानारूपाणि राघव ॥
वसन्त्यस्मिन्महारण्ये व्यालाश्च रुधिराशनाः ॥ ५३७
एष पन्था महर्षीणां फलान्याहरतां वने ॥
अनेन तु वनं दुर्गं गन्तुं राघव ते क्षमम् ॥ ५३८
इतीरितः प्राञ्जलिभिस्तपस्विभिर्द्विजैः कृतस्वस्त्ययनः परन्तपः ॥
वनं सभार्यः प्रविवेश राघवः सलक्ष्मणः सूर्य इवाभ्रमण्डलम् ॥ ५३९

३–अरण्यकाण्डम्।

अथ प्रथमः सर्गः।

प्रविश्य तु महारण्यं दण्डकारण्यमात्मवान् ॥
रामो ददर्श दुर्धर्षस्तापसाश्रममण्डलम् ॥ १
रूपसंहननं लक्ष्मीं सौकुमार्यं सुवेषताम् ॥
ददृशुर्विस्मिताकारा रामस्य वनवासिनः ॥ २
वैदेहीं लक्ष्मणं रामं नेत्रैरनिमिषैरिव ॥
आश्चर्यभूतान्ददृशुः सर्वे ते वनवासिनः ॥ ३
तथाऽन्ये तापसाः सिद्धा रामं वैश्वानरोपमाः ॥
न्यायवृत्ता यथान्यायं तर्पयामासुरीश्वरम् ॥ ४
कृतातिथ्योऽथ रामस्तु सूर्यस्योदयनं प्रति ॥
आमन्त्र्य स मुनीन्सर्वान्वनमेवान्वगाहत ॥ ५
सीतया सह काकुत्स्थस्तस्मिन्घोरमृगायुते ॥
ददर्श गिरिशृङ्गाभं पुरुषादं महास्वनम् ॥ ६
स कृत्वा भैरवं नादं चालयन्निव मेदिनीम् ॥
अङ्केनादाय वैदेहीमपक्रम्य तदाऽब्रवीत् ॥ ७
अहं वनमिदं दुर्गं विराधो नाम राक्षसः ॥
चरामि सायुधो नित्यमृषिमांसानि भक्षयन् ॥ ८
इयं नारी वरारोहा मम भार्या भविष्यति ॥
युवयोः पापयोश्चाहं पास्यामि रुधिरं मृधे ॥ ९
अथ तौ भ्रातरौ दीप्तं शरवर्षं ववर्षतुः ॥
विराधे राक्षसे तस्मिन् कालान्तकयमोपमे ॥ १०
स वध्यमानः सुभृशं भुजाभ्यां परिगृह्य तौ ॥
अप्रकम्प्यौ नरव्याघ्रौ रौद्रः प्रस्थातुमैच्छत ॥ ११
तस्य रौद्रस्य सौमित्रिः सव्यं बाहुं बभञ्ज ह ॥
रामस्तु दक्षिणं बाहुं तरसा तस्य रक्षसः ॥ १२

स भग्नबाहुः संविग्नः पपाताशु विमूर्छितः ॥
धरण्यां मेघसंकाशो वज्रभिन्न इवाचलः ॥ १३
स विद्धो बहुभिर्बाणैः खड्गाभ्यां च परिक्षितः ॥
निष्पिष्टो बहुधा भूमौ न ममार स राक्षसः ॥ १४
रा० उ०—कुञ्जरस्येव रौद्रस्य राक्षसस्यास्य लक्ष्मण ॥
वनेऽस्मिन्सुमहच्छ्वभ्रं खन्यतां रौद्रवर्चसः ॥ १५
इत्युक्त्वा लक्ष्मणं रामः प्रदरः खन्यतामिति ॥
तस्थौ विराधमाक्रम्य कण्ठे पादेन वीर्यवान् ॥ १६
ततः खनित्रमादाय लक्ष्मणः श्वभ्रमुत्तमम् ॥
अखनत्पार्श्वतस्तस्य विराधस्य महात्मनः ॥ १७
तं मुक्तकण्ठमुत्क्षिप्य शङ्कुकर्णं महास्वनम् ॥
विराधं प्राक्षिपच्छ्वभ्रे नदन्तं भैरवस्वनम् ॥ १८
हत्वा तु तं भीमबलं विराधं राक्षसं वने ॥
अब्रवीद्भ्रातरं रामो लक्ष्मणं दीप्ततेजसम् ॥ १९
कष्टं वनमिदं दुर्गं न च स्मो वनगोचराः ॥
अभिगच्छामहे शीघ्रं शरभङ्गं तपोधनम् ॥ २०
आश्रमं शरभङ्गस्य राघवोऽभिजगाम ह ॥
तस्य पादौ च संगृह्य रामः सीता च लक्ष्मणः ॥ २१
निषेदुस्तदनुज्ञाता लब्धवासा निमन्त्रिताः ॥
श० उ०—अहं ज्ञात्वा नरव्याघ्र वर्तमानमदूरतः ॥ २२
ब्रह्मलोकं न गच्छामि त्वामदृष्ट्वा प्रियातिथिम् ॥
ततोऽग्निं स समाधाय हुत्वा चाज्येन मन्त्रवत् ॥
शरभङ्गो महातेजाः प्रविवेश हुताशनम् ॥ २३
शरभङ्गे दिवं प्राप्ते मुनिसङ्घाः समागताः ॥
अभ्यगच्छन्त काकुत्स्थं रामं ज्वलिततेजसम् ॥ २४
वैखानसा वालखिल्याः संप्रक्षाला मरीचिपाः ॥
अश्मकुट्टाश्च बहवः पत्राहाराश्च तापसाः ॥ २५

दन्तोलूखलिनश्चैव तथैवोन्मज्जकाः परे ॥
गात्रशय्या अशय्याश्च तथैवानवकाशिकाः ॥ २६
अभिगम्य च धर्मज्ञा रामं धर्मभृतां वरम् ॥
ऊचुः परमधर्मज्ञमृषिसङ्घाः समागताः ॥ २७
अयं ब्राह्मणभूयिष्ठो वानप्रस्थगणो महान् ॥
त्वंनाथोऽनाथवद्राम राक्षसैर्हन्यते भृशम् ॥ २८
एहि पश्य शरीराणि मुनीनां भावितात्मनाम् ॥
हतानां राक्षसैर्घोरैर्बहूनां बहुधा वने ॥ २९
पम्पानदीनिवासानामनुमन्दाकिनीमपि ॥
चित्रकूटालयानां च क्रियते कदनं महत् ॥ ३०
एवं वयं न मृष्यामो विप्रकारं तपस्विनाम् ॥
क्रियमाणं वने घोरं रक्षोभिर्भीमकर्मभिः ॥ ३१
ततस्त्वां शरणार्थं च शरण्यं समुपस्थिताः ॥
परिपालय नो राम वध्यमानान्निशाचरैः ॥ ३२
एतच्छ्रुत्वा तु काकुत्स्थस्तापसानां तपस्विनाम् ॥
इदं प्रोवाच धर्मात्मा सर्वानेव तपस्विनः ॥ ३३
नैवमर्हथ मां वक्तुमाज्ञाप्योऽहं तपस्विनाम् ॥
केवलं न स्वकार्येण प्रवेष्टव्यं वनं मया ॥ ३४
विप्रकारमपाक्रष्टुं राक्षसैर्भवतामिमम् ॥
पितुस्तु निर्देशकरः प्रविष्टोऽहमिदं वनम् ॥ ३५
भवतामर्थसिद्ध्यर्थमागतोऽहं यदृच्छया ॥
तस्य मेऽयं वने वासो भविष्यति महाफलः ॥ ३६
रामस्तु सहितो भ्रात्रा सीतया च परन्तपः ॥
सुतीक्ष्णस्याश्रमपदं जगाम सह तैर्द्विजैः ॥ ३७
अग्रतः प्रययौ रामः सीता मध्ये सुशोभना ॥
पृष्ठतस्तु धनुष्पाणिर्लक्ष्मणोऽनुजगाम ह ॥ ३८
उषित्वा स सुखं तत्र पूज्यमानो महर्षिभिः ॥
जगाम चाश्रमांस्तेषां पर्यायेण तपस्विनाम् ॥ ३९

क्वचित्परिदशान्मासानेकसंवत्सरं क्वचित् ॥
क्वचिच्च चतुरो मासान्पञ्च षट् च परान्क्वचित् ॥ ४०
तत्र संवसतस्तस्य मुनीनामाश्रमेषु वै ॥
रमन्तश्चानुकूल्येन ययुः संवत्सरा दश ॥ ४१
परिसृत्य च धर्मज्ञो राघवः सह सीतया ॥
सुतीक्ष्णस्याश्रमपदं पुनरेवाजगाम ह ॥ ४२
तत्रापि न्यवसद्रामः किंचित्कालमरिन्दमः ॥
रामोऽथ मुनिमामन्त्र्य सह भ्रात्राऽभिवाद्य च ॥
प्रतस्थेऽगस्त्यमुद्दिश्य सानुज सहः सीतया ॥ ४३

अथ द्वितीयः सर्गः।

सुतीक्ष्णेनोपदिष्टेन गत्वा तेन पथा सुखम् ॥
इदं परमसंहृष्टो वाक्यं लक्ष्मणमब्रवीत् ॥
यथा हीमे वनस्यास्य ज्ञाताः पथि सहस्रशः ॥ ४४
संनताः फलभारेण पुष्पभारेण च द्रुमाः ॥
पिप्पलीनां च पक्वानां वनादस्मादुपागतः ॥
गन्धोऽयं पवनोत्क्षिप्तः सहसा कटुकोदयः ॥ ४५
तत्र तत्र च दृश्यन्ते संक्षिप्ताः काष्ठसंचयाः ॥
लूनाश्च परिदृश्यन्ते दर्भा वैदूर्यवर्चसः ॥ ४६
एतच्च वनमध्यस्थं कृष्णाभ्रशिखरोपमम् ॥
पावकस्याश्रमस्थस्य धूमाग्रं संप्रदृश्यते ॥ ४७
विविक्तेषु च तीर्थेषु कृतस्नाना द्विजातयः ॥
पुण्योपहारं कुर्वन्ति कुसुमैः स्वयमर्जितैः ॥ ४८
स्निग्धपत्रा यथा वृक्षा यथा क्षान्ता मृगद्विजाः ॥
आश्रमो नातिदूरस्थो महर्षेर्भावितात्मनः ॥ ४९
अगस्त्य इति विख्यातो लोके स्वेनैव कर्मणा ॥
आश्रमो दृश्यते तस्य परिश्रान्तश्रमापहः ॥ ५०

निगृह्य तरसा मृत्युं लोकानां हितकाम्यया ॥
दक्षिणा दिक् कृता येन शरण्या पुण्यकर्मणा ॥ ५१
तस्येदमाश्रमपदं प्रभावाद्यस्य राक्षसैः ॥
दिगियं दक्षिणा त्रासाद्दृश्यते नोपभुज्यते ॥ ५२
यदाप्रभृति चाक्रान्ता दिगियं पुण्यकर्मणा ॥
तदाप्रभृति निर्वैराः प्रशान्ता रजनीचराः ॥ ५३
मार्गं निरोद्धुं सततं भास्करस्याचलोत्तमः ॥
संदेशं पालयंस्तस्य विन्ध्यशैलो न वर्धते ॥ ५४
अयं दीर्घायुषस्तस्य लोके विश्रुतकर्मणः ॥
अगस्त्यस्याश्रमः श्रीमान्विनीतमृगसेवितः ॥ ५५
आराधयिष्याम्यत्राहमगस्त्यं तं महामुनिम् ॥
शेषं च वनवासस्य सौम्य वत्स्याम्यहं प्रभो ॥ ५६
प्रविवेश ततो रामः सीतया सह लक्ष्मणः ॥
प्रशान्तहरिणाकीर्णमाश्रमं ह्यवलोकयन् ॥ ५७
विष्णोः स्थानं महेन्द्रस्य स्थानं चैव विवस्वतः ॥
सोमस्थानं भगस्थानं स्थानं कौबेरमेव च ॥ ५८
धातुर्विधातुः स्थानं च वायोः स्थानं तथैव च ॥
स्थानं च पाशहस्तस्य वरुणस्य महात्मनः ॥ ५९
स्थानं तथैव गायत्र्या वसूनां स्थानमेव च ॥
स्थानं च नागराजस्य गरुडस्थानमेव च ॥ ६०
कार्तिकेयस्य च स्थानं धर्मस्थानं च पश्यति ॥
तं ददर्शाग्रतो रामो मुनीनां दीप्ततेजसाम् ॥ ६१
एवं गत्वा महाबाहुरगस्त्यं सूर्यवर्चसम् ॥
जग्राहापततस्तस्य पादौ च रघुनन्दनः ॥ ६२
अभिवाद्य तु धर्मात्मा तस्थौ रामः कृताञ्जलिः ॥
सीतया सह वैदेह्या तदा रामः सलक्ष्मणः ॥ ६३
प्रथमं चोपविश्याथ धर्मज्ञो मुनिपुङ्गवः ॥
उवाच राममासीनं प्राञ्जलिं धर्मकोविदम् ॥ ६४

राजा सर्वस्य लोकस्य धर्मचारी महारथः ॥
पूजनीयश्च मान्यश्च भवान्प्राप्तः प्रियातिथिः ॥ ६५
इदं दिव्यं महच्चापं हेमवज्रविभूषितम् ॥
वैष्णवं पुरुषव्याघ्र निर्मितं विश्वकर्मणा ॥ ६६
अमोघः सूर्यसंकाशो ब्रह्मदत्तः शरोत्तमः ॥
दत्तो मम महेन्द्रेण तूणी चाक्षय्यसायकौ ॥ ६७
संपूर्णौ निशितैर्बाणैर्ज्वलद्भिरिव पावकैः ॥
महाराजतकोशोऽयमसिर्हेमविभूषितः ॥ ६८
अनेन धनुषा राम हत्वा संख्ये महासुरान् ॥
आजहार श्रियं दीप्तां पुरा विष्णुर्दिवौकसाम् ॥ ६९
तद्धनुस्तौ च तूणी च शरं खड्गं च मानद ॥
जयाय प्रतिगृह्णीष्व वज्रं वज्रधरो यथा ॥ ७०
एवमुक्त्वा महातेजाः समस्तं तद्वरायुधम् ॥
दत्त्वा रामाय भगवानगस्त्यः पुनरब्रवीत् ॥ ७१
इतो द्वियोजने तात बहुमूलफलोदकः ॥
देशो बहुमृगः श्रीमान्पञ्चवट्यभिविश्रुतः ॥ ७२
तत्र गत्वाश्रमपदं कृत्वा सौमित्रिणा सह ॥
रमस्व त्वं पितुर्वाक्यं यथोक्तमनुपालयन् ॥ ७३
विदितो ह्येष वृत्तान्तो मम सर्वस्तवानघ ॥
तपसश्च प्रभावेण स्नेहाद्दशरथस्य च ॥ ७४
अगस्त्येनैवमुक्तस्तु रामः सौमित्रिणा सह ॥
सत्कृत्यामन्त्रयमास तमृषिं सत्यवादिनम् ॥ ७५
अथ पञ्चवटीं गच्छन्नन्तरा रघुनन्दनः ॥
आससाद महाकायं गृध्रं भीमपराक्रमम् ॥ ७६
तं दृष्ट्वा तौ महाभागौ वनस्थं रामलक्ष्मणौ ।
मेनाते राक्षसं पक्षिं ब्रुवाणौ को भवानिति ॥ ७७
ततो मधुरया वाचा सौम्यया प्रीणयन्निव ॥
उवाच वत्स मां विद्धि वयस्यं पितुरात्मनः ॥ ७८

स तं पितृसखं मत्वा पूजयामास राघवः ॥
स तस्य कुलमव्यग्रमथ पप्रच्छ नाम च ॥ ७९
रामस्य वचनं श्रुत्वा कुलमात्मानमेव च ॥
आचचक्षे द्विजस्तस्मै सर्वभूतसमुद्भवम् ॥ ८०
प्रजापतेस्तु दक्षस्य बभूवुरिति विश्रुताः ॥
षष्टिर्दुहितरो राम यशस्विन्यो महायशः ॥ ८१
कश्यपः प्रतिजग्राह तासामष्टौ सुमध्यमाः ॥
अदितिं च दितिं चैव दनूमपि च कालकाम् ॥ ८२
ताम्रां क्रोधवशां चैव मनुं चाप्यनलामपि ॥
अदित्यां जज्ञिरे देवास्त्रयस्त्रिंशदरिन्दम ॥ ८३
आदित्या वसवो रुद्रा अश्विनौ च परन्तप ॥
दितिस्त्वजनयत्पुत्रान्दैत्यांस्तात यशस्विनः ॥ ८४
तेषामियं वसुमती पुराऽऽसीत्सवनार्णवा ॥
दनुस्त्वजनयत्पुत्रमश्वग्रीवमरिन्दम ॥ ८५
नरकं कालकं चैव कालकाऽपि व्यजायत ॥
क्रौञ्चीं भासीं तथा श्येनीं धृतराष्ट्रीं तथा शुकीम् ॥ ८६
ताम्रा तु सुषुवे कन्याः पञ्चैता लोकविश्रुताः ॥
उलूकाञ्जनयत्क्रौञ्ची भासी भासान्व्यजायत ॥ ८७
श्येनी श्येनांश्च गृध्रांश्च व्यजायत सुतेजसः ॥
धृतराष्ट्री तु हंसांश्च कलहंसांश्च सर्वशः ॥ ८८
चक्रवाकांश्च भद्रं ते विजज्ञे साऽपि भामिनी ॥
शुकी नतां विजज्ञे तु नतायां विनता सुता ॥ ८९
दश क्रोधवशा राम विजज्ञेऽप्यात्मसंभवाः ॥
मृगीं च मृगमन्दां च हरीं भद्रामदामपि ॥ ९०
मातङ्गीमथ शार्दूलीं श्वेतां च सुरभीं तथा ॥
सर्वलक्षणसंपन्नां सुरसां कद्रुकामपि ॥ ९१
मनुर्मनुष्याञ्जनयत्कश्यपस्य महात्मनः ॥
ब्राह्मणान्क्षत्रियान्वैश्याञ्छूद्रांश्च मनुजर्षभ ॥ ९२

मुखतो ब्राह्मणा जाता उरसः क्षत्रियास्तथा ॥
ऊरुभ्यां जज्ञिरे वैश्याः पद्भ्यां शूद्रा इति श्रुतिः ॥ ९३
सर्वान्पुण्यफलान्वृक्षाननलापि व्यजायत ॥
विनता च शुकी पौत्री कद्रूश्च सुरसा स्वसा ॥ ९४
कद्रूर्नागसहस्रं तु विजज्ञे धरणीधरान् ॥
द्वौ पुत्रौ विनतायास्तु गरुडोऽरुण एव च ॥ ९५
तस्माज्जातोऽहमरुणात्संपातिश्च ममाग्रजः ॥
जटायुरिति मां विद्धि श्येनीपुत्रमरिन्दम ॥ ९६
सोऽहं वाससहायस्ते भविष्यामि यदीच्छसि ॥
सीतां च तात रक्षिष्ये त्वयि याते सलक्ष्मणे ॥ ९७
जटायुषं तु प्रतिपूज्य राघवो मुदा परिष्वज्य च सन्नतोऽभवत् ॥
पितुर्हि शुश्राव सखित्वमात्मवाञ्जटायुषा संकथितं पुनः पुनः ॥ ९८

अथ तृतीयः सर्गः।

ततः पञ्चवटीं गत्वा नानाव्यालमृगायुताम् ॥
उवाच लक्ष्मणं रामो भ्रातरं दीप्ततेजसम् ॥ ९९
अयं देशः समः श्रीमान्पुष्पितैस्तरुभिर्वृतः ॥
इहाश्रमपदं रम्यं यथावत्कर्तुमर्हसि ॥ १००
इयमादित्यसंकाशैः पद्मैः सुरभिगन्धिभिः ॥
अदूरे दृश्यते रम्या पद्मिनी पद्मशोभिता ॥ १०१
यथाख्यातमगस्त्येन मुनिना भावितात्मना ॥
इयं गोदावरी रम्या पुष्पितैस्तरुभिर्वृता ॥ १०२
हंसकारण्डवाकीर्णा चक्रवाकोपशोभिता ॥
नातिदूरे न चासन्ने मृगयूथनिपीडिता ॥ १०३
मयूरनादिता रम्याः प्रांशवो बहुकन्दराः ॥
दृश्यन्ते गिरयः सौम्याः फुल्लैस्तरुभिरावृताः ॥ १०४
सौवर्णै राजतैस्ताम्रैर्देशे देशे तथा शुभैः ॥
गवाक्षिता इवाभान्ति गजाः परमभक्तिभिः ॥ १०५

इदं पुण्यमिदं रम्यमिदं बहुमृगद्विजम् ॥
इह वत्स्याम सौमित्रे सार्धमेतेन पक्षिणा ॥ १०६
एवमुक्तस्तु रामेण लक्ष्मणः परवीरहा ॥
अचिरेणाश्रमं भ्रातुश्चकार सुमहाबलः ॥ १०७
पर्णशालां सुविपुलां तत्र संघातमृत्तिकाम् ॥
सुस्तंभां मस्करैर्दीर्घैः कृतवंशां सुशोभनाम् ॥ १०८
शमीशाखाभिरास्तीर्य दृढपाशावपाशिताम् ॥
कुशकाशशरैः पर्णैः सुपरिच्छादितां तथा ॥ १०९
तस्मिन्देशे बहुफले न्यवसत्स सुखं सुखी ॥
कंचित्कालं स धर्मात्मा सीतया लक्ष्मणेन च ॥
अन्वास्यमानो न्यवसत्स्वर्गलोके यथाऽमरः॥ ११०
अथ कालः स सम्प्राप्तः प्रियो यः कामिनां सताम् ॥
अलंकृत इवाभाति येन संवत्सरः शुभः ॥ १११
नीहारपरुषो लोकः पृथिवी सस्यमालिनी ॥
जलान्यनुपभोग्यानि सुभगो हव्यवाहनः ॥ ११२
प्राज्यकामा जनपदाः संपन्नतरगोरसाः ॥
विचरन्ति महीपाला यात्रार्थं विजिगीषवः ॥ ११३
सेवमाने दृढं सूर्ये दिशमन्तकसेविताम् ॥
विहीनतिलकेव स्त्री नोत्तरा दिक्प्रकाशते ॥ ११४
अत्यन्तसुखसंचारा मध्यान्हे स्पर्शतः सुखाः ॥
दिवसाः सुभगादित्याश्छायासलिलदुर्भगाः ॥ ११५
निवृत्ताकाशशयनाः पुष्पनीता हिमारुणाः ॥
शीतवृद्धतरा यामास्त्रियामा यान्ति साम्प्रतम् ॥ ११६
रविसंक्रान्तसौभाग्यस्तुषारारुणमण्डलः ॥
निश्वासान्ध इवादर्शश्चन्द्रमा न प्रकाशते ॥ ११७
ज्योत्स्ना तुषारमलिना पौर्णमास्यां न राजते ॥
सीतेव चातपश्यामा लक्ष्यते न विराजते ॥ ११८

मयूखैरपसर्पद्भिर्हिमनीहारसंवृतैः ॥
दूरमप्युदितः सूर्यः शशाङ्क इव लक्ष्यते ॥ ११९
अवश्यायनिपातेन किंचित्प्रक्लिन्नशाद्वला ॥
वनानां शोभते भूमिर्निविष्टतरुणातपा ॥ १२०
स्पृशन्सुविपुलं शीतमुदकं द्विरदः सुखम् ॥
अत्यन्ततृषितो वन्यः प्रतिसंहरते करम् ॥ १२१
एते हि समुपासीना विहगा जलचारिणः ॥
नावगाहन्ति सलिलमप्रगल्भा इवाहवम् ॥ १२२
बाष्पसंच्छन्नसलिला रुतविज्ञेयसारसाः ॥
हिमार्द्रवालुकास्तीरैः सरितो भान्ति साम्प्रतम् ॥ १२३
तुषारपतनाच्चैव मृदुत्वाद्भास्करस्य च ॥
शैत्यादगाग्रस्थमपि प्रायेण रसवज्जलम् ॥ १२४
जराझर्झरितैः पत्रैः शीर्णकेसरकर्णिकैः ॥
नालशेषा हिमध्वस्ता न भान्ति कमलाकराः ॥ १२५
अथ शूर्पणखा नाम दशग्रीवस्य रक्षसः ॥
भगिनी राममासाद्य ददर्श त्रिदशोपमम् ॥ १२६
दीप्तास्यं च महाबाहुं पद्मपत्रायतेक्षणम् ॥
गजविक्रान्तगमनं जटामण्डलधारिणम् ॥ १२७
सुकुमारं महासत्वं पार्थिवव्यञ्जनान्वितम् ॥
राममिन्दीवरश्यामं कन्दर्पसदृशप्रभम् ॥ १२८
बभूवेन्द्रोपमं दृष्ट्वा राक्षसी काममोहिता ॥
सुमुखं दुर्मुखी रामं वृत्तमध्यं महोदरी ॥ १२९
विशालाक्षं विरूपाक्षी सुकेशं ताम्रमूर्धजा ॥
प्रियरूपं विरूपा सा सुस्वरं भैरवस्वना ॥ १३०
तरुणं दारुणा वृद्धा दक्षिणं वामभाषिणी ॥
न्यायवृत्तं सुदुर्वृत्ता प्रियमप्रियदर्शना ॥ १३१
तां तु शूर्पणखां रामः कामपाशावपाशिताम् ॥
स्वेच्छया श्लक्ष्णया वाचा स्मितपूर्वमथाब्रवीत् ॥ १३२

कृतदारोऽस्मि भवति भार्येयं दयिता मम ॥
त्वद्विधानां तु नारीणां सुदुःखा ससपत्नता ॥ १३३
एनं भज विशालाक्षि भर्तारं भ्रातरं मम ॥
असपत्ना वरारोहे मेरुमर्कप्रभा यथा ॥ १३४
इति रामेण सा प्रोक्ता राक्षसी काममोहिता ॥
विसृज्य रामं सहसा ततो लक्ष्मणमब्रवीत् ॥ १३५
अस्य रूपस्य ते युक्ता भार्याऽहं वरवर्णिनी ॥
मया सह सुखं सर्वान्दण्डकान्विचरिष्यसि ॥ १३६
एवमुक्तस्तु सौमित्री राक्षस्या वाक्यकोविदः ॥
ततः शूर्पणखां स्मित्वा लक्ष्मणो युक्तमब्रवीत् ॥ १३७
कथं दासस्य मे दासी भार्या भवितुमिच्छसि ॥
सोऽहमार्येण परवान्भ्रात्रा कमलवर्णिनि ॥ १३८
एतां विरूपामसतीं करालां निर्णतोदरीम् ॥
भार्यां वृद्धां परित्यज्य त्वामेवैष भजिष्यति ॥ १३९
इति सा लक्ष्मणेनोक्ता कराला निर्णतोदरी ॥
मन्यते तद्वचः सत्यं परिहासाविचक्षणा ॥ १४०
सा रामं पर्णशालायामुपविष्टं परन्तप ॥
सीतया सह दुर्धर्षमब्रवीत्काममोहिता ॥ १४१
इमां विरूपामसतीं करालां निर्णतोदरीम् ॥
वृद्धां भार्यामवष्टभ्य न मां त्वं बहु मन्यसे ॥ १४२
अद्येमां भक्षयिष्यामि पश्यतस्तव मानुषीम् ॥
त्वया सह चरिष्यामि निःसपत्ना यथासुखम् ॥ १४३
इत्युक्त्वा मृगशावाक्षीमलातसदृशेक्षणा ॥
अभ्यगच्छत्सुसंक्रुद्धा महोल्का रोहिणीमिव ॥ १४४
तां मृत्युपाशप्रतिमामापतन्तीं महाबलः ॥
निगृह्य रामः कुपितस्ततो लक्ष्मणमब्रवीत् ॥ १४५
क्रूरैरनार्यैः सौमित्रे परिहासः कथंचन ॥
न कार्यः पश्य वैदेहीं कथंचित्सौम्य जीवतीम् १४६

इमां विरूपामसतीमतिमत्तां महोदरीम् ॥
राक्षसीं पुरुषव्याघ्र विरूपयितुमर्हसि ॥ १४७
इत्युक्तो लक्ष्मणस्तस्याः क्रुद्धो रामस्य पश्यतः ॥
उद्धृत्य खड्गं चिच्छेद कर्णनासे महाबलः ॥ १४८
निकृत्तकर्णनासा तु विस्वरं सा विनद्य च ॥
यथागतं प्रदुद्राव घोरा शूर्पणखा वनम् ॥ १४९
सा विक्षरन्ती रुधिरं बहुधा घोरदर्शना ॥
प्रगृह्य बाहू गर्जन्ती प्रविवेश महावनम् ॥ १५०
ततः सभार्यं भयमोहमूर्छिता सलक्ष्मणं राघवमागतं वनं ॥
विरूपणं चात्मनि शोणितोक्षिता शशंस सर्वं भगिनी खरस्य सा १५१

अथ चतुर्थः सर्गः ।

तया परुषितः पूर्वं पुनरेव प्रशंसिनः ॥
अब्रवीद्दूषणं नाम खरः सेनापतिं तदा ॥ १५२
चतुर्दश सहस्राणि मम चित्तानुवर्तिनाम् ॥
रक्षसां भीमवेगानां समरेष्वनिवर्तिनाम् ॥ १५३
नीलजीमूतवर्णानां लोकहिंसाविहारिणाम् ॥
सर्वोद्योगमुदीर्णानां रक्षसां सौम्य कारय ॥ १५४
इति तस्य ब्रुवाणस्य सूर्यवर्णं महारथम् ॥
सदश्वैः शबलैर्युक्तमाचचक्षेऽथ दूषणः ॥ १५५
तं मेरुशिखराकारं तप्तकाञ्चनभूषणम् ॥
सदश्वयुक्तं सोऽमर्षादारुरोह खरस्तदा ॥ १५६
राक्षसानां सुघोराणां सहस्राणि चतुर्दश ॥
निर्यातानि जनस्थानात्खरचित्तानुवर्तिनाम् ॥ १५७
आश्रमं प्रतियाते तु खरे खरपराक्रमे ॥
तानेवौत्पातिकान् रामः सह भ्रात्रा ददर्श ह ॥ १५८
ततः प्रविष्टे तु गुहां लक्ष्मणे सह सीतया ॥
हन्त निर्युक्तमित्युक्त्वा रामः कवचमाविशत् ॥ १५९

स तेनाग्निनिकाशेन कवचेन विभूषितः ॥
बभूव रामस्तिमिरे महानग्निरिवोत्थितः ॥ १६०
स चापमुद्यम्य महच्छरानादाय वीर्यवान् ॥
संबभूवास्थितस्तत्र ज्यास्वनैः पूरयन्दिशः ॥ १६१
रूपमप्रतिमं तस्य रामस्याक्लिष्टकर्मणः ॥
बभूव रूपं क्रुद्धस्य रुद्रस्येव महात्मनः ॥ १६२
ततस्तं भीमधन्वानं क्रुद्धाः सर्वे निशाचराः ॥
रामं नानाविधैः शस्त्रैरभ्यवर्षन्त दुर्जयम् ॥ १६३
शैलेन्द्रमिव धाराभिर्वर्षमाणा महाघनाः ॥
सर्वैः परिवृतो रामो राक्षसैः क्रूरदर्शनैः ॥ १६४
ततो रामस्तु संक्रुद्धो मण्डलीकृतकार्मुकः ॥
ससर्ज निशितान्बाणाञ्छतशोऽथ सहस्रशः ॥ १६५
ते शराः शत्रुसैन्येषु मुक्ता रामेण लीलया ॥
आददू रक्षसां प्राणान्पाशाः कालकृता इव ॥ १६६
द्रुमवर्षाणि मुञ्चन्तः शिलावर्षाणि राक्षसाः ॥
तद्बभूवाद्भुतं युद्धं तुमुलं रोमहर्षणम् ॥ १६७
तैर्मुक्तकेशैः समरे पतितैः शोणितोक्षितैः ॥
विस्तीर्णा वसुधा कृत्स्ना महावेदिः कुशैरिव ॥ १६८
चतुर्दश सहस्राणि रक्षसां भीमकर्मणाम् ॥
हतान्येकेन रामेण मानुषेण पदातिना ॥ १६९
एतस्मिन्नन्तरे वीरो लक्ष्मणः सह सीतया ॥
गिरिदुर्गाद्विनिष्क्रम्य संविवेशाश्रमे सुखी ॥ १७०
ततो रामस्तु विजयी पूज्यमानो महर्षिभिः ॥
प्रविवेशाश्रमं वीरो लक्ष्मणेनाभिपूजितः ॥ १७२
तं दृष्ट्वा शत्रुहन्तारं महर्षीणां सुखावहम् ॥
बभूव हृष्टा वैदेही भर्तारं परिषस्वजे ॥ १७२
ततः शूर्पणखा दृष्ट्वा सहस्राणि चतुर्दश ॥ १७३

हतान्येकेन रामेण रक्षसां भीमकर्मणाम् ॥
दूषणं च खरं चैव हतं त्रिशिरसं रणे ॥ १७४
जगाम परमोद्विग्ना लङ्कां रावणपालितां ॥
सा ददर्श विमानाग्रे रावणं दीप्ततेजसम् ॥ १७५
उपोपविष्टं सचिवैर्मरुद्भिरिव वासवम् ॥
विंशद्भुजं दशग्रीवं दर्शनीयपरिच्छदम् ॥ १७६
विशालवक्षसं वीरं राजलक्षणलक्षितम् ॥
सर्वदिव्यास्त्रयोक्तारं यज्ञविघ्नकरं सदा ॥ १७७
पुरीं भोगवतीं गत्वा पराजित्य च वासुकिम् ॥
तक्षकस्य प्रियां भार्यां पराजित्य जहार यः ॥ १७८
कैलासं पर्वतं गत्वा विजित्य नरवाहनम् ॥
विमानं पुष्पकं तस्य कामगं वै जहार यः ॥ १७९
वनं चैत्ररथं दिव्यं नलिनीं नन्दनं वनम् ॥
विनाशयति यः क्रोधाद्देवोद्यानानि वीर्यवान् ॥ १८०
चन्द्रसूर्यौ महाभागावुत्तिष्ठन्तौ परन्तपौ ॥
निवारयति बाहुभ्यां यः शैलशिखरोपमः ॥ १८१
दश वर्षसहस्राणि तपस्तप्त्वा महावने ॥
पुरा स्वयंभुवे धीरः शिरांस्युपजहार यः ॥ १८२
देवदानवगन्धर्वपिशाचपतगोरगैः ॥
अभयं यस्य संग्रामे मृत्युतो मानुषादृते ॥ १८३
मन्त्रैरभिष्टुतं पुण्यमध्वरेषु द्विजातिभिः ॥
हविर्धानेषु यः सोममुपहन्ति महाबलः ॥ १८४
उपगम्याब्रवीद्वाक्यं राक्षसी भय विह्वला ॥
रावणं शत्रुहन्तारं मन्त्रिभिः परिवारितम् ॥ १८५
प्रमत्तः कामभोगेषु स्वैरवृत्तो निरङ्कुशः ॥
समुत्पन्नं भयं घोरं बोद्धव्यं नावबुध्यसे ॥ १८६

सक्तं ग्राम्येषु भोगेषु कामवृत्तं महीपतिम् ॥
लुब्धं न बहु मन्यन्ते श्मशानाग्निमिव प्रजाः ॥ १८७
ये न रक्षन्ति विषयमस्वाधीनं नराधिपाः ॥
ते न वृद्ध्या प्रकाशन्ते गिरयः सागरे यथा ॥ १८८
अयुक्तचारं मन्ये त्वां प्राकृतैः सचिवैर्युतं ॥
स्वजनं च यतः स्थानं निहतं नावबुध्यसे ॥ १८९
चतुर्दश सहस्राणि रक्षसां भीमकर्मणाम् ॥
हतान्येकेन रामेण खरश्च सहदूषणः ॥ १९०
ऋषीणामभयं दत्तं कृतक्षेमाश्च दण्डकाः ॥
धर्षितं च जनस्थानं रामेणाक्लिष्टकारिणा ॥ १९१
त्वं तु लुब्धः प्रमत्तश्च पराधीनश्च राक्षस ॥
विषये स्वे समुत्पन्नं यद्भयं नावबुध्यसे ॥ १९२
ततः शूर्पणखां दृष्ट्वा ब्रुवतीं परुषं वचः ॥
अमात्यमध्ये संक्रुद्धः परिपप्रच्छ रावणः ॥ १९३
कश्च रामः कथंवीर्यः किंरूपः किंपराक्रमः ॥
किमर्थं दण्डकारण्यं प्रविष्टश्च सुदुस्तरम् ॥ १९४
आयुधं किंच रामस्य येन ते राक्षसा हताः ॥
खरश्च निहतः संख्ये दूषणस्त्रिशिरास्तथा ॥ १९५
तत्त्वं ब्रूहि मनोज्ञाङ्गि केन त्वं च विरूपिता ॥
इत्युक्ता राक्षसेन्द्रेण राक्षसी क्रोधमूर्छिता ॥
ततो रामं यथान्यायमाख्यातुमुपचक्रमे ॥ १९६
दीर्घबाहुर्विशालाक्षश्चीरकृष्णाजिनाम्बरः ॥
कन्दर्पसमरूपश्च रामो दशरथात्मजः ॥ १९७
भ्राता चास्य महातेजा गुणतस्तुल्यविक्रमः ॥
अनुरक्तश्च भक्तश्च लक्ष्मणो नाम वीर्यवान् ॥ १९८
रामस्य तु विशालाक्षी पूर्णेन्दुसदृशानना ॥
धर्मपत्नी प्रिया नित्यं भर्तुः प्रियहिते रता ॥ १९९

तप्तकाञ्चनवर्णाभा रक्ततुङ्गनखीशुभा ॥
सीता नाम वरारोहा वैदेही तनुमध्यमा ॥ २००
नैव देवी न गन्धर्वी न यक्षी न च किन्नरी ॥
तथारूपा मया नारी दृष्टपूर्वा महीतले ॥ २०१
यस्य सीता भवेद्भार्या यं च हृष्टा परिष्वजेत् ॥
अभिजीवेत्स सर्वेषु लोकेष्वपि पुरन्दरात् ॥ २०२
सा सुशीला वपुःश्लाघ्या रूपेणाप्रतिमा भुवि ॥
तवानुरूपा भार्या सा त्वं च तस्याः पतिर्वरः ॥ २०३
भार्यार्थे तु तवानेतुमुद्यताऽहं वराननाम् ॥
विरूपिताऽस्मि क्रूरेण लक्ष्मणेन महाभुज ॥ २०४
ततः शूर्पणखावाक्यं तच्छ्रुत्वा रोमहर्षणम् ॥
सचिवानभ्यनुज्ञाय कार्यं बुद्ध्या जगाम ह ॥ २०५
इति कर्तव्यमित्येव कृत्वा निश्चयमात्मनः ॥
स्थिरबुद्धिस्ततो रम्यां यानशालां जगाम ह ॥ २०६
यानशालां ततो गत्वा प्रच्छन्नं राक्षसाधिपः ॥
सूतं संचोदयामास रथः संयुज्यतामिति ॥ २०७

अथ पञ्चमः सर्गः ।

कामगं रथमास्थाय काञ्चनं रत्नभूषितम् ॥
राक्षसाधिपतिः श्रीमान्ययौ नदनदीपतिम् ॥ २०८
तं तु गत्वा परं पारं समुद्रस्य नदीपतेः ॥
ददर्शाश्रममेकान्ते पुण्ये रम्ये वनान्तरे ॥ २०९
तत्र कृष्णाजिनधरं जटामण्डलधारिणम् ॥
ददर्श नियताहारं मारीचं नाम राक्षसम् ॥ २१०
स रावणः समागम्य विधिवत्तेन रक्षसा ॥
ततः पश्चादिदं वाक्यमब्रवीद्वाक्यकोविदः ॥ २११

मारीच श्रूयतां तात वचनं मम भाषतः ॥
आर्त्तोऽस्मि मम चार्त्तस्य भवान् हि परमा गतिः ॥ २१२
चतुर्दश सहस्राणि रक्षसां भीमकर्मणाम् ॥
निहतानि शरैर्दीप्तैर्मानुषेण पदातिना ॥ २१३
खरश्च निहतः सङ्ख्ये दूषणश्च निपातितः ॥
पित्रा निरस्तः क्रुद्धेन सभार्यः क्षीणजीवितः ॥ २१४
येन वैरं विनारण्ये सत्वमास्थाय केवलम् ॥
कर्णनासापहारेण भगिनी मे विरूपिता ॥ २१५
अस्य भार्यां जनस्थानात्सीतां सुरसुतोपमाम् ॥
आनयिष्यामि विक्रम्य सहायस्तत्र मे भव ॥ २१६
सौवर्णस्त्वं मृगो भूत्वा चित्रो रजतबिन्दुभिः ॥
आश्रमे तस्य रामस्य सीतायाः प्रमुखे चर ॥ २१७
त्वां तु निःसंशयं सीता दृष्ट्वा तु मृगरूपिणम् ॥
गृह्यतामिति भर्तारं लक्ष्मणं चाभिधास्यति ॥ २१८
ततस्तयोरपाये तु शून्ये सीतां यथासुखम् ॥
निराबाधो हरिष्यामि राहुश्चन्द्रप्रभामिव ॥ २१९
ततः पश्चात्सुखं रामे भार्याहरणकर्षिते ॥
विस्रब्धं प्रहरिष्यामि कृतार्थेनान्तरात्मना ॥ २२०
तच्छ्रुत्वा राक्षसेन्द्रस्य वाक्यं वाक्यविशारदः ॥
प्रत्युवाच महातेजा मारीचो राक्षसेश्वरम् ॥ २२१
सुलभाः पुरुषा राजन्सततं प्रियवादिनः ॥
अप्रियस्य च पथ्यस्य वक्ता श्रोता च दुर्लभः ॥ २२२
न नूनं बुध्यसे रामं महावीर्यगुणोन्नतम् ॥
अयुक्तचारश्चपलो महेन्द्रवरुणोपमम् ॥ २२३
अपि स्वस्ति भवेत्तात सर्वेषामपि रक्षसाम् ॥
अपि रामो न संक्रुद्धः कुर्याल्लोकानराक्षसान् ॥ २२४
अपि ते जीवितान्ताय नोत्पन्ना जनकात्मजा ॥
अपि सीतानिमित्तं च न भवेद्व्यसनं महत् ॥ २२५

अपि त्वामीश्वरं प्राप्य कामवृत्तं निरंकुशम् ॥
न विनश्येत्पुरी लङ्का त्वया सह सराक्षसा ॥ २२६
त्वद्विधः कामवृत्तो हि दुःशीलः पापमन्त्रितः ॥
आत्मानं स्वजनं राष्ट्रं स राजा हन्ति दुर्मतिः ॥ २२७
न सा धर्षयितुं शक्या मैथिल्योजस्विनः प्रिया ॥
दीप्तस्येव हुताशस्य शिखा सीता सुमध्यमा ॥ २२८
अवजानन्नसंमोहाद्बालोऽयमिति राघवम् ॥
विश्वामित्रस्य तां वेदिमभ्यधावं कृतत्वरः ॥ २२९
तेन मुक्तस्ततो बाणः शितः शत्रुनिबर्हणः ॥
तेनाहं ताडितः क्षिप्तः समुद्रे शतयोजने ॥ २३०
पातितोऽहं तदा तेन गंभीरे सागराम्भसि ॥
प्राप्य संज्ञां चिरात्तात लङ्कां प्रतिगतः पुरीम् ॥ २३१
तन्मया वार्यमाणस्तु यदि रामेण विग्रहम् ॥
करिष्यस्यापदं घोरां क्षिप्रं प्राप्य नशिष्यसि ॥ २३२
परदाराभिमर्शात्तु नान्यत्पापतरं महत् ॥
भव स्वदारनिरतः स्वकुलं रक्ष राक्षसान् ॥ २३३
मारीचस्य तु तद्वाक्यं क्षमं युक्तं च रावणः ॥
उक्तो न प्रतिजग्राह मर्तुकाम इवौषधम् ॥ २३४
तं पथ्यहितवक्तारं मारीचं राक्षसाधिपः ॥
अब्रवीत्परुषं वाक्यमयुक्तं कालचोदितः ॥ २३५
दुष्कुलैतदयुक्तार्थं मारीच मयि कथ्यते ॥
वाक्यं निष्फलमत्यर्थं बीजमुप्तमिवोखरे ॥ २३६
अवश्यं तु मया तस्य संयुगे खरघातिनः ॥
प्राणैः प्रियतरा सीता हर्तव्या तव संनिधौ ॥ २३७
संपृष्टेन तु वक्तव्यं सचिवेन विपश्चिता ॥
उद्यताञ्जलिना राज्ञो य इच्छेद्भूतिमात्मनः ॥ २३८
एतत्कार्यमवश्यं मे बलादपि करिष्यसि ॥
राज्ञो विप्रतिकूलस्थो न जातु सुखमेधते ॥ २३९

ततस्तथेत्युवाचैनं रावणं ताटकासुतः ॥
ततो रावणमारीचौ विमानमिव तं रथम् ॥ २४०
आरुह्याययतुः शीघ्रं तस्मादाश्रममण्डलात् ॥
समेत्य दण्डकारण्यं राघवस्याश्रमं ततः ॥ २४१
ददर्श सह मारीचो रावणो राक्षसाधिपः ॥
हस्ते गृहीत्वा मारीचं रावणो वाक्यमब्रवीत् ॥ २४२
एतद्रामाश्रमपदं दृश्यते कदलीवृतम् ॥
क्रियतां तत्सखे शीघ्रं यदर्थं वयमागताः ॥ २४३
स रावणवचः श्रुत्वा मारीचो राक्षसस्तदा ॥
मृगो भूत्वाऽऽश्रमद्वारि रामस्य विचचार ह ॥ २४४
स तु रूपं समास्थाय महदद्भुतदर्शनम् ॥
मणिप्रवरशृङ्गाग्रः सितासितमुखाकृतिः ॥ २४५
रक्तपद्मोत्पलमुख इन्द्रनीलोत्पलश्रवाः ॥
किंचिदत्युन्नतग्रीव इन्द्रनीलनिभोदरः ॥ २४६
मधूकनिभपार्श्वश्च कञ्जकिंजल्कसंनिभः ॥
वैदूर्यसंकाशखुरस्तनुजंघः सुसंहतः ॥ २४७
इन्द्रायुधसवर्णेन पुच्छेनोर्ध्वं विराजितः ॥
मनोहरस्निग्धवर्णो रत्नैर्नानाविधैर्वृतः ॥ २४८
रौप्यबिन्दुशतैश्चित्रं भूत्वा च प्रियनन्दनः ॥
विटपीनां किसलयान्भक्षयन्विचचार ह ॥ २४९
तस्मिन्नेव ततः काले वैदेही शुभलोचना ॥
कुसुमापचये व्यग्रा पादपानत्यवर्तत ॥ २५०
तं वै रुचिरदन्तोष्ठं रूप्यधातुतनूरुहम् ॥
विस्मयोत्फुल्लनयना सस्नेहं समुदैक्षत ॥ २५१
प्रहृष्टा चानवद्याङ्गी मृष्टहाटकवर्णिनी ॥
भर्त्तारमपि चक्रन्द लक्ष्मणं चैव सायुधम् ॥ २५२
आहूयाहूय च पुनस्तं मृगं साधु वीक्षते ॥
आगच्छागच्छ शीघ्रं वै आर्यपुत्र सहानुज ॥ २५३

तावाहूतौ नरव्याघ्रौ वैदेह्या रामलक्ष्मणौ ॥
वीक्षमाणौ तु तं देशं तदा ददृशतुर्मृगम् ॥ २५४
उवाच सीता संहृष्टा छद्मना हृतचेतना ॥
आर्यपुत्राभिरामोऽसौ मृगो हरति मे मनः ॥ २५५
आनयैनं महाबाहो क्रीडार्थं नो भविष्यति ॥
अहो रूपमहो लक्ष्मीः स्वरसंपच्च शोभना ॥ २५६
मृगोऽद्भुतो विचित्राङ्गो हृदयं हरतीव मे ॥
यदि ग्रहणमभ्येति जीवन्नेव मृगस्तव ॥ २५७
आश्चर्यभूतं भवति विस्मयं जनयिष्यति ॥
समाप्तवनवासानां राज्यस्थानां च नः पुनः ॥ २५८
अन्तःपुरे विभूषार्थो मृग एष भविष्यति ॥
भरतस्यार्यपुत्रस्य श्वश्रूणां मम च प्रभो ॥ २५९
मृगरूपमिदं दिव्यं विस्मयं जनयिष्यति ॥
जीवन्न यदि तेऽभ्येति ग्रहणं मृगसत्तमः ॥ २६०
अजिनं नरशार्दूल रुचिरं तु भविष्यति ॥
निहतस्यास्य सत्त्वस्य जाम्बूनदमयत्वचि ॥ २६१
शष्पबृस्यां विनीतायामिच्छाम्यहमुपासितुम् ॥
इति सीतावचः श्रुत्वा दृष्ट्वा च मृगमद्भुतम् ॥ २६२
लोभितस्तेन रूपेण सीतया च प्रचोदितः ॥
उवाच राघवो हृष्टो भ्रातरं लक्ष्मणं वचः ॥ २६३
पश्य लक्ष्मण वैदेह्याः स्पृहामुल्लसितामिमाम् ॥
रूपश्रेष्ठतया ह्येष मृगोऽद्य न भविष्यति ॥ २६४
कस्य रूपमिदं दृष्ट्वा जाम्बूनदमयप्रभम् ॥
नानारत्नमयं दिव्यं न मनो विस्मयं व्रजेत् ॥ २६५
एतस्य मृगरत्नस्य परार्ध्ये काञ्चनत्वचि ॥
उपवेक्ष्यति वैदेही मया सह सुमध्यमा ॥ २६६
इह त्वं भव संनद्धो यन्त्रितो रक्ष मैथिलीम् ॥
यावद्गच्छामि सौमित्रे मृगमानयितुं द्रुतम् ॥ २६७

पश्य लक्ष्मण वैदेह्या मृगत्वचि गतां स्पृहाम् ॥
त्वचा प्रधानया ह्येष मृगोऽद्य न भविष्यति ॥
अप्रमत्तेन ते भाव्यमाश्रमस्थेन सीतया ॥ २६८

अथ षष्ठः सर्गः ।

ततस्त्रिविनतं चापमादायात्मविभूषणम् ॥
आबध्य च कलापौ द्वौ जगामोदग्रविक्रमः ॥ २६९
अवेक्ष्यावेक्ष्य धावन्तं धनुष्पाणिर्महावने ॥
अतिवृत्तमिवोत्पाताल्लोभयानं कदाचन ॥ २७०
शङ्कितं तु समुद्भ्रान्तमुत्पतन्तमिवाम्बरम् ॥
दृश्यमानमदृश्यं च वनोद्देशेषु केषुचित् ॥ २७१
छिन्नाभ्रैरिव संवीतं शारदं चन्द्रमण्डलम् ॥
मुहूर्तादेव ददृशे मुहुर्दूरात्प्रकाशते ॥ २७२
संधाय सुदृढं चापे विकृष्य बलवद्बली ॥
तमेव मृगमुद्दिश्य ज्वलन्तमिव पन्नगम् ॥ २७३
मुमोच ज्वलितं दीप्तमस्त्रं ब्रह्मविनिर्मितम् ॥
स भृशं मृगरूपस्य विनिर्भिद्य शरोत्तमः ॥ २७४
मारीचस्यैव हृदयं बिभेदाशनिसंनिभः ॥
तालमात्रमथोत्प्लुत्य न्यपतत्स भृशातुरः ॥ २७५
स प्राप्तकालमाज्ञाय चकार च ततः स्वनम् ॥
सदृशं राघवस्येव हा सीते लक्ष्मणेति च ॥ २७६
हा सीते लक्ष्मणेत्येवमाक्रुश्य तु महास्वनम् ॥
ममार राक्षसः सोऽयं श्रुत्वा सीता कथं भवेत् ॥ २७७
लक्ष्मणश्च महाबाहुः कामवस्थां गमिष्यति ॥
इति संचिन्त्य धर्मात्मा रामो हृष्टतनूरुहः ॥ २७८
तत्र रामं भयं तीव्रमाविवेश विषादजम् ॥
राक्षसं मृगरूपं तं हत्वा श्रुत्वा च तत्स्वनम् ॥ २७९

निहत्य पृषतं चान्यं मांसमादाय राघवः ॥
त्वरमाणो जनस्थानं ससाराभिमुखं तदा ॥ २८०
आर्तस्वरं तु तं भर्तुर्विज्ञाय सदृशं वने ॥
उवाच लक्ष्मणं सीता गच्छ जानीहि राघवम् ॥ २८१
न हि मे जीवितं स्थाने हृदयं वाऽवतिष्ठते ॥
क्रोशतः परमार्तस्य श्रुतः शब्दो मया भृशम् ॥ २८२
आक्रन्दमानं तु वने भ्रातरं त्रातुमर्हसि ॥
तं क्षिप्रमभिधाव त्वं भ्रातरं शरणैषिणम् ॥ २८३
न जगाम तथोक्तस्तु भ्रातुराज्ञाय शासनम् ॥
तमुवाच ततस्तत्र क्षुभिता जनकात्मजा ॥ २८४
यस्त्वमस्यामवस्थायां भ्रातरं नाभिपद्यसे ॥
लोभात्तु मत्कृते नूनं नानुगच्छसि राघवम् ॥ २८५
किं हि संशयमापन्ने तस्मिन्निह मया भवेत् ॥
कर्तव्यमिह तिष्ठन्त्या यत्प्रधानस्त्वमागतः ॥ २८६
एवं ब्रुवाणां वैदेहीं बाष्पशोकसमन्विताम् ॥
अब्रवील्लक्ष्मणस्त्रस्तां सीतां मृगवधूमिव ॥ २८७
पन्नगासुरगन्धर्वदेवदानवराक्षसैः ॥
अशक्यस्तव वैदेहि भर्ता जेतुं न संशयः ॥ २८८
अवध्यः समरे रामो नैवं त्वं वक्तुमर्हसि ॥
न त्वामस्मिन्वने हातुमुत्सहे राघवं विना ॥ २८९
राक्षसा विविधा वाचो व्याहरन्ति महावने ॥
हिंसाविहारा वैदेहि न चिन्तयितुमर्हसि ॥ २९०
लक्ष्मणेनैवमुक्ता तु क्रुद्धा संरक्तलोचना ॥
अब्रवीत्परुषं वाक्यं लक्ष्मणं सत्यवादिनम् ॥ २९१
अनार्य करुणारम्भ नृशंस कुलपांसन ॥
अहं तव प्रियं मन्ये रामस्य व्यसनं महत् ॥
रामस्य व्यसनं दृष्ट्वा तेनैतानि प्रभाषसे ॥ २९२

नैव चित्रं सपत्नेषु पापं लक्ष्मण यद्भवेत् ॥
त्वद्विधेषु नृशंसेषु नित्यं प्रछन्नचारिषु ॥ २९३
सुदुष्टस्त्वं वने राममेकमेकोऽनुगच्छसि ॥
मम हेतोः प्रतिच्छन्नः प्रयुक्तो भरतेन वा ॥ २९४
तन्न सिध्यति सौमित्रे तवापि भरतस्य वा ॥
कथमिन्दीवरश्यामं रामं पद्मनिभेक्षणम् ॥ २९५
उपसंश्रित्य भर्तारं कामयेयं पृथग्जनम् ॥
समक्षं तव सौमित्रे प्राणांस्त्यक्ष्याम्यसंशयम् ॥ २९६
रामं विना क्षणमपि नैव जीवामि भूतले ॥
इत्युक्तः परुषं वाक्यं सीतया रोमहर्षणम् ॥ २९७
अब्रवील्लक्ष्मणः सीतां प्राञ्जलिः स जितेन्द्रियः ॥
उत्तरं नोत्सहे वक्तुं दैवतं भवती मम ॥ २९८
वाक्यमप्रतिरूपं तु न चित्रं स्त्रीषु मैथिलि ॥
स्वभावस्त्वेष नारीणामेषु लोकेषु दृश्यते ॥ २९९
न सहे हीदृशं वाक्यं वैदेहि जनकात्मजे ॥
श्रोत्रयोरुभयोर्मध्ये तप्तनाराचसंनिभम् ॥ ३००
उपशृण्वन्तु मे सर्वे साक्षिणो हि वनेचराः ॥
न्यायवादी यथावाक्यमुक्तोऽहं परुषं त्वया ॥ ३०१
धिक्त्वामद्य विनश्यन्तीं यन्मामेवं विशङ्कसे ॥
स्त्रीत्वाद्दुष्टस्वभावेन गुरुवाक्ये व्यवस्थितम् ॥ ३०२
गच्छामि यत्र काकुत्स्थः स्वस्ति तेऽस्तु वरानने ॥
रक्षन्तु त्वां विशालाक्षि समग्रा वनदेवताः ॥ ३०३
निमित्तानि हि घोराणि यानि प्रादुर्भवन्ति मे ॥
अपि त्वां सह रामेण पश्येयं पुनरागतः ॥ ३०४
तया परुषमुक्तस्तु कुपितो राघवानुजः ॥
स विकांक्षन्भृशं रामं प्रतस्थे न चिरादिव ॥ ३०५

अथ सप्तमः सर्गः ।

तदासाद्य दशग्रीवः क्षिप्रमन्तरमास्थितः ॥
अभिचक्राम वैदेहीं परिव्राजकरूपधृक् ॥ ३०६
श्लक्ष्णकाषायसंवीतः शिखी छत्री उपानही ॥
वामे चांसेऽवसज्याथ शुभे यष्टिकमण्डलू ॥
रहितां सूर्यचन्द्राभ्यां सन्ध्यामिव महत्तमः ॥ ३०७
तमुग्रं पापकर्माणं जनस्थानगता द्रुमाः ॥
संदृश्य न प्रकम्पन्ते न प्रवाति च मारुतः ॥ ३०८
शीघ्रस्रोताश्च तं दृष्ट्वा वीक्षन्तं रक्तलोचनम् ॥
स्तिमितं गन्तुमारेभे भयाद्गोदावरी नदी ॥ ३०९
रामस्य त्वन्तरं प्रेप्सुर्दशग्रीवस्तदन्तरे ॥
अभ्यवर्तत वैदेहीं चित्रामिव शनैश्चरः ॥ ३१०
सहसा भव्यरूपेण तृणैः कूप इवावृतः ॥
अतिष्ठत्प्रेक्ष्य वैदेहीं रामपत्नीं यशस्विनीम् ॥ ३११
शुभां रुचिरदन्तोष्ठीं पूर्णचन्द्रनिभाननाम् ॥
आसीनां पर्णशालायां बाष्पशोकाभिपीडिताम् ॥ ३१२
दृष्ट्वा कामशराविद्धो ब्रह्मघोषमुदीरयन् ॥
अब्रवीत्प्रश्रितं वाक्यं रहिते राक्षसाधिपः ॥ ३१३
रौप्यकाञ्चनवर्णाभे पीतकौशेयवासिनि ॥
कमलानां शुभां मालां पद्मिनीव च बिभ्रती ॥ ३१४
ह्रीः श्रीः कीर्तिः शुभा लक्ष्मीरप्सरा वा शुभानने ॥
भूतिर्वा त्वं वरारोहे रतिर्वा स्वैरचारिणी ॥ ३१५
समाः शिखरिणः स्निग्धाः पाण्डुरा दशनास्तव ॥
विशाले विमले नेत्रे रक्तान्ते कृष्णतारके ॥ ३१६
चारुस्मिते चारुदति चारुनेत्रे विलासिनि ॥
मनो हरसि मे रामे नदी कूलमिवाम्भसा ॥ ३१७
करान्तमितमध्यासि सुकेशे संहतस्तनि ॥
नैव दैवी न गन्धर्वी न यक्षी न च किन्नरी ॥ ३१८

नैवंरूपा मया नारी दृष्टपूर्वा महीतले
रूपमग्र्यं च लोकेषु सौकुमार्यं वयश्च ते ॥
भर्तारं च वरं मन्ये त्वद्युक्तमसितेक्षणे ॥ ३१९
का त्वं भवसि रुद्राणां मरुतां वा शुचिस्मिते ॥
वसूनां च वरारोहे देवता प्रतिभासि मे ॥ ३२०
नेह गच्छन्ति गन्धर्वा न देवा न च किन्नराः ॥
राक्षसानामयं वासः कथं तु त्वमिहांगता ॥ ३२१
रावणेन तु वैदेही तदा पृष्टा जिहीर्षुणा ॥
परिव्राजकरूपेण शशंसात्मानमात्मना ॥ ३२२
आगमिष्यति मे भर्ता वन्यमादाय पुष्कलम् ॥
रुरून्गोधान्वराहांश्च हत्वाऽऽदायामिषं बहु ॥ ३२३
स त्वं नाम च गोत्रं च कुलमाचक्ष्व तत्वतः ॥
एकश्च दण्डकारण्ये किमर्थं चरसि द्विज ॥ ३२४
एवं ब्रुवत्यां सीतायां रामपत्न्यां महाबलः ॥
प्रत्युवाचोत्तरं तीव्रं रावणो राक्षसाधिपः ॥ ३२५
येन वित्रासिता लोकाः सदेवासुरमानुषाः ॥
अहं स रावणो नाम सीते रक्षोगणेश्वरः ॥ ३२६
त्वां तु काञ्चनवर्णाभां दृष्ट्वा कौशेयवासिनीम् ॥
रतिं स्वकेषु दारेषु नाधिगच्छाम्यनिन्दिते ॥ ३२७
बह्वीनामुत्तमस्त्रीणामाहृतानामितस्ततः ॥
सर्वासामेव भद्रं ते ममाग्रमहिषी भव ॥ ३२८
लङ्का नाम समुद्रस्य मध्ये मम महापुरी ॥
सागरेण परिक्षिप्ता निविष्टा गिरिमूर्धनि ॥ ३२९
तत्र सीते मया सार्धं वनेषु विचरिष्यसि ॥
न चास्य वनवासस्य स्पृहयिष्यसि भामिनि ॥ ३३०
रावणेनैवमुक्ता तु कुपिता जनकात्मजा ॥
प्रत्युवाचानवद्याङ्गी तमनादृत्य राक्षसम् ॥ ३३१

महागिरिमिवाकम्पं महेन्द्रसदृशं पतिम् ॥
महोदधिमिवाक्षोभ्यमहं राममनुव्रता ॥ ३३२
सर्वलक्षणसंपन्नं न्यग्रोधपरिमण्डलम् ॥
सत्यसन्धं महाभागमहं राममनुव्रता ॥ ३३३
महाबाहुं महोरस्कं सिंहविक्रान्तगामिनम् ॥
नृसिंहं सिंहसंकाशमहं राममनुव्रता ॥ ३३४
पूर्णचन्द्राननं रामं राजवत्संजितेन्द्रियम् ॥
पृथुकीर्तिं महाबाहुमहं राममनुव्रता ॥ ३३५
त्वं पुनर्जम्बुकः सिंहीं मामिहेच्छसि दुर्लभाम् ॥
नाहं शक्या त्वया स्प्रष्टुमादित्यस्य प्रभा यथा ॥ ३३६
क्षुधितस्य हि सिंहस्य मृगशत्रोस्तरस्विनः ॥
आशीविषस्य वदनाद्दंष्ट्रामादातुमिच्छसि ॥ ३३७
मन्दरं पर्वतश्रेष्ठं पाणिना हर्तुमिच्छसि ॥
कालकूटं विषं पीत्वा स्वस्तिमान् गन्तुमिच्छसि ॥ ३३८
अक्षि सूच्या प्रमृजसि जिव्हया लेढि च क्षुरम् ॥
राघवस्य प्रियां भार्यामधिगन्तुं त्वमिच्छसि ॥ ३३९
अवसज्यय शिलां कण्ठे समुद्रं तर्तुमिच्छसि ॥
सूर्याचन्द्रमसौ चोभौ पाणिभ्यां हर्तुमिच्छसि ॥ ३४०
कल्याणवृत्तां यो भार्यां रामस्याहर्तुमिच्छसि ॥
अयोमुखानां शूलानां मध्ये चरितुमिच्छसि ॥ ३४१
सीताया वचनं श्रुत्वा दशग्रीवः प्रतापवान् ॥
हस्ते हस्तं समाहन्य चकार सुमहद्वपुः ॥ ३४२
स मैथिलीं पुनर्वाक्यं बभाषे वाक्यकोविदः ॥
नोन्मत्तया श्रुतौ मन्ये मम वीर्यपराक्रमौ ॥ ३४३
उद्वहेयं भुजाभ्यां तु मेदिनीमम्बरे स्थितः ॥
आपिबेयं समुद्रं च मृत्युं हन्यां रणे स्थितः ॥ ३४४
अर्कं तुद्यां शरैस्तीक्ष्णैर्विभिन्द्यां हि महीतलम् ॥
कामरूपेण उन्मत्ते पश्य मां कामरूपिणम् ॥ ३४५

एवमुक्तवतस्तस्य रावणस्य शिखिप्रभे ॥
क्रुद्धस्य हरिपर्यन्ते रक्ते नेत्रे बभूवतुः ॥ ३४६
सद्यः सौम्यं परित्यज्य तीक्ष्णं रूपं स रावणः ॥
स्वं रूपं कालरूपाभं भेजे वैश्रवणानुजः ॥ ३४७
संरक्तनयनः श्रीमांस्तप्तकाञ्चनभूषणः ॥
क्रोधेन महताऽऽविष्टो नीलजीमूतसंनिभः ॥ ३४८
अभिगम्य सुदुष्टात्मा राक्षसः काममोहितः ॥
जग्राह रावणः सीतां बुधः खे रोहिणीमिव ॥ ३४९
वामेन सीतां पद्माक्षीं मूर्धजेषु करेण सः ॥
ऊर्वोस्तु दक्षिणेनैव परिजग्राह पाणिना ॥ ३५०
तं दृष्ट्वा गिरिशृङ्गाभं तीक्ष्णदंष्ट्रं महाभुजम् ॥
प्राद्रवन्मृत्युसंकाशं भयार्ता वनदेवताः ॥ ३५१
स च मायामयो दिव्यः खरयुक्तः खरस्वनः ॥
प्रत्यदृश्यत हेमाङ्गो रावणस्य महारथः ॥ ३५२
सा गृहीताऽतिचुक्रोश रावणेन यशस्विनी ॥
रामेति सीता दुःखार्ता रामं दूरं गतं वने ॥ ३५३
तामकामां स कामार्तः पन्नगेन्द्रवधूमिव ॥
विचेष्टमानामादाय उत्पपाताथ रावणः ॥ ३५४
ततः सा राक्षसेन्द्रेण ह्रियमाणा विहायसा ॥
भृशं चुक्रोश मत्तेव भ्रान्तचित्ता यथाऽऽतुरा ॥ ३५५
हा लक्ष्मण महाबाहो गुरुचित्तप्रसादक ॥
ह्रियमाणां न जानीषे रक्षसा कामरूपिणा ॥ ३५६
जीवितं सुखमर्थं च धर्महेतोः परित्यजन् ॥
ह्रियमाणामधर्मेण मां राघव न पश्यसि ॥ ३५७
ननु नामाविनीतानां विनेतासि परन्तप ॥
कथमेवंविधं पापं न त्वं शाधि हि रावणम् ॥ ३५८
हन्तेदानीं सकामा तु कैकेयी बान्धवैः सह ॥
ह्रियेयं धर्मकामस्य धर्मपत्नी यशस्विनः ॥ ३५९

अथ अष्टमः सर्गः ।

सा तदा करुणा वाचो विलपन्ती सुदुःखिता ॥
वनस्पतिगतं गृध्रं ददर्शायतलोचना ॥ ३६०
सा तमुद्वीक्ष्य सुश्रोणी रावणस्य वशं गता ॥
समाक्रन्दद्भयपरा दुःखोपहितया गिरा ॥ ३६१
जटायो पश्य मामार्य ह्रियमाणामनाथवत् ॥
अनेन राक्षसेन्द्रेण करुणं पापकर्मणा ॥ ३६२
तं शब्दमवसुप्तस्तु जटायुरथ शुश्रुवे ॥
निरैक्षद्रावणं क्षिप्रं वैदेहीं च ददर्श सः ॥ ३६३
ततः पर्वतशृङ्गाभस्तीक्ष्णतुण्डः खगोत्तमः ॥
वनस्पतिगतः श्रीमान्व्याजहार शुभां गिरम् ॥ ३६४
दशग्रीव स्थितो धर्मे पुराणे सत्यसंश्रवः ॥
भ्रातस्त्वं निन्दितं कर्म कर्तुं नार्हसि सांप्रतम् ॥ ३६५
न तत्समाचरेद्धीरो यत्परोऽस्य विगर्हयेत् ॥
यथात्मनस्तथाऽन्येषां दारा रक्ष्या विमर्शनात् ॥ ३६६
वृद्धोऽहं त्वं युवा धन्वी सरथः कवची शरी ॥
न चाप्यादाय कुशली वैदेहीं मे गमिष्यसि ॥ ३६७
न शक्तस्त्वं बलाद्धर्तुं वैदेहीं मम पश्यतः ॥
हेतुभिर्न्यायसंयुक्तैर्ध्रुवां वेदश्रुतीमिव ॥ ३६८
इत्युक्तः क्रोधताम्राक्षस्तप्तकाञ्चनकुण्डलः ॥
राक्षसेन्द्रोऽभिदुद्राव पतगेन्द्रममर्षणः ॥ ३६९
स संप्रहारस्तुमुलस्तयोस्तस्मिन्महामृधे ॥
बभूव वातोद्धुतयोर्मेघयोर्गगने यथा ॥ ३७०
जटायुस्तमतिक्रम्य तुण्डेनास्य खगाधिपः ॥
वामबाहून्दश तदा व्यवाहरदरिन्दमः ॥ ३७१
ततः क्रोधाद्दशग्रीवः सीतामुत्सृज्य वीर्यवान् ॥
मुष्टिभ्यां चरणाभ्यां च गृध्रराजमपोथयत् ॥ ३७२

ततो मुहूर्तं संग्रामो बभूवातुलवीर्ययोः ॥
राक्षसानां च मुख्यस्य पक्षिणां प्रवरस्य च ॥ ३७३
तस्य व्यायच्छमानस्य रामस्यार्थे स रावणः ॥
पक्षौ पादौ च पार्श्वौ च खड्गमुद्धृत्य सोऽच्छिनत् ॥ ३७४
स छिन्नपक्षः सहसा रक्षसा रौद्रकर्मणा ॥
निपपात महागृध्रो धरण्यामल्पजीवितः ॥ ३७५
सा तु ताराधिपमुखी रावणेन निरीक्ष्य तम् ॥
गृध्रराजं विनिहतं विललाप सुदुःखिता ॥ ३७६
निमित्तं लक्षणं स्वप्नं शकुनिस्वरदर्शनम् ॥
अवश्यं सुखदुःखेषु नराणां परिदृश्यते ॥ ३७७
न नूनं राम जानासि महद्व्यसनमात्मनः ॥
धावन्ति नूनं काकुत्स्थ मदर्थं मृगपक्षिणः ॥ ३७८
अयं हि कृपया राम मां त्रातुमिह संगतः ॥
शेते विनिहतो भूमौ ममाभाग्याद्विहङ्गमः ॥ ३७९
त्राहि मामद्य काकुत्स्थ लक्ष्मणेति वराङ्गना ॥
सुसन्त्रस्ता समाक्रन्दच्छृण्वतां तु यथान्तिके ॥ ३८०
तां क्लिष्टमाल्याभरणां विलपन्तीमनाथवत् ॥
अभ्यधावत वैदेहीं रावणो राक्षसाधिपः ॥ ३८१
तां लतामिव वेष्टन्तीमालिङ्गन्तीं महाद्रुमान् ॥
मुञ्च मुञ्चेति बहुशः प्राप तां राक्षसाधिपः ॥ ३८२
क्रोशन्तीं राम रामेति रामेण रहितां वने ॥
जीवितान्ताय केशेषु जग्राहान्तकसंनिभः ॥ ३८३
प्रधर्षितायां वैदेह्यां बभूव सचराचरम् ॥
जगत्सर्वममर्यादं तमसाऽन्धेन संवृतम् ॥ ३८४
स तु तां राम रामेति रुदतीं लक्ष्मणेति च ॥
जगामादाय चाकाशं रावणो राक्षसेश्वरः ॥ ३८५
सा हेमवर्णा नीलाङ्गं मैथिली राक्षसाधिपम् ॥
शुशुभे काञ्चनी काञ्ची नीलं गजमिवाश्रिता ॥ ३८६

उत्तमाङ्गच्युता तस्याः पुष्पवृष्टिः समन्ततः ॥
सीताया ह्रियमाणायाः पपात धरणीतले ॥ ३८७
चरणान्नूपुरं भ्रष्टं वैदेह्या रत्नभूषितम् ॥
विद्युन्मण्डलसंकाशं पपात धरणीतले ॥ ३८८
तस्यास्तान्यग्निवर्णानि भूषणानि महीतले ॥
सघोषाण्यवशीर्यन्त क्षीणास्तारा इवाम्बरात् ॥ ३८९
तस्याः स्तनान्तराद्भ्रष्टो हारस्ताराधिपद्युतिः ॥
वैदेह्या निपतन्भाति गङ्गेव गगनच्युता ॥ ३९०
समंतादभिसंपत्य सिंहव्याघ्रमृगद्विजाः ॥
अन्वधावंस्तदा रोषात्सीताच्छायानुगामिनः ॥ ३९१
जलप्रपातास्रमुखाः शृङ्गैरुच्छ्रितबाहुभिः ॥
सीतायां ह्रियमाणायां विक्रोशन्तीव पर्वताः ॥ ३९२
ह्रियमाणां तु वैदेहीं दृष्ट्वा दीनो दिवाकरः ॥
प्रविध्वस्तप्रभः श्रीमानासीत्पाण्डुरमण्डलः ॥ ३९३
नास्ति धर्मः कुतः सत्यं नार्जवं नानृशंसता ॥
यत्र रामस्य वैदेहीं सीतां हरति रावणः ॥ ३९४
इति भूतानि सर्वाणि गणशः पर्यदेवयन् ॥
वित्रस्तका दीनमुखा रुरुदुर्मृगपोतकाः ॥ ३९५
ह्रियमाणा तु वैदेही कंचिन्नाथमपश्यती ॥
ददर्श गिरिशृङ्गस्थान्पञ्च वानरपुङ्गवान् ॥ ३९६
तेषां मध्ये विशालाक्षी कौशेयं कनकप्रभम् ॥
उत्तरीयं वरारोहा शुभान्याभरणानि च ॥
मुमोच यदि रामाय शंसेयुरिति भामिनी ॥ ३९७
वस्त्रमुत्सृज्य तन्मध्ये निक्षिप्तं सहभूषणम् ॥
संभ्रमात्तु दशग्रीवस्तत्कर्म च न बुद्धवान् ॥ ३९८
स च पम्पामतिक्रम्य लङ्कामभिमुखः पुरीम् ॥
जगाम मैथिलीं गृह्य रुदतीं राक्षसेश्वरः ॥ ३९९

तां जहार सुसंहृष्टो रावणो मृत्युमात्मनः ॥
उत्सङ्गेनेव भुजगीं तीक्ष्णदंष्ट्रां महाविषाम् ॥ ४००
वनानि सरितः शैलान्सरांसि च विहायसा ॥
स क्षिप्रं समतीयाय शरश्चापादिव च्युतः ॥ ४०१
तिमिनक्रनिकेतं तु वरुणालयमक्षयम् ॥
प्रविवेश पुरीं लङ्कां रूपिणीं मृत्युमात्मनः ॥ ४०२
तत्र तामसितापाङ्गीं शोकमोहसमन्विताम् ॥
निदधे रावणः सीतां मयो मायामिवासुरीम् ॥ ४०३

अथ नवमः सर्गः ।

राक्षसं मृगरूपेण चरन्तं कामरूपिणम् ॥
निहत्य रामो मारीचं तूर्णं पथि न्यवर्तत ॥ ४०४
तस्य संत्वरमाणस्य द्रष्टुकामस्य मैथिलीम् ॥
क्रूरस्वनोऽथगोमायुर्विननादास्य पृष्ठतः ॥ ४०५
रा०उ०—अशुभं बत मन्येऽहं गोमायुर्वाशते यथा ॥
स्वस्ति स्यादपि वैदेह्या राक्षसैर्भक्षणं विना ॥ ४०६
स दृष्ट्वा लक्ष्मणं दीनं शून्यं दशरथात्मजः ॥
पर्यपृच्छत धर्मात्मा वैदेहीमागतं विना ॥ ४०७
प्रस्थितं दण्डकारण्यं या मामनुजगाम ह ॥
क्व सा लक्ष्मण वैदेही यां हित्वा त्वमिहागतः ॥ ४०८
राज्यभ्रष्टस्य दीनस्य दण्डकान्परिधावतः ।
क्व सा दुःखसहाया मे वैदेही तनुमध्यमा ॥ ४०९
यां विना नोत्सहे वीर मुहूर्तमपि जीवितुम् ॥
क्व सा प्राणसहाया मे सीता सुरसुतोपमा ॥ ४१०
कच्चिज्जीवति वैदेही प्राणैः प्रियतरा मम ॥
कच्चित्प्रव्राजनं वीर न मे मिथ्या भविष्यति ॥ ४११

श्रुतश्च मन्ये वैदेह्या स स्वरः सदृशो मम ॥
त्रस्तया प्रेषितस्त्वं च द्रष्टुं मां शीघ्रमागतः ॥ ४१२
सर्वथा तु कृतं कष्टं सीतामुत्सृजता वने ॥
प्रतिकर्तुं नृशंसानां रक्षसां दत्तमन्तरम् ॥ ४१३
एवमुक्तस्तु सौमित्रिर्लक्ष्मणः शुभलक्षणः ॥
भूयो दुःखसमाविष्टो दुःखितं राममब्रवीत् ॥ ४१४
न स्वयं कामकारेण तां त्यक्त्वाऽहमिहागतः ॥
प्रचोदितस्तयैवोग्रैस्त्वत्सकाशमिहागतः ॥ ४१५
त्वरमाणो जगामाथ सीतादर्शनलालसः ॥
शून्यमावसथं दृष्ट्वा बभूवोद्विग्नमानसः ॥ ४१६
उत्क्रमन्निव वेगेन विक्षिपन्रघुनन्दनः ॥
तत्र तत्रोटजस्थानमभिवीक्ष्य समन्ततः ॥ ४१७
ददर्श पर्णशालां च सीतया रहितां तदा ॥
श्रिया विरहितां ध्वस्तां हेमन्ते पद्मिनीमिव ॥ ४१८
विप्रकीर्णाजिनकुशं विप्रविद्धबृसीकटम् ॥
दृष्ट्वा शून्योटजस्थानं विललाप पुनः पुनः ॥ ४१९
हृता मृता वा नष्टा वा भक्षिता वा भविष्यति ॥
निलीनाऽप्यथवा भीरुरथवा वनमाश्रिता ॥ ४२०
गता विचेतुं पुष्पाणि फलान्यपि च वा पुनः
अथवा पद्मिनीं याता जलार्थं वा नदीं गता ॥ ४२१
यत्नान्मृगयमाणस्तु नाससाद वने प्रियाम् ॥
शोकरक्तेक्षणः श्रीमानुन्मत्त इव लक्ष्यते ॥. ४२२
वृक्षाद्वृक्षं प्रधावन्स गिरींश्चापि नदीनदम् ॥
बभ्राम विलपन्रामः शोकपङ्कार्णवप्लुतः ॥ ४२३
अस्ति कच्चित्त्वया दृष्टा सा कदम्बप्रिया प्रिया ॥
कदम्ब यदि जानीषे शंस सीतां शुभाननाम् ॥ ४२४
स्निग्धपल्लवसंकाशां पीतकौशेयवासिनीम् ॥
शंसस्व यदि सा दृष्टा बिल्व बिल्वोपमस्तनी ॥ ४२५

अथवार्जुन शंस त्वं प्रियां तामर्जुनप्रियाम् ॥
जनकस्य सुता तन्वी यदि जीवति वा न वा ॥ ४२६
ककुभः ककुभोरूं तां व्यक्तं जानाति मैथिलीम् ॥
एष व्यक्तं विजानाति तिलकस्तिलकप्रियाम् ॥ ४२७
अशोक शोकापनुद शोकोपहतचेतनम् ॥
त्वन्नामानं कुरु क्षिप्रं प्रियासंदर्शनेन माम् ॥ ४२८
यदि दृष्टा त्वया जम्बो जाम्बूनदसमप्रभा ॥
प्रियां यदि विजानासि निःशङ्कं कथयस्व मे ॥ ४२९
अहो त्वं कर्णिकाराद्य पुष्पितः शोभसे भृशम् ॥
कर्णिकारप्रियां साध्वीं शंस दृष्टा यदि प्रिया ॥ ४३०
चूतनीपमहासालान् पनसान्कुररांस्तथा ॥
दाडिमानपि तान्गत्वा दृष्ट्वा रामो महायशाः ॥ ४३१
बकुलानथ पुंनागांश्चन्दनान् केतकांस्तथा ॥
पृच्छन्रामो वने भ्रान्त उन्मत्त इव लक्ष्यते ॥ ४३२
अथवा मृगशावाक्षीं मृग जानासि मैथिलीम् ॥
मृगविप्रेक्षणी कान्ता मृगीभिः सहिता भवेत् ॥ ४३३
शार्दूल यदि सा दृष्टा प्रिया चन्द्रनिभानना ॥
मैथिली मम विस्रब्धः कथयस्व न ते भयम् ॥ ४३४
किं धावसि प्रिये नूनं दृष्टासि कमलेक्षणे ॥
वृक्षैराच्छाद्य चात्मानं किं मां न प्रतिभाषसे ॥ ४३५
तिष्ठ तिष्ठ वरारोहे न तेऽस्ति करुणामयि ॥
नात्यर्थं हास्यशीलासि किमर्थं मामुपेक्षसे ॥ ४३६
व्यक्तं सा भक्षिता बाला राक्षसैः पिशिताशनैः ॥
विभज्याङ्गानि सर्वाणि मया विरहिता प्रिया ॥ ४३७
नूनं तच्छुभदन्तोष्ठं सुनाभं शुभकुण्डलम् ॥
पूर्णचन्द्रनिभं ग्रस्तं मुखं निष्प्रभतां गतम् ॥ ४३८
नूनं विक्षिप्यमाणौ तौ बाहू पल्लवकोमलौ ॥
भक्षितौ वेपमानाग्रौ सहस्ताभरणाङ्गदौ ॥ ४३९

हा लक्ष्मण महाबाहो पश्यसे त्वं प्रियां क्वचित् ॥
हा प्रिये क्व गता भद्रे हा सीतेति पुनः पुनः ॥ ४४०
इत्येवं विलपन्रामः परिधावन्वनाद्वनम् ॥
क्वचिदुद्भ्रमते योगात्क्वचिद्विभ्रमते बलात् ॥ ४४१
दीनः शोकसमाविष्टो मुहूर्तं विह्वलोऽभवत् ॥
विषसादातुरो दीनो निःश्वस्याशीतमायतम् ॥ ४४२
बहुशः स तु निश्वस्य रामो राजीवलोचनः ॥
हा प्रियेति विचुक्रोश बहुशो बाष्पगद्गदः ॥ ४४३
तं सान्त्वयामास ततो लक्ष्मणः प्रियबान्धवम् ॥
बहुप्रकारं शोकार्तः प्रश्रितः प्रश्रिताञ्जलिः ॥ ४४४
अनादृत्य तु तद्वाक्यं लक्ष्मणोष्ठपुटच्युतम् ॥
अपश्यंस्तां प्रियां सीतां प्राक्रोशत्स पुनः पुनः ॥ ४४५
हा सकामाऽद्य कैकेयी देवि मेऽद्य भविष्यति ॥
सीतया सह निर्यातो विना सीतामुपागतः ॥ ४४६
कथं नाम प्रवेक्ष्यामि शून्यमन्तःपुरं मम ॥
निर्वीर्य इति लोको मां निर्दयश्चेति वक्ष्यति ॥ ४४७
निवृत्तवनवासश्च जनकं मिथिलाधिपम् ॥
कुशलं परिपृच्छन्तं कथं शक्ष्ये निरीक्षितुम् ॥
विदेहराजो नूनं मां दृष्ट्वा विरहितं तया ॥ ४४८
सुताविनाशसंतप्तो मोहस्य वशमेष्यति ॥
अथवा न गमिष्यामि पुरीं भरतपालिताम् ॥ ४४९
स्वर्गोऽपि हि तया हीनः शून्य एव मतो मम ॥
तन्मामुत्सृज्य हि वने गच्छायोध्यापुरीं शुभाम् ॥ ४५०
न त्वहं तां विना सीतां जीवेयं हि कथंचन ॥
गाढमाश्लिष्य भरतो वाच्यो मद्वचनात्त्वया ॥ ४५१
अनुज्ञातोऽसि रामेण पालयेति वसुन्धराम् ॥
अम्बा च मम कैकेयी सुमित्रा च त्वया विभो ॥ ४५२

कौसल्या च यथान्यायमभिवाद्या ममाज्ञया ॥
रक्षणीया प्रयत्नेन भवता सूक्तचारिणा ॥ ४५३

इति विलपति राघवे तु दीने वनमुपगम्य तया विना सुकेश्या ॥
भयविकलमुखस्तु लक्ष्मणोऽपि व्यथितमना भृशमातुरो बभूव ॥

अथ दशमः सर्गः ।

तं तथा शोकसन्तप्तं विलपन्तमनाथवत् ॥
मोहेन महता युक्तं परिद्यूनमचेतसम् ॥ ४५५
ततः सौमित्रिराश्वास्य मुहूर्तादिव लक्ष्मणः ॥
रामं संबोधयामास चरणौ चाभिपीडयन् ॥ ४५६
यदि दुःखमिदं प्राप्तं काकुत्स्थ न सहिष्यसे ॥
प्राकृतश्चाल्पसत्वश्च इतरः कः सहिष्यति ॥ ४५७
आश्वसिहि नरश्रेष्ठ प्राणिनः कस्य नापदः ॥
संस्पृशन्त्यग्निवद्राजन्क्षणेन व्यपयान्ति च ॥ ४५८
यौ धर्मौ जगतो नेत्रौ यत्र सर्वं प्रतिष्ठितम् ॥
आदित्यचन्द्रौ ग्रहणमभ्युपेतौ महाबलौ ॥ ४५९
सुमहान्त्यपि भूतानि देवाश्च पुरुषर्षभ ॥
न दैवस्य प्रमुञ्चन्ति सर्वभूतानि देहिनः ॥ ४६०
तत्त्वतो हि नरश्रेष्ठ बुद्ध्या समनुचिन्तय ॥
बुद्ध्या युक्ता महाप्राज्ञा विजानन्ति शुभाशुभे ॥ ४६१
मामेवं हि पुरा वीर त्वमेव बहुशोक्तवान् ॥
अनुशिष्याद्धि को नु त्वामपि साक्षाद्बृहस्पतिः ॥ ४६२
बुद्धिश्च ते महाप्राज्ञ देवैरपि दुरन्वया ॥
शोकेनापि प्रसुप्तं ते ज्ञानं संबोधयाम्यहम् ॥ ४६३
पूर्वजोऽप्युक्तवाक्यस्तु लक्ष्मणेन सुभाषितम् ॥
सारग्राही महासारं प्रतिजग्राह राघवः ॥ ४६४
किं करिष्यावहे वत्स क्व वा गच्छाव लक्ष्मण ॥
केनोपायेन पश्यावः सीतामिह विचिन्तय ॥ ४६५

तं तथा परितापार्तं लक्ष्मणो वाक्यमब्रवीत् ॥
इदमेव जनस्थानं त्वमन्वेषितुमर्हसि ॥ ४६६
इत्युक्तस्तद्वनं सर्वं विचचार सलक्ष्मणः ॥
ददर्श पतितं भूमौ क्षतजार्द्रं चटायुषम् ॥ ४६७
तं दृष्ट्वा गिरिशृङ्गाभं रामो लक्ष्मणमब्रवीत् ॥
अनेन सीता वैदेही भक्षिता नात्र संशयः ॥ ४६८
गृध्ररूपमिदं व्यक्तं रक्षो भ्रमति काननम् ॥
भक्षयित्वा विशालाक्षीमास्ते सीतां यथासुखम् ॥ ४६९
एनं वधिष्ये दीप्ताग्रैः शरैर्घोरैरजिह्मगैः ॥
इत्युक्त्वाऽभ्यपतद्द्रष्टुं संधाय धनुषि क्षुरम् ॥
क्रुद्धो रामः समुद्रान्तां चालयन्निव मेदिनीम् ॥ ४७०
तं दीनदीनया वाचा सफेनं रुधिरं वमन् ॥
अभ्यभाषत पक्षी स रामं दशरथात्मजम् ॥ ४७१
यामोषधीमिवायुष्मन्नन्वेषसि महावने ॥
सा देवी मम च प्राणा रावणेनोभयं हृतम् ॥ ४७२
त्वया विरहिता देवी लक्ष्मणेन च राघव ॥
ह्रियमाणा मया दृष्टा रावणेन बलीयसा ॥ ४७३
एतदस्य धनुर्भग्नमेते चास्य शरास्तथा ॥
अयमस्य रणे राम भग्नः सांग्रामिको रथः ॥ ४७४
परिश्रान्तस्य मे पक्षौ छित्वा खड्गेन रावणः ॥
सीतामादाय वैदेहीमुत्पपात विहायसम् ॥ ४७५
रक्षसा निहतं पूर्वं मां न हन्तुं त्वमर्हसि ॥
रामस्तस्य तु विज्ञाय सीतासक्तां प्रियां कथाम् ॥ ४७६
गृध्रराजं परिष्वज्य परित्यज्य महद्धनुः ॥
निपपातावशो भूमौ रुरोद सहलक्ष्मणः ॥ ४७७
एकमेकायने कृच्छ्रे निश्वसन्तं मुहुर्मुहुः ॥
समीक्ष्य दुःखितो रामः सौमित्रिमिदमब्रवीत् ॥ ४७८

राज्यं भ्रष्टं वने वासः सीता नष्टा मृतो द्विजः ॥
ईदृशीयं ममालक्ष्मीर्दहेदपि हि पावकम् ॥ ४७९
संपूर्णमपि चेदद्य प्रतरेयं महोदधिम् ॥
सोऽपि नूनं ममालक्ष्म्या विशुष्येत्सरितां पतिः ॥ ४८०
नास्त्यभाग्यतरो लोके मत्तोऽस्मिन्सचराचरे ॥
येनेयं महती प्राप्ता मया व्यसनवागुरा ॥ ४८१
अयं पितुर्वयस्यो मे गृध्रराजो महाबलः ॥
शेते विनिहतो भूमौ मम भाग्यविपर्ययात् ॥ ४८२
इत्येवमुक्त्वा बहुशो राघवः सहलक्ष्मणः ॥
जटायुषं च पस्पर्श पितृस्नेहं निदर्शयन् ॥ ४८३
स निक्षिप्य शिरो भूमौ प्रसार्य चरणौ तथा ॥
विक्षिप्य च शरीरं स्वं पपात धरणीतले ॥ ४८४
तं गृध्रं प्रेक्ष्य ताम्राक्षं गतासुमचलोपमम् ॥
रामः सुबहुभिर्दुःखैर्दीनः सौमित्रिमब्रवीत् ॥ ४८५
बहूनि रक्षसां वासे वर्षाणि वसता सुखम् ॥
अनेन दण्डकारण्ये विशीर्णमिह पक्षिणा ॥ ४८६
अनेकवार्षिको यस्तु चिरकालसमुत्थितः ॥
सोऽयमद्य हतः शेते कालो हि दुरतिक्रमः ॥ ४८७
राजा दशरथः श्रीमान्यथा मम महायशाः ॥
पूजनीयश्च मान्यश्च तथाऽयं पतगेश्वरः ॥ ४८८
सौमित्रे हर काष्ठानि निर्मथिष्यामि पावकम् ॥
गृध्रराजं क्षिधक्ष्यामि मत्कृते निधनं गतम् ॥ ४८९
एवमुक्त्वा चितां दीप्तामारोप्य पतगेश्वरम् ॥
ददाह रामो धर्मात्मा स्वबन्धुमिव दुःखितः ॥ ४९०
ततो गोदावरीं गत्वा नदीं नरवरात्मजौ ॥
उदकं चक्रतुस्तस्मै गृध्रराजाय तावुभौ ॥ ४९१
कृत्वैवमुदकं तस्मै प्रस्थितौ राघवौ तदा ॥
अवेक्ष्यन्तौ वने सीतां जग्मतुः पश्चिमां दिशम् ॥ ४९२

तां दिशं दक्षिणां गत्वा शरचापासिधारिणौ ॥
अविग्रहतमैक्ष्वाकौ पन्थानं प्रतिपेदतुः ॥ ४९३
ततः परं जनस्थानात्त्रिक्रोशं गम्य राघवौ ॥
क्रौञ्चारण्यं विविशतुर्गहनं तौ महौजसौ ॥ ४९४
ततः पूर्वेण तौ गत्वा त्रिक्रोशं भ्रातरौ तदा ॥
क्रौञ्चारण्यमतिक्रम्य मतङ्गाश्रममन्तरे ॥ ४९५
तयोरन्वेषतोरेवं सर्वं तद्वनमोजसा ॥
संजज्ञे विपुलः शब्दः प्रभञ्जन्निव तद्वनम् ॥ ४९६
तं शब्दं काङ्क्षमाणस्तु रामः खड्गी सहानुजः ॥
ददर्श सुमहाकायं राक्षसं विपुलोरसम् ॥ ४९७
आसेदतुश्च तद्रक्षस्तावुभौ प्रमुखे स्थितम् ॥
विवृद्धमशिरोग्रीवं कबन्धमुदरे मुखम् ॥ ४९८
एकेनोरसि घोरेण नयनेन सुदर्शिना ॥
महादंष्ट्रोपपन्नं तं लेलिहानं महामुखम् ॥ ४९९
भक्षयन्तं महाघोरानृक्षसिंहमृगद्विजान् ॥
घोरौ भुजौ विकुर्वाणमुभौ योजनमायतौ ॥ ५००
स महाबाहुरत्यर्थं प्रसार्य विपुलौ भुजौ ॥
जग्राह सहितावेव राघवौ पीडयन्बलात् ॥ ५०१
तत्र धैर्याच्च शूरस्तु राघवो नैव विव्यथे ॥
बाल्यादनाश्रयाच्चैव लक्ष्मणस्त्वभिविव्यथे ॥ ५०२
ततस्तौ देशकालज्ञौ खड्गाभ्यामेव राघवौ ॥
अच्छिन्दतां सुसंहृष्टौ बाहू तस्यांसदेशयोः ॥ ५०३
स पपात महाबाहुश्छिन्नबाहुर्महास्वनः ॥
खं च गां च दिशश्चैव नादयञ्जलदो यथा ॥ ५०४
लक्ष्मणस्तु महोल्काभिर्ज्वलिताभिः समन्ततः ॥
चितामादीपयामास सा प्रजज्वाल सर्वतः ॥ ५०५
तौ कबन्धेन तं मार्गं पम्पाया दर्शितं वने ॥
आतस्थतुर्दिशं गृह्य प्रतीचीं नृवरात्मजौ ॥ ५०६

तौ पुष्करिण्याः पम्पायास्तीरमासाद्य पश्चिमम् ॥
अपश्यतां ततस्तत्र शबर्या रम्यमाश्रमम् ॥ ५०७
तौ दृष्ट्वा तु तदा सिद्धा समुत्थाय कृताञ्जलिः ॥
पादौ जग्राह रामस्य लक्ष्मणस्य च धीमतः ॥ ५०८
श० उ०—मया तु संचितं वन्यं विविधं पुरुषर्षभ ॥
तवार्थे पुरुषव्याघ्र पम्पायास्तीरसंभवम् ॥ ५०९
शबरी दर्शयामास तावुभौ तद्वनं महत् ॥
पश्य मेघघनप्रख्यं मृगपक्षिसमाकुलम् ॥ ५१०
मतङ्गवनमित्येव विश्रुतं रघुनन्दन ॥
तामुवाच ततो रामः शबरीं संशितव्रताम् ॥ ५११
अर्चितोऽहं त्वया भद्रे गच्छ कामं यथासुखम् ॥
इत्येवमुक्ता जटिला चीरकृष्णाजिनाम्बरा ॥ ५१२
अनुज्ञाता तु रामेण हुत्वाऽऽत्मानं हुताशने ॥
ज्वलत्पावकसंकाशा स्वर्गमेव जगाम ह ॥ ५१३
आजगाम ततः पम्पां लक्ष्मणेन सह प्रभुः ॥
समीक्ष्यमाणः पुष्पाढ्यां सर्वतो विपुलद्रुमाम् ॥ ५१४
रम्योपवनसंबाधां रम्यसम्पीडितोदकाम् ॥
स्फटिकोपमतोयां तां श्लक्ष्णवालुकसंतताम् ॥ ५१५
पद्मसौगन्धिकैस्ताम्रां शुक्लां कुमुदमण्डलैः ॥
नीलां कुवलयोद्घाटैर्बहुवर्णां कुथामिव ॥ ५१६

४–किष्किंधाकाण्डम् ।

अथ प्रथमः सर्गः ।

स तां पुष्करिणीं गत्वा पद्मोत्पलझषाकुलाम् ॥
रामः सौमित्रिसहितो विललापाकुलेन्द्रियः ॥ १
तत्र दृष्ट्वैव तां हर्षादिन्द्रियाणि चकम्पिरे ॥
स कामवशमापन्नः सौमित्रिमिदमब्रवीत् ॥ २
सुखानिलोऽयं सौमित्रे कालः प्रचुरमन्मथः ॥
गन्धवान्सुरभिर्मासो जातपुष्पफलद्रुमः ॥ ३
पश्य रूपाणि सौमित्रे वनानां पुष्पशालिनाम् ॥
सृजतां पुष्पवर्षाणि वर्षं तोयमुचामिव ॥ ४
प्रस्तरेषु च रम्येषु विविधाः काननद्रुमाः ॥
वायुवेगप्रचलिताः पुष्पैरवकिरन्ति गाम् ॥ ५
पतितैः पतमानैश्च पादपस्थैश्च मारुतः ॥
कुसुमैः पश्य सौमित्रे क्रीडतीव समन्ततः ॥ ६
मत्तकोकिलसंनादैर्नर्तयन्निव पादपान् ॥
शैलकन्दरनिष्क्रान्तः प्रगीत इव चानिलः ॥ ७
सुपुष्पितांस्तु पश्यैतान् कर्णिकारान् समन्ततः ॥
हाटकप्रतिसंच्छन्नान्नरान्पीताम्बरानिव ॥ ८
एष दात्यूहको हृष्टो रम्ये मां वननिर्झरे ॥
प्रणदन्मन्मथाविष्टं शोचयिष्यति लक्ष्मण ॥ ९
अशोकस्तबकाङ्गारः षट्पदस्वननिस्वनः ॥
मां हि पल्लवताम्रार्चिर्वसन्ताग्निः प्रधक्ष्यति ॥ १०
अमी मयूराः शोभन्ते प्रनृत्यन्तस्ततस्ततः ॥
स्वैः पक्षैः पवनोद्धूतैर्गवाक्षैः स्फाटिकैरिव ॥ ११
पश्य लक्ष्मण नृत्यन्तं मयूरमुपनृत्यति ॥
शिखिनी मन्मथार्तैषा भर्तारं गिरिसानुनि ॥ १२

तामेव मनसा रामां मयूरोऽप्यनुधावति ॥
वितत्य रुचिरौ पक्षौ रुतैरुपहसन्निव ॥ १३
मयूरस्य वने नूनं रक्षसा न हृता प्रिया ॥
तस्मान्नृत्यति रम्येषु वनेषु सह कान्तया ॥ १४
श्यामा पद्मपलाशाक्षी मृदुभाषा च मे प्रिया ॥
नूनं वसन्तमासाद्य परित्यक्ष्यति जीवितम् ॥ १५
एष पुष्पवहो वायुः सुखस्पर्शो हिमावहः ॥
तां विचिन्तयतः कान्तां पावकप्रतिमो मम ॥ १६
विक्षिप्तां पवनेनैतामसौ तिलकमञ्जरीम् ॥
षट्पदः सहसाऽभ्येति मदोद्धूतामिव प्रियाम् ॥ १७
अमी लक्ष्मण दृश्यन्ते चूताः कुसुमशालिनः ॥
विभ्रमोत्सिक्तमनसः साङ्गरागा नरा इव ॥ १८
पद्मपत्रविशालाक्षीं सततं प्रियपङ्कजाम् ॥
अपश्यतो मे वैदेहीं जीवितं नाभिरोचते ॥ १९
गिरिप्रस्थास्तु सौमित्रे सर्वतः संप्रपुष्पितैः ॥
निष्पत्रैः सर्वतो रम्यैः प्रदीप्ता इव किंशुकैः ॥ २०
पादपात्पादपं गच्छञ्छैलाच्छैलं वनाद्वनम् ॥
वाति नैकरसास्वादसंमोदित इवानिलः ॥ २१
इदं मृष्टमिदं स्वादु प्रफुल्लमिदमित्यपि ॥
रागरक्तो मधुकरः कुसुमेष्वेव लीयते ॥ २२
इयं कुसुमसङ्घातैरुपस्तीर्णा सुखाकृता ॥
स्वयं निपतितैर्भूमिः शयनप्रस्तरैरिव ॥ २३
पश्य सानुषु चित्रेषु मृगीभिः सहितान्मृगान् ॥
मां पुनर्मृगशावाक्ष्या वैदेह्या विरहीकृतम् ॥ २४
या मामनुगता मन्दं पित्रा प्रस्थापितं वनम् ॥
सीता धर्मं समास्थाय क्व नु सा वर्तते प्रिया ॥ २५
तया विहीनः कृपणः कथं लक्ष्मण धारये ॥
या मामनुगता राज्याद्भ्रष्टं विहतचेतसम् ॥ २६

तच्चार्वञ्चितपद्माक्षं सुगन्धि शुभमव्रणम् ॥
अपश्यतो मुखं तस्याः सीदतीव मतिर्मम ॥ २७

स्मितहास्यान्तरयुतं गुणवन्मधुरं हितम् ॥
वैदेह्या वाक्यमतुलं कदा श्रोष्यामि लक्ष्मण ॥ २८

इति रामं महात्मानं विलपन्तमनाथवत् ॥
उवाच लक्ष्मणो भ्राता वचनं युक्तमव्ययम् ॥ २९

संस्तंभ राम भद्रं ते मा शुचः पुरुषोत्तम ॥
नेदृशानां मतिर्मन्दा भवत्यकलुषात्मनाम् ॥ ३०

यदि गच्छति पातालं ततोऽप्यधिकमेव वा ॥
सर्वथा रावणस्तात न भविष्यति राघव ॥ ३१

प्रवृत्तिर्लभ्यतां तावत्तस्य पापस्य रक्षसः ॥
ततो हास्यति वा सीतां निधनं वा गमिष्यति ॥ ३२

उत्साहो बलवानार्य नास्त्युत्साहात्परं बलम् ॥
सोत्साहस्य हि लोकेषु न किंचिदपि दुर्लभम् ॥ ३३

उत्साहवन्तः पुरुषा नावसीदन्ति कर्मसु ॥
उत्साहमात्रमाश्रित्य प्रतिलप्स्याम जानकीम् ॥ ३४

एवं संबोधितस्तेन शोकोपहतचेतनः ॥
त्यज्य शोकं च मोहं च रामो धैर्यमुपागमत् ॥ ३५

सोऽभ्यतिक्रामदव्यग्रस्तामचिन्त्यपराक्रमः ॥
रामः पम्पां सुरुचिरां रम्यां पारिप्लवद्रुमाम् ॥ ३६

तावृष्यमूकस्य समीपचारी चरन्ददर्शाद्भुतदर्शनीयौ ॥
शाखामृगाणामधिपस्तरस्वी वितत्रसे नैव विचेष्ट चेष्टम् ॥ ३७

अथ द्वितीयः सर्गः ।

तौ तु दृष्ट्वा महात्मानौ भ्रातरा रामलक्ष्मणौ ॥
वरायुधधरौ वीरौ सुग्रीवः शङ्कितोऽभवत् ॥ ३८

ततस्तु भयसन्त्रस्तं वालिकिल्बिषशङ्कितम् ॥
उवाच हनुमान्वाक्यं सुग्रीवं वाक्यकोविदः ॥ ३९
संभ्रमस्त्यज्यतामेष सर्वैर्वालिकृते महान् ॥
मलयोऽयं गिरिवरो भयं नेहास्ति वालिनः ॥ ४०
सुग्रीवस्तु शुभं वाक्यं श्रुत्वा सर्वं हनूमतः ॥
ततः शुभतरं वाक्यं हनूमन्तमुवाच ह ॥ ४१
दीर्घबाहू विशालाक्षौ शरचापासिधारिणौ ॥
कस्य न स्याद्भयं दृष्ट्वा ह्येतौ सुरसुतोपमौ ॥ ४२
वालिप्रणिहितावेव शङ्केऽहं पुरुषोत्तमौ ॥
राजानो बहुमित्राश्च विश्वासो नात्र हि क्षमः ॥ ४३
शुद्धात्मानौ यदि त्वेतौ जानीहि त्वं प्लवङ्गम ॥
व्याभाषितैर्वा रूपैर्वा विज्ञेया दुष्टताऽनयो ॥ ४४
वचो विज्ञाय हनुमान्सुग्रीवस्य महात्मनः ॥
पर्वताद्दृष्यमूकात्तु पुप्लुवे यत्र राघवौ ॥ ४५
कपिरूपं परित्यज्य हनुमान्मारुतात्मजः ॥
भिक्षुरूपं ततो भेजे शठबुद्धितया कपिः ॥ ४६
ततश्च हनुमान्वाचा श्लक्ष्णया सुमनोज्ञया ॥
विनीतवदुपागम्य राघवौ प्रणिपत्य च ॥ ४७
उवाच कामतो वाक्यं मृदु सत्यपराक्रमौ ॥
राजर्षिदेवप्रतिमौ तापसौ संशितव्रतौ ॥ ४८
देशं कथमिमं प्राप्तौ भवन्तौ वरवर्णिनौ ॥
त्रासयन्तौ मृगगणानन्यांश्च वनचारिणः ॥ ४९
सुग्रीवो नाम धर्मात्मा कश्चिद्वानरपुङ्गवः ॥
वीरो विनिकृतो भ्रात्रा जगद् भ्रमति दुःखितः ॥ ५०
प्राप्तोऽहं प्रेषितस्तेन सुग्रीवेण महात्मना ॥
राज्ञा वानरमुख्यानां हनुमान्नाम वानरः ॥ ५१
युवाभ्यां स हि धर्मात्मा सुग्रीवः सख्यमिच्छति ॥
तस्य मां सचिवं वित्तं वानरं पवनात्मजम् ॥ ५२

भिक्षुरूपप्रतिच्छन्नं सुग्रीवप्रियकारणात् ॥
ऋष्यमूकादिह प्राप्तं कामगं कामचारिणम् ॥ ५३
एतच्छ्रुत्वा वचस्तस्य रामो लक्ष्मणमब्रवीत् ॥
प्रहृष्टवदनः श्रीमान्भ्रातरं पार्श्वतः स्थितम् ॥ ५४
सचिवोऽयं कपीन्द्रस्य सुग्रीवस्य महात्मनः ॥
तमेव कांक्षमाणस्य ममान्तिकमिहागतः ॥ ५५
नूनं व्याकरणं कृत्स्नमनेन बहुधा श्रुतम् ॥
बहु व्याहरता तेन न किंचिदपशब्दितम् ॥ ५६
अनया चित्रया वाचा त्रिस्थानव्यञ्जनस्थया ॥
कस्य नाराध्यते चित्तमुद्यतासेररेरपि ॥ ५७
एवंविधो यस्य दूतो न भवेत्पार्थिवस्य तु ॥
सिद्ध्यन्ति हि कथं तस्य कार्याणां गतयोऽनघ ॥ ५८
एवमुक्तस्तु सौमित्रिः सुग्रीवसचिवं कपिम् ॥
अभ्यभाषत वाक्यज्ञो वाक्यज्ञं पवनात्मजम् ॥ ५९
विदिता नौ गुणा विद्वन्सुग्रीवस्य महात्मनः ॥
तमेव चावां मार्गावः सुग्रीवं प्लवगेश्वरम् ॥ ६०
यथा ब्रवीषि हनुमन्सुग्रीववचनादिह ॥
तत्तथा हि करिष्यावो वचनात्तव सत्तम ॥ ६१
ततः परमसंहृष्टो हनूमान्प्लवगोत्तमः ॥
प्रत्युवाच ततो वाक्यं रामं वाक्यविशारदम् ॥ ६२
किमर्थं च वनं घोरं पम्पाकाननमण्डितम् ॥
आगतः सानुजो दुर्गं नानाव्यालमृगायुतम् ॥ ६३
तस्य तद्वचनं श्रुत्वा लक्ष्मणो रामचोदितः ॥
आचचक्षे महात्मानं रामं दशरथात्मजम् ॥ ६४
राजा दशरथो नाम द्युतिमान् धर्मवत्सलः ॥
तस्यायं पूर्वजः पुत्रो रामो नाम जनैः श्रुतः ॥ ६५
राजलक्षणसंयुक्तः संयुक्तो राज्यसम्पदा ॥
राज्याद्भ्रष्टो मया वस्तुं वने सार्धमिहागतः ॥ ६६

भार्यया च महाभाग सीतयानुगतो वशी ॥
दिनक्षये महातेजाः प्रभयेव दिवाकरः ॥ ६७
अहमस्यावरो भ्राता गुणैर्दास्यमुपागतः ॥
कृतज्ञस्य बहुज्ञस्य लक्ष्मणो नाम नामतः ॥ ६८
रक्षसाऽपहृता भार्या रहिते कामरूपिणा ॥
तच्च न ज्ञायते रक्षः पत्नी येनास्य वा हृता ॥ ६९
एतत्ते सर्वमाख्यातं याथातथ्येन पृच्छतः ॥
अहं चैव च रामश्च सुग्रीवं शरणं गतौ ॥ ७०
सीता यस्य स्नुषा चासीच्छरण्यो धर्मवत्सलः ॥
तस्य पुत्रः शरण्यस्य सुग्रीवं शरणं गतः ॥ ७१
यस्य प्रसादे सततं प्रसीदेयुरिमाः प्रजाः ॥
स रामो वानरेन्द्रस्य प्रसादमभिकांक्षते ॥ ७२
शोकाभिभूतो रामे तु शोकार्ते शरणं गते ॥
कर्तुमर्हति सुग्रीवः प्रसादं सह यूथपैः ॥ ७३
एवं ब्रुवाणं सौमित्रिं करुणं साश्रुपातनम् ॥
हनुमान्प्रत्युवाचेदं वाक्यं वाक्यविशारदः ॥ ७४
ईदृशा बुद्धिसंपन्ना जितक्रोधा जितेन्द्रियाः ॥
द्रष्टव्या वानरेन्द्रेण दिष्ट्या दर्शनमागताः ॥ ७५
स हि राज्याच्च विभ्रष्टः कृतवैरश्च वालिना ॥
हृतदारो वने त्रस्तो भ्रात्रा विनिकृतो भृशम् ॥ ७६
करिष्यति स साहाय्यं युवयोर्भास्करात्मजः ॥
सुग्रीवः सह चास्माभिः सीतायाः परिमार्गणे ॥ ७७
भिक्षुरूपं परित्यज्य वानरं रूपमास्थितः ॥
पृष्ठमारोप्य तौ वीरौ जगाम कपिकुञ्जरः ॥ ७८
ऋष्यमूकात्तु हनुमान्गत्वा तं मलयं गिरिम् ॥
आचचक्षे तदा वीरौ कपिराजाय राघवौ ॥ ७९

अथ तृतीयः सर्गः ।

श्रुत्वा हनूमतो वाक्यं सुग्रीवो वानराधिपः ॥
दर्शनीयतमो भूत्वा प्रीत्योवाच च राघवम् ॥ ८०
रोचते यदि मे सख्यं बाहुरेष प्रसारितः ॥
गृह्यतां पाणिना पाणिर्मर्यादा बध्यतां ध्रुवा ॥ ८१
एतत्तु वचनं श्रुत्वा सुग्रीवस्य सुभाषितम् ॥
संप्रहृष्टमना हस्तं पीडयामास पाणिना ॥ ८२
ततोऽग्निं दीप्यमानं तौ चक्रतुश्च प्रदक्षिणम् ॥
सुग्रीवो राघवश्चैव वयस्यत्वमुपागतौ ॥ ८३
ततः सुप्रीतमनसौ तावुभौ हरिराघवौ ॥
अन्योन्यमभिवीक्षन्तौ न तृप्तिमभिजग्मतुः ॥ ८४
त्वं वयस्योऽसि हृद्यो मे एकं दुःखं सुखं च नौ ॥
सुग्रीवो राघवं वाक्यमित्युवाच प्रहृष्टवत् ॥ ८५
पुनरेवाब्रवीत्प्रीतो राघवं रघुनन्दनम् ॥
अयमाख्याति ते राम सेवको मन्त्रिसत्तमः ॥ ८६
रक्षसाऽपहृता भार्या मैथिली जनकात्मजा ॥
त्वया वियुक्ता रुदती लक्ष्मणेन च धीमता ॥ ८७
अन्तरं प्रेप्सुना तेन हत्वा गृध्रं जटायुषम् ॥
भार्यावियोगजं दुःखं प्रापितस्तेन रक्षसा ॥ ८८
भार्यावियोगजं दुःखं न चिरात्त्वं विमोक्ष्यसे ॥
अहं तामानयिष्यामि नष्टां देवश्रुतीमिव ॥ ८९
अनुमानात्तु जानामि मैथिली सा न संशयः ॥
ह्रियमाणा मया दृष्टा रक्षसा रौद्रकर्मणा ॥ ९०
क्रोशन्ती राम रामेति लक्ष्मणेति च विस्वरम् ॥
स्फुरन्ती रावणस्याङ्के पन्नगेन्द्रवधूर्यथा ॥ ९१
आत्मना पञ्चमं मां हि दृष्ट्वा शैलतले स्थितम् ॥
उत्तरीयं तया त्यक्तं शुभान्याभरणानि च ॥ ९२

तान्यस्माभिर्गृहीतानि निहितानि च राघव ॥
आनयिष्याम्यहं तानि प्रत्यभिज्ञातुमर्हसि ॥ ९३
एवमुक्त्वा तु सुग्रीवः शैलस्य गहनां गुहाम् ॥
प्रविवेश ततः शीघ्रं राघवप्रियकाम्यया ॥ ९४
उत्तरीयं गृहीत्वा तु स तान्याभरणानि च ॥
इदं पश्येति रामाय दर्शयामास वानरः ॥ ९५
ततो गृहीत्वा वासस्तु शुभान्याभरणानि च ॥
अभवद्बाष्पसंरुद्धो नीहारेणेव चन्द्रमाः ॥ ९६
सीतास्नेहप्रवृत्तेन स तु बाष्पेण दूषितः ॥
हा प्रियेति रुदन्धैर्यमुत्सृज्य न्यपतत्क्षितौ ॥ ९७
हृदि कृत्वा स बहुशस्तमलङ्कारमुत्तमम् ॥
निशश्वास भृशं सर्पो बिलस्थ इव रोषितः ॥ ९८
पश्य लक्ष्मण वैदेह्या सन्त्यक्तं ह्रियमाणया ॥
उत्तरीयमिदं भूमौ शरीराद्भूषणानि च ॥ ९९
शाद्वलिन्यां ध्रुवं भूम्यां सीतया ह्रियमाणया ॥
उत्सृष्टं भूषणमिदं तथारूपं हि दृश्यते ॥ १००
एवमुक्तस्तु रामेण लक्ष्मणो वाक्यमब्रवीत् ॥
नाहं जानामि केयूरे नाहं जानामि कुण्डले ॥ १०१
नूपुरे त्वभिजानामि नित्यं पादाभिवन्दनात् ॥
ततस्तु राघवो वाक्यं सुग्रीवमिदमब्रवीत् ॥ १०२
ब्रूहि सुग्रीव कं देशं ह्रियन्ती लक्षिता त्वया ॥
रक्षसा रौद्ररूपेण मम प्राणप्रिया हृता ॥ १०३
क्व वा वसति तद्रक्षो महद्व्यसनदं मम ॥
यन्निमित्तमहं सर्वान्नाशयिष्यामि राक्षसान् ॥ १०४
एवमुक्तस्तु सुग्रीवो रामेणार्तेन वानरः ॥
अब्रवीत्प्राञ्जलिर्वाक्यं सबाष्पं बाष्पगद्गदः ॥ १०५
न जाने निलयं तस्य सर्वथा पापरक्षसः ॥
सामर्थ्यं विक्रमं वापि दौष्कुलेयस्य वा कुलम् ॥ १०६

सत्यं तु प्रतिजानामि त्यज शोकमरिन्दम ॥
करिष्यामि तथा यत्नं यथा प्राप्स्यसि मैथिलीम् ॥ १०७
रावणं सगणं हत्वा परितोष्यात्मपौरुषम् ॥
तथाऽस्मि कर्ता न चिराद्यथा प्रीतो भविष्यसि ॥ १०८
अलं वैक्लव्यमालम्ब्य धैर्यमात्मगतं स्मर ॥
त्वद्विधानां न सदृशमीदृशं बुद्धिलाघवम् ॥ १०९
मयाऽपि व्यसनं प्राप्तं भार्याविरहजं महत् ॥
नाहमेवं हि शोचामि धैर्यं न च परित्यजे ॥ ११०
ये शोकमनुवर्तन्ते न तेषां विद्यते सुखम् ॥
तेजश्च क्षयते तेषां न त्वं शोचितुमर्हसि ॥ १११
हितं वयस्यभावेन ब्रूमि नोपदिशामि ते ॥
वयस्यतां पूजयन्मे न त्वं शोचितुमर्हसि ॥ ११२
मधुरं सान्त्वितस्तेन सुग्रीवेण स राघवः ॥
मुखमश्रुपरिक्लिन्नं वस्त्रान्तेन प्रमार्जयत् ॥ ११३
प्रकृतिस्थस्तु काकुत्स्थः सुग्रीववचनात्प्रभुः ॥
संपरिष्वज्य सुग्रीवमिदं वचनमब्रवीत् ॥ ११४
कर्तव्यं यद्वयस्येन स्निग्धेन च हितेन च ॥
अनुरूपं च युक्तं च कृतं सुग्रीव तत्त्वया ॥ ११५
एष च प्रकृतिस्थोऽहमनुनीतस्त्वया सखे ॥
दुर्लभो हीदृशो बन्धुरस्मिन्काले विशेषतः ॥ ११६
किंतु यत्नस्त्वया कार्यो मैथिल्याः परिमार्गणे ॥
राक्षसस्य च रौद्रस्य रावणस्य दुरात्मनः ॥ ११७
मया च यदनुष्ठेयं विस्रब्धेन तदुच्यताम् ॥
वर्षास्विव च सुक्षेत्रे सर्वं सम्पद्यते तव ॥ ११८
ततः प्रहृष्टः सुग्रीवः श्लक्ष्णया शुभया गिरा ॥
उवाच प्रणयाद्रामं हर्षव्याकुलिताक्षरम् ॥ ११९
अहं विनिकृतो भ्रात्रा चराम्येष भयार्दितः ॥
ऋष्यमूकं गिरिवरं हृतभार्यः सुदुःखितः ॥ १२०

बालिनो मे भयार्तस्य सर्वलोकाभयंकर ॥
ममापि त्वमनाथस्य प्रसादं कर्तुमर्हसि ॥ १२१
एवमुक्तस्तु तेजस्वी धर्मज्ञो धर्मवत्सलः ॥
प्रत्युवाच स काकुत्स्थः सुग्रीवं प्रहसन्निव ॥ १२२
उपकारफलं मित्रमपकारोऽरिलक्षणम् ॥
अद्यैव तं वधिष्यामि तव भार्यापहारिणम् ॥ १२३
इमे हि मे महाभाग पत्रिणस्तिग्मतेजसः ॥
कार्तिकेयवनोद्भूताः शरा हेमविभूषिताः ॥ १२४
वालिसंज्ञममित्रं ते भ्रातरं कृतकिल्बिषम् ॥
शरैर्विनिहतं पश्य विकीर्णमिव पर्वतम् ॥ १२५
रामस्य वचनं श्रुत्वा हर्षपौरुषवर्धनम् ॥
सुग्रीवः पूजयांचक्रे राघवं प्रशशंस च ॥ १२६
सु० उ०—वालिनः पौरुषं यत्तद्यच्च वीर्यं धृतिश्च या ॥
तन्ममैकमनाः श्रुत्वा विधत्स्व यदनन्तरम् ॥ १२७
समुद्रात्पश्चिमात्पूर्वं दक्षिणादपि चोत्तरम् ॥
क्रामत्यनुदिते सूर्ये वाली व्यपगतक्लमः ॥ १२८
अग्राण्यारुह्य शैलानां शिखराणि महान्त्यपि ॥
ऊर्ध्वमुत्पात्य तरसा प्रतिगृह्णाति वीर्यवान् ॥ १२९
बहवः सारवन्तश्च वनेषु विविधा द्रुमाः ॥
वालिना तरसा भग्ना बलं प्रथयताऽऽत्मनः ॥ १३०
महिषो दुन्दुभिर्नाम कैलासशिखरप्रभः ॥
बलं नागसहस्रस्य धारयामास वीर्यवान् ॥ १३१
तं तु दुन्दुभिमुद्यम्य धरण्यामभ्यपातयत् ॥
युद्धे प्राणहरे तस्मिन्निष्पिष्टो दुन्दुभिस्तदा ॥ १३२
तं तोलयित्वा बाहुभ्यां गतसत्त्वमचेतनम् ॥
चिक्षेप वेगवान्वाली वेगेनैकेन योजनम् ॥ १३३
इमे च विपुलाः सालाः सप्त शाखावलम्बिनः ॥
यत्रैकं घटते वाली निष्पत्रयितुमोजसा ॥ १३४

एतदस्यासमं वीर्यं मया राम प्रकाशितम् ॥
कथं तं वालिनं हन्तुं समरे शक्ष्यसे नृप ॥ १३५
तथाब्रुवाणं सुग्रीवं प्रहसँल्लक्ष्मणोऽब्रवीत् ॥
कस्मिन्कर्मणि निर्वृत्ते श्रद्धध्या वालिनो वधम् ॥ १३६
तमुवाचाथ सुग्रीवः सप्त सालानिमान्पुरा ॥
एवमेकैकशो वाली विव्याधाथ स चासकृत् ॥ १३७
एतच्च वचनं श्रुत्वा सुग्रीवस्य सुभाषितम् ॥
प्रत्ययार्थं महातेजा रामो जग्राह कार्मुकम् ॥ १३८
स गृहीत्वा धनुर्घोरं शरमेकं च मानदः ॥
सालमुद्दिश्य चिक्षेप पूरयन्स रवैर्दिशः ॥ १३९
स विसृष्टो बलवता बाणः स्वर्णपरिष्कृतः ॥
भित्त्वा तालान्गिरिप्रस्थं सप्त भूमिं विवेश ह ॥ १४०
तान्दृष्ट्वा सप्त निर्भिन्नान्सालान्वानरपुङ्गवः ॥
रामस्य शरवेगेन विस्मयं परमं गतः ॥ १४१
स मूर्ध्ना न्यपतद्भूमौ प्रलम्बीकृतभूषणः ॥
सुग्रीवः परमप्रीतो राघवाय कृताञ्जलिः ॥ १४२
इदं चोवाच धर्मज्ञं कर्मणा तेन हर्षितः ॥
रामं सर्वास्त्रविदुषां श्रेष्ठं शूरमवस्थितम् ॥ १४३
सेन्द्रानपि सुरान्सर्वांस्त्वं बाणैः पुरुषर्षभ ॥
समर्थः समरे हन्तुं किं पुनर्वालिनं प्रभो ॥ १४४
येन सप्त महाताला गिरिर्भूमिश्च दारिता ॥
बाणेनैकेन काकुत्स्थ स्थाता ते को रणाग्रतः ॥ १४५
तमद्यैव प्रियार्थं मे वैरिणं भ्रातृरूपिणम् ॥
वालिनं जहि काकुत्स्थ मया बद्धोऽयमञ्जलिः ॥ १४६

अथ चतुर्थः सर्गः ।

ततो रामः परिष्वज्य सुग्रीवं प्रियदर्शनम् ॥
प्रत्युवाच महाप्राज्ञो लक्ष्मणानुगतं वचः ॥ १४७

अस्माद्गच्छाम किष्किन्धां क्षिप्रं गच्छ त्वमग्रतः ॥
गत्वा चाह्वय सुग्रीव वालिनं भ्रातृगन्धिनम् ॥ १४८
सर्वे ते त्वरितं गत्वा किष्किन्धां वालिनः पुरीम् ॥
वृक्षैरात्मानमावृत्य ह्यतिष्ठन्गहने वने ॥ १४९
सुग्रीवोऽप्यनदद्घोरं वालिनोह्वानकारणात् ॥
गाढं परिहितो वेगान्नादैर्भिन्दन्निवाम्बरम् ॥ १५०
तं श्रुत्वा निनदं भ्रातुः क्रुद्धो वाली महाबलः ॥
निष्पपात सुसंरब्धो भास्करोऽस्ततटादिव ॥ १५१
ततः सतुमुलं युद्धं वालिसुग्रीवयोरभूत् ॥
गगने ग्रहयोर्घोरं बुधाङ्गारकयोरिव ॥ १५२
ततो रामो धनुष्पाणिस्तावुभौ समुदैक्षत ॥
अन्योन्यसदृशौ वीरावुभौ देवाविवाश्विनौ ॥ १५३
यन्नावगच्छत्सुग्रीवं वालिनं वापि राघवः ॥
ततो न कृतवान्बुद्धिं मोक्तुमन्तकरं शरम् ॥ १५४
एतस्मिन्नन्तरे भग्नः सुग्रीवस्तेन वालिना ॥
अपश्यन्राघवं नाथमृष्यमूकं प्रदुद्रुवे ॥ १५५
तं प्रविष्टं वनं दृष्ट्वा वाली शापभयात्ततः ॥
मुक्तो ह्यसि त्वमित्युक्त्वा स निवृत्तो महाबलः ॥ १५६
राघवोऽपि सह भ्रात्रा सह चैव हनूमता ॥
तदेव वनमागच्छत्सुग्रीवो यत्र वानरः ॥ १५७
तं समीक्ष्यागतं रामं सुग्रीवः सहलक्ष्मणम् ॥
ह्रीमान्दीनमुवाचेदं वसुधामवलोकयन् ॥ १५८
आह्वयस्वेति मामुक्त्वा दर्शयित्वा च विक्रमम् ॥
वैरिणा घातयित्वा च किमिदानीं त्वयाकृतम् ॥ १५९
तस्य चैवं ब्रुवाणस्य सुग्रीवस्य महात्मनः ॥
करुणं दीनया वाचा राघवः पुनरब्रवीत् ॥ १६०
सुग्रीव श्रूयतां तात क्रोधश्च व्यपनीयताम् ॥
कारणं येन बाणोऽयं स मया न विसर्जितः ॥ १६१

अलंकारेण वेषेण प्रमाणेन गतेन च ॥
त्वं च सुग्रीव वाली च सदृशौ स्थः परस्परम् ॥　१६२
स्वरेण वर्चसा चैव प्रेक्षितेन च वानर ॥
विक्रमेण च वाक्यैश्च व्यक्तिं वां नोपलक्षये ॥　१६३
ततोऽहं रूपसादृश्यान्मोहितो वानरोत्तम ॥
नोत्सृजामि महावेगं शरं शत्रुनिबर्हणम् ॥　१६४
जीवितान्तकरं घोरं सादृश्यात्तु विशङ्कितः ॥
मूलघातो न नौ स्याद्धि द्वयोरिति कृतो मया ॥　१६५
दत्ताभयवधो नाम पातकं महदद्भुतम् ॥
अहं च लक्ष्मणश्चैव सीता च वरवर्णिनी ॥　१६६
त्वदधीना वयं सर्वे वनेऽस्मिञ्छरणं भवान् ॥
तस्माद्युध्यस्व भूयस्त्वं मा मा शङ्कीश्च वानर ॥　१६७
एतन्मुहूर्ते तु मया पश्य वालिनमाहवे ॥
निरस्तमिषुणैकेन चेष्टमानं महीतले ॥　१६८
अभिज्ञानं कुरुष्व त्वमात्मनो वानरेश्वर ॥
येन त्वामभिजानीयां द्वन्द्वयुद्धमुपागतम् ॥　१६९
गजपुष्पीमिमां फुल्लामुत्पाट्य शुभलक्षणाम् ॥
कुरु लक्ष्मण कण्ठेऽस्य सुग्रीवस्य महात्मनः ॥　१७०
ततो गिरितटे जातामुत्पाट्य कुसुमायुताम् ॥
लक्ष्मणो गजपुष्पीं तां तस्य कण्ठे व्यसर्जयत् ॥　१७१
स तया शुशुभे श्रीमांल्लतया कण्ठसक्तया ॥
मालयेव बलाकानांससंध्य इव तोयदः ॥　१७२
विभ्राजमानो वपुषा रामवाक्यसमाहितः ॥
जगाम सह रामेण किष्किन्धां पुनराप सः ॥　१७३
ततस्तु निनदं घोरं कृत्वा युद्धाय चाह्वयत् ॥
परिवारैः परिवृतो नादैर्भिन्दन्निवाम्बरम् ॥　१७४
तत्र शब्देन वित्रस्ता गावो यान्ति हतप्रभाः ॥
राजदोषपरामृष्टाः कुलस्त्रिय इवाकुलाः ॥　१७५

द्रवन्ति च मृगाः शीघ्रं भग्ना इव रणे हयाः ॥
पतन्ति च खगा भूमौ क्षीणपुण्या इव ग्रहाः ॥ १७६
अथ तस्य निनादं तं सुग्रीवस्य महात्मनः ॥
शुश्रावान्तःपुरगतो वाली भ्रातुरमर्षणः ॥ १७७
ततो रोषपरीताङ्गो वाली स कनकप्रभः ॥
उपरक्त इवादित्यः सद्यो निष्प्रभतां गतः ॥ १७८
शब्दं दुर्मर्षणं श्रुत्वा निष्पपात ततो हरिः ॥
वेगेन च पदन्यासैर्दारयन्निव मेदिनीम् ॥ १७९
स ददर्श ततः श्रीमान्सुग्रीवं हेमपिङ्गलम् ॥
सुसंवीतमवष्टब्धं दीप्यमानमिवानलम् ॥ १८०
तं वाली क्रोधताम्राक्षं सुग्रीवं रणकोविदम् ॥
आपतन्तं महावेगमिदं वचनमब्रवीत् ॥ १८१
एष मुष्टिर्महान्बद्धो गाढः सुनियताङ्गुलिः ॥
मया वेगविमुक्तस्ते प्राणानादाय यास्यति ॥ १८२
ताडितस्तेन तं क्रुद्धः समभिक्रम्य वेगतः ॥
अभवच्छोणितोद्गारी सापीड इव पर्वतः ॥ १८३
सुग्रीवेण तु निःशङ्कं सालमुत्पाट्य तेजसा ॥
गात्रेष्वभिहतो वाली वज्रेणेव महागिरिः ॥ १८४
स तु वृक्षेण निर्भग्नः सालताडनविह्वलः ॥
गुरुभारभराक्रान्ता नौः ससार्थेव सागरे ॥ १८५
तौ शोणिताक्तौ अयुध्येतां वानरौ वनचारिणौ ॥
मेघाविव महाशब्दैस्तर्जमानौ परस्परम् ॥ १८६
ततो रामो महातेजा आर्तं दृष्ट्वा हरीश्वरम् ॥
स शरं वीक्षते वीरो वालिनो वधकाङ्क्षया ॥ १८७
ततो धनुषि संधाय शरमाशीविषोपमम् ॥
पूरयामास तच्चापं कालचक्रमिवान्तकः ॥ १८८
मुक्तस्तु वज्रनिर्घोषः प्रदीप्ताशनिसंनिभः ॥
राघवेण महाबाणो वालिवक्षसि पातितः ॥ १८९

ततस्तेन महातेजा वीर्ययुक्तः कपीश्वरः ॥
वेगेनाभिहतो वाली निपपात महीतले ॥ १९०
इन्द्रध्वज इवोद्धूतः पौर्णमास्यां महीतले ॥
आश्वयुक्समये मासि गतसत्वो विचेतनः ॥ १९१
अस्मिन्निपतिते भूमौ हर्यृक्षाणां गणेश्वरे ॥
नष्टचन्द्रमिव व्योम न व्यराजत मेदिनी ॥ १९२
भूमौ निपतितस्यापि तस्य देहं महात्मनः ॥
न श्रीर्जहाति न प्राणा न तेजो न पराक्रमः ॥ १९३
शक्रदत्ता वरा माला काञ्चनी रत्नभूषिता ॥
दधार हरिमुख्यस्य प्राणांस्तेजः श्रियं च सा ॥ १९४
स तया मालया वीरो हेमया हरियूथपः ॥
संध्यानुगतपर्यन्तः पयोधर इवाभवत् ॥ १९५

अथ पञ्चमः सर्गः ।

बहुमान्य च तं वीरं वीक्षमाणं शनैरिव ।
उपयातौ महावीर्यौ भ्रातरौ रामलक्ष्मणौ ॥ १९६
तं दृष्ट्वा राघवं वाली लक्ष्मणं च महाबलम् ॥
अब्रवीत्परुषं वाक्यं प्रश्रितं धर्मसंहितम् ॥ १९७
पराङ्मुखवधं कृत्वा कोऽत्र प्राप्तस्त्वया गुणः ॥
यदहं युद्धसंरब्धस्त्वत्कृते निधनं गतः ॥ १९८
कुलीनः सत्वसम्पन्नस्तेजस्वी चरितव्रतः ॥
रामः करुणवेदी च प्रजानां च हिते रतः ॥ १९९
सानुक्रोशो महोत्साहः समयज्ञो दृढव्रतः ॥
इत्येतत्सर्वभूतानि कथयन्ति यशो भुवि ॥ २००
न मामन्येन संरब्धं प्रमत्तं वेद्धुमर्हसि ॥ २०१
स त्वां विनिहतात्मानं धर्मध्वजमधार्मिकम् ॥
जाने पापसमाचारं तृणैः कूपमिवावृतम् ॥ २०२

विषये वा पुरे वा ते यदा पापं करोम्यहम् ॥
न च त्वामजानेऽहं कस्मात्त्वं हंस्यकिल्बिषम् ॥ २०३
फलमूलाशनं नित्यं वानरं वनगोचरम् ॥
मामिहाप्रतियुध्यन्तमन्येन च समागतम् ॥ २०४
अधार्यं चर्म मे सद्भी रोमाण्यास्थि च वर्जितम् ॥
अभक्ष्याणि च मांसानि त्वद्विधैर्धर्मचारिभिः ॥ २०५
पञ्च पञ्चनखा भक्ष्या ब्रह्मक्षत्रेण राघव ॥
शल्यकः श्वाविधो गोधा शशः कूर्मश्च पञ्चमः ॥ २०६
अशुभं चाप्ययुक्तं च सतां चैव विगर्हितम् ॥
वक्ष्यसे चेदृशं कृत्वा सद्भिः सह समागतः ॥ २०७
दृश्यमानस्तु युध्येथा मया युधि नृपात्मज ॥
अद्य वैवस्वतं देवं पश्येस्त्वं निहतो मया ॥ २०८
युक्तं यत्प्राप्नुयाद्राज्यं सुग्रीवः स्वर्गते मयि ॥
अयुक्तं यदधर्मेण त्वयाऽहं निहतो रणे ॥ २०९
काममेवंविधो लोकः कालेन विनियुज्यते ॥
क्षमं चेद्भवता प्राप्तमुत्तरं साधु चिन्त्यताम् ॥ २१०
धर्मार्थगुणसम्पन्नं हरीश्वरमनुत्तमम् ॥
अधिक्षिप्तस्तदा रामः पश्चाद्वालिनमब्रवीत् ॥ २११
धर्ममर्थं च कामं च समयं चापि लौकिकम् ॥
अविज्ञाय कथं बाल्यान्मामिहाद्य विगर्हसे ॥ २१२
इक्ष्वाकूणामियं भूमिः सशैलवनकानना ॥
मृगपक्षिमनुष्याणां निग्रहानुग्रहेष्वपि ॥ २१३
तां पालयति धर्मात्मा भरतः सत्यवानृजुः ॥
धर्मकामार्थतत्त्वज्ञो निग्रहानुग्रहे रतः ॥ २१४
तस्य धर्मकृतादेशा वयमन्ये च पार्थिवाः ॥
चरामो वसुधां कृत्स्नां धर्मसंतानमिच्छवः ॥ २१५
त्वं तु संक्लिष्टधर्मश्च कर्मणा च विगर्हितः ॥
कामतन्त्रप्रधानश्च न स्थितो राजवर्त्मनि ॥ २१६

ज्येष्ठो भ्राता पिता वापि यश्च विद्यां प्रयच्छति ।
त्रयस्ते पितरो ज्ञेया धर्मे च पथि वर्तिनः ॥ २१७
यवीयानात्मनः पुत्रः शिष्यश्चापि गुणोदितः ॥
पुत्रवत्ते त्रयश्चिन्त्या धर्मश्चैवात्र कारणम् ॥ २१८
तदेतत्कारणं पश्य यदर्थं त्वं मया हतः ॥
भ्रातुर्वर्तसि भार्यायां त्यक्त्वा धर्मं सनातनम् ॥ २१९
अस्य त्वं धरमाणस्य सुग्रीवस्य महात्मनः ॥
रुमायां वर्तसे कामात्स्नुषायां पापकर्मकृत् ॥ २२०
तद्व्यतीतस्य ते धर्मात्कामवृत्तस्य वानर ॥
भ्रातृभार्याभिमर्शेऽस्मिन्दण्डोऽयं प्रतिपादितः ॥ २२१
औरसीं भगिनीं वापि भार्यां वाऽप्यनुजस्य यः ॥
प्रचरेत नरः कामात्तस्य दण्डो वधः स्मृतः ॥ २२२
श्रूयते मनुना गीतौ श्लोकौ चारित्रवत्सलौ ॥
गृहीतौ धर्मकुशलैस्तथा तच्चरितं मया ॥ २२३
राजभिर्धृतदण्डाश्च कृत्वा पापानि मानवाः ॥
निर्मलाः स्वर्गमायान्ति सन्तः सकृतिनो यथा ॥ २२४
शासनाद्वापि मोक्षाद्वा स्तेनः पापात्प्रमुच्यते ॥
राजा त्वशासन्पापस्य तदवाप्नोति किल्बिषम् ॥ २२५
आर्येण मम मान्धात्रा व्यसनं घोरमीप्सितम् ॥
श्रमणेन कृते पापे यथा पापं कृतं त्वया ॥ २२६
श्रुणु चाप्यपरं भूयः कारणं हरिपुङ्गव ॥
तच्छ्रुत्वा हि महद्वीर न मन्युं कर्तुमर्हसि ॥ २२७
न मे तत्र मनस्तापो न मन्युर्हरिपुङ्गव ॥ २२८
वागुराभिश्च पाशैश्च कूटैश्च विविधैर्नराः ॥
प्रतिच्छन्नाश्च दृश्याश्च गृह्णन्ति सुबहून्मृगान् ॥ २२९
प्रधावितान्वा वित्रस्तान्विस्रब्धानतिविष्टितान् ॥
विध्यन्ति विमुखांश्चापि न च दोषोत्रविद्यते ॥ २३०
यान्ति राजर्षयश्चात्र मृगयां धर्मकोविदाः ॥
तस्मात्त्वं निहतो युद्धे मया बाणेन वानर ॥

अयुध्यन्प्रतियुध्यन्वा यस्माच्छाखामृगो ह्यसि ॥ २३१
एवमुक्तस्तु रामेण वाली प्रव्यथितो भृशम् ॥
न दोषं राघवे दध्यौ धर्मेऽधिगतनिश्चयः ॥ २३२
प्रत्युवाच ततो रामं प्राञ्जलिर्वानरेश्वरः ॥
यत्त्वमात्थ नरश्रेष्ठ तत्तथैव न संशयः ॥ २३३
न चात्मानमहं शोचे न तारां नापि बान्धवान् ॥
यथा पुत्रं गुणज्येष्ठमङ्गदं कनकाङ्गदम् ॥ २३४
स ममादर्शनाद्दीनो बाल्यात्प्रभृति लालितः ॥
तटाक इव पीताम्बुरुपशोषं गमिष्यति ॥ २३५
बालश्चाकृतबुद्धिश्च एकपुत्रश्च मे प्रियः ॥
तारेयो राम भवता रक्षणीयो महाबलः ॥ २३६
सुग्रीवे चाङ्गदे चैव विधत्स्व मतिमुत्तमाम् ॥
त्वं हि गोप्ता च शास्ता च कार्याकार्यविधौ स्थितः ॥ २३७
या ते नरपते वृत्तिर्भरते लक्ष्मणे च या ॥
सुग्रीवे चाङ्गदे राजंस्तां चिन्तयितुमर्हसि ॥ २३८
स तमाश्वासयद्रामो वालिनं व्यक्तदर्शनम् ॥
साधुसंमतया वाचा धर्मतत्त्वार्थयुक्तया ॥ २३९
यथा त्वय्यङ्गदो नित्यं वर्तते वानरेश्वर ॥
तथा वर्तेत सुग्रीवे मयि चापि न संशयः ॥ २४०
अश्मभिः परिभिन्नाङ्ग पादपैराहतो भृशम् ॥
रामबाणेन चाक्रान्तो जीवितान्ते मुमोह सः ॥ २४१

अथ षष्ठः सर्गः ।

तं भार्या बाणमोक्षेण रामदत्तेन संयुगे ॥
हतं प्लवगशार्दूलं तारा शुश्राव वालिनम् ॥ २४२
सा सपुत्राऽप्रियं श्रुत्वा वधं भर्तुः सुदारुणम् ॥
निष्पपात भृशं तस्मादुद्विग्ना गिरिकन्दरात् ॥ २४३

सा व्रजन्ती ददर्शाथ पतिं निपतितं भुवि ॥
हन्तारं वानरेन्द्राणां समरेष्वनिवर्तिनाम् ॥ २४४
तामवेक्ष्य तु सुग्रीवः क्रोशन्तीं कुररीमिव ॥
विषादमगमत्कष्टं दृष्ट्वा चाङ्गदमागतम् ॥ २४५
ततः समुपजिघ्रन्ती कपिराजस्य तन्मुखम् ॥
पतिं लोकश्रुता तारा मृतं वचनमब्रवीत् ॥ २४६
शेषे त्वं विषमे दुःखमकृत्वा वचनं मम ॥
उपलोपचिते वीर सुदुःखे वसुधातले ॥ २४७
मत्तः प्रियतरा नूनं वानरेन्द्र मही तव ॥
शेषे हि तां परिष्वज्य मां च न प्रतिभाषसे ॥ २४८
मामनाथां विहायैकां गतस्त्वमसि मानद ॥
शूराय न प्रदातव्या कन्या खलु विपश्चिता ॥ २४९
शूर भार्यां हतां पश्य सद्यो मां विधवां कृताम् ॥
अवभग्नश्च मे मानो भग्ना मे शाश्वती गतिः ॥ २५०
अगाधे च निमग्नाऽस्मि विपुले शोकसागरे ॥
अश्मसारमयं नूनमिदं मे हृदयं दृढम् ॥ २५१
अभिवादयमानं त्वामङ्गदं त्वं यथा पुरा ॥
दीर्घायुर्भव पुत्रेति किमर्थं नाभिभाषसे ॥ २५२
स सुग्रीवं च तारां च साङ्गदां सहलक्ष्मणः ॥
समानशोकः काकुत्स्थः सान्त्वयन्निदमब्रवीत् ॥ २५३
न शोकपरितापेन श्रेयसा युज्यते मृतः ॥
यदत्रानन्तरं कार्यं तत्समाधातुमर्हथ ॥ २५४
नियतिः कारणं लोके नियतिः कर्मसाधनम् ॥
नियतिः सर्वभूतानां नियोगेष्विह कारणम् ॥ २५५
न कर्ता कस्यचित्कश्चिन्नियोगे नापि चेश्वरः ॥
स्वभावे वर्तते लोकस्तस्य कालः परायणम् ॥ २५६
न कालः कालमत्येति न कालः परिहीयते ॥
स्वभावं च समासाद्य न किंचिदतिवर्तते ॥ २५७

न कालस्यास्ति बन्धुत्वं न हेतुर्न पराक्रमः ॥
न मित्रज्ञातिसम्बन्धः कारणं नात्मनो वशः ॥ २५८
किं तु कालपरीणामो द्रष्टव्यः साधु पश्यता ॥
धर्मश्चार्थश्च कामश्च कालक्रमसमाहिताः ॥ २५९
एषा वै नियतिः श्रेष्ठा यां गतो हरियूथपः ॥
तदलं परितापेन प्राप्तकालमुपास्यताम् ॥ २६०
वचनान्ते तु रामस्य लक्ष्मणः परवीरहा ॥
अवदत्प्रश्रितं वाक्यं सुग्रीवं गतचेतसम् ॥ २६१
कुरु त्वमस्य सुग्रीव प्रेतकार्यमनन्तरम् ॥
ताराङ्गदाभ्यां सहितो वालिनो दहनं प्रति ॥ २६२
त्वं तार शिबिकां शीघ्रमादायागच्छ संभ्रमात् ।
त्वरा गुणवती युक्ता ह्यस्मिन्काले विशेषतः ॥ २६३
आदाय शिबिकां तारः स तु पर्यापतत्पुनः ॥
वानरैरुह्यमानां तां शूरैरुद्वहनोचितैः ॥ २६४
आचितां चित्रपक्षीभिः सुनिविष्टां समन्ततः ॥
विमानामिव सिद्धानां जालवातायनायुताम् ॥ २६५
ततो वालिनमुद्यम्य सुग्रीवः शिबिकां तदा ॥
आरोपयत विक्रोशन्नङ्गदेन सहैव तु ॥ २६६
अङ्गदं परिरभ्याशु तारप्रभृतयस्तथा ॥
क्रोशन्तः प्रययुः सर्वे वानरा हतबान्धवाः ॥ २६७
ताराप्रभृतयः सर्वा वानर्यो हतबान्धवाः ॥
अनुजग्मुश्च भर्तारं क्रोशन्त्यः करुणस्वनाः ॥ २६८
तासां रुदितशब्देन वानरीणां वनान्तरे ॥
वनानि गिरयश्चैव विक्रोशन्तीव सर्वतः ॥ २६९
सुग्रीवेण ततः सार्धं सोऽङ्गदः पितरं रुदन् ॥
चितामारोपयामास शोकेनाभिप्लुतेन्द्रियः ॥ २७०
ततोऽग्निं विधिवद्दत्वा सोऽपसव्यं चकार ह ॥
पितरं दीर्घमध्वानं प्रस्थितं व्याकुलेन्द्रियः ॥ २७१

सुग्रीवेणेव दीनेन दीनो भूत्वा महाबलः ॥
समानशोकः काकुत्स्थः प्रेतकार्याण्यकारयत् । २७२
ततः शोकाभिसंतप्तं सुग्रीवं क्लिन्नवाससम् ॥
शाखामृगमहामात्राः परिवार्योपतस्थिरे ॥ २७३
ततः काञ्चनशैलाभस्तरुणार्कनिभाननः ॥
अब्रवीत्प्राञ्जलिर्वाक्यं हनुमान्मारुतात्मजः ॥ २७४
भवत्प्रसादात्काकुत्स्थ पितृपैतामहं महत् ॥
वानराणां सुदंष्ट्राणां सम्पन्नबलशालिनाम् ॥ २७५
महात्मनां सुदुष्प्रापं प्राप्तं राज्यमिदं प्रभो ॥
भवता समनुज्ञातः प्रविश्य नगरं शुभम् ॥ २७६
संविधास्यति कार्याणि सर्वाणि ससुहृद्गणः ॥
स्नातोऽयं विविधैर्गन्धैरोषधैश्च यथाविधि ॥ २७७
अर्चयिष्यति माल्यैश्च रत्नैश्च त्वां विशेषतः ॥
प्रत्युवाच हनूमन्तं बुद्धिमान्वाक्यकोविदः ॥ २७८
चतुर्दश समाः सौम्य ग्रामं वा यदि वा पुरम् ॥
न प्रवेक्ष्यामि हनुमन्पितुर्निर्देशपारगः ॥ २७९
सुसमृद्धां गुहां दिव्यां सुग्रीवो वानरर्षभः ॥
प्रविष्टो विधिवद्वीरः क्षिप्रं राज्येऽभिषिच्यताम् ॥ २८०
एवमुक्त्वा हनूमन्तं रामः सुग्रीवमब्रवीत् ॥
वृत्तज्ञो वृत्तसम्पन्नमुदारबलविक्रमम् ॥ २८१
इममप्यङ्गदं वीरं यौवराज्येऽभिषेचय ॥
ज्येष्ठस्य हि सुतो ज्येष्ठः सदृशो विक्रमेण च ॥
अङ्गदोऽयमदीनात्मा यौवराज्यस्य भाजनम् ॥ २८२
पूर्वोऽयं वार्षिको मासः श्रावणः सलिलागमः ॥
प्रवृत्ताः सौम्य चत्वारो मासा वार्षिकसंज्ञिताः ॥ २८३
नायमुद्योगसमयः प्रविश त्वं पुरीं शुभाम् ॥
अस्मिन्वत्स्याम्यहं सौम्य पर्वते सहलक्ष्मणः ॥ २८४
इति रामाभ्यनुज्ञातः सुग्रीवो वानरर्षभः ॥

प्रविवेश पुरीं रम्यां किष्किन्धां वालिपालिताम् ॥ २८५
तं वानरसहस्राणि प्रविष्टं वानरेश्वरम् ॥
अभिवार्य प्रविष्टानि सर्वतः प्लवगेश्वरम् ॥ २८६
ततः प्रकृतयः सर्वा दृष्ट्वा हरिगणेश्वरम् ॥
प्रणम्य मूर्ध्ना पतिता वसुधायां समाहिताः ॥ २८७
सुग्रीवः प्रकृतीः सर्वाः संभाष्योत्थाय वीर्यवान् ॥
भ्रातुरन्तःपुरं सौम्यं प्रविवेश महाबलः ॥ २८८
प्रविष्टं भीमविक्रान्तं सुग्रीवं वानरर्षभम् ॥
अभ्यषिञ्चन्त सुहृदः सहस्राक्षमिवामराः ॥ २८९
रामस्य तु वचः कुर्वन्सुग्रीवो वानरेश्वरः ॥
अङ्गदं संपरिष्वज्य यौवराज्येऽभ्यषेचयत् ॥ २९०
अंगदे चाभिषिक्ते तु सानुक्रोशाः प्लवंगमाः ॥
साधु साध्विति सुग्रीवं महात्मानो ह्यपूजयन् ॥ २९१
हृष्टपुष्टजनाकीर्णा पताकाध्वजशोभिता ॥
बभूव नगरी रम्या किष्किन्धा गिरिगह्वरे ॥ २९२

अथ सप्तमः सर्गः ।

स तदा वालिनं हत्वा सुग्रीवमभिषिच्य च ॥
वसन्माल्यवतः पृष्ठे रामो लक्ष्मणमब्रवीत् ॥ २९३
अयं स कालः संप्राप्तः समयोऽद्य जलागमः ॥
संपश्य त्वं नभो मेघैः संवृतं गिरिसंनिभैः ॥ २९४
नवमासधृतं गर्भं भास्करस्य गभस्तिभिः ॥
पीत्वा रसं समुद्राणां द्यौः प्रसूते रसायनम् ॥ २९५
शक्यमम्बरमारुह्य मेघसोपानपंक्तिभिः ॥
कुटजार्जुनमालाभिरलंकर्तुं दिवाकरः ॥ २९६
संध्यारागोत्थितैस्ताम्रैरन्तेष्वपि च पाण्डुभिः ॥
स्निग्धैरभ्रपटच्छेदैर्बद्धव्रणमिवाम्बरम् ॥ २९७

एषा घर्मपरिक्लिष्टा नववारिपरिप्लुता ॥
सीतेव शोकसंतप्ता मही बाष्पं विमुञ्चति ॥ २९८
मेघोदरविनिर्मुक्ताः कर्पूरदलशीतलाः ॥
शक्यमञ्जलिभिः पातुं वाताः केतकगन्धिनः ॥ २९९
एष फुल्लार्जुनः शैलः केतकैरभिवासितः ॥
सुग्रीव इव शान्तारिर्धाराभिरभिषिच्यते ॥ ३००
मेघकृष्णाजिनधरा धारायज्ञोपवीतिनः ॥
मारुतापूरितगुहाः प्राधीता इव पर्वताः ॥ ३०१
कशाभिरिव हैमीभिर्विद्युद्भिरभिताडितम् ॥
अन्तस्तनितनिर्घोषं सवेदनमिवाम्बरम् ॥ ३०२
नीलमेघाश्रिता विद्युत्स्फुरन्ती प्रतिभाति मे ॥
स्फुरन्ती रावणस्याङ्के वैदेहीव तपस्विनी ॥ ३०३
इमास्ता मन्मथवतां हिताः प्रतिहता दिशः ॥
अनुलिप्ता इव घनैर्नष्टग्रहनिशाकराः ॥ ३०४
क्वचिद्बाष्पाभिसंरुद्धान्वर्षागमसमुत्सुकान् ॥
कुटजान्पश्य सौमित्रे पुष्पितान्गिरिसानुषु ॥ ३०५
क्वचित्प्रकाशं क्वचिदप्रकाशं नभः प्रकीर्णाम्बुधरं विभाति ॥
क्वचित्क्वचित्पर्वतसंनिरुद्धं रूपं यथा शान्तमहार्णवस्य ॥ ३०६
व्यामिश्रितं सर्जकदम्बपुष्पैर्नवं जलं पर्वतधातुताम्रम् ॥
मयूरकेकाभिरनुप्रयातं शैलापगाः शीघ्रतरं वहन्ति ॥ ३०७
रसाकुलं षट्पदसंनिकाशं प्रभुज्यते जम्बुफलं प्रकामम् ॥
अनेकवर्णं पवनावधूतं भूमौ पतत्याम्रफलं विपक्वम् ॥ ३०८
विद्युत्पताकाः सबलाकमाला शैलेन्द्रकूटाकृतिसंनिकाशाः ॥
गर्जन्ति मेघाः समुदीर्णनादा मत्ता गजेन्द्रा इव संयुगस्थाः ॥ ३०९
वर्षोदकाप्यायितशाद्वलानि प्रवृत्तनृत्तोत्सवबर्हिणानि ॥
वनानि निर्वृष्टबलाहकानि पश्यापराह्णेष्वधिकं विभान्ति ॥ ३१०
समुद्वहन्तः सलिलातिभारं बलाकिनो वारिधरा नदन्तः ॥
महत्सु शृङ्गेषु महीधराणां विश्रम्य विश्रम्य पुनः प्रयान्ति ॥ ३११

मेघाभिकामा परिसंपतन्ती संमोदिता भाति बलाकपंक्तिः ॥
वातावधूता वरपौण्डरीकी लम्बेव माला रुचिराम्बरस्य ॥ ३१२
बालेन्द्रगोपान्तरचित्रितेन विभाति भूमिर्नवशाद्वलेन ॥
गात्रानुपृक्तेन शुकप्रभेण नारीव लाक्षोक्षितकम्बलेन ॥ ३१३
जाता वनान्ताः शिखिसुप्रनृत्ता जाता कदम्बाः सकदम्बजाताः ॥
जाता वृषा गोषु समानकामा जाता मही सस्यवनाभिरामा ॥ ३१४
वहन्ति वर्षन्ति नदन्ति भान्ति ध्यायन्ति नृत्यन्ति समाश्वसन्ति ॥
नद्यो घना मत्तगजा वनान्ता प्रियाविहीनाः शिखिनः प्लवङ्गमाः ॥
प्रहर्षिताः केतकिपुष्पगन्धमाघ्राय मत्ता वननिर्झरेषु ॥
प्रतापशब्दाकुलिता गजेन्द्राः सार्धं मयूरैः समदा नदन्ति ॥ ३१६
अङ्गारचूर्णोत्करसंनिकाशैः फलैः सुपर्याप्तरसैः समृद्धैः ॥
जम्बुद्रुमाणां प्रविभान्ति शाखा निपीयमाना इव षट्पदौघैः ॥ ३१७
मार्गानुगः शैलवनानुसारी संप्रस्थितो मेघरवं निशम्य ॥
युद्धाभिकामः प्रतिनादशङ्की मत्तो गजेन्द्रः प्रतिसंनिवृत्तः ॥ ३१८
कदम्बसर्जार्जुनकन्दलाढ्या वनान्तभूमिर्मधुवारिपूर्णा ॥
मयूरमत्ताभिरुतप्रनृत्तैरापानभूमिप्रतिमा विभाति ॥ ३१९
मुक्तासमाभं सलिलं पतद्वै सुनिर्मलं पत्रपुटेषु लग्नम् ॥
हृष्टा विवर्णच्छदना विहङ्गाः सुरेन्द्रदत्तं तृषिताः पिबन्ति ॥ ३२०
क्वचित्प्रनृत्तैः क्वचिदुन्नदद्भिः क्वचिच्च वृक्षाग्रनिषण्णकायैः ॥
व्यालम्बबर्हाभरणैर्मयूरैर्वनेषु संगीतमिव प्रवृत्तम् ॥ ३२१
नद्यः समुद्राहितचक्रवाकास्तटानि शीर्णान्यपवाहयित्वा ॥
दृप्ता नवप्रावृतपूर्णभोगा द्रुतं स्वभर्तारमुपोपयन्ति ॥ ३२२
नीलेषु नीला नववारिपूर्णा मेघेषु मेघाः प्रतिभान्ति सक्ताः ॥
दवाग्निदग्धेषु दवाग्निदग्धाः शैलेषु शैला इव बद्धमूलाः ॥ ३२३
वर्षप्रवेगा विपुलाः पतन्ति प्रवान्ति वाताः समुदीर्णवेगाः ॥
प्रनष्टकूलाः प्रवहन्ति शीघ्रं नद्यो जलं विप्रतिपन्नमार्गाः ॥ ३२४
नरैर्नरेन्द्रा इव पर्वतेन्द्राः सुरेन्द्रनीतैः पवनोपनीतैः ॥
घनाम्बुकुम्भैरभिषिच्यमाना रूपं श्रियं स्वामिव दर्शयन्ति ॥ ३२५

महान्ति कूटानि महीधराणां धाराविधौतान्यधिकं विभान्ति ॥
महाप्रमाणैर्विपुलैः प्रपातैर्मुक्ताकलापैरिव लम्बमानैः ॥ ३२६
विलीयमानैर्विहगैर्निमीलद्भिश्च पङ्कजैः ॥
विकसन्त्या च मालत्या गतोऽस्तं ज्ञायते रविः ॥ ३२७
मासि प्रौष्ठपदे ब्रह्म ब्राह्मणानां विवक्षताम् ॥
अयमध्यायसमयः सामगानामुपस्थितः ॥ ३२८

अथ अष्टमः सर्गः ।

गृहं प्रविष्टे सुग्रीवे विमुक्ते गगने घनैः ॥
वर्षरात्रे स्थितो रामः कामशोकाभिपीडितः ॥ ३२९
पाण्डुरं गगनं दृष्ट्वा विमलं चन्द्रमण्डलम् ॥
शारदीं रजनीं चैव दृष्ट्वा जोत्स्नानुलेपनाम् ॥ ३३०
कामवृत्तं च सुग्रीवं नष्टां च जनकात्मजाम् ॥
दृष्ट्वा कालमतीतं च मुमोह परमातुरः ॥ ३३१
दृष्ट्वा च विमलं व्योम गतविद्युद्बलाहकम् ॥
सारसारवसंघुष्टं विललापार्तया गिरा ॥ ३३२
ततश्चंचूर्य रम्येषु फलार्थी गिरिसानुषु ॥
ददर्श पर्युपावृत्तो लक्ष्मीवाँल्लक्ष्मणोऽग्रजम् ॥ ३३३
अथ पद्मपलाशाक्षीं मैथिलीमनुचिन्तयन् ॥
उवाच लक्ष्मणं रामो मुखेन परिशुष्यता ॥ ३३४
दीर्घगम्भीरनिर्घोषाः शैलद्रुमपुरोगमाः ॥
विसृज्य सलिलं मेघाः परिश्रान्ता नृपात्मज ॥ ३३५
नीलोत्पलदलश्यामाः श्यामीकृत्वा दिशो दश ॥
विमदा इव मातङ्गाः शान्तवेगाः पयोधराः ॥ ३३६
अभिवृष्टा महामेघैर्निर्मलाश्चित्रसानवः ॥
अनुलिप्ता इवाभान्ति गिरयश्चन्द्ररश्मिभिः ॥ ३३७
शाखासु सप्तच्छदपादपानां प्रभासु ताराऽर्कनिशाकराणाम् ॥
लीलासु चैवोत्तमवारणानां श्रियं विभज्याद्य शरत्प्रवृत्ता ॥ ३३८

सप्तच्छदानां कुसुमोपगन्धी षट्पादवृन्दैरनुगीयमानः ॥
मत्तद्विपानां पवनोऽनुसारी दर्पं विनेष्यन्नधिकं विभाति ॥ ३३९
अभ्यागतैश्चारुविशालपक्षैः स्मरप्रियैः पद्मरजोऽवकीर्णैः ॥
महानदीनां पुलिनोपयातैः क्रीडन्ति हंसाः सह चक्रवाकैः ॥ ३४०
मदप्रगल्भेषु च वारणेषु गवां समूहेषु च दर्पितेषु ॥
प्रसन्नतोयासु च निम्नगासु विभाति लक्ष्मीर्बहुधा विभक्ता ॥ ३४१
नभः समीक्ष्याम्बुधरैर्विमुक्तं विमुक्तबर्हाभरणा वनेषु ॥
प्रियास्वरक्ता विनिवृत्तशोभा गतोत्सवा ध्यानपरा मयूराः ॥ ३४२
व्यक्तं नभः शस्त्रविधौतवर्णं कृशप्रवाहानि नदीजलानि ॥
कह्लारशीताः पवनाः प्रवान्ति तमोविमुक्ताश्च दिशः प्रकाशाः ॥ ३४३
वित्रास्य कारण्डवचक्रवाकान्महारवैर्भिन्नकटा गजेन्द्राः ॥
सरस्सु बुद्धाम्बुजभूषणेषु विक्षोभ्य विक्षोभ्य जलं पिबन्ति ॥ ३४४
अनेकवर्णाः सुविनष्टकाया नवोदितेष्वम्बुधरेषु नष्टाः ॥
क्षुधार्दिता घोरविषा बिलेभ्यश्चिरोषिता विप्रसरन्ति सर्पाः ॥ ३४५
रात्रिः शशाङ्कोदितसौम्यवक्त्रा तारागणोन्मीलितचारुनेत्रा ॥
ज्योत्स्नांशुकप्रावरणा विभाति नारीव शुक्लांशुकसंवृताङ्गी ॥ ३४६
विपक्वशालिप्रसवानि भुक्त्वा प्रहर्षिता सारसचारुपंक्तिः ॥
नभः समाक्रामति शीघ्रवेगा वातावधूता ग्रथितेव माला ॥ ३४७
सुप्तैकहंसं कुमुदैरुपेतं महाह्रदस्थं सलिलं विभाति ॥
घनैर्विमुक्तं निशि पूर्णचन्द्रं तारागणाकीर्णमिवान्तरिक्षम् ॥ ३४८
वेणुस्वरव्यञ्जिततूर्यमिश्रः प्रत्यूषकालेऽनिलसंप्रवृत्तः ॥
संमूर्छितो गह्वरगोवृषाणामन्योन्यमापूरयतीव शब्दः ॥ ३४९
जलं प्रसन्नं कुसुमप्रहासं क्रौञ्चस्वनं शालिवनं विपक्वम् ॥
मृदुश्च वायुर्विमलश्च चन्द्रः शंसन्ति वर्षव्यपनीतकालम् ॥ ३५०
सचक्रवाकानि सशैवलानि काशैर्दुकूलैरिव संवृतानि ॥
सपत्ररेखाणि सरोचनानि वधूमुखानीव नदीमुखानि ॥ ३५१
प्रफुल्लबाणासनचित्रितेषु प्रहृष्टषट्पादनिकूजितेषु ॥
गृहीतचापोद्यतदण्डचण्डः प्रचण्डचापोऽद्य वनेषु कामः ॥ ३५२

हंससारसचक्राह्वैः कुररैश्च समन्ततः ॥
पुलिनान्यवकीर्णानि नदीनां पश्य लक्ष्मण ॥ ३५३
चत्वारो वार्षिका मासा गता वर्षशतोपमाः ॥
मम शोकाभितप्तस्य तथा सीतामपश्यतः ॥ ३५४
प्रियाविहीने दुःखार्ते हृतराज्ये विवासिते ॥
कृपां न कुरुते राजा सुग्रीवो मयि लक्ष्मण ॥ ३५५
स किष्किन्धां प्रविश्य त्वं ब्रूहि वानरपुङ्गवम् ॥
मूर्खं ग्राम्यसुखे सक्तं सुग्रीवं वचनान्मम ॥ ३५६
शुभं वा यदि वा पापं यो हि वाक्यमुदीरितम् ॥
सत्येन परिगृह्णाति स वीरः पुरुषोत्तमः ॥ ३५७
कृतार्था ह्यकृतार्थानां मित्राणां न भवन्ति ये ॥
तान्मृतानपि क्रव्यादाः कृतघ्नान्नोपभुञ्जते ॥ ३५८
न स सङ्कुचितः पन्था येन वाली हतो गतः ॥
समये तिष्ठ सुग्रीव मा वालिपथमन्वगाः ॥ ३५९
अथ प्रतिसमादिष्टो लक्ष्मणः परवीरहा ॥
प्रविवेश गुहां रम्यां किष्किन्धां रामशासनात् ॥ ३६०
स तां रत्नमयीं दिव्यां श्रीमान्पुष्पितकाननाम् ॥
रम्यां रत्नसमाकीर्णां ददर्श महतीं गुहाम् ॥ ३६१
हर्म्यप्रासादसम्बाधां नानारत्नोपशोभिताम् ॥
सर्वकामफलैर्वृक्षैः पुष्पितैरुपशोभिताम् ॥ ३६२
देवगन्धर्वपुत्रैश्च वानरैः कामरूपिभिः ॥
दिव्यमाल्याम्बरधरैः शोभितां प्रियदर्शनैः ॥ ३६३
चन्दनागुरुपद्मानां गन्धैः सुरभिगन्धिताम् ॥
मैरेयाणां मधूनां च संमोदितमहापथाम् ॥ ३६४
पाण्डुरेण तु शैलेन परिक्षिप्तं दुरासदम् ॥
शुक्लैः प्रासादशिखरैः कैलासशिखरोपमैः ॥ ३६५

सर्वकामफलैर्वृक्षैः पुष्पितैरुपशोभितम् ॥
सुग्रीवस्य गृहं रम्यं प्रविवेश महाबलः ॥
अवार्यमाणः सौमित्रिर्महाभ्रमिव भास्करः ॥ ३६६
स सप्तकक्ष्या धर्मात्मा यानासनसमावृताः ॥
ददर्श सुमहद्गुप्तं ददर्शान्तः पुरं महत् ॥ ३६७
प्रविशन्नेव सततं शुश्राव मधुरस्वरम् ॥
तन्त्रीगीतसमाकीर्णं समतालपदाक्षरम् ॥ ३६८
बह्वीश्च विविधाकारा रूपयौवनगर्विताः ॥
स्त्रियः सुग्रीवभवने ददर्श स महाबलः ॥ ३६९
कूजितं नूपुराणां च काञ्चीनां निःस्वनं तथा ॥
स निशम्य ततः श्रीमान् सौमित्रिर्लज्जितोऽभवत् ॥ ३७०
रोषवेगप्रकुपितः श्रुत्वा चाभरणस्वनम् ॥
चकार ज्यास्वनं वीरो दिशः शब्देन पूरयन् ॥ ३७१
ततस्तारां हरिश्रेष्ठः सुग्रीवः प्रियदर्शनाम् ॥
उवाच हितमव्यग्रस्त्राससंभ्रान्तमानसः ॥ ३७२
किं नु रुट्कारणं सुभ्रु प्रकृत्या मृदुमानसः ॥
सदोष इव संप्राप्तो येनायं राघवानुजः ॥ ३७३
अथवा स्वयमेवैनं द्रष्टुमर्हसि भामिनि ॥
वचनैः सान्त्वयुक्तैश्च प्रसादयितुमर्हसि ॥ ३७४

सा प्रस्खलन्ती मदविह्वलाक्षी प्रलम्बकाञ्चीगुणहेमसूत्रा ॥
सलक्षणा लक्ष्मणसंनिधानं जगाम तारा नमिताङ्गयष्टिः ॥ ३७५
स तां समीक्ष्यैव हरीशपत्नीं तस्थावुदासीनतया महात्मा ॥
अवाङ्मुखोऽभून्मनुजेन्द्रपुत्रः स्त्रीसंनिकर्षाद्विनिवृत्तकोपः ॥ ३७६
सा पानयोगाच्च निवृत्तलज्जा दृष्टिप्रसादाच्च नरेन्द्रसूनोः ॥
उवाच तारा प्रणयप्रगल्भं वाक्यं महार्थं परिसान्त्वरूपम् ॥ ३७७
किं कोपमूलं मनुजेन्द्रपुत्र कस्ते न संतिष्ठति वाङ्निदेशे ॥
कः शुष्कवृक्षं वनमापतन्तं दवाग्निमासीदति निर्विशङ्कः ॥ ३७८

न कोपकालः क्षितिपालपुत्र न चापि कोपः स्वजने विधेयः ॥
त्वदर्थकामस्य जनस्य तस्य प्रमादमप्यर्हसि वीर सोढुम् ॥ ३७९
तं कामवृत्तं मम संनिकृष्टं कामाभियोगाच्च विमुक्तलज्जम् ॥
क्षमस्व तावत्परवीरहन्तस्त्वद्भ्रातरं वानरवंशनाथम् ॥ ३८०

तदागच्छ महाबाहो चारित्रं रक्षितं त्वया ॥
अच्छलं मित्रभावेन सतां दारावलोकनम् ॥ ३८१
तारया चाप्यनुज्ञातस्त्वरया वापि चोदितः ॥
प्रविवेश महाबाहुरभ्यन्तरमरिन्दमः ॥ ३८२

अथ नवमः सर्गः ।

तमप्रतिहतं क्रुद्धं प्रविष्टं पुरुषर्षभम् ॥
सुग्रीवो लक्ष्मणं दृष्ट्वा बभूव व्यथितेन्द्रियः ॥ ३८३
उत्पपात हरिश्रेष्ठो हित्वा सौवर्णमासनम् ॥
महामहेन्द्रस्य यथा स्वलंकृत इव ध्वजः ॥ ३८४
रुमाद्वितीयं सुग्रीवं नारीमध्यगतं स्थितम् ॥
अब्रवील्लक्ष्मणः क्रुद्धः सतारं शशिनं यथा ॥ ३८५
सत्वाभिजनसम्पन्नः सानुक्रोशो जितेन्द्रियः ।
कृतज्ञः सत्यवादी च राजा लोके महीयते ॥ ३८६
शतमश्वानृते हन्ति सहस्रं तु गवानृते ॥
आत्मानं स्वजनं हन्ति पुरुषः पुरुषानृते ॥ ३८७
गीतोऽयं ब्रह्मणा श्लोकः सर्वलोकनमस्कृतः ॥
दृष्ट्वा कृतघ्नं क्रुद्धेन तन्निबोध प्लवङ्गम ॥ ३८८
गोघ्ने चैव सुरापे च चौरे भग्नव्रते तथा ॥
निष्कृतिर्विहिता सद्भिः कृतघ्ने नास्ति निष्कृतिः ॥ ३८९
ननु नाम कृतार्थेन त्वया रामस्य वानर ॥
सीताया मार्गणे यत्नः कर्तव्यः कृतमिच्छता ॥ ३९०
न स संकुचितः पन्था येन वाली हतो गतः ॥
समये तिष्ठ सुग्रीव मा वालिपथमन्वगाः ॥ ३९१

ततः कण्ठगतं माल्यं चित्रं बहुगुणं महत् ॥
चिच्छेद विमदश्चासीत्सुग्रीवो वानरेश्वरः ॥ ३९२
स लक्ष्मणं भीमबलं सर्ववानरसत्तमः ॥
अब्रवीत्प्रश्रितं वाक्यं सुग्रीवः संप्रहर्षयन् ॥ ३९३
प्रनष्टा श्रीश्च कीर्तिश्च कपिराज्यं च शाश्वतम् ॥
रामप्रसादात्सौमित्रे पुनश्चाप्तमिदं मया ॥ ३९४
कः शक्तस्तस्य देवस्य ख्यातस्य स्वेन कर्मणा ॥
तादृशं प्रतिकुर्वीत अंशेनापि नृपात्मज ॥ ३९५
सीतां प्राप्स्यति धर्मात्मा वधिष्यति च रावणम् ॥
सहायमात्रेण मया राघवः स्वेन तेजसा ॥ ३९६
अनुयात्रां नरेन्द्रस्य करिष्येऽहं नरर्षभ ॥
गच्छतो रावणं हन्तुं वैरिणं सपुरःसरम् ॥ ३९७
इति तस्य ब्रुवाणस्य सुग्रीवस्य महात्मनः ॥
अभवल्लक्ष्मणः प्रीतः प्रेम्णा चेदमुवाच ह ॥ ३९८
सर्वथा हि मम भ्राता सनाथो वानरेश्वर ॥
त्वया नाथेन सुग्रीव प्रश्रितेन विशेषतः ॥ ३९९
धर्मज्ञस्य कृतज्ञस्य संग्रामेष्वनिवर्तिनः ॥
उपपन्नं च युक्तं च सुग्रीव तव भाषितम् ॥ ४००
किं तु शीघ्रमितो वीर निष्क्रम त्वं मया सह ॥
सान्त्वयस्व वयस्यं च भार्याहरणदुःखितम् ॥ ४०१
यच्च शोकाभिभूतस्य दृष्ट्वा रामस्य भाषितम् ॥
मया त्वं परुषाण्युक्तस्तत्क्षमस्व सखे मम ॥ ४०२
एवमुक्तस्तु सुग्रीवो लक्ष्मणेन महात्मना ॥
हनूमन्तं स्थितं पार्श्वे वचनं चेदमब्रवीत् ॥ ४०३
तांस्तांस्त्वमानय क्षिप्रं पृथिव्यां सर्ववानरान् ॥
सामदानादिभिः कल्यैर्वानरैर्वेगवत्तरैः ॥ ४०४
तस्य वानरराजस्य श्रुत्वा वायुसुतो वचः ॥
दिक्षु सर्वासु विक्रान्तान्प्रेषयामास वानरान् ॥ ४०५

मृत्युकालोपमस्याज्ञां राजराजस्य वानरा ॥
सुग्रीवस्याययुः श्रुत्वा सुग्रीवभयशङ्किताः ॥ ४०६
ततस्तेऽञ्जनसंकाशा गिरेस्तस्मान्महाबलाः ॥
तिस्रः कोट्यः प्लवङ्गानां निर्ययुर्यत्र राघवः ॥ ४०७
अस्तं गच्छति यत्रार्कस्तस्मिन्गिरिवरे रताः ॥
संतप्तहेमवर्णाभास्तस्मात्कोट्यो दश च्युताः ॥ ४०८
कैलासशिखरेभ्यश्च सिंहकेसरवर्चसाम् ॥
ततः कोटिसहस्राणि वानराणां समागमन् ॥ ४०९
फलमूलेन जीवन्तो हिमवन्तमुपाश्रिताः ॥
तेषां कोटिसहस्राणां सहस्रं समवर्तत ॥ ४१०
अङ्गारकसमानानां भीमानां भीमकर्मणाम् ॥
विन्ध्याद्वानरकोटीनां सहस्राण्यपतन्द्रुतम् ॥ ४११
क्षीरोदवेलानिलयास्तमालवनवासिनः ॥
नारिकेलासनाश्चैव तेषां सङ्ख्या न विद्यते ॥ ४१२
वनेभ्यो गह्वरेभ्यश्च सरिद्भ्यश्च महाबलाः ॥
आगच्छद्वानरी सेना पिबन्तीव दिवाकरम् ॥ ४१३
तानि मूलानि दिव्यानि फलानि च फलाशनाः ॥
औषधानि च दिव्यानि जगृहुर्हरिपुङ्गवाः ॥ ४१४
ते तु तेन मुहूर्तेन कपयः शीघ्रचारिणः ॥
किष्किन्धां त्वरया प्राप्ताः सुग्रीवो यत्र वानरः ॥ ४१५
स वानरशतैस्तीक्ष्णैर्बहुभिः शस्त्रपाणिभिः ॥
परिकीर्णो ययौ तत्र यत्र रामो व्यवस्थितः ॥ ४१६
आसाद्य च ततो रामं कृताञ्जलिपुटोऽभवत् ॥
कृताञ्जलौ स्थिते तस्मिन्वानराश्चाभवंस्तथा ॥ ४१७
तटाकमिव तत् दृष्ट्वा रामः कुड्मलपङ्कजम् ॥
वानराणां महत्सैन्यं सुग्रीवे प्रीतिमानभूत् ॥ ४१८
पादयोः पतितं मूर्ध्ना तमुत्थाप्य हरीश्वरम् ॥
प्रेम्णा च बहुमानाच्च राघवः परिषस्वजे ॥ ४१९

एतस्मिन्नन्तरे चैवः रजः समभिवर्तत ॥
उष्णतीव्रां सहस्रांशोश्छादयद्गगने प्रभाम् ॥ ४२०
अनेकैर्बहुसाहस्रैर्वानराणां समन्वितः ॥
पिता हनुमतः श्रीमान्केसरी प्रत्यदृश्यत ॥ ४२१
गोलाङ्गुलमहाराजो गवाक्षो भीमविक्रमः ॥
वृतः कोटिसहस्रेण वानराणामदृश्यत ॥ ४२२
नीलाञ्जनचयाकारो नीलो नामैष यूथपः ॥
अदृश्यत महाकायः कोटिभिर्दशभिर्वृतः ॥ ४२३
ततः काञ्चनशैलाभो गवयो नाम यूथपः ॥
आजगाम महावीर्यः कोटिभिः पञ्चभिर्वृतः ॥ ४२४
मैन्दश्च द्विविदश्चोभावश्विपुत्रौ महाबलौ ॥
कोटिकोटिसहस्रेण वानराणामदृश्यताम् ॥ ४२५
ऋक्षराजो महातेजा जाम्बवान्नाम नामतः ॥
कोटिभिर्दशभिर्व्याप्तः सुग्रीवस्य वशे स्थितः ॥ ४२६
युवराजोऽङ्गदः प्राप्तः पितुस्तुल्यपराक्रमः ॥
एते चान्ये च बहवो वानराः कामरूपिणः ॥ ४२७
आवृत्य पृथिवीं सर्वां पर्वतांश्च वनानि च ॥
यूथपाः समनुप्राप्ता येषां सङ्ख्या न विद्यते ॥ ४२८
आगताश्च निविष्टाश्च पृथिव्यां सर्ववानराः ॥
अथ राजा समृद्धार्थः सुग्रीवः प्लवगेश्वरः ॥ ४२९
उवाच नरशार्दूलं रामं परबलार्दनम् ॥ ४३०
आगता विनिविष्टाश्च बलिनः कामचारिणः ॥
वानरेन्द्रा महेन्द्राभा ये मद्विषयवासिनः ॥ ४३१
ख्यातकर्मापदानाश्च बलवन्तो जितक्लमाः ॥
पराक्रमेषु विख्याता व्यवसायेषु चोत्तमाः ॥ ४३२
यन्मन्यसे नरव्याघ्र प्राप्तकालं तदुच्यताम् ॥
त्वत्सैन्यं त्वद्वशे युक्तमाज्ञापयितुमर्हसि ॥ ४३३

तथा ब्रुवाणं सुग्रीवं रामो दशरथात्मजः ॥
बाहुभ्यां संपरिष्वज्य इदं वचनमब्रवीत् ॥ ४३४
ज्ञायतां सौम्य वैदेही यदि जीवति वा न वा ॥
स च देशो महाप्राज्ञ यस्मिन्वसति रावणः ॥ ४३५
नाहमस्मिन्प्रभुः कार्ये वानरेन्द्र न लक्ष्मणः ॥
त्वमस्य हेतुः कार्यस्य प्रभुश्च प्लवगेश्वर ॥ ४३६
एवमुक्तस्तु सुग्रीवो दिशः प्रस्थास्य वानरान् ॥
दक्षिणां प्रेषयामास वानरानभिलक्षितान् ॥ ४३७
नीलमग्निसुतं चैव हनूमन्तं च वानरम् ॥
पितामहसुतं चैव जाम्बवन्तं महौजसम् ॥ ४३८
अङ्गदप्रमुखान्वीरान्वीरः कपिगणेश्वरः ॥
वेगविक्रमसम्पन्नान्संदिदेश विशेषवित् ॥ ४३९
यश्च मासान्निवृत्तोऽग्रे दृष्टा सीतेति वक्ष्यति ॥
मत्तुल्यविभवो भोगैः सुखं स विहरिष्यति ॥ ४४०
एवं संचोदिताः सर्वे राज्ञा वानरयूथपाः ॥
स्वां स्वां दिशमभिप्रेत्य त्वरिताः संप्रतस्थिरे ॥ ४४१

अथ दशमः सर्गः ।

सह ताराङ्गदाभ्यां तु सहसा हनुमान्कपिः ॥
सुग्रीवेण यथोद्दिष्टं गन्तुं देशं प्रचक्रमे ॥ ४४२
स तु दूरमुपागम्य सर्वैस्तैः कपिसत्तमैः ॥
ततो विचित्य विन्ध्यस्य गुहाश्च गहनानि च ॥ ४४३
पर्वताग्रनदीदुर्गान्सरांसि विपुलद्रुमान् ॥
वृक्षखण्डांश्च विविधान्पर्वतान्वनपादपान् ॥ ४४४
अन्वेषमाणास्ते सर्वे वानराः सर्वतो दिशम् ॥
न सीतां ददृशुर्वीरा मैथिलीं जनकात्मजाम् ॥ ४४५
तस्य ते काननान्तांस्तु गिरीणां कन्दराणि च ॥
प्रभवानि नदीनां च विचिन्वन्ति समाहिताः ॥ ४४६

तत्र चापि महात्मानो नापश्यञ्जनकात्मजाम् ॥
हर्तारं रावणं वापि सुग्रीवप्रियकारिणः ॥ ४४७
ते विचित्य पुनः खिन्ना विनिष्पत्य समागताः ॥
एकान्ते वृक्षमूले तु निषेदुर्दीनमानसाः ॥ ४४८
ते मुहूर्तं समाश्वस्ताः किञ्चिद्भग्नपरिश्रमाः ॥
पुनरेवोद्यताः कृत्स्नां मार्गितुं दक्षिणां दिशम् ॥ ४४९
हनुमत्प्रमुखास्तावत्प्रास्थिताः प्लवगर्षभाः ॥
विन्ध्यमेवादितः कृत्वा विचेरुश्च समन्ततः ॥ ४५०
ततस्ते ददृशुर्घोरं सागरं वरुणालयम् ॥
अपारमभिगर्जन्तं घोरैरूर्मिभिराकुलम् ॥ ४५१
विन्ध्यस्य तु गिरेः पादे संप्रपुष्पितपादपे ॥
उपविश्य महात्मानश्चिन्तामापेदिरे तदा ॥ ४५२
ते वसन्तमनुप्राप्तं प्रतिवेद्य परस्परम् ॥
नष्टसन्देशकालार्था निपेतुर्धरणीतले ॥ ४५३
स तु सिंहवृषस्कन्धः पीनायतभुजः कपिः ॥
युवराजो महाप्राज्ञ अङ्गदो वाक्यमब्रवीत् ॥ ४५४
वयमाश्वयुजे मासि कालसङ्ख्याव्यवस्थिताः ॥
प्रस्थिताः सोऽपि चातीतः किमतः कार्यमुत्तरम् ॥ ४५५
इदानीमकृतार्थानां मर्तव्यं नात्र संशयः ॥
हरिराजस्य संदेशमकृत्वा कः सुखी भवेत् ॥ ४५६
अहं वः प्रतिजानामि न गमिष्याम्यहं पुरीम् ॥
इहैव प्रायमासिष्ये श्रेयो मरणमेव मे ॥ ४५७
उपविष्टास्तु ते सर्वे यस्मिन्प्रायं गिरिस्थले ॥
हरयो गृध्रराजश्च तं देशमुपचक्रमे ॥ ४५८
संपातिर्नाम नाम्ना तु चिरजीवी विहङ्गमः ॥
भ्राता जटायुषः श्रीमान्विख्यातबलपौरुषः ॥ ४५९
ततोऽब्रवीन्महातेजा भ्राता ज्येष्ठो जटायुषः ॥
आत्मानुरूपं वचनं वानरान्संप्रहर्षयन् ॥ ४६०

तरुणी रूपसम्पन्ना सर्वाभरणभूषिता ॥
ह्रियमाणा मया दृष्टा रावणेन दुरात्मना ॥ ४६१
श्रूयतां मे कथयतो निलयं तस्य रक्षसः ॥
पुत्रो विश्रवसः साक्षाद्भ्राता वैश्रवणस्य च ॥ ४६२
अध्यास्ते नगरीं लङ्कां रावणो नाम राक्षसः ॥ ४६३
इतो द्वीपे समुद्रस्य संपूर्णे शतयोजने ॥
तस्मिँल्लङ्का पुरी रम्या निर्मिता विश्वकर्मणा ॥ ४६४
जाम्बूनदमयैर्द्वारैश्चित्रैः काञ्चनवेदिकैः ॥
प्रासादैर्हेमवर्णैश्च महद्भिः सुसमाकृता ॥ ४६५
प्राकारेणार्कवर्णेन महता च समन्विता ॥
तस्यां वसति वैदेही दीना कौशेयवासिनी ॥ ४६६
रावणान्तःपुरे रुद्धा राक्षसीभिः सुरक्षिता ॥
जनकस्यात्मजां राज्ञस्तस्यां द्रक्ष्यथ मैथिलीम् ॥ ४६७
इहस्थोऽहं प्रपश्यामि रावणं जानकीं तथा ॥
अस्माकमपि सौपर्णं दिव्यं चक्षुर्बलं तथा ॥ ४६८
तस्मादाहारवीर्येण निसर्गेण च वानराः ॥
आयोजनशतात्साग्राद्वयं पश्याम नित्यशः ॥ ४६९
उपायो दृश्यतां कश्चिल्लङ्घने लवणाम्भसः ॥
अभिगम्य तु वैदेहीं समृद्धार्था गमिष्यथ ॥ ४७०
दक्षिणस्य समुद्रस्य समासाद्योत्तरां दिशम् ॥
संनिवेशं ततश्चक्रुर्हरिवीरा महाबलाः ॥ ४७१
प्रसुप्तमिव चान्यत्र क्रीडन्तमिव चान्यतः ॥
क्वचित्पर्वतमात्रैश्च जलराशिभिरावृतम् ॥ ४७२
संकुलं दानवेन्द्रैश्च पातालतलवासिभिः ॥
रोमहर्षकरं दृष्ट्वा विषेदुः कपिकुञ्जराः ॥ ४७३
आकाशमिव दुष्पारं सागरं प्रेक्ष्य वानराः ॥
विषेदुः सहिताः सर्वे कथं कार्यमिति ब्रुवन् ॥ ४७

ततस्तान्हरिवृद्धांश्च तच्च सैन्यमरिन्दमः ॥
अनुमान्याङ्गदः श्रीमान्वाक्यमर्थवदब्रवीत् ॥ ४७५
क इदानीं महातेजा लङ्घयिष्यति सागरम् ॥
कः करिष्यति सुग्रीवं सत्यसन्धमरिन्दमम् ॥ ४७६
को वीरो योजनशतं लङ्घयेत प्लवङ्गमः ॥
इमांश्च यूथपान्सर्वान्मोचयेत्को महाभयात् ॥ ४७७
कस्य प्रसादाद्दारांश्च पुत्रांश्चैव गृहाणि च ॥
इतो निवृत्ताः पश्येम सिद्धार्थाः सुखिनो वयम् ॥ ४७८
अङ्गदस्य वचः श्रुत्वा न कश्चित्किञ्चिदब्रवीत् ॥
स्तिमितेवाभवत्सर्वा सा तत्र हरिवाहिनी ॥ ४७९
अनेकशतसाहस्रीं विषण्णां हरिवाहिनीम् ॥
जाम्बवान्समुदीक्ष्यैवं हनूमन्तमथाब्रवीत् ॥ ४८०
वीर वानरलोकस्य सर्वशास्त्रविदां वर ॥
तूष्णीमेकान्तमाश्रित्य हनुमन्किं न जल्पसि ॥ ४८१
हनूमन्हरिराजस्य सुग्रीवस्य समो ह्यसी ॥
रामलक्ष्मणयोश्चापि तेजसा च बलेन च ॥ ४८२
अरिष्टनेमिनः पुत्रो वैनतेयो महाबलः ॥
गरुत्मानिव विख्यात उत्तमः सर्वपक्षिणाम् ॥ ४८३
बहुशो हि मया दृष्टः सागरे स महाबलः ॥
भुजङ्गानुद्धरन्पक्षी महाबाहुर्महाबलः ॥ ४८४
पक्षयोर्यद्बलं तस्य भुजवीर्यबलं तव ॥
विक्रमश्चापि तेजश्च न ते तेनापहीयते ॥ ४८५
बलं बुद्धिश्च तेजश्च सत्त्वं च हरिपुङ्गव ॥
विशिष्टं सर्वभूतेषु किमात्मानं न सज्जसे ॥ ४८६
अप्सराप्सरसां श्रेष्ठा विख्याता पुञ्जिकस्थला ॥
अञ्जनेति परिख्याता पत्नी केसरिणो हरेः ॥ ४८७
विख्याता त्रिषु लोकेषु रूपेणाप्रतिमा भुवि ॥
अभिशापादभूत्तात कपित्वे कामरूपिणी ॥ ४८८

दुहिता वानरेन्द्रस्य कुञ्जरस्य महात्मनः ॥
मानुषं विग्रहं कृत्वा रूपयौवनशालिनी ॥ ४८९
विचित्रमाल्याभरणा कदाचित्क्षौमधारिणी ॥
अचरत्पर्वतस्याग्रे प्रावृडम्बुदसंनिभे ॥ ४९०
तां बलादायतश्रोणीं तनुमध्यां यशस्विनीम् ॥
दृष्ट्वैव शुभसर्वाङ्गीं पवनः काममोहितः ॥ ४९१
स तां भुजाभ्यां दीर्घाभ्यां पर्यष्वजत मारुतः ॥
मन्मथाविष्टसर्वाङ्गो गतात्मा तामनिन्दिताम् ॥ ४९२
सा तु तत्रैव संभ्रान्ता सुव्रता वाक्यमब्रवीत् ॥
एकपत्नीव्रतमिदं को नाशयितुमिच्छति ॥ ४९३
अञ्जनाया वचः श्रुत्वा मारुतः प्रत्यभाषत ॥
न त्वां हिंसामि सुश्रोणि मा भूत्ते मनसो भयम् ॥ ४९४
मनसाऽस्मि गतो यत्त्वां परिष्वज्य यशस्विनी ॥
वीर्यवान्बुद्धिसम्पन्नस्तव पुत्रो भविष्यति ॥ ४९५
महासत्वो महातेजा महाबलपराक्रमः ॥
लंङ्घने प्लवने चैव भविष्यति मया समः ॥ ४९६
एवमुक्ता ततस्तुष्टा जननी ते महाकपे ॥
गुहायां त्वां महाबाहो प्रजज्ञे प्लवगर्षभ ॥ ४९७
अभ्युत्थितं ततः सूर्यं बालो दृष्ट्वा महावने ॥
फलं चेति जिघृक्षुस्त्वमुत्पत्याभ्युत्पतो दिवम् ॥ ४९८
शतांनि त्रीणि गत्वाऽथ योजनानां महापके ॥
तेजसा तस्य निर्धूतो न विषादं गतस्ततः ॥ ४९९
त्वामप्युपगतं तूर्णमन्तरिक्षं महाकपे ॥
क्षिप्तमिन्द्रेण ते वज्रं कोपाविष्टेन तेजसा ॥ ५००
तदा शैलाग्रशिखरे वामो हनुरभज्यत ॥
ततोऽभिनामधेयं ते हनुमानिति कीर्तितम् ॥ ५०१
ततस्त्वां निहतं दृष्ट्वा वायुर्गन्धवहः स्वयम् ॥
त्रैलोक्यं भृशसंक्रुद्धो न ववौ वै प्रभञ्जनः ॥ ५०२

संभ्रान्ताश्च सुराः सर्वे त्रैलोक्ये क्षुभिते सति ॥
प्रसादयन्ति संक्रुद्धं मारुतं भुवनेश्वराः ॥ ५०३
प्रसादिते च पवने ब्रह्मा तुभ्यं वरं ददौ ॥
अशस्त्रवध्यतां तात समरे सत्यविक्रम ॥ ५०४
वज्रस्य च निपातेन विरुजं त्वां समीक्ष्य च ॥
सहस्रनेत्रः प्रीतात्मा ददौ वरमनुत्तमम् ॥ ५०५
स्वच्छन्दतश्च मरणं तव स्यादिति वै प्रभो ॥
स त्वं केसरिणः पुत्रः क्षेत्रजो भीमविक्रमः ॥ ५०६
मारुतस्यौरसः पुत्रस्तेजसा चापि तत्समः ॥
त्वं हि वायुसुतो वत्स पवने चापि तत्समः ॥ ५०७
वयमद्य गतप्राणा भवानस्मासु सांप्रतम् ॥
दाक्ष्यविक्रमसम्पन्नः कपिराज इवापरः ॥ ५०८
त्रिविक्रमे मया तात सशैलवनकानना ॥
त्रिः सप्तकृत्वः पृथिवी परिक्रान्ता प्रदक्षिणम् ॥ ५०९
तदा चौषधयोऽस्माभिः संचिता देवशासनात् ॥
निर्मथ्यममृतं याभिस्तदानीं नो महद्बलम् ॥ ५१०
स इदानीमहं वृद्धः परिहीनपराक्रमः ॥
सांप्रतं कालमस्माकं भवान्सर्वगुणान्वितः ॥ ५११
तद्विजृम्भस्व विक्रान्त प्लवतामुत्तमो ह्यसि ॥
त्वद्वीर्यं द्रष्टुकामा हि सर्वा वानरवाहिनी ॥ ५१२
उत्तिष्ठ हरिशार्दूल लङ्घयस्व महार्णवम् ॥
परा हि सर्वभूतानां हनुमन् या गतिस्तव ॥ ५१३
तं दृष्ट्वा जृम्भमाणं ते क्रमितुं शतयोजनम् ॥
वेगेनापूर्यमाणं च सहसा वानरोत्तमम् ॥ ५१४
सहसा शोकमुत्सृज्य प्रहर्षेण समन्विताः ॥
विनेदुस्तुष्टुवुश्चापि हनुमन्तं महाबलम् ॥ ५१५
प्रहृष्टा विस्मिताश्चापि ते वीक्षन्ते समन्ततः ॥
त्रिविक्रमं कृतोत्साहं नारायणमिव प्रजाः ॥ ५१६

संस्तूयमानो हनुमान्व्यवर्धत महाबलः ॥
समाविध्य च लाङ्गूलं हर्षाद्बलमुपेयिवान् ॥ ५१७
तस्य संस्तूयमानस्य वृद्धैर्वानरपुङ्गवैः ॥
तेजसापूर्यमाणस्य रूपमासीदनुत्तमम् ॥ ५१८
उवाच परिसंहृष्टो जाम्बवान्प्लवगेश्वरः ॥ ५१९
वीर केसरिणः पुत्र वेगवन्मारुतात्मज ॥
ज्ञातीनां विपुलः शोकस्त्वया तात प्रणाशितः ॥ ५२०
तव कल्याणरुचयः कपिमुख्याः समागताः ॥
मङ्गलान्यर्थसिद्ध्यर्थं करिष्यन्ति समाहिताः ॥ ५२१
स्थास्यामश्चैकपादेन यावदागमनं तव ॥
त्वद्गतानि च सर्वेषां जीवनानि वनौकसाम् ॥ ५२२
ततस्तु मारुतप्रख्यः स हरिर्मारुतात्मजः ॥
आरुरोह नगश्रेष्ठं महेन्द्रमरिमर्दनः ॥ ५२३
स वेगवान्वेगसमाहितात्मा हरिप्रवीरः परवीरहन्ता ॥
मनः समाधाय महानुभावो जगाम लङ्कां मनसा मनस्वी ॥ ५२४

५–सुन्दरकाण्डम्।

अथ प्रथमः सर्गः।

दुष्करं निष्प्रतिद्वन्द्वं चिकीर्षन्कर्म वानरः॥
समुदग्रशिरोग्रीवो गवां पतिरिवाबभौ॥ १
अञ्जलिं प्राङ्मुखं कुर्वन्पवनायात्मयोनये॥
ततो हि ववृधे गन्तुं दक्षिणो दक्षिणां दिशम्॥ २
प्लवगप्रवरैर्दृष्टः प्लवने कृतनिश्चयः॥
ववृधे रामवृद्ध्यर्थं समुद्र इव पर्वसु॥ ३
निष्प्रमाणशरीरः संल्लिलङ्घयिषुरर्णवम्॥
बाहुभ्यां पीडयामास चरणाभ्यां च पर्वतम्॥ ४
स चचालाचलश्चाशु मुहूर्तं कपिपीडितः॥
तरूणां पुष्पिताग्राणां सर्वं पुष्पमशातयत्॥ ५
पीड्यमानस्तु बलिना महेन्द्रस्तेन पर्वतः॥
रीतीर्निर्वर्तयामास काञ्चनाञ्जनराजतीः॥ ६
मुमोच च शिलाः शैलो विशालाः समनःशिलाः॥
मध्यमेनार्चिषा जुष्टो धूमराजिरिवानिलः॥ ७
हरिणा पीड्यमानेन पीड्यमानानि सर्वतः॥
गुहाविष्टानि सत्त्वानि विनेदुर्विकृतैः स्वरैः॥ ८
स महान्सत्त्वसंनादः शैलपीडानिमित्तजः॥
पृथिवीं पूरयामास दिशश्चोपवनानि च॥ ९
शिरोभिः पृथुभिर्नागा व्यक्तस्वस्तिकलक्षणैः॥
वमन्तः पावकं घोरं ददंशुर्दशनैः शिलाः॥ १०
भिद्यतेऽयं गिरिर्भूतैरिति मत्त्वा तपस्विनः॥
त्रस्ता विद्याधरास्तस्मादुत्पेतुः स्त्रीगणैः सह॥ ११
हारनूपुरकेयूरपारिहार्यधराः स्त्रियः॥
विस्मिताः सस्मितास्तस्थुराकाशे रमणैः सह॥ १२

दुधुवे च स रोमाणि चकम्पे चानलोपमः ॥
ननाद च महानादं सुमहानिव तोयदः ॥ १३
बाहू संस्तम्भयामास महापरिघसंनिभौ ॥
आससाद कपिः कट्यां चरणौ संचुकोच च ॥ १४
संहृत्य च भुजौ श्रीमांस्तथैव च शिरोधराम् ॥
तेजः सत्त्वं तथा वीर्यमाविवेश स वीर्यवान् ॥ १५
मार्गमालोकयन्दूरादूर्ध्वप्रणिहितेक्षणः ॥
रुरोध हृदये प्राणानाकाशमवलोकयन् ॥ १६
पद्भ्यां दृढमवस्थानं कृत्वा स कपिकुञ्जरः ॥
निकुच्य कर्णौ हनुमानुत्पतिष्यन्महाबलः ॥
वानरान्वानरश्रेष्ठ इदं वचनमब्रवीत् ॥ १७
यथा राघवनिर्मुक्तः शरः श्वसनविक्रमः ॥
गच्छेत्तद्वद्गमिष्यामि लङ्कां रावणपालिताम् ॥ १८
एवमुक्त्वा तु हनुमान्वानरो वानरोत्तमः ॥
उत्पपाताथ वेगेन वेगवानविचारयन् ॥ १९
समुत्पतति वेगात्तु वेगात्ते नगरोहिणः ॥
संहृत्य विटपान्सर्वान्समुत्पेतुः समन्ततः ॥ २०
सुपुष्पिताग्रैर्बहुभिः पादपैरन्वितः कपिः ॥
हनुमान्पर्वताकारो बभूवाद्भुतदर्शनः ॥ २१
स नानाकुसुमैः कीर्णः कपिः साङ्कुरकोरकैः ॥
शुशुभे मेघसंकाशः खद्योतैरिव पर्वतः ॥ २२
तस्याम्बरगतौ बाहू ददृशाते प्रसारितौ ॥
पर्वताग्राद्विनिष्क्रान्तौ पञ्चास्याविव पन्नगौ ॥ २३
तस्य विद्युत्प्रभाकारे वायुमार्गानुसारिणः ॥
नयने विप्रकाशेते पर्वतस्थाविवानलौ ॥ २४
स्फिग्देशेनातिताम्रेण रराज स महाकपिः ॥
महता दारितेनेव गिरिर्गैरिकधातुना ॥ २५

तस्य लाङ्गूलमाविद्धमतिवेगस्य पृष्ठतः ॥
ददृशे गरुडेनेव ह्रियमाणो महोरगः ॥ २६
यं यं देशं समुद्रस्य जगाम स महाकपिः ॥
स तु तस्याङ्गवेगेन सोन्माद इव लक्ष्यते ॥ २७
तिमिनक्रझषाः कूर्मा दृश्यन्ते विवृतास्तदा ॥
वस्त्रापकर्षणेनेव शरीराणि शरीरिणाम् ॥ २८
दशयोजनविस्तीर्णा त्रिंशद्योजनमायता ॥
छाया वानरसिंहस्य जवे चारुतराऽभवत् ॥ २९
प्रविशन्नभ्रजालानि निष्पतंश्च पुनः पुनः ॥
प्रच्छन्नश्च प्रकाशश्च चन्द्रमा इव दृश्यते ॥ ३०
प्लवमानं तु तं दृष्ट्वा प्लवगं त्वरितं तदा ॥
ववृषुस्तत्र पुष्पाणि देवगन्धर्वदानवाः ॥ ३१
तस्मिन् प्लवगशार्दूले प्लवमाने हनूमति ॥
इक्ष्वाकुकुलमानार्थी चिन्तयामास सागरः ॥ ३२
साहाय्यं वानरेन्द्रस्य यदि नाहं हनूमतः ॥
करिष्यामि भविष्यामि सर्ववाच्यो विवक्षताम् ॥ ३३
इति कृत्वा मतिं साध्वीं समुद्रश्छन्नमम्भसि ॥
हिरण्यनाभं मैनाकमुवाच गिरिसत्तमम् ॥ ३४
तिर्यगूर्ध्वमधश्चैव शक्तिस्ते शैल वर्धितुम् ॥
तस्मात्संचोदयामि त्वामुत्तिष्ठ गिरिसत्तम ॥ ३५
हनूमान् रामकार्यार्थी भीमकर्मा खमाप्लुतः ॥
श्रमं च प्लवगेन्द्रस्य समीक्ष्योत्थातुमर्हसि ॥ ३६
हिरण्यगर्भो मैनाको निशम्य लवणाम्भसः ॥
उत्पपात जलात्तूर्णं महाद्रुमलतावृतः ॥ ३७
तं दृष्ट्वा पाणिना शैलमालभ्य हरिपुङ्गवः ॥
जगामाकाशमाविश्य वीर्यवान्प्रहसन्निव ॥ ३८
प्राप्तभूयिष्ठपारस्तु सर्वतः परिलोकयन् ॥
योजनानां शतस्यान्ते वनराजीं ददर्श सः ॥ ३९

ददर्श च पतन्नेव विविधद्रुमभूषितम् ॥
द्वीपं शाखामृगश्रेष्ठो मलयोपवनानि च ॥ ४०
सागरं सागरानूपान्सागरानूपजान्द्रुमान् ॥
सागरस्य च पत्नीनां मुखान्यपि विलोकयन् ॥ ४१
ततः शरीरं संक्षिप्य तन्महीधरसंनिभम् ॥
पुनः प्रकृतिमापेदे वीतमोह इवात्मवान् ॥ ४२
ततः स लम्बस्य गिरेः समृद्धे विचित्रकूटे निपपात कूटे ॥
सकेतकोद्दालकनारिकेले महाभ्रकूटप्रतिमो महात्मा ॥ ४३

अथ द्वितीयः सर्गः ।

योजनानां शतं श्रीमाँस्तीर्त्वाऽप्युत्तमविक्रमः ॥
अनिःश्वसन्कपिस्तत्र न ग्लानिमधिगच्छति ॥ ४४
शाद्वलानि च नीलानि गन्धवन्ति वनानि च ॥
मधुमन्ति च मध्येन जगाम नगवन्ति च ॥ ४५
स नगाग्रे स्थितां लङ्कां ददर्श पवनात्मजः ॥
परिखाभिः सपद्माभिः सोत्पलाभिरलंकृताम् ॥ ४६
काञ्चनेनावृतां रम्यां प्राकारेण महापुरीम् ॥
वप्रप्राकारजघनां विपुलांबुनवाम्बराम् ॥
शतघ्नीशूलकेशान्तामट्टालकावतंसकाम् ॥
प्लवमानामिवाकाशे ददर्श हनुमान्कपिः ॥ ४७
तस्याश्च महतीं गुप्तिं सागरं च निरीक्ष्य सः ॥
रावणं च रिपुं घोरं चिन्तयामास वानरः ॥ ४८
अनेन रूपेण मया न शक्या रक्षसां पुरी ॥
प्रवेष्टुं राक्षसैर्गुप्ता क्रूरैर्बलसमन्वितैः ॥ ४९
वायुरप्यत्र नाज्ञातश्चरेदिति मतिर्मम ॥
न ह्यत्राविदितं किंचिद्रक्षसां भीमकर्मणाम् ॥ ५०

तदहं स्वेन रूपेण रजन्यां ह्रस्वतां गतः ॥
लङ्कामभिपतिष्यामि राघवस्यार्थसिद्धये ॥ ५१
इति निश्चित्य हनुमान्सूर्यस्यास्तमयं कपिः ॥
आचकांक्षे तदा वीरो वैदेह्या दर्शनोत्सुकः ॥ ५२
सूर्ये चास्तं गते रात्रौ देहं संक्षिप्य मारुतिः ॥
वृषदंशकमात्रोऽथ बभूवाद्भुतदर्शनः ॥ ५३
प्रदोषकाले हनुमांस्तूर्णमुत्पत्य वीर्यवान् ॥
प्रविवेश पुरीं रम्यां प्रविभक्तमहापथाम् ॥ ५४
शारदाम्बुधरप्रख्यैर्भवनैरुपशोभिताम् ॥
सागरोपमनिर्घोषां सागरानिलसेविताम् ॥ ५५
शातकुम्भेन महता प्राकारेणाभिसंवृताम् ॥
किङ्किणीजालघोषाभिः पताकाभिरलङ्कृताम् ॥ ५६
प्रजज्वाल तदा लङ्का रक्षोगणगृहैः शुभैः ॥
सिताभ्रसदृशैश्चित्रैः पद्मस्वस्तिकसंस्थितैः ॥ ५७
राघवार्थे चरन्श्रीमान्ददर्श च ननन्द च ॥
भवनाद्भवनं गच्छन्ददर्श कपिकुञ्जरः ॥ ५८
तत्रालयवरिष्ठस्य मध्ये विमलमायतम् ॥
ददर्श भवनश्रेष्ठं हनुमान्मारुतात्मजः ॥ ५९
अर्धयोजनविस्तीर्णमायतं योजनं महत् ॥
भवनं राक्षसेन्द्रस्य बहुप्रासादसंकुलम् ॥ ६०
या हि वैश्रवणे लक्ष्मीर्या चेन्द्रे हरिवाहने ॥
सा रावणगृहे रम्या नित्यमेवानपायिनी ॥ ६१
तस्य हर्म्यस्य मध्यस्थं वेश्म चान्यत्सुनिर्मितम् ॥
बहुनिर्यूहसंयुक्तं ददर्श पवनात्मजः ॥ ६२
विमानं पुष्पकं नाम सर्वरत्नविभूषितम् ॥
परेण तपसा लेभे यत्कुबेरः पितामहात् ॥ ६३

ईहामृगसमायुक्तैः कार्तस्वरहिरण्मयैः ॥
सुकृतै राजितं स्तम्भैः प्रदीप्तामिव च श्रिया ॥ ६४
मेरुमन्दरसंकाशैरुल्लिखद्भिरिवाम्बरम् ॥
कूटागारैः शुभागारैः सर्वतः समलंकृतम् ॥ ६५
जालवातायनैर्युक्तं काञ्चनैः स्फाटिकैरपि ॥
इन्द्रनीलमहानीलमणिप्रवरवेदिकम् ॥ ६६
विद्रुमेण विचित्रेण मणिभिश्च महाघनैः ॥
निस्तुलाभिश्च मुक्ताभिस्तलेनाभिविराजितम् ॥ ६७
चन्दनेन च रक्तेन तपनीयनिभेन च ॥
सुपुण्यगन्धिना युक्तमादित्यतरुणोपमम् ॥ ६८
ततस्तां प्रस्थितः शालां ददर्श महतीं शिवाम् ॥
मणिसोपानविकृतां हेमजालविराजिताम् ॥ ६९
स्फाटिकैरावृततलां दन्तान्तरितरूपिकाम् ॥
मुक्तावज्रप्रवालैश्च रूप्यचामीकरैरपि ॥ ७०
विभूषितां मणिस्तम्भैः सुबहुस्तम्भभूषिताम् ॥
समैर्ऋजुभिरत्युच्चैः समंतात्सुविभूषितैः ॥ ७१
पराघ्यास्तिरणोपेतां रक्षोधिपनिशेविताम् ॥
धूम्रामगुरुधूपेन विमलां हंसपाण्डुराम् ॥ ७२
प्रध्यायत इवापश्यत्प्रदीपांस्तत्र काञ्चनान् ॥
धूर्तानिव महाधूर्तैर्देवनेन पराजितान् ॥ ७३
दीपानां च प्रकाशेन तेजसा रावणस्य च ॥
अर्चिर्भिर्भूषणानां च प्रदीप्तेत्यभ्यमन्यत ॥ ७४
ततोऽपश्यत्कुथासीनं नानावर्णाम्बरस्रजम् ॥
सहस्रं वरनारीणां नानावेशविभूषितम् ॥ ७५
परिवृत्तेऽर्धरात्रे तु पाननिद्रावशं गतम् ॥
क्रीडित्वोपरतं रात्रौ प्रसुप्तं बलवत्तदा ॥ ७६
तत्प्रसुप्तं विरुरुचे निःशब्दान्तरभूषितम् ॥
निःशब्दहंसभ्रमरं यथा पद्मवनं महत् ॥ ७७

सा तस्य शुशुभे शाला ताभिः स्त्रीभिर्विराजिता ॥
शरदीव प्रसन्ना द्यौस्ताराभिरभिशोभिता ॥ ७८
स च ताभिः परिवृतः शुशुभे राक्षसाधिपः ॥
यथा ह्युडुपतिः श्रीमांस्ताराभिरिव संवृतः ॥ ७९
व्यावृत्ततिलकाः काश्चित्काश्चिदुद्भ्रान्तनूपुराः ॥
पार्श्वे गलितहाराश्च काश्चित्परमयोषितः ॥ ८०
मुक्ताहारवृताश्चान्याः काश्चित्प्रस्रस्तवाससः ॥
व्याविद्धरशनादामाः किशोर्य इव वाहिताः ॥ ८१
अकुण्डलधराश्चान्या विच्छिन्नमृदितस्रजः ॥
गजेन्द्रमृदिताः फुल्ला लता इव महावने ॥ ८२
अंशुकान्ताश्च कासांचिन्मुखमारुतकम्पिताः ॥
उपर्युपरि वक्त्राणां व्याधूयन्ते पुनः पुनः ॥ ८३
अत्यर्थं सक्तमनसो रावणे ता वरस्त्रियः ॥
अस्वतन्त्राः सपत्नीनां प्रियमेवाचरंस्तदा ॥ ८४
बाहू उपनिधायान्याः परिहार्यविभूषिताः ॥
अंशुकानि च रम्याणि प्रमदास्तत्र शिश्यिरे ॥ ८५
अन्या वक्षसि चान्यस्यास्तस्याः काचित्पुनर्भुजम् ॥
अपरा त्वङ्कमन्यस्यास्तस्याश्चाप्यपरा कुचौ ॥ ८६
अन्योन्यस्याङ्गसंस्पर्शात्प्रीयमाणाः सुमध्यमाः ॥
एकीकृतभुजाः सर्वा सुषुपुस्तत्र योषितः ॥ ८७
लतानां माधवे मासि फुल्लानां वायुसेवनात् ॥
अन्योन्यमालाग्रथितं संसक्तकुसुमोच्चयम् ॥ ८८
तत्र दिव्योपमं मुख्यं स्फाटिकं रत्नभूषितम् ॥
अवेक्षमाणो हनुमान्ददर्श शयनासनम् ॥ ८९
दन्तकाञ्चनचित्राङ्गैर्वैदूर्यैश्च वरासनैः ॥
महार्हास्तरणोपेतैरुपपन्नं महाधनैः ॥ ९०
तस्य चैकतमे देशे दिव्यमालोपशोभितम् ॥
ददर्श पाण्डुरं छत्रं ताराधिपतिसंनिभम् ॥ ९१

तस्मिञ्जीमूतसंकाशं प्रदीप्तोज्ज्वलकुण्डलम् ॥
लोहिताक्षं महाबाहुं महारजतवाससम् ॥ ९२
लोहितेनानुलिप्तांगं चन्दनेन सुगन्धिना ॥
संध्यारक्तमिवाकाशे तोयदं सतडिद्गणम् ॥ ९३
अथारोहणमासाद्य वेदिकान्तरमाश्रितः ॥
क्षीबं राक्षसशार्दूलं प्रेक्षते स्म महाकपिः ॥ ९४
काञ्चनाङ्गदसंनद्धौ ददर्श स महात्मनः ॥
विक्षिप्तौ राक्षसेन्द्रस्य भुजाविन्द्रध्वजोपमौ ॥ ९५
ऐरावतविषाणाग्रैरापीडनकृतव्रणौ ॥
वज्रोल्लिखितपीनांसौ विष्णुचक्रपरिक्षतौ ॥ ९६
पीनौ समसुजातांसौ संगतौ बलसंयुतौ ॥
सुलक्षणनखांगुष्ठौ स्वंगुलीयकलक्षितौ ॥ ९७
संहतौ परिघाकारौ वृत्तौ करिकरोपमौ ॥
विक्षिप्तौ शयने शुभ्रे पञ्चशीर्षाविवोरगौ ॥ ९८
मुक्तामणिविचित्रेण काञ्चनेन विराजता ॥
मुकुटेनापवृत्तेन कुण्डलोज्ज्वलिताननम् ॥ ९९
रक्तचन्दनदिग्धेन तथा हारेण शोभिना ॥
पीनायतविशालेन वक्षसाऽभिविराजिता ॥ १००
पाण्डुरेणापविद्धेन क्षौमेण क्षतजेक्षणम् ॥
महार्हेण सुसंवीतं पीतेनोत्तरवाससा ॥ १०१
पादमूलगताश्चापि ददर्श सुमहात्मनः ॥
पत्नीः स प्रियभार्यस्य तस्य रक्षःपतेर्गृहे ॥ १०२
तासामेकान्तविन्यस्ते शयानां शयने शुभे ॥
ददर्श रूपसंपन्नामथ तां स कपिः स्त्रियम् ॥ १०३
मुक्तामणिसमायुक्तैर्भूषणैः सुविभूषिताम् ॥
विभूषयन्तीमिव च स्वश्रिया भवनोत्तमम् ॥ १०४
गौरीं कनकवर्णाभामिष्टामन्तःपुरेश्वरीम् ॥
कपिर्मन्दोदरीं तत्र शयानां चारुरूपिणीम् ॥ १०५

स तां दृष्ट्वा महाबाहुर्भूषितां मारुतात्मजः ॥
तर्कयामास सीतेति रूपयौवनसम्पदा ॥ १०६
हर्षेण महता युक्तो ननन्द हरियूथपः ॥ १०७
आस्फोटयामास चुचुम्ब पुच्छं ननन्द चिक्रीड जगौ जगाम ॥
स्तम्भानरोहन्निपपात भूमौ निदर्शयन्स्वां प्रकृतिं कपीनाम् ॥१०८

अथ तृतीयः सर्गः ।

अवधूय च तां बुद्धिं बभूवावस्थितस्तदा ॥
जगाम चापरां चिन्तां सीतां प्रति महाकपिः ॥ १०९
न रामेण वियुक्ता सा वस्तुमर्हति भामिनी ॥
न भोक्तुं नाप्यलङ्कर्तुं न पानमुपसेवितुम् ॥ ११०
नान्यं नरमुपस्थातुं सुराणामपि चेश्वरम् ॥
न हि रामसमः कश्चिद्विद्यते त्रिदशेष्वपि ॥ १११
अन्येयमिति निश्चित्य भूयस्तत्र चचार सः ॥
पानभूमौ हरिश्रेष्ठः सीतासंदर्शनोत्सुकः ॥ ११२
मृगाणां महिषाणां च वराहाणां च भागशः ॥
तत्र न्यस्तानि मांसानि पानभूमौ ददर्श सः ॥ ११३
रौक्मेषु च विशालेषु भाजनेष्वप्यभक्षितान् ॥
ददर्श कपिशार्दूलो मयूरान्कुक्कुटांस्तथा ॥ ११४
वराहवाध्रींणसकान्दधिसौवर्चलायुतान् ॥
शल्यान्मृगमयूरांश्च हनुमानन्ववैक्षत ॥ ११५
लेह्यानुच्चावचान्पेयान्भोज्यान्युच्चावचानि च ॥
तथाम्ललवणोत्तंसैर्विविधै रागखाण्डवैः ॥ ११६
कृतपुष्पोपहारा भूरधिकां पुष्यति श्रियम् ॥
तत्र तत्र च विन्यस्तैः सुश्लिष्टशयनासनैः ॥ ११७
शर्करासवमाध्वीकाः पुष्पासवफलासवाः ॥
वासचूर्णैश्च विविधैर्मृष्टास्तैस्तैः पृथक्पृथक् ॥ ११८

सोऽपश्यच्छातकुंभानि सीधोर्मणिमयानि च ॥
तानि तानि च चूर्णानि भाजनानि महाकपिः ॥
क्वचिदर्धावशेषाणि क्वचित्पीतान्यशेषतः ॥ ११९
एवं सर्वमशेषेण रावणान्तःपुरं कपिः ॥
ददर्श स महातेजा न ददर्श च जानकीम् ॥ १२०
ह० उ०—कामं दृष्टा मया सर्वा विश्वस्ता रावणस्त्रियः ॥
न तु मे मनसा किंचिद्वैकृत्यमुपपद्यते ॥ १२१
नान्यत्र हि मया शक्या वैदेही परिमार्गितुम् ॥
स्त्रियो हि स्त्रीषु दृश्यन्ते सदा संपरिमार्गणे ॥ १२२
तदिदं मार्गितं तावच्छुद्धेन मनसा मया ॥
रावणान्तःपुरं सर्वं दृश्यते न च जानकी ॥ १२३
सर्वमप्यवकाशं स विचचार महाकपिः ॥
चतुरंगुलमात्रोऽपि नावकाशः स विद्यते ॥ १२४
प्राकारान्तरवीथ्यश्च वेदिकाश्चैत्यसंश्रयाः ॥
श्वभ्राश्च पुष्करिण्यश्च सर्वं तेनावलोकितम् ॥ १२५
अथ चिन्तासमापन्नः सीतामनधिगम्य ताम् ॥
ध्यानशोकपरीतात्मा चिन्तयामास वानरः ॥ १२६
यावत्सीतां न पश्यामि रामपत्नीं यशस्विनीम् ॥
तावदेतां पुरीं लङ्कां विचिनोमि पुनः पुनः ॥ १२७
अशोकवनिका चापि महतीयं महाद्रुमा ॥
इमामधिगमिष्यामि न हीयं विचिता मया ॥ १२८
स मुहूर्तमिव ध्यात्वा मनसा चाधिगम्य ताम् ॥
ज्यामुक्त इव नाराचः पुप्लुवे वृक्षवाटिकाम् ॥ १२९
स प्रविश्य विचित्रां तां विहगैरभिनादिताम् ॥
राजतैः काञ्चनैश्चैव पादपैः सर्वतो वृताम् ॥ १३०
मार्गमाणो वरारोहां राजपुत्रीमनिन्दिताम् ॥
सुखप्रसुप्तान्विहगान्बोधयामास वानरः ॥ १३१

वृक्षेभ्यः पतितैः पुष्पैरवकीर्णा पृथग्विधैः ॥
रजतवसुधा तत्र प्रमदेव विभूषिता ॥ १३२
हनूमता वेगवता कम्पितास्ते नगोत्तमाः ॥
पुष्पपत्रफलान्याशु मुमुचुः फलशालिनः ॥ १३३
स तत्र मणिभूमीश्च राजतीश्च मनोरमाः ॥
तथा काञ्चनभूमीश्च विचरन्ददृशे कपिः ॥ १३४
वापीश्च विविधाकाराः पूर्णाः परमवारिणा ॥
महार्हैर्मणिसोपानैरुपपन्नास्ततस्ततः ॥ १३५
मुक्ताप्रवालसिकताः स्फाटिकान्तरकुट्टिमाः ॥
काञ्चनैस्तरुभिश्चित्रैस्तीरजैरुपशोभिताः ॥ १३६
ततोऽम्बुधरसंकाशं प्रवृद्धशिखरं गिरिम् ॥
विचित्रकूटं कूटैश्च सर्वतः परिवारितम् ॥ १३७
शिलागृहैरवततं नानावृक्षसमावृतम् ॥
ददर्श कपिशार्दूलो रम्यं जगति पर्वतम् ॥ १३८
ददर्श च नगात्तस्मान्नदीं निपतितां कपिः ॥
अङ्कादिव समुत्पत्य प्रियस्य पतितां प्रियाम् ॥ १३९
लताप्रतानैर्बहुभिः पर्णैश्च बहुभिर्वृताम् ॥
काञ्चनीं शिंशपामेकां ददर्श स महाकपिः ॥ १४०
सोऽपश्यद्भूमिभागांश्च नगप्रस्रवणानि च ॥
सुवर्णवृक्षानपरान्ददर्श शिखिसंनिभान् ॥ १४१
तेषां द्रुमाणां प्रभया मेरोरिव महाकपिः ॥
अमन्यत तदा वीरः काञ्चनोऽस्मीति सर्वतः ॥ १४२
तामारुह्य महावेगः शिंशपां पर्णसंवृताम् ॥
इतो द्रक्ष्यामि वैदेहीं रामदर्शनलालसाम् ॥ १४३
इयं च नलिनी रम्या द्विजसङ्घनिषेविता ॥
इमां सा राजमहिषी नूनमेष्यति जानकी ॥ १४४
संध्याकालमनाः श्यामा ध्रुवमेष्यति जानकी ॥
नदीं चेमां शुभजलां संध्यार्थे वरवर्णिनी ॥ १४५

यदि जीवति सा देवी ताराधिपनिभानना ॥
आगमिष्यति साऽवश्यमिमां शीतजलां नदीम् ॥ १४६
एवं तु गत्वा हनुमान्महात्मा प्रतीक्षमाणो मनुजेन्द्रपत्नीम् ॥
अवेक्ष्यमाणश्च ददर्श सर्वं सुपुष्पिते पर्णघने निलीनः ॥ १४७

अथ चतुर्थः सर्गः ।

ततो मलिनसंवीतां राक्षसीभिः समावृताम् ॥
उपवासकृशां दीनां निःश्वसन्तीं पुनः पुनः ॥ १४८
ददर्श शुक्लपक्षादौ चन्द्ररेखामिवामलाम् ॥
पीतेनैकेन संवीतां क्लिष्टेनोत्तमवाससा ॥ १४९
सपङ्कामनलङ्कारां विपद्मामिव पद्मिनीम् ॥
पीडितां दुःखसंतप्तां परिक्षीणां तपस्विनीम् ॥
अश्रुपूर्णमुखीं दीनां कृशामनशनेन च ॥ १५०
प्रियं जनमपश्यन्तीं पश्यन्तीं राक्षसीगणम् ॥
स्वगणेन मृगीं हीनां श्वगणेनावृतामिव ॥ १५१
नीलनागाभया वेण्या जघनं गतयैकया ॥
नीलया नीरदापाये वनराज्या महीमिव ॥ १५२
सुखार्हां दुःखसंतप्तां व्यसनानामकोविदाम् ॥
भूमौ सुतनुमासीनां नियतामिव तापसीम् ॥ १५३
शोकजालेन महता विततेन न राजतीम् ॥
संसक्तां धूमजालेन शिखामिव विभावसोः ॥ १५४
तां स्मृतीमिव संदिग्धामृद्धिं निपतितामिव ॥
विहतामिव च श्रद्धामाशां प्रतिहतामिव ॥ १५५
सोपसर्गां यथा सिद्धिं बुद्धिं सकलुषामिव ॥
अभूतेनापवादेन कीर्तिं निपतितामिव ॥ १५६
बाष्पाम्बुपरिपूर्णेन कृष्णवक्राक्षिपक्ष्मणा ॥
वदनेनाप्रसन्नेन निःश्वसन्तीं पुनः पुनः ॥ १५७

तां समीक्ष्य विशालाक्षीं राजपुत्रीमनिन्दिताम् ॥
तर्कयामास सीतेति कारणैरुपपादयन् ॥ १५८
इयं सा यत्कृते रामश्चतुर्भिरिह तप्यते ॥
कारुण्येनानृशंस्येन शोकेन मदनेन च ॥ १५९
स्त्री प्रणष्टेति कारुण्यादाश्रितेत्यानृशंस्यतः ॥
पत्नी नष्टेति शोकेन प्रियेति मदनेन च ॥ १६०
तस्या देव्या यथारूपमङ्गप्रत्यङ्गसौष्ठवम् ॥
रामस्य च यथारूपं तस्येयमसितेक्षणा ॥ १६१
अस्या देव्या मनस्तस्मिँस्तस्य चास्यां प्रतिष्ठितम् ॥
तेनेयं स च धर्मात्मा मुहूर्तमपि जीवति ॥ १६२
दुष्करं कृतवान्रामो हीनो यदनया प्रभुः ॥
धारयत्यात्मनो देहं न शोकेनावसीदति ॥ १६३
एवं सीतां तथा दृष्ट्वा हृष्टः पवनसंभवः ॥
जगाम मनसा रामं प्रशशंस च तं प्रभुम् ॥ १६४
ततः कुमुदखण्डाभो निर्मलं निर्मलोदयः ॥
प्रजगाम नभश्चन्द्रो हंसो नीलमिवोदकम् ॥ १६५
साचिव्यमिव कुर्वन्स प्रभया निर्मलप्रभः ॥
चन्द्रमा रश्मिभिः शीतैः सिषेवे पवनात्मजम् ॥ १६६
स ददर्श ततः सीतां पूर्णचन्द्रनिभाननाम् ॥
शोकभारैरिव न्यस्तां भारैर्नावमिवाम्भसि ॥ १६७
दहन्तीमिव निःश्वासैर्वृक्षान्पल्लवधारिणः ॥
प्रहर्षमतुलं लेभे मारुतिः प्रेक्ष्य मैथिलीम् ॥ १६८
हर्षजानि च सोऽश्रूणि तां दृष्ट्वा मदिरेक्षणाम् ॥
मुमोच हनुमाँस्तत्र नमश्चक्रे च राघवम् ॥ १६९
अथ मङ्गलवादित्रैः शब्दैः श्रोत्रमनोहरैः ॥
प्राबोध्यत महाबाहुर्दशग्रीवो महाबलः ॥ १७०
विबुध्य तु महाभागो राक्षसेन्द्रः प्रतापवान् ॥
स्रस्तमाल्याम्बरधरो वैदेहीमन्वचिन्तयत् ॥ १७१

स सर्वाभरणैर्युक्तो बिभ्रच्छ्रियमनुत्तमाम् ॥
तां नगैर्विविधैर्जुष्टां सर्वपुष्पफलोपगैः ॥ १७२
नानामृगगणाकीर्णां फलैः प्रपतितैर्वृताम् ॥
अशोकवनिकामेव प्राविशत्संततद्रुमाम् ॥ १७३
अङ्गनाः शतमात्रं तु तं व्रजन्तमनुव्रजन् ॥
महेन्द्रमिव पौलस्त्यं देवगन्धर्वयोषितः ॥ १७४
दीपिकाः काञ्चनीः काश्चिज्जगृहुस्तत्र योषितः ॥
वालव्यजनहस्ताश्च तालवृन्तानि चापराः ॥ १७५
काञ्चनैश्चैव भृङ्गारैर्जह्रुः सलिलमग्रतः ॥
मण्डलाग्रा बृसीश्चैव गृह्यान्याः पृष्ठतो ययुः ॥ १७६
काचिद्रत्नमयीं पात्रीं पूर्णां पानस्य भ्राजतीम् ॥
दक्षिणा दक्षिणेनैव तदा जग्राह पाणिना ॥ १७७
राजहंसप्रतीकाशं छत्रं पूर्णशशिप्रभम् ॥
सौवर्णदण्डमपरा गृहीत्वा पृष्ठतो ययौ ॥ १७८
स च कामपराधीनः पतिस्तासां महाबलः ॥
सीतासक्तमना मन्दो मदाञ्चितगतिर्बभौ ॥ १७९
स तामसितकेशान्तां सुश्रोणीं संहतस्तनीम् ॥
दिदृक्षुरसितापाङ्गीमुपावर्तत रावणः ॥ १८०
ततो दृष्ट्वैव वैदेही रावणं राक्षसाधिपम् ॥
प्रावेपत वरारोहा प्रवाते कदली यथा ॥ १८१
ऊरुभ्यामुदरं छाद्य बाहुभ्यां च पयोधरौ ॥
उपविष्टा विशालाक्षी रुदती वरवर्णिनी ॥ १८२
दशग्रीवस्तु वैदेहीं रक्षितां राक्षसीगणैः ॥
ददर्श दीनां दुःखार्तां नावं सन्नामिवार्णवे ॥ १८३
असंवृतायामासीनां धरण्यां संशितव्रताम् ॥
छिन्नां प्रपतितां भूमौ शाखामिव वनस्पतेः ॥ १८४
मलमण्डनदिग्धाङ्गीं मण्डनार्हाममण्डनाम् ॥
मृणाली पङ्कदिग्धेव विभाति न विभाति च ॥ १८५

समीपं राजसिंहस्य रामस्य विदितात्मनः ॥
संकल्पहयसंयुक्तैर्यान्तीमिव मनोरथैः ॥ १८६
शुष्यन्तीं रुदतीमेकां ध्यानशोकपरायणाम् ॥
दुःखस्यान्तमपश्यन्तीं रामां राममनुव्रताम् ॥ १८७
पौर्णमासीमिव निशां तमोग्रस्तेन्दुमण्डलाम् ॥
पद्मिनीमिव विध्वस्तां हतशूरां चमूमिव ॥ १८८
पतिशोकातुरां शुष्कां नदीं विस्राविताामिव ॥
परया मृजया हीनां कृष्णपक्षे निशामिव ॥ १८९
उपवासेन शोकेन ध्यानेन च भयेन च ॥
परिक्षीणां कृशां दीनामल्पाहारां तपोधनाम् ॥ १९०
स तां परिवृतां दीनां निरानन्दां तपस्विनीम् ॥
साकारैर्मधुरैर्वाक्यैर्न्यदर्शयत रावणः ॥ १९१
मां दृष्ट्वा नागनासोरु गूहमानस्तनोदरम् ॥
अदर्शनमिवात्मानं भयान्नेतुं त्वमिच्छसि ॥ १९२
कामये त्वां विशालाक्षि बहु मन्यस्व मां प्रिये ॥
सर्वाङ्गगुणसम्पन्ने सर्वलोकमनोहरे ॥ १९३
नेह किंचिन्मनुष्या वा राक्षसाः कामरूपिणः ॥
व्यपसर्पतु ते सीते भयं मत्तः समुत्थितम् ॥ १९४
एवं चैवमकामां त्वां न च स्प्रक्ष्यामि मैथिलि ॥
कामं कामः शरीरे मे यथाकामं प्रवर्तताम् ॥ १९५
देवि नेह भयं कार्यं मयि विश्वसिहि प्रिये ॥
प्रणयस्व च तत्वेन मैवं भूः शोकलालसा ॥ १९६
इदं ते चारु संजातं यौवनं ह्यतिवर्तते ॥
यदतीतं पुनर्नैति स्रोतः स्रोतस्विनामिव ॥ १९७
त्वां कृत्वोपरतो मन्ये रूपकर्ता स विश्वकृत् ॥
नहि रूपोपमा ह्यन्या तवास्ति शुभदर्शने ॥ १९८
यद्यत्पश्यामि ते गात्रं शीतांशुसदृशानने ॥
तस्मिँस्तस्मिन्पृथुश्रोणि चक्षुर्मम निबध्यते ॥ १९९

विजित्य पृथिवीं सर्वां नानानगरमालिनीम् ॥
जनकाय प्रदास्यामि तव हेतोर्विलासिनि ॥ २००
नेह पश्यामि लोकेऽन्यं यो मे प्रतिबलो भवेत् ॥
पश्य मे सुमहद्वीर्यमप्रतिद्वन्द्वमाहवे ॥ २०१
भुङ्क्ष्व भोगान्यथाकामं पिब भीरु रमस्व च ॥
यथेष्टं च प्रयच्छ त्वं पृथिवीं वा धनानि च ॥ २०२
ललस्व मयि विस्रब्धा धृष्टमाज्ञापयस्व च ॥
मत्प्रसादाल्ललन्त्याश्च ललतां बान्धवस्तव ॥ २०३
निक्षिप्तविजयो रामो गतश्रीर्वनगोचरः ॥
व्रती स्थण्डिलशायी च शङ्के जीवति वा न वा ॥ २०४
न चापि मम हस्तात्त्वां प्राप्तुमर्हति राघवः ॥
हिरण्यकशिपुः कीर्तिमिन्द्रहस्तगतामिव ॥ २०५
तस्य तद्वचनं श्रुत्वा सीता रौद्रस्य रक्षसः ॥
दुःखार्ता रुदती सीता वेपमाना तपस्विनी ॥ २०६
चिन्तयन्ती वरारोहा पतिमेव पतिव्रता ॥
तृणमन्तरतः कृत्वा प्रत्युवाच शुचिस्मिता ॥ २०७
निवर्तय मनो मत्तः स्वजने प्रीयतां मनः ॥ २०८
न मां प्रार्थयितुं युक्तस्त्वं सिद्धिमिव पापकृत् ॥
अकार्यं न मया कार्यमेकपत्न्या विगर्हितम् ॥ २०९
यथा तव तथाऽन्येषां रक्ष्या दारा निशाचर ॥
आत्मानमुपमां कृत्वा स्वेषु दारेषु रम्यताम् ॥ २१०
वचो मिथ्याप्रणीतात्मा पथ्यमुक्तं विचक्षणैः ॥
राक्षसानामभावाय त्वं वा न प्रतिपद्यसे ॥ २११
अकृतात्मानमासाद्य राजानमनये रतम् ॥
समृद्धानि विनश्यन्ति राष्ट्राणि नगराणि च ॥ २१२
तथैव त्वां समासाद्य लङ्का रत्नौघसंकुला ॥
अपराधात्तवैकस्य न चिराद्विनशिष्यति ॥ २१३

शक्या लोभयितुं वाऽहमैश्वर्येण धनेन वा ॥
अनन्या राघवेणाहं भास्करेण यथा प्रभा ॥ २१४
उपधाय भुजं तस्य लोकनाथस्य सत्कृतम् ॥
कथं नामोपधास्यामि भुजमन्यस्य कस्यचित् ॥ २१५
साधु रावण रामेण मां समानय दुःखिताम् ॥
वने वासितया सार्धं करेण्वेव गजाधिपम् ॥ २१६
विदितः सर्वधर्मज्ञः शरणागतवत्सलः ॥
तेन मैत्री भवतु ते यदि जीवितुमिच्छसि ॥ २१७
प्रसादयस्व त्वं चैनं शरणागतवत्सलम् ॥
मां चास्मै प्रयतो भूत्वा निर्यातयितुमर्हसि ॥ २१८
रामस्य धनुषः शब्दं श्रोष्यसि त्वं महास्वनम् ॥
शतक्रतुविसृष्टस्य निर्घोषमशनेरिव ॥ २१९
इह शीघ्रं सुपर्वाणा ज्वलितास्या इवोरगाः ॥
इषवो निपतिष्यन्ति रामलक्ष्मणलक्षिताः ॥ २२०
रक्षांसि निहनिष्यन्तः पुर्यामस्यां न संशयः ॥
असंपातं करिष्यन्ति पतन्तः कङ्कवाससः ॥ २२१
आश्रमं तत्तयोः शून्यं प्रविश्य नरसिंहयोः ॥
गोचरं गतयोर्भ्रात्रोरपनीता त्वयाऽधम ॥ २२२
नहि गन्धमुपाघ्राय रामलक्ष्मणयोस्त्वया ॥
शक्यं संदर्शने स्थातुं शुना शार्दूलयोरिव ॥ २२३

अथ पञ्चमः सर्गः ।

सीताया वचनं श्रुत्वा परुषं राक्षसेश्वरः ॥
प्रत्युवाच ततः सीतां विप्रियं प्रियदर्शनाम् ॥ २२४
यथा यथा सान्त्वयिता वश्यः स्त्रीणां तथा तथा ॥
यथा यथा प्रियं वक्ता परिभूतस्तथा तथा ॥ २२५
संनियच्छति मे क्रोधं त्वयि कामः समुत्थितः ॥
द्रवतो मार्गमासाद्य हयानिव सुसारथिः ॥ २२६

वामः कामो मनुष्याणां यस्मिन्किल निबद्ध्यते ॥
जने तस्मिँस्त्वनुक्रोशः स्नेहश्च किल जायते ॥ २२७
एतस्मात्कारणान्न त्वां घातयामि वरानने ॥
वधार्हामवमानार्हां मिथ्याप्रव्रजने रताम् ॥ २२८
परुषाणि हि वाक्यानि यानि यानि ब्रवीषि माम् ॥
तेषु तेषु वधो युक्तस्तव मैथिलि दारुणः ॥ २२९
एवमुक्त्वा तु वैदेहीं रावणो राक्षसाधिपः ॥
क्रोधसंरम्भसंयुक्तः सीतामुत्तरमब्रवीत् ॥ २३०
द्वौ मासौ रक्षितव्यौ मे योऽवधिस्ते मया कृतः ॥
ततः शयनमारोह मम त्वं वरवर्णिनी ॥ २३१
द्वाभ्यामूर्ध्वं तु मासाभ्यां भर्तारं मामनिच्छतीम् ॥
मम त्वां प्रातराशार्थे सूदाश्छेत्स्यन्ति खण्डशः ॥ २३२
उवाचात्महितं सीता वृत्तशौटीर्यगर्वितम् ।
नूनं न ते जनः कश्चिदस्मिन्निःश्रेयसि स्थितः ॥ २३३
निवारयति यो न त्वां कर्मणोऽस्माद्विगर्हितात् ॥
मां हि धर्मात्मनः पत्नीं शचीमिव शचीपतेः ॥
त्वदन्यस्त्रिषु लोकेषु प्रार्थयेन्मनसाऽपि कः ॥ २३४
राक्षसाधम रामस्य भार्याममिततेजसः ॥
उक्तवानसि यत्पापं क्व गतस्तस्य मोक्ष्यसे ॥ २३५
इमे ते नयने क्रूरे विकृते कृष्णपिङ्गले ॥
क्षितौ न पतिते कस्मान्मामनार्य निरीक्षतः ॥ २३६
तस्य धर्मात्मनः पत्नीं स्नुषां दशरथस्य च ॥
कथं व्याहरतो मां ते न जिह्वा पाप शीर्यति ॥ २३७
असंदेशात्तु रामस्य तपसश्चानुपालनात् ॥
न त्वां कुर्मि दशग्रीव भस्म भस्मार्हतेजसा ॥ २३८
शूरेण धनदभ्रात्रा बलैः समुदितेन च ॥
अपोह्य रामं कस्माच्चिद्दारचौर्यं त्वया कृतम् ॥ २३९

सीताया वचनं श्रुत्वा रावणो राक्षसाधिपः ॥
विवृत्य नयने क्रूरे जानकीमन्ववैक्षत ॥ २४०
नीलजीमूतसंकाशो महाभुजशिरोधरः ॥
सिंहसत्वगतिः श्रीमान्दीप्तजिह्वोग्रलोचनः ॥ २४१
चलाग्र मुकुटप्रांशुश्चित्रमाल्यानुलेपनः ॥
श्मशानचैत्यप्रतिमो भूषितोऽपि भयङ्करः ॥ २४२
अवेक्षमाणो वैदेहीं कोपसंरक्तलोचनः ॥
उवाच रावणः सीतां भुजङ्ग इव निःश्वसन् ॥ २४३
अनयेनाभिसंपन्नमर्थहीनमनुव्रते ॥
नाशयाम्यहमद्य त्वां सूर्यः संध्यामिवौजसा ॥ २४४
इत्युक्त्वा मैथिलीं राजा रावणः शत्रुरावणः ॥
संददर्श ततः सर्वा राक्षसीर्घोरदर्शनाः ॥ २४५
एकाक्षीमेककर्णां च कर्णप्रावरणां तथा ॥
गोकर्णीं हस्तिकर्णीं च लम्बकर्णीमकर्णिकाम् ॥
अतिमात्रशिरोग्रीवामतिमात्रकुचोदरीम् ॥ २४६
अतिमात्रास्यनेत्रां च दीर्घजिह्वानखामपि ॥
अनासिकां सिंहमुखीं गोमुखीं सूकरीमुखीम् ॥ २४७
यथा मद्वशगा सीता क्षिप्रं भवति जानकी ॥
तथा कुरुत राक्षस्यः सर्वाः क्षिप्रं समेत्य वा ॥ २४८
प्रतिलोमानुलोमैश्च सामदानादिभेदनैः ॥
आवर्जयत वैदेहीं दण्डस्योद्यमनेन च ॥ २४९
इति प्रतिसमादिश्य राक्षसेन्द्रः पुनः पुनः ॥
काममन्युपरीतात्मा जानकीं प्रतिगर्जत ॥ २५०
उपगम्य ततः क्षिप्रं राक्षसी धान्यमालिनी ॥
परिष्वज्य दशग्रीवमिदं वचनमब्रवीत् ॥ २५१
मया क्रीड महाराज सीतया किं तवानया ॥
विवर्णया कृपणया मानुष्या राक्षसेश्वर ॥ २५२
नूनमस्यां महाराज न देवा भोगसत्तमान् ॥

विदधत्यमरश्रेष्ठास्तव बाहुबलार्जितान् ॥ २५३
अकामां कामयानस्य शरीरमुपतप्यते ॥
इच्छतीं कामयानस्य प्रीतिर्भवति शोभना ॥ २५४
एवमुक्तस्तु राक्षस्या समुत्क्षिप्तस्ततो बली ॥
प्रहसन्मेघसंकाशो राक्षसः स न्यवर्तत ॥ २५५
निष्क्रान्ते राक्षसेन्द्रे तु पुनरन्तःपुरं गते ॥
राक्षस्यो भीमरूपास्ताः सीतां समभिदुद्रुवुः ॥ २५६
तस्य नैर्ऋतराजस्य राजराजस्य भामिनि ॥
किं त्वं न कुरुषे बुद्धिं भार्यार्थे रावणस्य हि ॥ २५७
राक्षसीनां वचः श्रुत्वा सीता पद्मनिभेक्षणा ॥
नेत्राभ्यामश्रुपूर्णाभ्यामिदं वचनमब्रवीत् ॥ २५८
न मानुषी राक्षसस्य भार्या भवितुमर्हति ॥
कामं खादत मां सर्वा न करिष्यामि वो वचः ॥ २५९
दीनो वा राज्यहीनो वा यो मे भर्ता स मे गुरुः ॥
तं नित्यमनुरक्ताऽस्मि यथा सूर्यं सुवर्चला ॥ २६०
यथा शची महाभागा शक्रं समुपतिष्ठति ॥
अरुन्धती वसिष्ठं च रोहिणी शशिनं यथा ॥ २६१
लोपामुद्रा यथाऽगस्त्यं सुकन्या च्यवनं तथा ॥
सावित्री सत्यवन्तं च कपिलं श्रीमती तथा ॥ २६२
नैषधं दमयन्तीव भैमी पतिमनुव्रता ॥
तथाऽहमिक्ष्वाकुवरं रामं पतिमनुव्रता ॥ २६३
सीताया वचनं श्रुत्वा राक्षस्यः क्रोधमूर्छिताः ॥
भर्त्सयन्ति स्म परुषैर्वाक्यै रावणचोदिताः ॥ २६४
अवलीनः स निर्वाक्यो हनुमाञ्शिंशपाद्रुमे ॥
सीतां संतर्जयन्तीस्ता राक्षसीरशृणोत्कपिः ॥ २६५
सा भर्त्स्यमाना भीमाभी राक्षसीभिर्वराङ्गना ॥
सा बाष्पमपमार्जन्ती शिंशपां तामुपागमत् ॥ २६६

ततस्तां शिंशपां सीता राक्षसीभिः समावृता ॥
अभिगम्य विशालाक्षी तस्थौ शोकपरिप्लुता ॥ २६७
ततस्तु विनता नाम राक्षसी भीमदर्शना ॥
अब्रवीत्कुपिताकारा कराला निर्णतोदरी ॥ २६८
सीते पर्याप्तमेतावद्भर्तुः स्नेहः प्रदर्शितः ॥
सर्वत्रातिकृतं भद्रे व्यसनायोपकल्पते ॥ २६९
परितुष्टाऽस्मि भद्रं ते मानुषस्ते कृतो विधिः ॥
ममापि तु वचः पथ्यं ब्रुवन्त्याः कुरु मैथिलि ॥ २७०
रावणं भज भर्तारं भर्तारं सर्वरक्षसाम् ॥
विक्रान्तमापतन्तं च सुरेशमिव वासवम् ॥ २७१
एतदुक्तं च मे वाक्यं यदि त्वं न करिष्यसि ॥
अस्मिन्मुहूर्ते सर्वास्त्वां भक्षयिष्यामहे वयम् ॥ २७२
अथ तासां वदन्तीनां परुषं दारुणं बहु ॥
राक्षसीनामसौम्यानां रुरोद जनकात्मजा ॥ २७३
वेपते स्माधिकं सीता विशन्तीवाङ्गमात्मनः ॥
वने यूथपरिभ्रष्टा मृगी कोकैरिवार्दिता ॥ २७४
सा त्वशोकस्य विपुलां शाखामालम्ब्य पुष्पिताम् ॥
चिन्तयामास शोकेन भर्तारं भग्नमानसा ॥ २७५
सा स्नापयन्ती विपुलौ स्तनौ नेत्रजलस्रवैः ॥
चिन्तयन्ती न शोकस्य तदाऽन्तमधिगच्छति ॥ २७६
तस्याः सा दीर्घबहुला वेपन्त्याः सीतया तदा ॥
ददृशे कम्पिता वेणी व्यालीव परिसर्पती ॥ २७७
सा निःश्वसन्ती शोकार्ता कोपोपहतचेतना ॥
आर्ता व्यसृजदश्रूणि मैथिली विललाप च ॥ २७८
हा रामेति च दुःखार्ता हा पुनर्लक्ष्मणेति च ॥
हा श्वश्रूर्मम कौसल्ये हा सुमित्रेति भामिनी ॥ २७९
लोकप्रवादः सत्योऽयं पण्डितैः समुदाहृतः ॥
अकाले दुर्लभो मृत्युः स्त्रिया वा पुरुषस्य वा ॥ २८०

यत्राहमाभिः क्रूराभी राक्षसीभिरिहार्दिता ॥
जीवामि हीना रामेण मुहूर्त्तमपि दुःखिता ॥ २८१
तं पद्मदलपत्राक्षं सिंहविक्रान्तगामिनम् ॥
धन्याः पश्यन्ति मे नाथं कृतज्ञं प्रियवादिनम् ॥ २८२
कीदृशं तु महापापं मया देहान्तरे कृतम् ॥
येनेदं प्राप्यते घोरं महादुःखं सुदारुणम् ॥ २८३
जीवितं त्यक्तुमिच्छामि शोकेन महता वृता ॥
राक्षसीभिश्च रक्षन्त्या रामो नासाद्यते मया ॥ २८४
धिगस्तु खलु मानुष्यं धिगस्तु परवश्यताम् ॥
न शक्यं यत्परित्यक्तुमात्मच्छन्देन जीवितम् ॥ २८५
नाजानाज्जीवतीं रामः स मां भरतपूर्वजः ॥
जानन्तौ तु न कुर्यातां नोर्व्यां हि परिमार्गणम् ॥ २८६
नूनं ममैव शोकेन स वीरो लक्ष्मणाग्रजः ॥
देवलोकमितो यातस्त्यक्त्वा देहं महीतले ॥ २८७
अथवा नहि तस्यार्थो धर्मकामस्य धीमतः ॥
मया रामस्य राजर्षेर्भार्यया परमात्मनः ॥ २८८
दृश्यमाने भवेत्प्रीतिः सौहृदं नास्त्यदृश्यतः ॥
नाशयन्ति कृतघ्नास्तु न रामो नाशयिष्यति ॥ २८९
किं वा मय्यगुणाः केचित्किं वा भाग्यक्षयो हि मे ॥
या हि सीता वरार्हेण हीना रामेण भामिनी ॥ २९०
साऽहं त्यक्ता प्रियेणैव रामेण विदितात्मना ॥
प्राणांस्त्यक्ष्यामि पापस्य रावणस्य गता वशम् ॥ २९१
इत्युक्ताः सीतया घोरं राक्षस्यः क्रोधमूर्च्छिताः ॥
काश्चिज्जग्मुस्तदाख्यातुं रावणस्य दुरात्मनः ॥ २९२

सा राक्षसीमध्यगता च भीरुर्वाग्भिर्भृशं रावणतर्जिता च ॥
कान्तारमध्ये विजने विसृष्टा बालेव कन्या विललाप सीता ॥ २९३

अथ षष्ठः सर्गः ।

हनुमानपि विक्रान्तः सर्वं शुश्राव तत्वतः ॥
ततो बहुविधां चिन्तां चिन्तयामास वानरः ॥ २९४
कथं नु खलु वाक्यं मे श्रृणुयान्नोद्विजेत च ॥
इति संचिन्त्य हनुमांश्चकार मतिमान्मतिम् ॥ २९५
राममक्लिष्टकर्माणं सुबन्धुमनुकीर्तयन् ॥
नैनामुद्वेजयिष्यामि तद्बन्धुगतचेतनाम् ॥ २९६
श्रावयिष्यामि सर्वाणि मधुरां प्रब्रुवन्गिरम् ॥
श्रद्धास्यति यथा सीता तथा सर्वं समादधे ॥ २९७
एवं बहुविधां चिन्तां चिन्तयित्वा महामतिः ॥
संश्रवे मधुरं वाक्यं वैदेह्या व्याजहार ह ॥ २९८
राजा दशरथो नाम रथकुञ्जरवाजिमान् ॥
पुण्यशीलो महाकीर्तिरिक्ष्वाकूणां महायशाः ॥ २९९
तस्य पुत्रः प्रियो ज्येष्ठस्ताराधिपनिभाननः ॥
रामो नाम विशेषज्ञः श्रेष्ठः सर्वधनुष्मताम् ॥ ३००
तस्य सत्याभिसंधस्य वृद्धस्य वचनात्पितुः ॥
सभार्यः सह च भ्रात्रा वीरः प्रव्रजितो वनम् ॥ ३०१
तेन तत्र महारण्ये मृगयां परिधावता ॥
राक्षसा निहताः शूराः बहवः कामरूपिणः ॥ ३०२
जनस्थानवधं श्रुत्वा निहतौ खरदूषणौ ॥
ततस्त्वमर्षापहृता जानकी रावणेन तु ॥
वञ्चयित्वा वने रामं मृगरूपेण मायया ॥ ३०३
स मार्गमाणस्तां देवीं रामः सीतामनिन्दिताम् ॥
आससाद वने मित्रं सुग्रीवं नाम वानरम् ॥ ३०४
ततः स वालिनं हत्वा रामः परपुरञ्जयः ॥
आयच्छत्कपिराज्यं तु सुग्रीवाय महात्मने ॥ ३०५

सुग्रीवेणाभिसंदिष्टा हरयः कामरूपिणः ॥
दिक्षु सर्वासु तां देवीं विचिन्वन्तः सहस्रशः ॥ ३०६
अहं संपातिवचनाच्छतयोजनमायतम् ॥
तस्या हेतोर्विशालाक्ष्याः समुद्रं वेगवान्प्लुतः ॥ ३०७
यथारूपां यथावर्णां यथालक्ष्मवतीं च ताम् ॥
अश्रौषं राघवस्याहं सेयमासादिता मया ॥ ३०८
विरराभैवमुक्त्वा स वाचं वानरपुङ्गवः ॥
जानकी चापि तच्छ्रुत्वा विस्मयं परमं गता ॥ ३०९
ततः सा वक्रकेशान्ता सुकेशी केशसंवृतम् ॥
उन्नम्य वदनं भीरुः शिंशपामन्ववैक्षत ॥ ३१०
सा ददर्श कपिं तत्र प्रश्रितं प्रियवादिनम् ॥
फुल्लाशोकोत्कराभासं तप्तचामीकरेक्षणम् ॥ ३११
साऽथ दृष्ट्वा हरिश्रेष्ठं विनीतवदवस्थितम् ॥
मैथिली चिन्तयामास विस्मयं परमं गता ॥ ३१२
अहो भीममिदं सत्वं वानरस्य दुरासदम् ॥
दुर्निरीक्ष्यमिदं मत्वा पुनरेव मुमोह सा ॥ ३१३
विललाप भृशं सीता करुणं भयमोहिता ॥
राम रामेति दुःखार्ता लक्ष्मणेति च भामिनी ॥ ३१४
सोऽवतीर्य द्रुमात्तस्माद्विद्रुमप्रतिमाननः ॥
विनीतवेषः कृपणः प्रणिपत्योपसृत्य च ॥ ३१५
तामब्रवीन्महातेजा हनुमान्मारुतात्मजः ॥
[illegible]स्यञ्जलिमाधाय सीतां मधुरया गिरा ॥ ३१६
अहं रामस्य संदेशाद्देवि दूतस्तवागतः ॥
वैदेहि कुशली रामः स त्वां कौशलमब्रवीत् ॥ ३१७
यो ब्राह्ममस्त्रं वेदांश्च वेद वेदविदां वरः ॥
स त्वां दाशरथी रामो देवि कौशलमब्रवीत् ॥ ३१८
लक्ष्मणश्च महातेजा भर्तुस्तेऽनुचरः प्रियः ॥
कृतवाञ्छोकसंतप्तः शिरसा तेऽभिवादनम् ॥ ३१९

सा तयोः कुशलं देवी निशम्य नरसिंहयोः ॥
प्रतिसंहृष्टसर्वांगी हनूमन्तमथाब्रवीत् ॥ ३२०
कल्याणी बत गाथेयं लौकिकी प्रतिभाति माम् ॥
एति जीवन्तमानन्दो नरं वर्षशतादपि ॥ ३२१
तस्यास्तद्वचनं श्रुत्वा हनूमान्मारुतात्मजः ॥
सीतायाः शोकतप्तायाः समीपमुपचक्रमे ॥ ३२२
यथा यथा समीपं स हनूमानुपसर्पति ॥
तथा तथा रावणं सा तं सीता परिशङ्कते ॥ ३२३
तामशोकस्य शाखां तु विमुक्त्वा शोककर्शिता ॥
तस्यामेवानवद्याङ्गी धरण्यां समुपाविशत् ॥ ३२४
अवन्दत महाबाहुस्ततस्तां जनकात्मजाम् ॥
सा चैनं भयसंत्रस्ता भूयो नैनमुदैक्षत ॥ ३२५
तं दृष्ट्वा वन्दमानं च सीता शशिनिभानना ॥
अब्रवीद्दीर्घमुच्छ्वस्य वानरं मधुरस्वरा ॥ ३२६
मायां प्रविष्टो मायावी यदि त्वं रावणः स्वयम् ॥
उत्पादयसि मे भूयः संतापं तन्न शोभनम् ॥ ३२७
स्वं परित्यज्य रूपं यः परिव्राजकरूपवान् ॥
जनस्थाने मया दृष्टस्त्वं स एव हि रावणः ॥ ३२८
उपवासकृशां दीनां कामरूप निशाचर ॥
संतापयसि मां भूयः संतापं तन्न शोभनम् ॥ ३२९
एतां बुद्धिं तदा कृत्वा सीता सा तनुमध्यमा ॥
न प्रतिव्याजहाराथ वानरं जनकात्मजा ॥ ३३०
सीताया निश्चितं बुद्ध्वा हनूमान्मारुतात्मजः ॥
श्रोत्रानुकूलैर्वचनैस्तदा तां संप्रहर्षयत् ॥ ३३१
त्वां द्रष्टुमुपयातोऽहं समाश्रित्य पराक्रमम् ॥
नाहमस्मि तथा देवि यथा मामवगच्छसि ॥ ३३२
यान्याभरणजालानि पातितानि महीतले ॥
तानि रामाय दत्तानि मयैवोपहृतानि च ॥ ३३३

तेन देवप्रकाशेन देवेन परिदेवितम् ॥
शायितं च चिरं तेन दुःखार्तेन महात्मना ॥ ३३४
स तवादर्शनादार्ये राघवः परितप्यते ॥
महता ज्वलता नित्यमग्निनेवाग्निपर्वतः ॥ ३३५
काननानि सुरम्याणि नदीप्रस्रवणानि च ॥
चरन्न रतिमाप्नोति त्वामपश्यन्नृपात्मजे ॥ ३३६
स त्वां मनुजशार्दूलः क्षिप्रं प्राप्स्यति राघवः ॥
समित्रबान्धवं हत्वा रावणं जनकात्मजे ॥ ३३७
वानरोऽहं महाभागे दूतो रामस्य धीमतः ॥
रामनामाङ्कितं चेदं पश्य देव्यङ्गुलीयकम् ॥ ३३८
प्रत्ययार्थं तवानीतं तेन दत्तं महात्मना ॥
समाश्वसिहि भद्रं ते क्षीणदुःखफला ह्यसि ॥ ३३९
गृहीत्वा प्रेक्ष्यमाणा सा भर्तुः करविभूषितम् ॥
भर्तारमिव संप्राप्तं जानकी मुदिताऽभवत् ॥ ३४०
चारु तद्वदनं तस्यास्ताम्रशुक्लायतेक्षणम् ॥
बभूव हर्षोदग्रं च राहुमुक्त इवोडुराट् ॥ ३४१
ततः सा ह्रीमती बाला भर्तुः संदेशहर्षिता ॥
परितुष्टा प्रियं कृत्वा प्रशशंस महाकपिम् ॥ ३४२
विक्रान्तस्त्वं समर्थस्त्वं प्राज्ञस्त्वं वानरोत्तम ॥
येनेदं राक्षसपदं त्वयैकेन प्रधर्षितम् ॥ ३४३
शतयोजनविस्तीर्णः सागरो मकरालयः ॥
विक्रमश्लाघनीयेन क्रमता गोष्पदीकृतः ॥ ३४४
नहि त्वां प्राकृतं मन्ये वानरं वानरर्षभ ॥
यस्य ते नास्ति संत्रासो रावणादपि संभ्रमः ॥ ३४५
अर्हसे च कपिश्रेष्ठ मया समभिभाषितुम् ॥
यद्यसि प्रेषितस्तेन रामेण विदितात्मना ॥ ३४६
प्रेषयिष्यति दुर्धर्षो रामो न ह्यपरीक्षितम् ॥
पराक्रममविज्ञाय मत्सकाशं विशेषतः ॥ ३४७

दिष्ट्या च कुशली रामो धर्मात्मा सत्यसंगरः ॥
लक्ष्मणश्च महातेजाः सुमित्रानन्दवर्धनः ॥ ३४८
कुशली यदि काकुत्स्थः किं न सागरमेखलाम् ॥
महीं दहति कोपेन युगान्ताग्निरिवोत्थितः ॥ ३४९
अथवा शक्तिमन्तौ तौ सुराणामपि निग्रहे ॥
ममैव तु न दुःखानामस्ति मन्ये विपर्ययः ॥ ३५०
कच्चिन्न व्यथते रामः कच्चिन्न परितप्यते ॥
उत्तराणि च कार्याणि कुरुते पुरुषोत्तमः ॥ ३५१
कच्चिन्न विगतस्नेहो विवासान्मयि राघवः ॥
कच्चिन्मां व्यसनादस्मान्मोक्षयिष्यति राघवः ॥ ३५२
मन्निमित्तेन मानार्हः कच्चिच्छोकेन राघवः ॥
कच्चिन्नान्यमना रामः कच्चिन्मां तारयिष्यति ॥ ३५३
कच्चिदक्षौहिणीं भीमां भरतो भ्रातृवत्सलः ॥
ध्वजिनीं मन्त्रिभिर्गुप्तां प्रेषयिष्यति मत्कृते ॥ ३५४
वानराधिपतिः श्रीमान्सुग्रीवः कच्चिदेष्यति ॥
मत्कृते हरिभिर्वीरैर्वृतो दन्तनखायुधैः ॥ ३५५
कच्चिच्च लक्ष्मणः शूरः सुमित्रानन्दवर्धनः ॥
अस्त्रविच्छरजालेन राक्षसान्विधमिष्यति ॥ ३५६
रौद्रेण कच्चिदस्त्रेण रामेण निहतं रणे ॥
द्रक्ष्याम्यल्पेन कालेन रावणं ससुहृज्जनम् ॥ ३५७
कच्चिन्न तद्धेमसमानवर्णं तस्याननं पद्मसमानगन्धि ॥
मया विना शुष्यति शोकदीनं जलक्षये पद्ममिवातपेन ॥ ३५८

अथ सप्तमः सर्गः ।

सीताया वचनं श्रुत्वा मारुतिर्भीमविक्रमः ॥
शिरस्यञ्जलिमाधाय वाक्यमुत्तरमब्रवीत् ॥ ३५९
न त्वामिहस्थां जानीते रामः कमललोचनः ॥
तेन त्वां नानयत्याशु शचीमिव पुरन्दरः ॥ ३६०

श्रुत्वैव च वचो मह्यं क्षिप्रमेष्यति राघवः ॥
चमूं प्रकर्षन्महतीं हर्यृक्षगणसंयुताम् ॥ ३६१
विष्टम्भयित्वा बाणौघैरक्षोभ्यं वरुणालयम् ॥
करिष्यति पुरीं लङ्कां काकुत्स्थः शान्तराक्षसाम् ॥ ३६२
मन्दरेण च ते देवि शपे मूलफलेन च ॥
मलयेन च विन्ध्येन मेरुणा दर्दुरेण च ॥ ३६३
यथा सुनयनं वल्गु बिम्बोष्ठं चारुकुण्डलम् ॥
मुखं द्रक्ष्यसि रामस्य पूर्णचन्द्रमिवोदितम् ॥ ३६४
अनिद्रः सततं रामः सुप्तोऽपि च नरोत्तमः ॥
सीतेति मधुरां वाणीं व्याहरन्प्रतिबुध्यते ॥ ३६५
दृष्ट्वा फलं वा पुष्पं वा यच्चान्यत्स्त्रीमनोहरम् ॥
बहुशो हा प्रियेत्येवं श्वसंस्त्वामभिभाषते ॥ ३६६
सा सीता वचनं श्रुत्वा पूर्णचन्द्रनिभानना ॥
हनूमन्तमुवाचेदं धर्मार्थसहितं वचः ॥ ३६७
अमृतं विषसंपृक्तं त्वया वानर भाषितम् ॥
यच्च नान्यमना रामो यच्च शोकपरायणः ॥ ३६८
ऐश्वर्ये वा सुविस्तीर्णे व्यसने वा सुदारुणे ॥
रज्ज्वेव पुरुषं बद्ध्वा कृतान्तः परिकर्षति ॥ ३६९
विधिर्नूनमसंहार्यः प्राणिनां प्लवगोत्तमः ॥
सौमित्रिं मां च रामं च व्यसनैः पश्य मोहितान् ॥ ३७०
राक्षसानां वधं कृत्वा सूदयित्वा च रावणम् ॥
लङ्कामुन्मथितां कृत्वा कदा द्रक्ष्यति मां पतिः ॥ ३७१
स वाच्यः संत्वरस्वेति यावदेव न पूर्यते ॥
अयं संवत्सरः कालस्तावद्धि मम जीवितम् ॥ ३७२
वर्तते दशमो मासो द्वौ तु शेषौ प्लवङ्गम ॥
रावणेन नृशंसेन समयो यः कृतो मम ॥ ३७३
बिभीषणेन च भ्रात्रा मम निर्यातनं प्रति ॥
अनुनीतः प्रयत्नेन नच तत्कुरुते मतिम् ॥ ३७४

ज्येष्ठा कन्या कला नाम विभीषणसुता कपे ॥
तया ममैतदाख्यातं मात्रा प्रहितया स्वयम् ॥ ३७५
उत्साहः पौरुषं सत्यमानृशंस्यं कृतज्ञता ॥
विक्रमश्च प्रभावश्च सन्ति वानर राघवे ॥ ३७६
चतुर्दश सहस्राणि राक्षसानां जघान यः ॥
जनस्थाने विना भ्रात्रा शत्रुः कस्तस्य नोद्विजेत् ॥ ३७७
इति संजल्पमानां तां रामार्थे शोककर्शिताम् ॥
अश्रुसंपूर्णवदनामुवाच हनुमान्कपिः ॥ ३७८
अथवा मोचयिष्यामि त्वामद्यैव सराक्षसात् ॥
अस्माद्दुःखादुपारोह मम पृष्ठमनिन्दिते ॥ ३७९
त्वां तु पृष्ठगतां कृत्वा संतरिष्यामि सागरम् ॥
शक्तिरस्ति हि मे वोढुं लङ्कामपि सरावणाम् ॥ ३८०
तं दृष्ट्वाऽचलसंकाशमुवाच जनकात्मजा ॥
पद्मपत्रविशालाक्षी मारुतस्योरसं सुतम् ॥ ३८१
तव सत्त्वं बलं चैव विजानामि महाकपे ॥
वायोरिव गतिश्चापि तेजश्चाग्नेरिवाद्भुतम् ॥ ३८२
प्राकृतोऽन्यः कथं चेमां भूमिमागन्तुमर्हति ॥
उदधेरप्रमेयस्य पारं वानर यूथप ॥ ३८३
अयुक्तं तु कपिश्रेष्ठ मया गन्तुं त्वया सह ॥
वायुवेगसवेगस्य वेगो मां मोहयेत्तव ॥ ३८४
अहमाकाशमासक्ता उपर्युपरि सागरम् ॥
प्रपतेयं हि ते पृष्ठाद्भूयो वेगेन गच्छतः ॥ ३८५
ह्रियमाणां तु मां दृष्ट्वा राक्षसा भीमविक्रमाः ॥
अनुगच्छेयुरादिष्टा रावणेन दुरात्मना ॥ ३८६
युध्यमानस्य रक्षोभिस्ततस्तैः क्रूरकर्मभिः ॥
प्रपतेयं हि ते पृष्ठाद्भयार्ता कपिसत्तम ॥ ३८७
मयि जीवितमायत्तं राघवस्यामितौजसः ॥
भ्रातॄणां च महाबाहो तव राजकुलस्य च ॥ ३८८

भर्तुर्भक्तिं पुरस्कृत्य रामादन्यस्य वानर ॥
नाहं स्प्रष्टुं स्वतो गात्रमिच्छेयं वानरोत्तम ॥ ३८९
यदहं गात्रसंस्पर्शं रावणस्य गता बलात् ॥
अनीशा किं करिष्यामि विनाथा विवशा सती ॥ ३९०
यदि रामो दशग्रीवमिह हत्वा सराक्षसम् ॥
मामितो गृह्य गच्छेत तत्तस्य सदृशं भवेत् ॥ ३९१
ततः स कपिशार्दूलस्तेन वाक्येन तोषितः ॥
सीतामुवाच तच्छ्रुत्वा वाक्यं वाक्यविशारदः ॥ ३९२
युक्तरूपं त्वया देवि भाषितं शुभदर्शने ॥
सदृशं स्त्रीस्वभावस्य साध्वीनां विनयस्य च ॥ ३९३
अभिज्ञानं प्रयच्छ त्वं जानीयाद्राघवो हि यत् ॥ ३९४
ततो वस्त्रगतं मुक्त्वा दिव्यं चूडामणिं शुभम् ॥
प्रदेयो राघवायेति सीता हनुमते ददौ ॥ ३९५
मणिं दत्त्वा ततः सीता हनूमन्तमथाब्रवीत् ॥
अभिज्ञानमभिज्ञातमेतद्रामस्य तत्त्वतः ॥ ३९६
मणिं दृष्ट्वा तु रामो वै त्रयाणां संस्मरिष्यति ॥
वीरो जनन्या मम च राज्ञो दशरथस्य च ॥ ३९७
स भूयस्त्वं समुत्साहचोदितो हरिसत्तम ॥
अस्मिन्कार्यसमुत्साहे प्रचिन्तय यदुत्तरम् ॥ ३९८
स तथेति प्रतिज्ञाय मारुतिर्भीमविक्रमः ॥
शिरसा वन्द्य वैदेहीं गमनायोपचक्रमे ॥ ३९९
ज्ञात्वा संप्रस्थितं देवी वानरं पवनात्मजम् ॥
बाष्पगद्गदया वाचा मैथिली वाक्यमब्रवीत् ॥ ४००
हनूमन्कुशलं ब्रूयाः सहितौ रामलक्ष्मणौ ॥
सुग्रीवं च सहामात्यं सर्वान्वृद्धांश्च वानरान् ॥
ब्रूयास्त्वं वानरश्रेष्ठ कुशलं धर्मसंहितम् ॥ ४०१
यथा च स महाबाहुर्मां तारयति राघवः ॥
अस्माद्दुःखाम्बुसंरोधात्त्वं समाधातुमर्हसि ॥ ४०२

जीवन्तीं मां यथा रामः संभावयति कीर्तिमान् ॥
तत्त्वया हनुमन्वाच्यं वाचा धर्ममवाप्नुहि ॥ ४०३
स च वाग्भिः प्रशस्ताभिर्गमिष्यन्पूजितस्तया ॥
तस्माद्देशादपाक्रम्य चिन्तयामास वानरः ॥
अल्पशेषमिदं कार्यं दृष्टेयमसितेक्षणा ॥ ४०४
त्रीनुपायानतिक्रम्य चतुर्थ इह दृश्यते ॥
न ह्येकः साधको हेतुः स्वल्पस्यापीह कर्मणः ॥
यो ह्यर्थं बहुधा वेद स समर्थोऽर्थसाधने ॥ ४०५
इदमस्य नृशंसस्य नन्दनोपममुत्तमम् ॥
वनं नेत्रमनःकान्तं नानाद्रुमलतायुतम् ॥ ४०६
इदं विध्वंसयिष्यामि शुष्कं वनमिवानलः ॥
अस्मिन्भग्ने ततः कोपं करिष्यति स रावणः ॥ ४०७
ततो मारुतवत्क्रुद्धो मारुतिर्भीमविक्रमः ॥
ऊरुवेगेन महता द्रुमान्क्षेप्तुमथारभत् ॥ ४०८
ततस्तद्धनुमान्वीरो बभञ्ज प्रमदावनम् ॥
मत्तद्विजसमाघुष्टं नानाद्रुमलतायुतम् ॥ ४०९
न बभौ तद्वनं तत्र दावानलहतं यथा ॥
व्याकुलावरणा रेजुर्विजिह्वा इव ता लताः ॥ ४१०
ततो गतायां निद्रायां राक्षस्यो विकृताननाः ॥
तद्वनं ददृशुर्भग्नं तं च वीरं महाकपिम् ॥ ४११
स ता दृष्ट्वा महाबाहुर्महासत्त्वो महाबलः ॥
चकार सुमहद्रूपं राक्षसीनां भयावहम् ॥ ४१२
रावणस्य समीपे तु राक्षस्यो विकृताननाः ॥
विरूपं वानरं भीमं रावणाय न्यवेदिषुः ॥ ४१३
अशोकवनिकामध्ये राजन्भीमवपुः कपिः ॥
सीतया कृतसंवादस्तिष्ठत्यमितविक्रमः ॥ ४१४
तस्योग्ररूपस्योग्रं त्वं दण्डमाज्ञातुमर्हसि ॥
सीता संभाषिता येन वनं तेन विनाशितम् ॥ ४१५

राक्षसीनां वचः श्रुत्वा रावणो राक्षसेश्वरः ॥
चिताग्निरिव जज्वाल कोपसंवर्तितेक्षणः ॥ ४१६
तस्य क्रुद्धस्य नेत्राभ्यां प्रापतन्नश्रुबिन्दवः ॥
दीप्ताभ्यामिव दीपाभ्यां सार्चिषः स्नेहबिन्दवः ॥ ४१७
आत्मनः सदृशान्वीरान्किंकरान्नाम राक्षसान् ॥
व्यादिदेश महातेजा निग्रहार्थं हनूमतः ॥ ४१८
तेषामशीतिसाहस्रं किंकराणां तरस्विनाम् ॥
निर्ययुर्भवनात्तस्मात्कूटमुद्गरपाणयः ॥ ४१९
हनूमानपि तेजस्वी श्रीमान्पर्वतसंनिभः ॥
क्षितावाविद्ध्य लाङ्गूलं ननाद च महाध्वनिम् ॥ ४२०
स तैः परिवृतः शूरैः सर्वतः स महाबलः ॥
आससादायसं भीमं परिघं तोरणाश्रितम् ॥ ४२१
स हत्वा राक्षसान्वीरः किंकरान्मारुतात्मजः ॥
युद्धकाङ्क्षी महावीरस्तोरणं समवस्थितः ॥ ४२२
ततस्तस्माद्भयान्मुक्ताः कतिचित्तत्र राक्षसाः ॥
निहतान्किङ्करान्सर्वान्रावणाय न्यवेदयन् ॥ ४२३
ततश्च राक्षसेन्द्रेण चोदिता मन्त्रिणः सुताः ॥
निर्ययुर्भवनात्तस्मात्सप्त सप्तार्चिवर्चसः ॥ ४२४
स कृत्वा निनदं घोरं त्रासयंस्तां महाचमूम् ॥
चकार हनुमान्वेगं तेषु रक्षःसु वीर्यवान् ॥ ४२५
ततस्तेष्ववपन्नेषु भूमौ निपातितेषु च ॥
तत्सैन्यमगमत्सर्वं दिशो दश भयार्दितम् ॥ ४२६
ततस्तैः स्वगणैरिष्टैरिन्द्रजित्प्रतिपूजितः ॥
युद्धोद्धतकृतोत्साहः संग्रामं संप्रपद्यत ॥ ४२७
श्रीमान्पद्मविशालाक्षो राक्षसाधिपतेः सुतः ॥
निर्जगाम महातेजाः समुद्र इव पर्वणि ॥ ४२८
आयान्तं सरथं दृष्ट्वा तूर्णमिन्द्रध्वजं कपिः ॥
ननाद च महानादं व्यवर्धत च वेगवान् ॥ ४२९

तावुभौ वेगसम्पन्नौ रणकर्मविशारदौ ॥
सर्वभूतमनोग्राहि चक्रतुर्युद्धमुत्तमम् ॥ ४३०
अवध्योऽयमिति ज्ञात्वा तमस्त्रेणास्त्रतत्त्ववित् ॥
निजग्राह महाबाहुर्मारुतात्मजमिन्द्रजित् ॥ ४३१
तेन बद्धस्ततोऽस्त्रेण राक्षसेन स वानरः ॥
अभवन्निर्विचेष्टश्च पपात च महीतले ॥ ४३२
ततस्ते राक्षसा दृष्ट्वा विनिश्चेष्टमरिन्दमम् ॥
बबन्धुः शणवल्कैश्च द्रुमचीरैश्च संहतैः ॥ ४३३
हन्यमानस्ततः क्रूरै राक्षसैः कालमुष्टिभिः ॥
समीपं राक्षसेन्द्रस्य प्राकृष्यत स वानरः ॥ ४३४
तमुद्वीक्ष्य महाबाहुः पिङ्गाक्षं पुरतः स्थितम् ॥
रोषेण महताऽऽविष्टो रावणो लोकरावणः ॥ ४३५
शङ्काहतात्मा दध्यौ स कपीन्द्रं तेजसा वृतम् ॥
किमेष भगवान्नन्दी भवेत्साक्षादिहागतः ॥ ४३६
येन शप्तोऽस्मि कैलासे मया प्रहसिते पुरा ॥
सोऽयं वानरमूर्तिः स्यात्किंस्विद्बाणोऽपि वाऽसुरः ॥ ४३७
तं समीक्ष्य महासत्त्वं सत्त्ववान्हरिसत्तमः ॥
वाक्यमर्थवदव्यग्रस्तमुवाच दशाननम् ॥ ४३८
अहं सुग्रीवसंदेशादिह प्राप्तस्तवान्तिके ॥
राक्षसेश हरीशस्त्वां भ्राता कुशलमब्रवीत् ॥ ४३९
तद्भवान्दृष्टधर्मार्थस्तपःकृतपरिग्रहः ॥
परदारान्महाप्राज्ञ नोपरोद्धुं त्वमर्हसि ॥ ४४०
कश्च लक्ष्मणमुक्तानां रामकोपानुवर्तिनाम् ॥
शराणामग्रतः स्थातुं शक्तो देवासुरेष्वपि ॥ ४४१
न चापि त्रिषु लोकेषु राजन्विद्येत कश्चन ॥
राघवस्य व्यलीकं यः कृत्वा सुखमवाप्नुयात् ॥ ४४२
तत्त्रिकालहितं वाक्यं धर्म्यमर्थानुयायि च ॥
मन्यस्व नरशार्दूले जानकी प्रतिदीयताम् ॥ ४४३

जनस्थानवधं बुद्ध्वा वालिनश्च वधं तथा ॥
रामसुग्रीवसख्यं च बुद्ध्यस्व हितमात्मनः ॥ ४४४
स तस्य वचनं श्रुत्वा वानरस्य महात्मनः ॥
आज्ञापयद्वधं तस्य रावणः क्रोधमूर्च्छितः ॥ ४४५
वधे तस्य समाज्ञप्ते रावणेन दुरात्मना ॥
निवेदितवतो दौत्यं नानुमेने बिभीषणः ॥ ४४६
कपीनां किल लाङ्गूलमिष्टं भवति भूषणम् ॥
तदस्य दीप्यतां शीघ्रं तेन दग्धेन गच्छतु ॥ ४४७
ततः पश्यन्त्वमुं दीनमङ्गवैरूप्यकर्शितम् ॥
सुमित्रज्ञातयः सर्वे बान्धवाः ससुहृज्जनाः ॥ ४४८
तस्य तद्वचनं श्रुत्वा राक्षसाः कोपकर्कशाः ॥
वेष्टन्ते तस्य लाङ्गूलं जीर्णैः कार्पासिकैः पटैः ॥ ४४९
संवेष्ट्यमाने लाङ्गूले व्यवर्धत महाकपिः ॥
शुष्कमिन्धनमासाद्य वनेष्विव हुताशनः ॥ ४५०
तैलेन परिषिच्याथ तेऽग्निं तत्रोपपादयन् ॥
सहस्त्रीबालवृद्धाश्च जग्मुः प्रीतिं निशाचराः ॥ ४५१
ततस्ते संवृताकारं सत्ववन्तं महाकपिम् ॥
परिगृह्य ययुर्हृष्टा राक्षसाः कपिकुञ्जरम् ॥ ४५२
शङ्खभेरीनिनादैश्च घोषयन्तः स्वकर्मभिः ॥
राक्षसाः क्रूरकर्माणश्चारयन्ति स्म तां पुरीम् ॥ ४५३
ततश्छित्वा स तान्पाशान्वेगवान्वै महाकपिः ॥
उत्पपाताथ वेगेन ननाद च महाकपिः ॥ ४५४
पुरद्वारं ततः श्रीमाञ्छैलशृङ्गमिवोन्नतम् ॥
वीक्षमाणश्च ददृशे परिघं तोरणाश्रितम् ॥ ४५५
स तं गृह्य महाबाहुः कालायसपरिष्कृतम् ॥
रक्षिणस्तान्पुनः सर्वान्सूदयामास मारुतिः ॥ ४५६

ततः प्रदीप्तलाङ्गूलः सविद्युदिव तोयदः ॥
भवनाग्रेषु लङ्काया विचचार महाकपिः ॥ ४५७
गृहाद्गृहं राक्षसानामुद्यानानि च वानरः ॥
वीक्षमाणो ह्यसंत्रस्तः प्रासादांश्च चचार सः ॥ ४५८
तेषु तेषु महार्हेषु भवनेषु महायशाः ॥
गृहेष्वृद्धिमतामृद्धिं ददाह कपिकुञ्जरः ॥ ४५९
सर्वेषां समतिक्रम्य राक्षसेन्द्रस्य वीर्यवान् ॥
आससादाथ लक्ष्मीवान्रावणस्य निवेशनम् ॥ ४६०
ततस्तस्मिन्गृहे मुख्ये नानारत्नविभूषिते ॥
मेरुमन्दरसंकाशे नानामङ्गलशोभिते ॥
प्रदीप्तमग्निं पवनस्तेषु वेश्मसु चारयन् ॥ ४६१
तानि काञ्चनजालानि मुक्तामणिमयानि च ॥
भवनानि व्यशीर्यन्त रत्नवन्ति महान्ति च ॥ ४६२
तानि भग्नविमानानि निपेतुर्वसुधातले ॥
भवनानीव सिद्धानामम्बरात्पुण्यसंक्षये ॥ ४६३
संजज्ञे तुमुलः शब्दो राक्षसानां प्रधावताम् ॥
स्वे स्वे गृहपरित्राणे भग्नोत्साहोज्झितश्रियाम् ॥ ४६४
नूनमेषोऽग्निरायातः कपिरूपेण हा इति ॥
क्रन्दन्त्यः सहसा पेतुः स्तनन्धयधराः स्त्रियः ॥ ४६५
काश्चिदग्निपरीताङ्ग्यो हर्म्येभ्यो मुक्तमूर्धजाः ॥
पतन्त्यो रेजिरेऽभ्रेभ्यः सौदामिन्य इवाम्बरात् ॥ ४६६
हनूमता वेगवता वानरेण महात्मना ॥
लङ्कापुरं प्रदग्धं तद्रुद्रेण त्रिपुरं यथा ॥ ४६७
भङ्क्त्वा वनं महातेजा हत्वा रक्षांसि संयुगे ॥
दग्ध्वा लङ्कापुरीं भीमां रराज स महाकपिः ॥ ४६८
लङ्कां समस्तां संपीड्य लाङ्गूलाग्निं महाकपिः ॥
निर्वापयामास तदा समुद्रे हरिपुङ्गवः ॥ ४६९

अथ अष्टमः सर्गः।

ततः स कपिशार्दूलः स्वामिसंदर्शनोत्सुकः ॥
आरुरोह गिरिश्रेष्ठमरिष्टमरिमर्दनः ॥ ४७०
जृम्भमाणमिवाकाशे शिखरैरभ्रमालिभिः ॥
कूटैश्च बहुधाकीर्णं शोभितं बहुकन्दरैः ॥ ४७१
सालतालैश्च कर्णैश्च वंशैश्च बहुभिर्वृतम् ॥
लतावितानैर्विततैः पुष्पवद्भिरलंकृतम् ॥ ४७२
तेन पादतलाक्रान्त्या रम्येषु गिरिसानुषु ॥
सघोषाः समशीर्यन्त शिलाश्चूर्णीकृतास्ततः ॥ ४७३
स तमारुह्य शैलेन्द्रं व्यवर्धत महाकपिः ॥
दक्षिणादुत्तरं पारं प्रार्थयँल्लवणाम्भसः ॥ ४७४
अधिरुह्य ततो वीरः पर्वतं पवनात्मजः ॥
ददर्श सागरं भीमं भीमोरगनिषेवितम् ॥ ४७५
स मारुत इवाकाशं मारुतस्यात्मसंभवः ॥
प्रपेदे हरिशार्दूलो दक्षिणादुत्तरां दिशम् ॥ ४७६
स तदा पीडितस्तेन कपिना पर्वतोत्तमः ॥
ररास विविधैर्भूतैः प्राविशद्वसुधातलम् ॥ ४७७
दशयोजनविस्तारस्त्रिंशद्योजनमुच्छ्रितः ॥
धरण्यां समतां यातः स बभूव धराधरः ॥ ४७८
स तं देशमनुप्राप्तः सुहृद्दर्शनलालसः ॥
ननाद सुमहानादं लाङ्गूलं चाप्यकम्पयत् ॥ ४७९
तस्य बाहूरुवेगं च निनादं च महात्मनः ॥
निशम्य हरयो हृष्टाः समुत्पेतुर्यतस्ततः ॥ ४८०
वे नगाग्रान्नगाग्राणि शिखराच्छिखराणि च ॥
प्रहृष्टाः समपद्यन्त हनूमन्तं दिदृक्षवः ॥ ४८१
ततस्तु वेगवान् वीरो गिरेर्गिरिनिभः कपिः ॥
निपपात पुनस्तस्य शिखरे पादपाकुले ॥ ४८२

ततस्ते प्रीतमनसः सर्वे वानरपुङ्गवाः ॥
हनूमन्तं महात्मानं परिवार्योपतस्थिरे ॥ ४८३
हनूमाँस्तु गुरून्वृद्धाञ्जाम्बवत्प्रमुखांस्तदा ॥
कुमारमङ्गदं चैव सोऽवन्दत महाकपिः ॥ ४८४
स ताभ्यां पूजितः पूज्यः कपिभिश्च प्रसादितः ॥
दृष्टा देवीति विक्रान्तः संक्षेपेण न्यवेदयत् ॥ ४८५
निशम्य मारुतेः सर्वे मुदिता वानरा भवन् ॥
क्ष्वेडन्त्यन्ये नदन्त्यन्ये गर्जन्त्यन्ये महाबलाः ॥
चक्रुः किलकिलामन्ये प्रतिगर्जन्ति चापरे ॥ ४८६
केचिदुच्छ्रितलाङ्गूलाः प्रहृष्टाः कपिकुञ्जराः ॥
आयताञ्चितदीर्घाणि लांगूलानि प्रविव्यधुः ॥ ४८७
अपरे तु हनूमन्तं श्रीमन्तं वानरोत्तमम् ॥
आप्लुत्य गिरिशृंगेषु संस्पृशन्ति स्म हर्षिताः ॥ ४८८
प्रीतिमन्तस्ततः सर्वे वायुपुत्रपुरःसराः ॥
महेन्द्राग्रात्समुत्पत्य पुप्लुवुः प्लवगर्षभाः ॥ ४८९
मेरुमन्दरसंकाशा मत्ता इव महागजाः ॥
छादयन्त इवाकाशं महाकाया महाबलाः ॥ ४९०
प्रियाख्यानोन्मुखाः सर्वे सर्वे युद्धाभिनन्दिनः ॥
सर्वे रामप्रतीकारे निश्चितार्था मनस्विनः ॥ ४९१
प्लवमानाः खमाप्लुत्य ततस्ते काननौकसः ॥
नन्दनोपममासेदुर्वनं द्रुमशतायुतम् ॥ ४९२
ततः कुमारस्तान्वृद्धाञ्जाम्बवत्प्रमुखान्कपीन् ॥
अनुमान्य ददौ तेषां निसर्गं मधुभक्षणे ॥ ४९३
भक्षयन्तः सुगन्धीनि मूलानि च फलानि च ॥
जग्मुः प्रहर्षं ते सर्वे बभूवुश्च मदोत्कटाः ॥ ४९४
ततः प्रस्रवणं शैलं ते गत्वा चित्रकाननम् ॥
प्रणम्य शिरसा रामं लक्ष्मणं च महाबलम् ॥ ४९५

युवराजं पुरस्कृत्य सुग्रीवमभिवाद्य च ॥
प्रवृत्तिमथ सीतायाः प्रवक्तुमुपचक्रमे ॥ ४९६
तं मणिं काञ्चनं दिव्यं दीप्यमानं स्वतेजसा ॥
दत्त्वा रामाय हनुमांस्ततः प्राञ्जलिरब्रवीत् ॥ ४९७
समुद्रं लङ्घयित्वाऽहं शतयोजनमायतम् ॥
अगच्छं जानकीं सीतां मार्गमाणो दिदृक्षया ॥ ४९८
तत्र लङ्केति नगरी रावणस्य दुरात्मनः ॥
दक्षिणस्य समुद्रस्य तीरे वसति दक्षिणे ॥ ४९९
तत्र सीता मया दृष्टा रावणान्तःपुरे सती ॥
त्वयि संन्यस्य जीवन्ती रामा राम मनोरथम् ॥ ५००
दृष्टा मे राक्षसीमध्ये तर्ज्यमाना मुहुर्मुहुः ॥
अधःशय्या विवर्णाङ्गी पद्मिनीव हिमागमे ॥ ५०१
रावणाद्विनिवृत्तार्था मर्तव्यकृतनिश्चया ॥
सा मया नरशार्दूल शनैर्विश्वासिता तदा ॥ ५०२
ततः संभाषिता देवी सर्वमर्थं च दर्शिता ॥
अभिज्ञानं च मे दत्तं ततो मामाह जानकी ॥ ५०३
एष निर्यातितः श्रीमान्मया ते वारिसंभवः ॥
एनं दृष्ट्वा प्रमोदिष्ये व्यसने त्वामिवानघ ॥ ५०४
जीवितं धारयिष्यामि मासं दशरथात्मज ॥
ऊर्ध्वं मासान्न जीवेयं रक्षसां वशमागता ॥
इति मामब्रवीत् सीता कृशाङ्गी धर्मचारिणी ॥ ५०५
एवमुक्तो हनुमता रामो दशरथात्मजः ॥
तं मणिं हृदये कृत्वा रुरोद सहलक्ष्मणः ॥ ५०६
तं तु दृष्ट्वा मणिश्रेष्ठं राघवः शोककर्शितः ॥
नेत्राभ्यामश्रुपूर्णाभ्यां सुग्रीवमिदमब्रवीत ॥ ५०७
यथैव धेनुः स्रवति स्नेहाद्वत्सस्य वत्सला ॥
तथा ममापि हृदयं मणिश्रेष्ठस्य दर्शनात् ॥ ५०८

मणिरत्नमिदं दत्तं वैदेह्याः श्वशुरेण मे ॥
वधूकाले यथाबद्धमधिकं मूर्ध्नि शोभते ॥ ५०९
इतस्तु किं दुःखतरं यमिमं वारिसंभवम् ॥
मणिं पश्यामि सौमित्रे वैदेहीमागतं विना ॥ ५१०
चिरं जीवति वैदेही यदि मासं धरिष्यति ॥
क्षणं वीर न जीवेयं विना तामसितेक्षणाम् ॥ ५११
नय मामपि तं देशं यत्र दृष्टा मम प्रिया ॥
न तिष्ठेयं क्षणमपि प्रवृत्तिमुपलभ्य च ॥ ५१२
कथं सा मम सुश्रोणी भीरुभीरुः सती तदा ॥
भयावहानां घोराणां मध्ये तिष्ठति रक्षसाम् ॥ ५१३

६–युद्धकाण्डम् ।

पूर्वार्धम् ।

अथ प्रथमः सर्गः ।

श्रुत्वा हनूमतो वाक्यं यथावदभिभाषितम् ॥
रामः प्रीतिसमायुक्तो वाक्यमुत्तरमब्रवीत् ॥ १
कृतं हनूमता कार्यं सुमहद्भुवि दुर्लभम् ॥
मनसाऽपि यदन्येन न शक्यं धरणीतले ॥ २
न हि तं परिपश्यामि यस्तरेत महोदधिम् ॥
अन्यत्र गरुडाद्वायोरन्यत्र च हनूमतः ॥ ३
इदं तु मम दीनस्य मनो भूयः प्रकर्षति ॥
यदिहास्य प्रियाख्यातुर्न कुर्मि सदृशं प्रियम् ॥ ४
एष सर्वस्वभूतस्तु परिष्वङ्गो हनूमतः ॥
मया कालमिमं प्राप्य दत्तस्तस्य महात्मनः ॥ ५
इत्युक्त्वा प्रीतिहृष्टाङ्गो रामस्तं परिषस्वजे ॥
हनूमन्तं कृतात्मानं कृतवाक्यमुपागतम् ॥ ६
ध्यात्वा पुनरुवाचेदं वचनं रघुसत्तमः ॥
हरीणामीश्वरस्यापि सुग्रीवस्योपशृण्वतः ॥ ७
सर्वथा सुकृतं तावत्सीतायाः परिमार्गणम् ॥
सागरं तु समासाद्य पुनर्नष्टं मनो मम ॥ ८
कथं नाम समुद्रस्य दुष्पारस्य महाम्भसः ॥
हरयो दक्षिणं पारं गमिष्यन्ति समागताः ॥ ९
तं तु शोकपरिद्यूनं रामं दशरथात्मजम् ॥
उवाच वचनं श्रीमान्सुग्रीवः शोकनाशनम् ॥ १०
सेतुरत्र यथा बद्ध्येद्यथा पश्येम तां पुरीम् ॥
तस्य राक्षसराजस्य तथा त्वं कुरु राघव ॥ ११
तदलं शोकमालम्ब्य क्रोधमालम्ब भूपते ॥
निश्चेष्टाः क्षत्रिया मन्दाः सर्वे चण्डस्य बिभ्यति ॥ १२

रा० उ०—उत्तराफल्गुनी ह्यद्य श्वस्तु हस्तेन योक्ष्यते ॥
अभिप्रयाम सुग्रीव सर्वानीकसमावृताः ॥ १३
ततो वानरराजेन लक्ष्मणेन च पूजितः ॥
जगाम रामो धर्मात्मा ससैन्यो दक्षिणां दिशम् ॥ १४
शतैः शतसहस्रैश्च कोटिभिश्चायुतैरपि ॥
वारणाभैश्च हरिभिर्ययौ परिवृतस्तदा ॥ १५
आप्लुवन्तः प्लवन्तश्च गर्जन्तश्च प्लवङ्गमाः ॥
क्ष्वेलन्तो निनदन्तश्च जग्मुर्वै दक्षिणां दिशम् ॥ १६
भक्षयन्तः सुगन्धीनि मधूनि च फलानि च ॥
उद्वहन्तो महावृक्षान्मञ्जरीपुञ्जधारिणः ॥ १७
अन्योन्यं सहसा दृप्ता निर्वहन्ति क्षिपन्ति च ॥
पतन्तश्चोत्पतन्त्यन्ये पातयन्त्यपरे परान् ॥ १८
पुरस्तादृषभो नीलो वीरः कुमुद एव च ॥
पन्थानं शोधयन्ति स्म वानरैर्बहुभिः सह ॥ १९
मध्ये तु राजा सुग्रीवो रामो लक्ष्मण एव च ॥
बलिभिर्बहुभिर्भीमैर्वृतः शत्रुनिबर्हणः ॥ २०
महेन्द्रमथ संप्राप्य रामो राजीवलोचनः ॥
आरुरोह महाबाहुः शिखरं द्रुमभूषितम् ॥ २१
ते सह्यं समतिक्रम्य मलयं च महागिरिम् ॥
आसेदुरानुपूर्व्येण समुद्रं भीमनिःस्वनम् ॥ २२
अथ धौतोपलतलां तोयौघैः सहसोत्थितैः ॥
वेलामासाद्य विपुलां रामो वचनमब्रवीत् ॥ २३
एते वयमनुप्राप्ताः सुग्रीव वरुणालयम् ॥
इहेदानीं विचिन्ता सा या नः पूर्वमुपस्थिता ॥ २४
तदिहैव निवेशोऽस्तु मन्त्रः प्रस्तूयतामिह ॥
यथेदं वानरबलं परं पारमवाप्नुयात् ॥ २५
रामस्य वचनं श्रुत्वा सुग्रीवः सहलक्ष्मणः ॥
सेनां न्यवेशयत्तीरे सागरस्य द्रुमायुते ॥ २६

विरराज समीपस्थं सागरस्य च तज्जलम् ॥
मधुपाण्डुजलः श्रीमान्द्वितीय इव सागरः ॥ २७
दूरपारमसंबाधं रक्षोगणनिषेवितम् ॥
पश्यन्तो वरुणावासं निषेदुर्हरियूथपाः ॥ २८
हसन्तमिव फेनौघैर्नृत्यन्तमिव चोर्मिभिः ॥
चन्द्रोदये समुद्भूतं प्रतिचन्द्रसमाकुलम् ॥ २९
सागरं चाम्बरप्रख्यमम्बरं सागरोपमम् ॥
सागरं चाम्बरं चेति निर्विशेषमदृश्यत ॥ ३०
संपृक्तं नभसाऽप्यम्भः संपृक्तं च नभोऽम्भसा ॥
तादृग्रूपे स्म दृश्येते तारारत्नसमाकुले ॥ ३१
समुत्पतितमेघस्य वीचिमालाऽऽकुलस्य च ॥
विशेषो न द्वयोरासीत्सागरस्याम्बरस्य च ॥ ३२
अन्योन्यैराहताः सक्ताः सस्वनुर्भीमनिःस्वनाः ॥
ऊर्मयः सिन्धुराजस्य महाभेर्य इवाम्बरे ॥ ३३
ततो विस्मयमापन्ना हरयो ददृशुः स्थिताः ॥
भ्रान्तोर्मिजालसंनादं प्रलोलमिव सागरम् ॥ ३४

अथ द्वितीयः सर्गः ।

लंकायां तु कृतं कर्म घोरं दृष्ट्वा भयावहम् ॥
राक्षसेन्द्रो हनुमता शक्रेणेव महात्मना ॥ ३५
अतीव कामसम्पन्नो वैदेहीमनुचिन्तयन् ॥
अतीतसमये काले तस्मिन्वै युधि रावणः ॥
अमात्यैश्च सुहृद्भिश्च प्राप्तकालममन्यत ॥ ३६
स हेमजालविततं मणिविद्रुमभूषितम् ॥
उपगम्य विनीताश्वमारुरोह महारथम् ॥ ३७
तमास्थाय रथश्रेष्ठं महामेघसमस्वनम् ॥
प्रययौ रक्षसां श्रेष्ठो दशग्रीवः सभां प्रति ॥ ३८

रावणं क्रुद्धमाज्ञाय महापार्श्वो महाबलः ॥
मुहूर्तमनुसञ्चिन्त्य प्राञ्जलिर्वाक्यमब्रवीत् ॥ ३९
ईश्वरस्येश्वरः कोऽस्ति तव शत्रुनिबर्हण ॥
रमस्व सह वैदेह्या शत्रूनाक्रम्य मूर्धसु ॥ ४०
कुम्भकर्णः सहास्माभिरिन्द्रजिच्च महाबलः ॥
प्रतिषेधयितुं शक्तौ सवज्रमपि वज्रिणम् ॥ ४१
एवमुक्तस्तदा राजा महापार्श्वेन रावणः ॥
तस्य संपूजयन्वाक्यमिदं वचनमब्रवीत् ॥ ४२
महापार्श्व प्रवदतो रहस्यं किंचिदात्मनः ॥
चिरवृत्तं तदाख्यास्ये यदवाप्तं पुरा मया ॥ ४३
पितामहस्य भवनं गच्छन्तीं पुञ्जिकस्थलीम् ॥
सञ्चूर्यमाणामद्राक्षमाकाशेऽग्निशिखामिव ॥ ४४
सा प्रसह्य मया भुक्ता कृता विवसना ततः ॥
स्वयम्भूभवनं प्राप्ता लोलिता नलिनी यथा ॥ ४५
तच्च तस्य तथा मन्ये ज्ञातमासीन्महात्मनः ॥
अथ संकुपितो वेधा मामिदं वाक्यमब्रवीत् ॥ ४६
अद्यप्रभृति यामन्यां बलान्नारीं गमिष्यसि ॥
तदा ते शतधा मूर्धा फलिष्यति न संशयः ॥ ४७
इत्यहं तस्य शापस्य भीतः प्रसभमेव ताम् ॥
नारोहये बलात्सीतां वैदेहीं शयने शुभे ॥ ४८
सागरस्येव मे वेगो मारुतस्येव मे गतिः ॥
नैतद्दाशरथिर्वेद ह्यासादयति तेन माम् ॥ ४९
को हि सिंहमिवासीनं सुप्तं गिरिगुहाशये ॥
क्रुद्धं मृत्युमिवासीनं सम्बोधयितुमिच्छति ॥ ५०
न मत्तो निर्गतान्बाणान्द्विजिह्वान्पन्नगानिव ॥
रामः पश्यति संग्रामे तेन मामभिगच्छति ॥ ५१
वि० उ०—प्रमत्तेष्वभियुक्तेषु दैवेन प्रहतेषु च ॥
विक्रमास्तात सिध्यन्ति परीक्ष्य विधिना कृताः ॥ ५२

समुद्रं लङ्घयित्वा तु घोरं नदनदीपतिम् ॥
गतिं हनूमतो लोके को विद्यात्तर्कयेत वा ॥ ५३
न तु भीमं वीर्यवता तेन धर्मानुवर्तिना ॥
वैरं निरर्थकं कर्तुं दीयतामस्य मैथिली ॥ ५४
यावन्न सगजां साश्वां बहुरत्नसमाकुलाम् ॥
पुरीं दारयते बाणैर्दीयतामस्य मैथिली ॥ ५५
प्रसादये त्वां बन्धुत्वात्कुरुष्व वचनं मम ॥
हितं तथ्यं त्वहं ब्रूमि दीयतामस्य मैथिली ॥ ५६
न्यायेन राजकार्याणि यः करोति दशानन ॥
न स संतप्यते पश्चान्निश्चितार्थमतिर्नृप ॥ ५७
सुनिविष्टं हितं वाक्यमुक्तवन्तं बिभीषणम् ॥
अब्रवीत्परुषं वाक्यं रावणः कालचोदितः ॥ ५८
वसेत्सह सपत्नेन क्रुद्धेनाशीविषेण च ॥
नतु मित्रप्रवादेन संवसेच्छत्रुसेविना ॥ ५९
जानामि शीलं ज्ञातीनां सर्वलोकेषु राक्षस ॥
हृष्यन्ति व्यसनेष्वेते ज्ञातीनां ज्ञातयः सदा ॥ ६०
प्रधानं साधकं वैद्यं धर्मशीलं च राक्षस ॥
ज्ञातयोऽप्यवमन्यन्ते शूरं परिभवन्ति च ॥ ६१
नित्यमन्योन्यसंहृष्टा व्यसनेष्वाततायिनः ॥
प्रच्छन्नहृदया घोरा ज्ञातयस्तु भयावहाः ॥ ६२
श्रूयन्ते हस्तिभिर्गीताः श्लोकाः पद्मवने पुरा ॥
पाशहस्तान्नरान्दृष्ट्वा शृणुष्व गदतो मम ॥ ६३
नाग्निर्नान्यानि शस्त्राणि न नः पाशा भयावहाः ॥
घोराः स्वार्थप्रयुक्तास्तु ज्ञातयो नो भयावहाः ॥ ६४
विद्यते गोषु सम्पन्नं विद्यते ज्ञातितो भयम् ॥
विद्यते स्त्रीषु चापल्यं विद्यते ब्राह्मणे तपः ॥ ६५
यथा पुष्करपत्रेषु पतितास्तोयबिन्दवः ॥
न श्लेषमभिगच्छन्ति तथानार्येषु सौहृदम् ॥ ६६

योऽन्यस्त्वेवंविधं ब्रूयाद्वाक्यमेतन्निशाचर ॥
अस्मिन्मुहूर्ते न भवेत्त्वां तु धिक्कुलपांसन ॥ ६७
इत्युक्तः परुषं वाक्यं न्यायवादी बिभीषणः ॥
उत्पपात गदापाणिश्चतुर्भिः सह राक्षसैः ॥ ६८
अब्रवीच्च तदा वाक्यं जातक्रोधो बिभीषणः ॥
अन्तरिक्षगतः श्रीमान्भ्राता वै राक्षसाधिपम् ॥ ६९
स त्वं भ्रान्तोऽसि मे राजन्ब्रूहि मां यद्यदिच्छसि ॥
ज्येष्ठो मान्यः पितृसमो न च धर्मपथे स्थितः ॥ ७०
सुनीतं हितकामेन वाक्यमुक्तं दशानन ॥
न गृह्णन्त्यकृतात्मानः कालस्य वशमागताः ॥ ७१
सुलभाः पुरुषा राजन्सततं प्रियवादिनः ॥
अप्रियस्य च पथ्यस्य वक्ता श्रोता च दुर्लभः ॥ ७२
तन्मर्षयतु यच्चोक्तं गुरुत्वाद्धितमिच्छता ॥
आत्मानं सर्वथा रक्ष पुरीं चेमां सराक्षसाम् ॥ ७३
इत्युक्त्वा परुषं वाक्यं रावणं रावणानुजः ॥
आजगाम मुहूर्तेन यत्र रामः सलक्ष्मणः ॥ ७४
तं मेरुशिखरकारं दीप्तामिव शतह्रदाम् ॥
गगनस्थं महीस्थास्ते ददृशुर्वानराधिपाः ॥ ७५
तमात्मपञ्चमं दृष्ट्वा सुग्रीवो वानराधिपः ॥
वानरैः सह दुर्धर्षश्चिन्तयामास बुद्धिमान् ॥ ७६
एष सर्वायुधोपेतश्चतुर्भिः सह राक्षसैः ॥
राक्षसोऽभ्येति पश्यध्वमस्मान्हन्तुं न संशयः ॥ ७७
तेषां संभाषमाणानामन्योन्यं स बिभीषणः ॥
उत्तरं तीरमासाद्य खस्थ एव व्यतिष्ठत ॥ ७८
स उवाच महाप्राज्ञः स्वरेण महता महान् ॥
सुग्रीवं तांश्च संप्रेक्ष्य खस्थ एव बिभीषणः ॥ ७९
रावणो नाम दुर्वृत्तो राक्षसो राक्षसेश्वरः ॥
तस्याहमनुजो भ्राता बिभीषण इति श्रुतः ॥ ८०

तेन सीता जनस्थानाद्धृता हत्वा जटायुषम् ॥
रुद्धा च विवशा दीना राक्षसीभिः सुरक्षिता ॥ ८१
तमहं हेतुभिर्वाक्यैर्विविधैश्च न्यदर्शयम् ॥
साधु निर्यात्यतां सीता रामायेति पुनः पुनः ॥ ८२
स च न प्रतिजग्राह रावणः कालचोदितः ॥
उच्यमानं हितं वाक्यं विपरीत इवौषधम् ॥ ८३
सोऽहं परुषितस्तेन दासवच्चावमानितः ॥
त्यक्त्वा पुत्रांश्च दारांश्च राघवं शरणं गतः ॥ ८४
निवेदयत मां क्षिप्रं राघवाय महात्मने ॥
सर्वलोकशरण्याय बिभीषणमुपस्थितम् ॥ ८५
एतत्तु वचनं श्रुत्वा सुग्रीवो लघुविक्रमः ॥
लक्ष्मणस्याग्रतो रामं संरब्धमिदमब्रवीत् ॥ ८६
प्रविष्टः शत्रुसैन्यं हि प्राप्तः शत्रुरतर्कितः ॥
निहन्यादन्तरं लब्ध्वा उलूको वायसानिव ॥ ८७
अन्तर्धानगता ह्येते राक्षसाः कामरूपिणः ॥
शूराश्च निकृतिज्ञाश्च तेषां जातु न विश्वसेत् ॥ ८८
सुग्रीवस्य तु तद्वाक्यं श्रुत्वा रामो महाबलः ॥
समीपस्थानुवाचेदं हनुमत्प्रमुखान्कपीन् ॥ ८९
अस्ति सूक्ष्मतरं किंचिद्यथाऽत्र प्रतिभाति माम् ॥
प्रत्यक्षं लौकिकं चापि वर्तते सर्वराजसु ॥ ९०
अमित्रास्तत्कुलीनाश्च प्रातिदेश्याश्च कीर्तिताः ॥
व्यसनेषु प्रहर्तारस्तस्मादयमिहागतः ॥ ९१
अपापास्तत्कुलीनाश्च मानयन्ति स्वकान्हितान् ॥
एष प्रायो नरेन्द्राणां शङ्कनीयस्तु शोभनः ॥ ९२
यस्तु दोषस्त्वया प्रोक्तो ह्यादानेऽरिबलस्य च ॥
तत्र ते कीर्तयिष्यामि यथाशास्त्रमिदं शृणु ॥ ९३
न वयं तत्कुलीनाश्च राज्यकाङ्क्षी च राक्षसः ॥
पण्डिता हि भविष्यन्ति तस्माद्ग्राह्यो बिभीषणः ॥ ९४

अव्यग्राश्च प्रहृष्टाश्च ते भविष्यंति सङ्गताः ॥
प्रणादश्च महानेषोऽन्योन्यस्य भयमागतम् ॥
इति भेदं गमिष्यन्ति तस्मात्प्राप्तो बिभीषणः ॥ ९५
ऋषेः कण्वस्य पुत्रेण कण्डुना परमर्षिणा ॥
शृणु गाथा पुरा गीता धर्मिष्ठा सत्यवादिना ॥ ९६
बद्धाञ्जलिपुटं दीनं याचन्तं शरणागतम् ॥
न हन्यादानृशंस्यार्थमपि शत्रुं परन्तप ॥ ९७
आर्तो वा यदि वा दृप्तः परेषां शरणं गतः ॥
अरिः प्राणान्परित्यज्य रक्षितव्यः कृतात्मना ॥ ९८
एवं दोषो महानत्र प्रपन्नानामरक्षणे ॥
अस्वर्ग्यं चायशस्यं च बलवीर्यविनाशनम् ॥ ९९
आनयैनं हरिश्रेष्ठ दत्तमस्याभयं मया ॥
बिभीषणो वा सुग्रीव यदि वा रावणः स्वयम् ॥ १००
रामस्य तु वचः श्रुत्वा सुग्रीवः प्लवगेश्वरः ॥
प्रत्यभाषत काकुत्स्थं सौहार्देनाभिपूरितः ॥ १०१
किमत्र चित्रं धर्मज्ञ लोकनाथशिखामणे ॥
यत्त्वमार्यं प्रभाषेथाः सत्त्ववान्सत्पथे स्थितः ॥ १०२
मम चाप्यन्तरात्माऽयं शुद्धं वेत्ति बिभीषणम् ॥
अनुमानाच्च भावाच्च सर्वतः सुपरीक्षितः ॥ १०३
तस्मात्क्षिप्रं सहास्माभिस्तुल्यो भवतु राघव ॥
बिभीषणो महाप्राज्ञः सखित्वं चाभ्युपैतु नः ॥ १०४
राघवेणाभये दत्ते संनतो रावणानुजः ॥
खात्पपातावनिं हृष्टो भक्तैरनुचरैः सह ॥ १०५
पादयोर्निपपाताथ चतुर्भिः सह राक्षसैः ॥
अब्रवीच्च तदा वाक्यं रामं प्रति बिभीषणः ॥ १०६
अनुजो रावणस्याहं तेन चास्म्यवमानितः ॥
भवन्तं सर्वभूतानां शरण्यं शरणं गतः ॥ १०७

परित्यक्ता मया लङ्का मित्राणि च धनानि च ॥
भवद्गतं हि मे राज्यं जीवितं च सुखानि च ॥ १०८
तस्य तद्वचनं श्रुत्वा रामो वचनमब्रवीत् ॥
वचसा सान्त्वयित्वैनं लोचनाभ्यां पिबन्निव ॥
आख्याहि मम तत्त्वेन राक्षसानां बलाबलम् ॥ १०९
एवमुक्तं तदा रक्षो रामेणाक्लिष्टकर्मणा ॥
रावणस्य बलं सर्वमाख्यातुमुपचक्रमे ॥ ११०
अवध्यः सर्वभूतानां गन्धर्वोरगपक्षिणाम् ॥
राजपुत्र दशग्रीवो वरदानात्स्वयंभुवः ॥ १११
रावणानन्तरो भ्राता मम ज्येष्ठश्च वीर्यवान् ॥
कुम्भकर्णो महातेजाः शक्रप्रतिबलो युधि ॥ ११२
राम सेनापतिस्तस्य प्रहस्तो यदि ते श्रुतः ॥
कैलासे येन समरे मणिभद्रः पराजितः ॥ ११३
बद्धगोधाङ्गुलित्रश्च अवध्यकवचो युधि ॥
धनुरादाय यस्तिष्ठन्नदृश्यो भवतीन्द्रजित् ॥ ११४
संग्रामे सुमहद्व्यूहे तर्पयित्वा हुताशनम् ॥
अन्तर्धानगतः श्रीमानिन्द्रजिद्धन्ति राघव ॥ ११५
महोदरमहापार्श्वौ राक्षसश्चाप्यकम्पनः ॥
अनीकपास्तु तस्यैते लोकपालसमा युधि ॥ ११६
दशकोटिसहस्राणि रक्षसां कामरूपिणाम् ॥
मांसशोणितभक्ष्याणां लङ्कापुरनिवासिनाम् ॥ ११७
स तैस्तु सहितो राजा लोकपालानयोधयत् ॥
सह देवैस्तु ते भग्ना रावणेन दुरात्मना ॥ ११८

रा० उ०—यानि कर्मापदानानि रावणस्य बिभीषण ॥
आख्यातानि च तत्त्वेन ह्यवगच्छामि तान्यहम् ॥ ११९
अहं हत्वा दशग्रीवं सप्रहस्तं सहात्मजम् ॥
राजानं त्वां करिष्यामि सत्यमेतच्छृणोतु मे ॥ १२०

श्रुत्वा तु वचनं तस्य रामस्याक्लिष्टकर्मणः ॥
शिरसा वन्द्य धर्मात्मा वक्तुमेव प्रचक्रमे ॥ १२१
राक्षसानां वधे साह्यं लङ्कायाश्च प्रधर्षणे ॥
करिष्यामि यथाप्राणं प्रवेक्ष्यामि च वाहिनीम् ॥ १२२
इति ब्रुवाणं रामस्तु परिष्वज्य बिभीषणम् ॥
अब्रवील्लक्ष्मणं प्रीतः समुद्राज्जलमानय ॥ १२३
तेन चेमं महाप्राज्ञमभिषिञ्च बिभीषणम् ॥
राजानं रक्षसां क्षिप्रं प्रसन्ने मयि मानद ॥ १२४
एवमुक्तस्तु सौमित्रिरभ्यषिञ्चद्बिभीषणम् ॥
मध्ये वानरमुख्यानां राजानं राजशासनात् ॥ १२५

अथ तृतीयः सर्गः ।

ततः सागरवेलायां दर्भानास्तीर्य राघवः ॥
अञ्जलिं प्राङ्मुखः कृत्वा प्रतिशिश्ये महोदधेः ॥ १२६
तस्य रामस्य सुप्तस्य कुशास्तीर्णे महीतले ॥
नियमादप्रमत्तस्य निशास्तिस्रोऽभिजग्मतुः ॥ १२७
न च दर्शयते रूपं मन्दो रामस्य सागरः ॥
प्रयतेनापि रामेण यथार्हमभिपूजितः ॥ १२८
अथोवाच रघुश्रेष्ठः सागरं दारुणं वचः ॥
अद्याहं शोषयिष्यामि सपातालं महार्णवम् ॥ १२९
ब्राह्मेणास्त्रेण संयोज्य ब्रह्मदण्डनिभं शरम् ॥
संयोज्य धनुषि श्रेष्ठे विचकर्ष महाबलः ॥ १३०
तस्मिन्विकृष्टे सहसा राघवेण शरासने ॥
रोदसी संपफालेव पर्वताश्च चकम्पिरे ॥ १३१
तिर्यक्च सह नक्षत्रैः संगतौ चन्द्रभास्करौ ॥
भास्करांशुभिरादीप्तं तमसा च समावृतम् ॥
प्रचकाशे तदाकाशमुल्काशतविदीपितम् ॥ १३२
ततो मध्यात्समुद्रस्य सागरः स्वयमुत्थितः ॥
उदयाद्रिमहाशैलान्मेरोरिव दिवाकरः ॥ १३३

पन्नगैः सह दीप्तास्यैः समुद्रः प्रत्यदृश्यत ॥
स्निग्धवैदूर्यसंकाशो जाम्बूनदविभूषणः ॥ १३४
सागरः समुपक्रम्य पूर्वमामन्त्र्य वीर्यवान् ॥
अब्रवीत्प्राञ्जलिर्वाक्यं राघवं शरपाणिनम् ॥ १३५
पृथिवी वायुराकाश आपो ज्योतिश्च राघव ॥
स्वभावे सौम्य तिष्ठन्ति शाश्वतं मार्गमाश्रिताः ॥ १३६
तत्स्वभावो ममाप्येष यदगाधोऽहमप्लवः ॥
विकारस्तु भवेद्राध एतत्ते प्रवदाम्यहम् ॥ १३७
न कामान्न च लोभाद्वा न भयात्पार्थिवात्मज ॥
रागान्नक्राकुलजलं स्तम्भयेयं कथंचन ॥ १३८
तमब्रवीत्तदा रामः शृणु मे वरुणालय ॥
अमोघोऽयं महाबाणः कस्मिन्देशे निपात्यताम् ॥ १३९
रामस्य वचनं श्रुत्वा तं च दृष्ट्वा महाशरम् ॥
महोदधिर्महातेजा राघवं वाक्यमब्रवीत् ॥ १४०
उत्तरेणावकाशोऽस्ति कश्चित्पुण्यतरो मम ॥
द्रुमकुल्य इति ख्यातो लोके ख्यातो यथा भवान् ॥ १४१
तस्य तद्वचनं श्रुत्वा सागरस्य महात्मनः ॥
मुमोच तं शरं दीप्तं परं सागरदर्शनात् ॥ १४२
तेन तन्मरुकान्तारं पृथिव्यां किल विश्रुतम् ॥
निपातितः शरो यत्र वज्राशनिसमप्रभः ॥ १४३
ननाद च तदा तत्र वसुधा शल्यपीडिता ॥
तमाद्व्रणमुखात्तोयमुत्पपात रसातलात् ॥
स बभूव तदा कूपो व्रण इत्येव विश्रुतः ॥
सततं चोत्थितं तोयं समुद्रस्येव दृश्यते ॥ १४४
अवदारणशब्दश्च दारुणः समपद्यत ॥
तस्मात्तद्बाणपातेन अपः कुक्षिष्वशोषयत् ॥ १४५
शोषयित्वा तु तं कुक्षिं रामो दशरथात्मजः ॥
वरं तस्मै ददौ विद्वान्मरवेऽमराविक्रमः ॥ १४६

पशव्यश्चाल्परोगश्च फलमूलरसैर्युतः ॥
बहुस्नेहो बहुक्षीरः सुगन्धिर्विविधौषधिः ॥ १४७
एवमेतैश्च संयुक्तो बहुभिः संयुतो मरुः ॥
रामस्य वरदानाच्च शिवः पन्था बभूव ह ॥ १४८
तस्मिन्दग्धे तदा कुक्षौ समुद्रः सरितां पतिः ॥
राघवं सर्वशास्त्रज्ञमिदं वचनमब्रवीत् ॥ १४९
अयं सौम्य नलो नाम तनयो विश्वकर्मणः ॥
पित्रा दत्तवरः श्रीमान्प्रीतिमान्विश्वकर्मणः ॥ १५०
एष सेतुं महोत्साहः करोतु मयि वानरः ॥
तमहं धारयिष्यामि यथा ह्येष पिता तथा ॥ १५१
एवमुक्त्वोदधिर्नष्टः समुत्थाय नलस्ततः ॥
अब्रवीद्वानरश्रेष्ठो वाक्यं रामं महाबलम् ॥ १५२
अयं हि सागरो भीमः सेतुकर्मदिदृक्षया ॥
ददौ दण्डभयाद्गाधं राघवाय महोदधिः ॥ १५३
मम मातुर्वरो दत्तो मन्दरे विश्वकर्मणा ॥
मया तु सदृशः पुत्रस्तव देवि भविष्यति ॥ १५४
औरसस्तस्य पुत्रोऽहं सदृशो विश्वकर्मणा ॥
न चाप्यहमनुक्तो वः प्रब्रूयामात्मनो गुणान् ॥ १५५
समर्थश्चाप्यहं सेतुं कर्तुं वै वरुणालये ॥
तस्माद्द्यैव बध्नन्तु सेतुं वानरपुङ्गवाः ॥ १५६
ततो विसृष्टा रामेण सर्वतो हरिपुङ्गवाः ॥
उत्पेततुर्महारण्यं हृष्टाः शतसहस्रशः ॥ १५७
ते नगान्नगसंकाशाः शाखामृगगणर्षभाः ॥
बभञ्जुः पादपांस्तत्र प्रचकर्षुश्च सागरम् ॥ १५८
ते सालैश्चाश्वकर्णैश्च धवैर्वंशैश्च वानराः ॥
कुटजैरर्जुनैस्तालैस्तिलकैस्तिनिशैरपि ॥ १५९
बिल्वकैः सप्तपर्णैश्च कर्णिकारैश्च पुष्पितैः ॥
चूतैश्चाशोकवृक्षैश्च सागरं समपूरयन् ॥ १६०

समूलांश्च विमूलांश्च पादपान्हरिसत्तमाः ॥
इन्द्रकेतूनिवोद्यम्य प्रजह्रुर्वानरास्तरून् ॥ १६१
तालान्दाडिमगुल्मांश्च नारिकेलबिभीतकान् ॥
करीरान्बकुलान्निम्बान्समाजह्रुरितस्ततः ॥ १६२
हस्तिमात्रान्महाकायाः पाषाणांश्च महाबलाः ॥
पर्वतांश्च समुत्पाट्य यन्त्रैः परिवहन्ति च ॥ १६३
प्रक्षिप्यमाणैरचलैः सहसा जलमुद्धृतम् ॥
समुत्ससर्प चाकाशमवासर्पत्ततः पुनः ॥ १६४
सूत्राण्यन्ये प्रगृह्णंति ह्यायतं शतयोजनम् ॥
नलश्चक्रे महासेतुं मध्ये नदनदीपतेः ॥ १६५
दण्डानन्ये प्रगृह्णन्ति विचिन्वन्ति तथापरे ॥
वानरैः शतशस्तत्र रामस्याज्ञापुरःसरैः ॥ १६६
कृतानि प्रथमेनाह्ना योजनानि चतुर्दश ॥
प्रहृष्टैर्गजसंकाशैस्त्वरमाणैः प्लवङ्गमैः ॥ १६७
द्वितीयेन तथैवाह्ना योजनानि तु विंशतिः ॥
कृतानि प्लवगैस्तूर्णं भीमकायैर्महाबलैः ॥ १६८
अह्ना तृतीयेन तथा योजनानि तु सागरे ॥
त्वरमाणैर्महाकायैरेकविंशतिरेव च ॥ १६९
चतुर्थेन तथा चाह्ना द्वाविंशतिरथापि वा ॥
योजनानि महावेगैः कृतानि त्वरितैस्ततः ॥ १७०
पञ्चमेन तथा चाह्ना प्लवगैः क्षिप्रकारिभिः ॥
योजनानि त्रयोविंशत्सुवेलमधिकृत्य वै ॥ १७१
स नलेन कृतः सेतुः सागरे मकरालये ॥
शुशुभे सुभगः श्रीमान्स्वातीपथ इवाम्बरे ॥ १७२
दशयोजनविस्तीर्णं शतयोजनमायतम् ॥
ददृशुर्देवगन्धर्वा नलसेतुं सुदुष्करम् ॥ १७३
तानि कोटिसहस्राणि वानराणां महौजसाम् ॥
बध्नन्तः सागरे सेतुं जग्मुः पारं महोदधेः ॥ १७४

अग्रतस्तस्य सैन्यस्य श्रीमान्रामः सलक्ष्मणः ॥
जगाम धन्वी धर्मात्मा सुग्रीवेण समन्वितः ॥ १७५
अन्ये मध्येन गच्छन्ति पार्श्वतोऽन्ये प्लवङ्गमाः ॥
सलिलं प्रपतन्त्यन्ये मार्गमन्ये प्रपेदिरे ॥
केचिद्वैहायसगताः सुपर्णा इव पुप्लुवुः ॥ १७६
घोषेण महता घोषं सागरस्य समुच्छ्रितम् ॥
भीममन्तर्दधे भीमा तरन्ती हरिवाहिनी ॥ १७७
वानराणां हि सा तीर्णा वाहिनी नलसेतुना ॥
तीरे निविविशे राज्ञा बहुमूलफलोदके ॥ १७८
सा वीरसमिती राज्ञा विरराज व्यवस्थिता ॥
शशिना शुभनक्षत्रा पौर्णमासीव शारदी ॥ १७९
ततः शुश्रुवुराकुष्टं लङ्कायां काननौकसः ॥
भेरीमृदङ्गसंघुष्टं तुमुलं लोमहर्षणम् ॥ १८०
बभूवुस्तेन घोषेण संहृष्टा हरियूथपाः ॥
अमृष्यमाणास्तद्घोषं विनेदुर्घोषवत्तरम् ॥ १८१
राक्षसास्तत्प्लवङ्गानां शुश्रुवुस्तेऽपि गर्जितम् ॥
नर्दतामिव दृप्तानां मेघानामम्बरे स्वनम् ॥ १८२

अथ चतुर्थः सर्गः ।

ततो रामः सुवेलाग्रं योजनद्वयमण्डलम् ॥
उपारोहत्ससुग्रीवो हरियूथैः समन्वितः ॥ १८३
त्रिकूटशिखरे रम्ये निर्मितां विश्वकर्मणा ॥
ददर्श लङ्कां सुन्यस्तां रम्यकाननशोभिताम् ॥ १८४
तौ त्वदीर्घेण कालेन भ्रातरौ रामलक्ष्मणौ ॥
रावणस्य पुरीं लङ्कामासेदतुररिन्दमौ ॥ १८५
तां सुरैरपि दुर्धर्षां रामवाक्यप्रचोदिताः ॥
यथानिदेशं संपीड्य न्यविशन्त वनौकसः ॥ १८६

लङ्कायास्तूत्तरद्वारं शैलशृङ्गमिवोन्नतम् ॥
रामः सहानुजो धन्वी जुगोप च रुरोध च ॥ १८७
नान्यो रामाद्धि तद्द्वारं समर्थः परिरक्षितुम् ॥
रावणाधिष्ठितं भीमं वरुणेनेव सागरम् ॥ १८८
पूर्वं तु द्वारमासाद्य नीलो हरिचमूपतिः ॥
अतिष्ठत्सह मैन्देन द्विविदेन च वीर्यवान् ॥ १८९
अङ्गदो दक्षिणद्वारं जग्राह सुमहाबलः ॥
ऋषभेण गवाक्षेण गजेन गवयेन च ॥ १९०
हनूमान्पश्चिमद्वारं ररक्ष बलवान्कपिः ॥
प्रजङ्घतरसाभ्यां च वीरैरन्यैश्च संगतः ॥ १९१
मध्यमे च स्वयं गुल्मे सुग्रीवः समतिष्ठत ॥
सह सर्वैर्हरिश्रेष्ठैः सुपर्णपवनोपमैः ॥ १९२
वानराणां तु षट् त्रिंशत्कोट्यः प्रख्यातयूथपाः ॥
निपीड्योपनिविष्टाश्च सुग्रीवो यत्र वानरः ॥ १९३
शासनेन तु रामस्य लक्ष्मणः सबिभीषणः ॥
द्वारे द्वारे हरीणां तु कोटिं कोटीर्न्यवेशयत् ॥ १९४
पश्चिमेन तु रामस्य सुषेणः सहजाम्बवान् ॥
अदूरान्मध्यमे गुल्मे तस्थौ बहुबलानुगः ॥ १९५
वानरैर्बलवद्भिश्च बभूव द्रुमपाणिभिः ॥
सर्वतः संवृता लङ्का दुष्प्रवेशाऽपि वायुना ॥ १९६
राघवः संनिवेश्यैव स्वसैन्यं रक्षसां वधे ॥
संमन्त्र्य मन्त्रिभिः सार्धं निश्चित्य च पुनः पुनः ॥ १९७
आनन्तर्यमभिप्रेप्सुः क्रमयोगार्थतत्त्ववित् ॥
बिभीषणस्यानुमते राजधर्ममनुस्मरन् ॥ १९८
अङ्गदं वालितनयं समाहूयेदमब्रवीत् ॥
गत्वा सौम्य दशग्रीवं ब्रूहि मद्वचनात्कपे ॥ १९९
लङ्घयित्वा पुरीं लङ्कां भयं त्यक्त्वा गतव्यथः ॥
भ्रष्टश्रीकं गतैश्वर्यं मुमूर्षानष्टचेतनम् ॥ २००

बलेन येन वै सीतां मायया राक्षसाधम ॥
मामतिक्रमयित्वा त्वं हृतवांस्तन्निदर्शय ॥ २०१
अराक्षसमिमं लोकं कर्तास्मि निशितैः शरैः ॥
न चेच्छरणमभ्येषि तामादाय तु मैथिलीम् ॥ २०२
धर्मात्मा राक्षसश्रेष्ठः संप्राप्तोऽयं बिभीषणः ॥
लङ्कैश्वर्यमिदं श्रीमान्ध्रुवं प्राप्नोत्यकण्टकम् ॥ २०३
नहि राज्यमधर्मेण भोक्तुं क्षणमपि त्वया ॥
शक्यं मूर्खसहायेन पापेनाविदितात्मना ॥ २०४
इत्युक्तः स तु तारेयो रामेणाक्लिष्टकर्मणा ॥
जगामाकाशमाविश्य मूर्तिमानिव हव्यवाट् ॥ २०५
सोऽतिपत्य मुहूर्तेन श्रीमान्रावणमन्दिरम् ॥
ददर्शासीनमव्यग्रं रावणं सचिवैः सह ॥ २०६
ततस्तस्याविदूरेण निपत्य हरिपुङ्गवः ॥
दीप्ताग्निसदृशस्तस्थावङ्गदः कनकाङ्गदः ॥ २०७
तद्रामवचनं सर्वमन्यूनाधिकमुत्तमम् ॥
सामात्यं श्रावयामास निवेद्यात्मानमात्मना ॥ २०८
ततः स रोषमापन्नः शशास सचिवांस्तदा ॥
गृह्यतामिति दुर्मेधा वध्यतामिति चासकृत् ॥ २०९
रावणस्य वचः श्रुत्वा दीप्ताग्निमिव तेजसा ॥
जगृहुस्तं ततो घोराश्चत्वारो रजनीचराः ॥ २१०
ग्राहयामास तारेयः स्वयमात्मानमात्मवान् ॥
बलं दर्शयितुं वीरो यातुधानगणे तदा ॥ २११
स तान्बाहुद्वयासक्तानादाय पतगानिव ॥
प्रासादं शैलसंकाशमुत्पपाताङ्गदस्तदा ॥ २१२
तस्योत्पतनवेगेन निर्धूतास्तत्र राक्षसाः ॥
भूमौ निपतिताः सर्वे राक्षसेन्द्रस्य पश्यतः ॥ २१३
ततः प्रासादशिखरं शैलशृङ्गमिवोन्नतम् ॥
चक्राम राक्षसेन्द्रस्य वालिपुत्रः प्रतापवान् ॥ २१४

पफाल च तदाक्रान्तं दशग्रीवस्य पश्यतः ॥
पुरा हिमवतः शृङ्गं वज्रेणेव विदारितम् ॥ २१५
भङ्क्त्वा प्रासादशिखरं नाम विश्राव्य चात्मनः ॥
विनद्य सुमहानादमुत्पपात विहायसा ॥ २१६
व्यथयन्राक्षसान्सर्वान्हर्षयंश्चापि वानरान् ॥
स वानराणां मध्ये तु रामपार्श्वमुपागतः ॥ २१७
रावणस्तु परं चक्रे क्रोधं प्रासादधर्षणात् ॥
विनाशं चात्मनः पश्यन्निःश्वासपरमोऽभवत् ॥ २१८

अथ पञ्चमः सर्गः ।

तेषामक्षौहिणिशतं समवेक्ष्य वनौकसाम् ॥
लङ्कामुपनिविष्टानां सागरं चाभिवर्तताम् ॥ २१९
राक्षसा विस्मयं जग्मुस्त्रासं जग्मुस्तथापरे ॥
अपरे समरे हर्षाद्धर्षमेवोपपेदिरे ॥ २२०
कृत्स्नं हि कपिभिर्व्याप्तं प्राकारपरिखान्तरम् ॥
ददृशू राक्षसा दीनाः प्राकारं वानरीकृतम् ॥ २२१
दृष्ट्वा दाशरथिर्लङ्कां चित्रध्वजपताकिनीम् ॥
जगाम मनसा सीतां दूयमानेन चेतसा ॥ २२२
अत्र सा मृगशावाक्षी मत्कृते जनकात्मजा ॥
पीड्यते शोकसन्तप्ता कृशा स्थण्डिलशायिनी ॥ २२३
निपीड्यमानां धर्मात्मा वैदेहीमनुचिन्तयन् ॥
क्षिप्रमाज्ञापयद्रामो वानरान्द्विषतां वधे ॥ २२४
ते ताम्रवक्त्रा हेमाभा रामार्थे त्यक्तजीविताः ॥
लङ्कामेवाभ्यवर्तन्त सालभूधरयोधिनः ॥ २२५
ते द्रुमैः पर्वताग्रैश्च मुष्टिभिश्च प्लवङ्गमाः ॥
प्राकाराग्राण्यसंख्यानि ममन्थुस्तोरणानि च ॥ २२६
परिखान्पूरयन्तश्च प्रसन्नसलिलाशयान् ॥
पांसुभिः पर्वताग्रैश्च तृणैः काष्ठैश्च वानराः ॥ २२७

काञ्चनानि प्रमर्दन्तस्तोरणानि प्लवङ्गमाः ॥
कैलासशिखराग्राणि गोपुराणि प्रमथ्य च ॥ २२८
आप्लवन्तः प्लवन्तश्च गर्जन्तश्च प्लवङ्गमाः ॥
लङ्कां तामभिधावन्ति महावारणसंनिभाः ॥ २२९
जयत्युरुबलो रामो लक्ष्मणश्च महाबलः ॥
राजा जयति सुग्रीवो राघवेणाभिपालितः ॥ २३०
इत्येवं घोषयन्तश्च गर्जन्तश्च प्लवङ्गमाः ॥
अभ्यधावन्त लङ्कायाः प्राकारं कामरूपिणः ॥ २३१
ततः कोपपरीतात्मा रावणो राक्षसेश्वरः ॥
निर्याणं सर्वसैन्यानां द्रुतमाज्ञापयत्तदा ॥ २३२
ततः प्रबोधिता भेर्यश्चन्द्रपाण्डुरपुष्कराः ॥
हेमकोणैरभिहता राक्षसानां समन्ततः ॥ २३३
विनेदुश्च महाघोषाः शङ्खाः शतसहस्रशः ॥
राक्षसानां सुघोराणां मुखमारुतपूरिताः ॥ २३४
ततो वानरसैन्येन मुक्तो नादः समन्ततः ॥
मलयः पूरितो येन ससानुप्रस्थकन्दरः ॥ २३५
एतस्मिन्नन्तरे घोरः संग्रामः समपद्यत ॥
रक्षसां वानराणां च यथा देवासुरे पुरा ॥ २३६
ते गदाभिः प्रदीप्ताभिः शक्तिशूलपरश्वधैः ॥
निर्जघ्नुर्वानरान्सर्वान्कथयन्तः स्वविक्रमान् ॥ २३७
तथा वृक्षैर्महाकायाः पर्वताग्रैश्च वानराः ॥
निर्जघ्नुस्तानि रक्षांसि नखैर्दन्तैश्च वेगिनः ॥ २३८
राक्षसास्त्वपरे भीमाः प्राकारस्था महीं गतान् ॥
वानरान्भिन्दिपालैश्च शूलैश्चैव व्यदारयन् ॥ २३९
वानराश्चापि संक्रुद्धाः प्राकारस्थान्महीं गताः ॥
राक्षसान्पातयामासुः खमाप्लुत्य स्वबाहुभिः ॥ २४०
स संप्रहारस्तुमुलो मांसशोणितकर्दमः ॥
रक्षसां वानराणां च संबभूवाद्भुतोपमः ॥ २४१

एतस्मिन्नन्तरे तेषामन्योन्यमभिधावताम् ॥
रक्षसां वानराणां च द्वन्द्वयुद्धमवर्तत ॥ २४२
युध्यतामेव तेषां तु तदा वानररक्षसाम् ॥
रविरस्तं गतो रात्रिः प्रवृत्ता प्राणहारिणी ॥ २४३
अन्योन्यं बद्धवैराणां घोराणां जयमिच्छताम् ॥
संप्रवृत्तं निशायुद्धं तदा वानररक्षसाम् ॥ २४४
राक्षसोऽसीति हरयो वानरोऽसीति राक्षसाः ॥
अन्योन्यं समरे जघ्नुस्तस्मिंस्तमसि दारुणे ॥ २४५
कालाः काञ्चनसंनाहास्तस्मिंस्तमसि राक्षसाः ॥
संप्रदृश्यन्त शैलेन्द्रा दीप्तौषधिवना इव ॥ २४६
तस्मिंस्तमसि दुष्पारे राक्षसाः क्रोधमूर्च्छिताः ॥
परिपेतुर्महावेगा भक्षयन्तः प्लवङ्गमान् ॥ २४७
वानरा बलिनो युद्धेऽक्षोभयन्राक्षसीं चमूम् ॥
कुञ्जरान्कुञ्जरारोहान्पताकाध्वजिनो रथान् ॥ २४८
चकर्षुश्च ददंशुश्च दशनैः क्रोधमूर्च्छिताः ॥
शस्त्रपुष्पोपहारा च तत्रासीद्युद्धमेदिनी ॥ २४९
दुर्ज्ञेया दुर्निवेशा च शोणितास्रावकर्दमा ॥ २५०
सा बभूव निशा घोरा हरिराक्षसहारिणी ॥
कालरात्रीव भूतानां सर्वेषां दुरतिक्रमाः ॥ २५१

अथ षष्ठः सर्गः ।

ततस्ते राक्षसास्तत्र तस्मिंस्तमसि दारुणे ॥
राममेवाभ्यवर्तन्त संहृष्टाः शरवृष्टिभिः ॥ २५२
तेषां रामः शरैः षड्भिः षड्जघान निशाचरान् ॥
निमेषान्तरमात्रेण शरैरग्निशिखोपमैः ॥ २५३
ये त्वन्ये राक्षसा वीरा रामस्याभिमुखे स्थिताः ॥
तेऽपि नष्टाः समासाद्य पतङ्गा इव पावकम् ॥ २५४

सुवर्णपुङ्खैर्विशिखैः संपतद्भिः समन्ततः ॥
बभूव रजनी चित्रा खद्योतैरिव शारदी ॥ २५५
इन्द्रजित्तु रथं त्यक्त्वा हताश्वो हतसारथिः ॥
अङ्गदेन महायस्तस्तत्रैवान्तरधीयत ॥ २५६
तत्कर्म वालिपुत्रस्य सर्वे देवाः सहर्षिभिः ॥
तुष्टुवुः पूजनार्हस्य तौ चोभौ रामलक्ष्मणौ ॥ २५७
इन्द्रजित्तु तदा तेन निर्जितो भीमकर्मणा ॥
संयुगे वालिपुत्रेण क्रोधं चक्रे सुदारुणम् ॥ २५८
सोऽन्तर्धानगतः पापो रावणी रणकर्शितः ॥
ब्रह्मदत्तवरो बाणान्मुमोचाशनिवर्चसः ॥ २५९
रामं च लक्ष्मणं चैव घोरैर्नागमयैः शरैः ॥
बबन्ध शरबन्धेन भ्रातरौ रामलक्ष्मणौ ॥ २६०
ततः पर्यन्तरक्ताक्षो भिन्नाञ्जनचयोपमः ॥
रावणिर्भ्रातरौ वाक्यमन्तर्धानगतोऽब्रवीत् ॥ २६१
युध्यमानमनालक्ष्यं शक्रोऽपि त्रिदशेश्वरः ॥
द्रष्टुमासादितुं वापि न शक्तः किं पुनर्युवाम् ॥ २६२
प्रापिताविषुजालेन राघवौ कङ्कपत्रिणा ॥
एष रोषपरीतात्मा नयामि यमसादनम् ॥ २६३
एवमुक्त्वा तु धर्मज्ञौ भ्रातरौ रामलक्ष्मणौ ॥
निर्बिभेद शितैर्बाणैः प्रजहर्ष ननाद च ॥ २६४
ततो विभिन्नसर्वाङ्गौ शरशल्याचितौ कृतौ ॥
ध्वजाविव महेन्द्रस्य रज्जुमुक्तौ प्रकम्पितौ ॥ २६५
तौ संप्रचलितौ वीरौ मर्मभेदेन कर्शितौ ॥
निपेततुर्महेष्वासौ जगत्यां जगतीपती ॥ २६६
पपात प्रथमं रामो विद्धो मर्मसु मार्गणैः ॥
क्रोधादिन्द्रजिता येन पुरा शक्रो विनिर्जितः ॥ २६७
दृष्ट्वोपरते देवे कृतकर्मणि राक्षसे ॥
आजगामाथ तं देशं ससुग्रीवो बिभीषणः ॥ २६८

नीलश्च द्विविदो मैन्दः सुषेणः कुमुदोऽङ्गदः ॥
तूर्णं हनुमता सार्धमन्वशोचन्त राघवौ ॥ २६९
अचेष्टौ मन्दनिःश्वासौ शोणितेन परिप्लुतौ ॥
शरजालाचितौ स्तब्धौ शयानौ शरतल्पगौ ॥ २७०
राघवौ पतितौ दृष्ट्वा शरजालसमन्वितौ ॥
बभूवुर्व्यथिताः सर्वे वानराः सविभीषणाः ॥ २७१
निष्पन्दौ तु तदा दृष्ट्वा भ्रातरौ रामलक्ष्मणौ ॥
वसुधायां निरुच्छ्वासौ हतावित्यन्वमन्यत ॥ २७२
हर्षेण तु समाविष्ट इन्द्रजित्समितिंजयः ॥
प्रविवेश पुरीं लङ्कां हर्षयन्सर्वनैर्ऋतान् ॥ २७३
ततः पुष्पकमारोप्य सीतां त्रिजटया सह ॥
रावणश्चारयामास पताकाध्वजमालिनीम् ॥ २७४
प्राघोषयत हृष्टश्च लङ्कायां राक्षसेश्वरः ॥
राघवो लक्ष्मणश्चैव हताविन्द्रजिता रणे ॥
विमानेनापि गत्वा सा सीता त्रिजटया सह ॥
ददर्श वानराणां तु सर्वं सैन्यं निपातितम् ॥ २७६
ततः सीता ददर्शोभौ शयानौ शरतल्पगौ ॥
दुःखार्ता करुणं सीता सुभृशं विललाप ह ॥ २७७
सकामा भव कैकेयि हतोऽयं कुलनन्दनः ॥
कुलमुत्सादितं सर्वं त्वया कलहशीलया ॥ २७८
हा हतास्मि महाबाहो वीरव्रतमनुव्रत ॥
इमां ते पश्चिमावस्थां गतास्मि विधवा कृता ॥ २७९
ऊचुर्लाक्षणिका ये मां पुत्रिण्यविधवेति च ॥
तेऽद्य सर्वे हते रामे ज्ञानिनोऽनृतवादिनः ॥ २८०
प्रथमं मरणं नार्या भर्तुर्वैगुण्यमुच्यते ॥
सुवृत्तं साधुवृत्तायाः संवृत्तस्त्वं ममाग्रतः ॥ २८१
महद्दुःखं प्रपन्नाया मग्नायाः शोकसागरे ॥
यो हि मामुद्यतस्त्रातुं सोऽपि त्वं विनिपातितः ॥ २८२

अदृष्टं मृत्युमापन्नः कस्मात्त्वं नयशास्त्रवित् ॥
व्यसनानामुपायज्ञः कुशलो ह्यसि वर्जने ॥ २८३
अथवा नश्यति प्रज्ञा प्रज्ञस्यापि सतस्तव ॥
पचत्येनं तथा कालो भूतानां प्रभवो ह्ययम् ॥ २८४
मम हेतोरनार्याया अनघः पार्थिवात्मजः ॥
रामः सागरमुत्तीर्य वीर्यवान् गोष्पदे हतः ॥ २८५
अहं दाशरथेनोढा मोहात्स्वकुलपांसिनी ॥
आर्यपुत्रस्य रामस्य भार्या मृत्युरजायत ॥ २८६
साधु घातय मां क्षिप्रं रामस्योपरि रावण ॥
समानय पतिं पत्न्या कुरु कल्याणमुत्तमम् ॥ २८७
अदृश्यमानेन रणे मायया वासवोपमौ ॥
मम नाथावनाथाया निहतौ रामलक्ष्मणौ ॥ २८८
परिदेवयमानां तां राक्षसी त्रिजटाऽब्रवीत् ॥
मा विषादं कृथा देवि भर्ताऽयं तव जीवति ॥ २८९
कारणानि च वक्ष्यामि महान्ति सदृशानि च ॥
यथेमौ जीवतो देवि भ्रातरौ रामलक्ष्मणौ ॥ २९०
इदं विमानं वैदेहि पुष्पकं नाम नामतः ॥
दिव्यं त्वां धारयेन्नेदं यद्येतौ गतजीवितौ ॥ २९१
इदं च सुमहच्चित्रं शरैः पश्यस्व मैथिलि ॥
विसंज्ञौ पतितावेतौ नैव लक्ष्मीर्विमुञ्चति ॥ २९२
नेमौ शक्यौ रणे जेतुं सेन्द्रैरपि सुरासुरैः ॥
तादृशं दर्शनं दृष्ट्वा मया चोदीरितं तव ॥ २९३
इयं पुनरसंभ्रान्ता निरुद्विग्ना तपस्विनि ॥
सेना रक्षति काकुत्स्थौ मया प्रीत्या निवेदितौ ॥ २९४
त्यज शोकं च दुःखं च मोहं च जनकात्मजे ॥
रामलक्ष्मणयोरर्थे नाद्य शक्यमजीवितुम् ॥ २९५
श्रुत्वा तु वचनं तस्याः सीता सुरसुतोपमा ॥
कृताञ्जलिरुवाचेमामेवमस्त्विति मैथिली ॥ २९६

विमानं पुष्पकं तत्तु सन्निवर्त्य मनोजवम् ॥
दीना त्रिजटया सीता लङ्कामेव प्रवेशिता ॥ २९७
रामलक्ष्मणयोर्दृष्ट्वा शरीरे सायकैश्चिते ॥
सर्वाणि चाङ्गोपाङ्गानि सुग्रीवं भयमाविशत् ॥ २९८
तमुवाच परित्रस्तं वानरेन्द्रं बिभीषणः ॥
सबाष्पवदनं दीनं क्रोधव्याकुललोचनम् ॥ २९९
अलं त्रासेन सुग्रीव बाष्पवेगो निगृह्यताम् ॥
एवं प्रायाणि युद्धानि विजयो नास्ति नैष्ठिकः ॥ ३००
सभाग्यशेषतास्माकं यदि वीर भविष्यति ॥ ३०१
घोरेण शरबन्धेन बद्धौ दशरथात्मजौ ॥
निःश्वसन्तौ यथा नागौ शयानौ रुधिरोक्षितौ ॥ ३०२
सर्वे ते वानरश्रेष्ठाः ससुग्रीवमहाबलाः ॥
परिवार्य महात्मानो तस्थुः शोकपरिप्लुताः ॥ ३०३
एतस्मिन्नन्तरे रामः प्रत्यबुध्यत वीर्यवान् ॥
स्थिरत्वात्सत्वयोगाच्च शरैः सन्दानितोऽपिं सन् ॥ ३०४
ततो दृष्ट्वा सरुधिरं निषण्णं गाढमर्पितम् ॥
भ्रातरं दीनवदनं पर्यदेवयदातुरः ॥ ३०५
नीरुजौ राघवौ दृष्ट्वा ततो वानरयूथपाः ॥
सिंहनादं तदा नेदुर्लाङ्गूलं दुधुवुश्च ते ॥ ३०६
ततो भेरीः समाजघ्नुर्मृदङ्गांश्चाप्यवादयन् ॥
दध्मुः शङ्खान्संप्रहृष्टाः क्ष्वेलन्त्यपि यथापुरम् ॥ ३०७
विसृजन्तो महानादांस्त्रासयन्तो निशाचरान् ॥
लङ्काद्वाराण्युपाजग्मुर्युद्धकामाः प्लवङ्गमाः ॥ ३०८

अथ सप्तमः सर्गः ।

तेषां तु तुमुलं शब्दं वानराणां महौजसाम् ॥
नर्दतां राक्षसैः सार्धं तदा शुश्राव रावणः ३०९

उवाच नैर्ऋतांस्तत्र समीपपरिवर्तिनः ॥
ज्ञायतां तूर्णमेतेषां सर्वेषां च वनौकसाम् ॥
शोककाले समुत्पन्ने हर्षकारणमुत्थितम् ॥ ३१०
तथोक्तास्ते सुसंभ्रान्ताः प्राकारमधिरुह्य च ॥
ददृशुः पालितां सेनां सुग्रीवेण महात्मना ॥ ३११
तौ च मुक्तौ सुघोरेण शरबन्धेन राघवौ ॥
समुत्थितौ महाभागौ विषेदुः सर्वराक्षसाः ॥ ३१२
तदप्रियं दीनमुखा रावणस्य च राक्षसाः ॥
कृत्स्नं निवेदयामासुर्यथावद्वाक्यकोविदाः ॥ ३१३
तच्छ्रुत्वा वचनं तेषां राक्षसेन्द्रो महाबलः ॥
चिन्तारोषसमाक्रान्तो विवर्णवदनोऽभवत् ॥ ३१४
अब्रवीद्रक्षसां मध्ये धूम्राक्षं नाम राक्षसम् ॥ ३१५
बलेन महता युक्तो राक्षसैर्भीमविक्रमः ॥
त्वं वधायाशु निर्याहि रामस्य सह वानरैः ॥ ३१६
धूम्राक्षं प्रेक्ष्य निर्यान्तं राक्षसं भीमविक्रमम् ॥
विनेदुर्वानराः सर्वे प्रहृष्टा युद्धकाङ्क्षिणः ॥ ३१७
तस्य क्रुद्धस्य रोषेण गदां तां बहुकण्टकाम् ॥
पातयमास धूम्राक्षो मस्तकेऽथ हनूमतः ॥ ३१८
स कपिर्मारुतबलस्तं प्रहारमचिन्तयन् ॥
धूम्राक्षस्य शिरोमध्ये गिरिश्रृङ्गमपातयत् ॥ ३१९
स विस्फारितसर्वांगो गिरिश्रृङ्गेण ताडितः ॥
पपात सहसा भूमौ विकीर्ण इव पर्वतः ॥ ३२०
धूम्राक्षं निहतं श्रुत्वा रावणो राक्षसेश्वरः ॥
अब्रवीद्राक्षसं क्रूरं वज्रदंष्ट्रं महाबलम् ॥ ३२१
गच्छ त्वं वीर निर्याहि राक्षसैः परिवारितः ॥
जहि दाशरथिं रामं सुग्रीवं वानरैः सह ॥ ३२२

वज्रदंष्ट्रोऽङ्गदश्चोभौ योयुध्येते परस्परम् ॥
चेरतुः परमक्रुद्धौ हरिमत्तगजाविव ॥ ३२३
निर्मलेन सुधौतेन खड्गेनास्य महच्छिरः ॥
जघान वज्रदंष्ट्रस्यवालिसूनुर्महाबलः ॥ ३२४
वज्रदंष्ट्रं हतं श्रुत्वा वालिपुत्रेण रावणः ॥
बलाध्यक्षमुवाचेदं कृताञ्जलिमुपस्थितम् ॥ ३२५
शीघ्रं निर्यान्तु दुर्धर्षा राक्षसा भीमविक्रमाः ॥
अकम्पनं पुरस्कृत्य सर्वशस्त्रास्त्रकोविदम् ॥ ३२६
स प्रहस्य महातेजा हनूमान्मारुतात्मजः ॥
अभिदुद्राव तद्रक्षः कम्पयन्निव मेदिनीम् ॥ ३२७
स वृक्षेण हतस्तेन सक्रोधेन महात्मना ॥
राक्षसो वानरेन्द्रेण पपात च ममार च ॥ ३२८
अकम्पनवधं श्रुत्वा क्रुद्धो वै राक्षसेश्वरः ॥
उवाचात्महितं काले प्रहस्तं युद्धकोविदम् ॥ ३२९
पुरस्योपनिविष्टस्य सहसा पीडितस्य ह ॥
नान्यं युद्धात्प्रपश्यामि मोक्षं युद्धविशारदाः ॥ ३३०
अहं वा कुम्भकर्णो वा त्वं वा सेनापतिर्मम ॥
इन्द्रजिद्वा निकुम्भो वा वहेयुर्भारमीदृशम् ॥ ३३१
स त्वं बलमतः शीघ्रमादाय परिगृह्य च ॥
विजयायाभिनिर्याहि यत्र सर्वे वनौकसः ॥ ३३२
ततः प्रहस्तं निर्यान्तं भीमं भीमपराक्रमम् ॥
गर्जन्तं सुमहाकायं राक्षसैरभिसंवृतम् ॥ ३३३
ददर्श महती सेना वानराणां बलीयसाम् ॥
अभिसंजातघोषाणां प्रहस्तमभिगर्जताम् ॥ ३३४
ततः सृजन्तं बाणौघान्प्रहस्तं स्यन्दने स्थितम् ॥
ददर्श तरसा नीलो विधमन्तं प्लवङ्गमान् ॥ ३३५
स तं परमदुर्धर्षमापतन्तं महाकपिः ॥
प्रहस्तं ताडयामास वृक्षमुत्पाट्य वीर्यवान् ॥ ३३६

ततो रोषपरीतात्मा धनुस्तस्य दुरात्मनः ॥
बभञ्जतरसा नीलो ननाद च पुनः पुनः ॥ ३३७
विंधनुः स कृतस्तेन प्रहस्तो वाहिनीपतिः ॥
प्रगृह्य मुद्गरं घोरं स्यन्दनादवपुप्लुवे ॥ ३३८
आजघान तदा नीलं ललाटे मुसलेन सः ॥
प्रहस्तः परमायत्तस्ततः सुस्राव शोणितम् ॥ ३३९
ततः संप्रेक्ष्य जग्राह महावेगो महाशिलाम् ॥
नीलेन कपिमुख्येन विमुक्ता महती शिला ॥
बिभेद बहुधा घोरा प्रहस्तस्य शिरस्तदा ॥ ३४०
हते प्रहस्ते नीलेन तदकम्प्यं महाबलम् ॥
राक्षसानामदृष्टानां लङ्कामभिजगाम ह ॥ ३४१
संख्ये प्रहस्तं निहतं निशम्य स दशाननः ॥
क्रोधार्दित उवाचेदं राक्षसान् यूथपालिनः ॥ ३४२
अहं रिपुविनाशाय विजयायाविचारयन् ॥
स्वयमेव गमिष्यामि रणशीर्षं तदद्भुतम् ॥ ३४३
अद्य तद्वानरानीकं रामं च सहलक्ष्मणम् ॥
निर्दहिष्यामि बाणौघैर्वनं दीप्तैरिवाग्निभिः ॥ ३४४
स भेरीशङ्खसन्नादैः सिंहनादानुकारिभिः ॥
पूज्यमानः स्तवैश्चापि ययौ राक्षसमुख्यराट् ॥ ३४५
प्रत्युवाच ततो रामो बिभीषणमरिन्दमः ॥
अहो दीप्तमहातेजा रावणो राक्षसेश्वरः ॥ ३४६
आदित्य इव दुष्प्रेक्ष्यो रश्मिभिर्भाति रावणः ॥
न व्यक्तं लक्षये ह्यस्य रूपं तेजःसमावृतम् ॥ ३४७
दिष्ट्याऽयमद्य पापात्मा मम दृष्टिपथं गतः ॥
अद्य क्रोधं विमोक्ष्यामि सीताहरणसंभवम् ॥ ३४८
एवमुक्त्वा ततो रामो धनुरादाय वीर्यवान् ॥
लक्ष्मणानुचरस्तस्थौ समुद्धृत्य शरोत्तमम् ॥ ३४९

निपातितमहावीरां वानराणां महाचमूम् ॥
राघवस्तु रणे दृष्ट्वा रावणं समभिद्रवत् ॥ ३५०
अथैनमनुसंक्रम्य हनूमान्वाक्यमब्रवीत् ॥
मम पृष्ठं समारुह्य राक्षसं शास्तुमर्हसि ॥ ३५१
अथारुरोह सहसा हनूमन्तं महाकपिम् ॥
रथस्थं रावणं संख्ये ददर्श मनुजाधिपः ॥ ३५२
अथेन्द्रशत्रुं तरसा जघान बाणेन वज्राशनिसंनिभेन ॥
भुजान्तरे व्यूढसुजातरूपे वज्रेण मेरुं भगवानिवेन्द्रः ॥ ३५३
तं विह्वलन्तं प्रसमीक्ष्य रामः समाददे दीप्तमथार्धचन्द्रम् ॥
तेनार्कवर्णं सहसा किरीटं चिच्छेद रक्षोधिपतेर्महात्मा ॥ ३५४
स राम बाणैर्हतदर्पहर्षो निकृत्तचापः स हताश्वसूतः ॥
शरार्दितो भग्नमहाकिरीटो विवेश लङ्कां सहसा स्म राजा॥ ३५५

अथ अष्टमः सर्गः ।

समरे जितमात्मानं प्रहस्तं च निषूदितम् ॥
ज्ञात्वा रक्षो भीमबलमादिदेश महाबलः ॥ ३५६
राक्षसाश्चापि तिष्ठन्तु चर्यागोपुरमूर्धसु ॥
स चाप्रतिमगाम्भीर्यो देवदानवदर्पहा ॥
ब्रह्मशापाभिभूतस्तु कुम्भकर्णो विबोध्यताम् ॥ ३५७
द्वारेषु यत्नः क्रियतां प्राकारश्चाधिरुह्यताम् ॥
निद्रावशसमाविष्टः कुम्भकर्णो विबोध्यताम् ॥ ३५८
नव सप्त दशाष्टौ च मासान्स्वपिति राक्षसः ॥
मन्त्रं कृत्वा प्रसुप्तोऽयमितस्तु नवमेऽहनि ॥ ३५९
रामेणाभिनिरस्तस्य संग्रामेऽस्मिन्सुदारुणे ॥
भविष्यति न मे शोकः कुम्भकर्णे विबोधिते ॥ ३६०
ते रावणसमादिष्टा मांसशोणितभोजनाः ॥
गन्धं माल्यं महद्भक्ष्यमादाय सहसा ययुः ॥ ३६१
तां प्रविश्य महाद्वारां सर्वतो योजनायताम् ॥
कुम्भकर्णगुहां रम्यां पुष्पगन्धप्रवाहिनीम् ॥ ३६२

कुम्भकर्णस्य निःश्वासादवधूता महाबलाः ॥
प्रतिष्ठमानाः कृच्छ्रेण यत्नात्प्रविविशुर्गुहाम् ॥ ३६३
तां प्रविश्य गुहां रम्यां रत्नकाञ्चनकुट्टिमाम् ॥
ददृशुर्नैर्ऋतव्याघ्राः शयानं भीमविक्रमम् ॥ ३६४
ते तु तं विकृतं सुप्तं विकीर्णमिव पर्वतम् ॥
कुम्भकर्णं महानिद्रं समेताः प्रत्यबोधयन् ॥ ३६५
ऊर्ध्वलोमाञ्चिततनुं श्वसन्तमिव पन्नगम् ॥
भ्रामयन्तं विनिःश्वासैः शयानं भीमविक्रमम् ॥ ३६६
ततश्चक्रुर्महात्मानः कुम्भकर्णस्य चाग्रतः ॥
भूतानां मेरुसंकाशं राशिं परमतर्पणम् ॥ ३६७
मृगाणां महिषाणां च वराहाणां च संचयान् ॥
चक्रुर्नैर्ऋतशार्दूला राशिमन्नस्य चाद्भुतम् ॥ ३६८
लिलिपुश्च परार्ध्येन चन्दनेन परंतपम् ॥
दिव्यैराश्वासयामासुर्माल्यैर्गन्धैश्च गन्धिभिः ॥ ३६९
शङ्खांश्च पूरयामासुः शशाङ्कसदृशप्रभान् ॥
तुमुलं युगपच्चापि विनेदुश्चाप्यमर्षिताः ॥ ३७०
नेदुरास्फोटयामासुश्चिक्षिपुस्ते निशाचराः ॥
कुम्भकर्णविबोधार्थं चक्रुस्ते विपुलं स्वरम् ॥ ३७१
यदा चैनं न शेकुस्ते प्रतिबोधयितुं तदा ॥
ततो गुरुतरं यत्नं दारुणं समुपाक्रमन् ॥ ३७२
अश्वानुष्ट्रान्खरान्नागाञ्जघ्नुर्दण्डकशाङ्कुशैः ॥
भेरीशङ्खमृदङ्गांश्च सर्वप्राणैरवादयन् ॥ ३७३
निजघ्नुश्चास्य गात्राणि महाकाष्ठकटंकरैः ॥
मुद्गरैर्मुसलैश्चापि सर्वप्राणसमुद्यतैः ॥ ३७४
तेन नादेन महता लङ्का सर्वा प्रपूरिता ॥
ततो भेरीसहस्रं तु युगपत्समहन्यत ॥ ३७५
अन्ये च बलिनस्तस्य कूटमुद्गरपाणयः ॥
मूर्ध्नि वक्षसि गात्रेषु पातयन्कूटमुद्गरान् ॥ ३७६

रज्जुबन्धनबद्धाभिः शतघ्नीभिश्च सर्वशः ॥
वध्यमानो महाकायो न प्राबुध्यत राक्षसः ॥ ३७७
वारणानां सहस्रं च शरीरेऽस्य प्रधावितम् ॥
कुम्भकर्णस्तदा बुद्ध्वा स्पर्शं परमबुध्यत ॥ ३७८
तस्य जाजृम्भमाणस्य वक्त्रं पातालसंनिभम् ॥
ददृशे मेरुशृङ्गाग्रे दिवाकर इवोदितः ॥ ३७९
स जृम्भमाणोऽतिबलः प्रबुद्धस्तु निशाचरः ॥
निःश्वासश्चास्य संजज्ञे पर्वतादिव मारुतः ॥ ३८०
तस्याग्निदीप्तसदृशे विद्युत्सदृशवर्चसी ॥
ददृशाते महानेत्रे दीप्ताविव महाग्रहौ ॥ ३८१
ततस्त्वदर्शयन्सर्वान्भक्ष्यांश्च विविधान्बहून् ॥
वराहान्महिषांश्चैव बभक्ष स महाबलः ॥ ३८२
आदद्बुभुक्षितो मांसं शोणितं तृषितोऽपिबत् ॥
मेदःकुम्भांश्च मद्यांश्च पपौ शक्ररिपुस्तदा ॥ ३८३
ततस्तृप्त इति ज्ञात्वा समुत्पेतुर्निशाचराः ॥
शिरोभिश्च प्रणम्यैनं सर्वतः पर्यवारयन् ॥ ३८४
स सर्वान्सान्त्वयामास नैर्ऋतान्नैर्ऋतर्षभः ॥
बोधनाद्विस्मितश्चापि राक्षसानिदमब्रवीत् ॥ ३८५
किमर्थमहमादृत्य भवद्भिः प्रतिबोधितः ॥
कच्चित्सुकुशलं राज्ञो भयं वा नेह किंचन ॥ ३८६
अथवा ध्रुवमन्येभ्यो भयं परमुपस्थितम् ॥
यदर्थमेव त्वरितैर्भवद्भिः प्रतिबोधितः ॥ ३८७
अद्य राक्षसराजस्य भयमुत्पाटयाम्यहम् ॥
दारयिष्ये महेन्द्रं वा शीतयिष्ये तथाऽनलम् ॥ ३८८
पीत्वा घटसहस्रे द्वे गमनायोपचक्रमे ॥
ईषत्समुत्कटो मत्तस्तेजोबलसमन्वितः ॥
कुम्भकर्णो बभौ रुष्टः कालान्तकयमोपमः ॥ ३८९

भ्रातुः स भवनं गच्छन् रक्षोबलसमन्वितः ॥
कुम्भकर्णः पदन्यासैरकम्पयत मेदिनीम् ॥ ३९०
सोऽभिगम्य गृहं भ्रातुः कक्ष्यामभिविगाह्य च ॥
ददर्शोद्विग्नमासीनं विमाने पुष्पके गुरुम् ॥ ३९१
अथासीनस्य पर्यङ्के कुम्भकर्णो महाबलः ॥
भ्रातुर्ववन्दे चरणौ किं कृत्यमिति चाब्रवीत् ॥ ३९२
भ्रातरं रावणः क्रुद्धं कुम्भकर्णमवस्थितम् ॥
रोषेण परिवृत्ताभ्यां नेत्राभ्यां वाक्यमब्रवीत् ॥ ३९३
अयं ते सुमहान्कालः शयानस्य महाबल ॥
सुप्तस्त्वं न जानीषे मम रामकृतं भयम् ॥ ३९४
हन्त पश्यस्व लङ्कायां वनान्युपवनानि च ॥
सेतुना सुखमागत्य वानरैकार्णवं कृतम् ॥ ३९५
ये राक्षसा मुख्यतमा हतास्ते वानरैर्युधि ॥
वानराणां क्षयं युद्धे न पश्यामि कथंचन ॥ ३९६
सर्वं क्षपितकोशं च स त्वमभ्युपपद्य माम् ॥
त्रायस्वेमां पुरीं लङ्कां बालवृद्धावशेषिताम् ॥ ३९७
भ्रातुरर्थे महाबाहो कुरु कर्म सुदुष्करम् ॥
मयैवं नोक्तपूर्वो हि भ्राता कश्चित्परंतप ॥ ३९८
तस्य राक्षसराजस्य निशम्य परिदेवितम् ॥
कुम्भकर्णो बभाषेदं वचनं प्रजहास च ॥ ३९९
दृष्टो दोषो हि योऽस्माभिः पुरा मन्त्रविनिर्णये ॥
हितेष्वनभियुक्तेन सोऽयमासादितस्त्वया ॥ ४००
शीघ्रं खल्वभ्युपेतं त्वां फलं पापस्य कर्मणः ॥
निरयेष्वेव पतनं यथा दुष्कृतकर्मणः ॥ ४०१
प्रथमं वै महाराज कृत्यमेतदचिन्तितम् ॥
केवलं वीर्यदर्पेण नानुबन्धो विचारितः ॥ ४०२

यः पश्चात्पूर्वकार्याणि कुर्यादैश्वर्यमास्थितः ॥
पूर्वं चोत्तरकार्याणि न स वेद नयानयौ ॥ ४०३
अलं राक्षसराजेन्द्र संतापमुपपद्य ते ॥
रोषं च संपरित्यज्य स्वस्थो भवितुमर्हसि ॥ ४०४
अवश्यं च हितं वाक्यं सर्वावस्थां गतं मया ॥
बन्धुभावादभिहितं भ्रातृस्नेहाच्च पार्थिव ॥ ४०५
सदृशं यच्च कालेऽस्मिन्कर्तुं स्नेहेन बन्धुना ॥
शत्रूणां कन्दनं पश्य क्रियमाणं मया रणे ॥ ४०६
अहमुत्सादयिष्यामि शत्रूंस्तव महाबलान् ॥
यदि शक्रो यदि यमो यदि पावकमारुतौ ॥ ४०७
एष निर्याम्यहं युद्धमुद्यतः शत्रुनिर्जये ॥
एवमुक्त्वा महातेजा योद्धुमुद्युक्तवांस्तदा ॥ ४०८
आददे निशितं शूलं वेगाच्छत्रुनिबर्हणः ॥
सर्वं कालायसं दीप्तं तप्तकाञ्चनभूषणम् ॥ ४०९
अथासनात्समुत्पत्य स्रजं मणिकृतान्तराम् ॥
आबबन्ध महातेजाः कुम्भकर्णस्य रावणः ॥ ४१०
भ्रातरं संपरिष्वज्य कृत्वा चापि प्रदक्षिणम् ॥
प्रणम्य शिरसा तस्मै प्रतस्थे स महाबलः ॥ ४११
पदातयश्च बहवो महासारा महाबलाः ॥
अन्वयू राक्षसा भीमा भीमाक्षाः शस्त्रपाणयः ॥ ४१२
तस्य निष्पततस्तूर्णं कुम्भकर्णस्य धीमतः ॥
बभूवुर्घोररूपाणि निमित्तानि समन्ततः ॥ ४१३
स लङ्घयित्वा प्राकारं पद्भ्यां पर्वतसंनिभः ॥
संददर्श घनप्रख्यं वानरानीकमद्भुतम् ॥ ४१४
ते दृष्ट्वा राक्षसश्रेष्ठं वानराः पर्वतोपमम् ॥
वायुनुन्ना इव घना ययुः सर्वा दिशस्तदा ॥ ४१५
तांस्तु विप्रद्रुतान्दृष्ट्वा राजपुत्रोऽङ्गदोऽब्रवीत् ॥
नलं नीलं गवाक्षं च कुमुदं च महाबलम् ॥ ४१६

आत्मनस्तानि विस्मृत्य वीर्याण्यभिजनानि च ॥
क गच्छत भयत्रस्ताः प्राकृता हरयो यथा ॥ ४१७
महतीमुत्थितामेनां राक्षसानां विभीषिकाम् ॥
विक्रमाद्विधमिष्यामो निवर्तध्वं प्लवंगमाः ॥ ४१८
ते निवर्त्य तु संरब्धाः कुम्भकर्णं वनौकसः ॥
निर्जघ्नुः परमक्रुद्धाः समदा इव कुञ्जराः ॥ ४१९
प्रांशुभिर्गिरिशृङ्गैश्च शिलाभिश्च महाबलाः ॥
पादपैः पुष्पिताग्रैश्च हन्यमानो न कम्पते ॥ ४२०
तस्य गात्रेषु पतिता भिद्यन्ते बहवः शिलाः ॥
पादपाः पुष्पिताग्राश्च भग्नाः पेतुर्महीतले ॥ ४२१
सोऽपि सैन्यानि संक्रुद्धो वानराणां महौजसाम् ॥
ममन्थ परमायत्तो वनान्यग्निरिवोत्थितः ॥ ४२२
लोहितार्द्रास्तु बहवः शेरते वानरर्षभाः ॥
निरस्ताः पतिता भूमौ ताम्रपुष्पा इव द्रुमाः ॥ ४२३
लङ्घयन्तः प्रधावन्तो वानरा नावलोकयन् ॥
केचित्समुद्रे पतिताः केचिद्गगनमास्थिताः ॥ ४२४
स वानरसहस्रैस्तु विचितः पर्वतोपमः ॥
रराज राक्षसव्याघ्रो गिरिरात्मरुहैरिव ॥ ४२५
बाहुभ्यां वानरान्सर्वान्प्रगृह्य स महाबलः ॥
भक्षयामास संक्रुद्धो गरुडः पन्नगानिव ॥ ४२६
प्रक्षिप्ताः कुम्भकर्णेन वक्त्रे पातालसंनिभे ॥
नासापुटाभ्यां संजग्मुः कर्णाभ्यां चैव वानराः ॥ ४२७
अथ शृङ्गं समाविध्य भीमं भीमपराक्रमः ॥
चिक्षेप राममुद्दिश्य बलवानन्तकोपमः ॥ ४२८
ततस्तु रामो धर्मात्मा तस्य शृङ्गं महत्तदा ॥
शरैः काञ्चनचित्राङ्गैश्चिच्छेद भरताग्रजः ॥ ४२९
यैः सायकैः सारबला निकृत्ता वाली हतो वानरपुङ्गवश्च ॥
ते कुम्भकर्णस्य तदा शरीरं वज्रोपमानं व्यथयाम्प्रचक्रुः ॥ ४३०

वायव्यमादाय ततोऽपरास्त्रं रामः प्रचिक्षेप निशाचराय ॥
समुद्गरं तेन जहार बाहुं स कृत्तबाहुस्तुमुलं ननाद ॥ ४३१
स कुम्भकर्णोऽस्त्रनिकृत्तबाहुर्महासिकृत्ताग्र इवाचलेन्द्रः ॥
उत्पाटयामास करेण वृक्षं ततोऽभिदुद्राव रणे नरेन्द्रम् ॥ ४३२
तं तस्य बाहुं सहतालवृक्षं समुद्यतं पन्नगभोगकल्पम् ॥
ऐन्द्रास्त्रयुक्तेन जघान रामो बाणेन जाम्बूनदचित्रितेन ॥ ४३३
तं छिन्नबाहुं समवेक्ष्य रामः समापतन्तं सहसा नदन्तम् ॥
द्वावर्धचन्द्रौ निशितौ प्रगृह्य चिच्छेद पादौ युधि राक्षसस्य ॥ ४३४
तौ तस्य पादौ प्रदिशो दिशश्च गिरेर्गुहाश्चैव महार्णवं च ॥
लङ्कां च सेनां कपिराक्षसानां विनादयन्तौ विनिपेततुश्च ॥ ४३५
अथाददे सूर्यमरीचिकल्पं स ब्रह्मदण्डान्तककालकल्पम् ॥
अरिष्टमैन्द्रं निशितं सुपुङ्खं रामः शरं मारुततुल्यवेगम् ॥ ४३६
स सायको राघवबाहुचोदितो दिशः स्वभासा दश संप्रकाशयन् ॥
विधूमवैश्वानरभीमदर्शनो जगाम चक्राशनिभीमविक्रमम् ॥ ४३७
चकर्त रक्षोऽधिपतेः शिरस्तदा यथैव वृत्रस्य पुरा पुरन्दरः ॥
तद्रामबाणाभिहतं पपात रक्षःशिरः पर्वतसंनिकाशम् ॥ ४३८
स कुम्भकर्णं सुरसैन्यमर्दनं महत्सु युद्धेषु कदाचनाजितम् ॥
ननन्द हत्वा भरताग्रजो रणे महासुरं वृत्रमिवामराधिपः ॥ ४३९

अथ नवमः सर्गः ।

कुम्भकर्णं हतं दृष्ट्वा राघवेण महात्मना ॥
राक्षसा राक्षसेन्द्राय रावणाय न्यवेदयन् ॥ ४४०
श्रुत्वा विनिहतं संख्ये कुम्भकर्णं महाबलम् ॥
रावणः शोकसंतप्तो मुमोह च पपात च ॥ ४४१
त्रिशिराश्चातिकायश्च देवान्तकनरान्तकौ ॥
महोदरमहापार्श्वौ निर्जग्मुः कालचोदिताः ॥ ४४२
ततोऽब्रवीन्महातेजाः सुग्रीवो वानरेश्वरः ॥
अर्ध्यं विज्ञापयंश्चापि हनूमन्तमिदं वचः ॥ ४४३

यतो हतः कुम्भकर्णः कुमाराश्च निषूदिताः ॥
नेदानीमुपनिर्हारं रावणो दातुमर्हति ॥ ४४४
ये ये महाबलाः सन्ति लघवश्च प्लवङ्गमाः ॥
लङ्कामभिपतन्त्वाशु गृह्योल्काः प्लवगर्षभाः ॥ ४४५
ततोऽस्तं गत आदित्ये रौद्रे तस्मिन्निशामुखे ॥
लङ्कामभिमुखाः सोल्का जग्मुस्ते प्लवगर्षभाः ॥ ४४६
उल्काहस्तैर्हरिगणैः सर्वतः समभिद्रुताः ॥
आरक्षस्था विरूपाक्षा सहसा विप्रदुद्रुवुः ॥ ४४७
गोपुराट्टप्रतोलीषु चर्यासु विविधासु च ॥
प्रासादेषु च संहृष्टाः ससृजुस्ते हुताशनम् ॥ ४४८
तेषां गृहसहस्राणि ददाह हुतभुक्तदा ॥
प्रासादाः पर्वताकाराः पतन्ति धरणीतले ॥ ४४९
अगुरुर्दह्यते तत्र परं चैव सुचन्दनम् ॥
मौक्तिका मणयः स्निग्धा वज्रं चापि प्रवालकम् ॥ ४५०
क्षौमं च दह्यते तत्र कौशेयं चापि शोभनम् ॥
आविकं विविधं चौर्णं काञ्चनं भाण्डमायुधम् ॥ ४५१
त्रस्तानां गच्छतां तूर्णं पुत्रानादाय सर्वतः ॥
तेषां शतसहस्राणि तदा लङ्कानिवासिनाम् ॥ ४५२
अदहत्पावकस्तत्र जज्वाल च पुनः पुनः ॥
सारवन्ति महार्हाणि गम्भीरगुणवन्ति च ॥
हेमचन्द्रार्धचंद्राणि चंद्रशालोत्तमानिच ॥ ४५३
हर्म्याग्रैर्दह्यमानैश्च ज्वालाप्रज्वलितैरपि ॥
रात्रौ सा दृश्यते लङ्का पुष्पितैरिव किंशुकैः ॥ ४५४
हस्त्यध्यक्षैर्गजैर्मुक्तैर्मुक्तैश्च तुरगैरपि ॥
बभूव लङ्का लोकान्ते भ्रान्तग्राह इवार्णवः ॥ ४५५
लङ्कायां दह्य मानायां शुशुभे च महोदधिः ॥
छायासंसक्तसलिलो लोहितोद इवार्णवे ॥ ४५६
नारीजनस्य धूमेन व्याप्तस्योच्चैर्विनेदुषः ॥
स्वनो ज्वलनतप्तस्य शुश्रुवे शतयोजनम् ॥ ४५७

प्रदग्धकायानपरान्राक्षसान्निर्गतान्बहिः ॥
सहसा ह्युत्पतन्ति स्म हरयोऽथ युयुत्सवः ॥ ४५८
तेषु वानरमुख्येषु दीप्तोल्कोज्ज्वलपाणिषु ॥
स्थितेषु द्वारमाश्रित्य रावणं क्रोध आविशत् ॥ ४५९
तस्य जृम्भितविक्षेपाद्व्यामिश्रा वै दिशो दश ॥
रूपवानिव रुद्रस्य मन्युर्गात्रेष्वदृश्यत ॥ ४६०
स कुम्भं च निकुम्भं च कुम्भकर्णात्मजावुभौ ॥
प्रेषयामास संक्रुद्धो राक्षसैर्बहुभिः सह ॥ ४६१
यूपाक्षः शोणिताक्षश्च प्रजङ्घः कम्पनस्तथा ॥
निर्ययुः कौम्भकर्णाभ्यां सह रावणशासनात् ॥ ४६२
ततस्तु चोदितास्तेन राक्षसा ज्वलितायुधाः ॥
लङ्काया निर्ययुर्वीराः प्रणदन्तः पुनः पुनः ॥
प्रावर्तत महारौद्रं युद्धं वानररक्षसाम् ॥ ४६३
निकुम्भं निहतं दृष्ट्वा कुम्भं च विनिपातितम् ॥
रावणः परमामर्षी प्रजज्वालानलो यथा ॥ ४६४
कुपितश्च तदा तत्र किं कार्यमिति चिन्तयन् ॥
आदिदेशाथ संक्रुद्धो रणायेन्द्रजितं सुतम् ॥ ४६५

अथ दशमः सर्गः ।

स होतुकामो दुष्टात्मा गतश्चैत्यं निकुम्भिलाम् ॥
निकुम्भिलामधिष्ठाय पावकं जुहवेन्द्रजित् ॥ ४६६
निक्षिप्य गुल्मान्स्वस्थाने तत्रागच्छद्विभीषणः ॥
पुष्कलार्थमिदं वाक्यं विसंज्ञं राममब्रवीत् ॥ ४६७
चैत्यं निकुम्भिलामद्य प्राप्य होमं करिष्यति ॥
हुतवानुपयातो हि देवैरपि सवासवैः ॥ ४६८
दुराधर्षो भवत्येष संग्रामे रावणात्मजः ॥
ससैन्यास्तत्र गच्छामो यावत्तन्न समाप्यते ॥ ४६९

इह त्वं स्वस्थहृदयस्तिष्ठ सत्त्वसमुच्छ्रितः ॥
लक्ष्मणं प्रेषयास्माभिः सह सैन्यानुकर्षिभिः ॥ ४७०
सोऽभिवाद्य गुरोः पादौ कृत्वा चापि प्रदक्षिणम् ॥
निकुम्भिलामभिययौ चैत्यं रावणिपालितम् ॥ ४७१
बिभीषणेन सहितो राजपुत्रः प्रतापवान् ॥
कृतस्वस्त्ययनो भ्रात्रा लक्ष्मणस्त्वरितो ययौ ॥ ४७२
वानराणां सहस्रैस्तु हनूमान्बहुभिर्वृतः ॥
बिभीषणश्च सामात्यो लक्ष्मणं त्वरितं ययौ ॥ ४७३
अविदूरं ततो गत्वा प्रविश्य तु महद्वनम् ॥
अदर्शयत तत्कर्म लक्ष्मणाय बिभीषणः ॥ ४७४
नीलजीमूतसंकाशं न्यग्रोधं भीमदर्शनम् ॥
तेजस्वी रावणभ्राता लक्ष्मणाय न्यवेदयत् ॥ ४७५
इहोपहारं भूतानां बलवान्रावणात्मजः ॥
अपहृत्य ततः पश्चात्संग्राममभिवर्तते ॥ ४७६
अदृश्यः सर्वभूतानां ततो भवति राक्षसः ॥
निहन्ति समरे शत्रून्बध्नाति च शरोत्तमैः ॥ ४७७
तमप्रविष्टं न्यग्रोधं बलिनं रावणात्मजम् ॥
बिध्वंसय शरैर्दीप्तैः सरथं साश्वसारथिम् ॥ ४७८
तथेत्युक्त्वा महातेजाः सौमित्रिर्मित्रनन्दनः ॥
बभूवावस्थितस्तत्र चित्रं विस्फारयन् धनुः ॥ ४७९
स रथेनाग्निवर्णेन बलवान्रावणात्मजः ॥
इन्द्रजित्कवची खड्गी सध्वजः प्रत्यदृश्यत ॥ ४८०
तमुवाच महातेजाः पौलस्त्यमपराजितम् ॥
समाह्वये त्वां समरे सम्यग्युद्धं प्रयच्छ मे ॥ ४८१
एवमुक्तो धनुर्भीमं परामृश्य महाबलः ॥
ससर्ज निशितान्बाणानिन्द्रजित्समितिंजयः ॥ ४८२
स बभूव महाभीमो नरराक्षससिंहयोः ॥
बिमर्दस्तुमुलो युद्धे परस्परजयैषिणोः ॥ ४८३

तयोरथ महान्कालो व्यतीयाद्युध्यमानयोः ॥
न च तौ युद्धवैमुख्यं क्लमं चाप्युपजग्मतुः ॥ ४८४
अथैन्द्रमस्त्रं सौमित्रिः संयुगेष्वपराजितम् ॥
शरश्रेष्ठं धनुःश्रेष्ठे विकर्षन्निदमब्रवीत् ॥ ४८५
धर्मात्मा सत्यसंधश्च रामो दाशरथिर्यदि ॥
पौरुषे चाप्रतिद्वन्द्वस्तदैनं जहि रावणिम् ॥ ४८६
इत्युक्त्वा बाणमाकर्णं विकृष्य तमजिह्मगम् ॥
लक्ष्मणः समरे वीरः ससर्जेन्द्रजितं प्रति ॥ ४८७
तच्छिरः सशिरस्त्राणं श्रीमज्ज्वलितकुण्डलम् ॥
प्रमथ्येन्द्रजितः कायात्पातयामास भूतले ॥ ४८८
अथान्तरिक्षे भूतानामृषीणां च महात्मनाम् ॥
जज्ञेऽथ जयसंनादो गन्धर्वाप्सरसामपि ॥ ४८९
दुद्रुवुर्बहुधा भीता राक्षसाः शतशो दिशः ॥
त्यक्त्वा प्रहरणान्सर्वे पट्टिशासिपरश्वधान् ॥ ४९०
यथास्तं गत आदित्ये नावतिष्ठन्ति रश्मयः ॥
तथा तस्मिन्निपतिते राक्षसास्ते गता दिशः ॥ ४९१
बिभीषणो हनूमांश्च जाम्बवांश्चर्क्षयूथपः ॥
विजयेनाभिनन्दन्तस्तुष्टुवुश्चापि लक्ष्मणम् ॥ ४९२
रुधिरक्लिन्नगात्रस्तु लक्ष्मणः शुभलक्षणः ॥
बभूव हृष्टस्तं हत्वा शत्रुजेतारमाहवे ॥ ४९३
आजगाम ततः शीघ्रं यत्र सुग्रीवराघवौ ॥
बिभीषणमवष्टभ्य हनूमन्तं च लक्ष्मणः ॥ ४९४
रावणेस्तु शिरश्छिन्नं लक्ष्मणेन महात्मना ॥
न्यवेदयत रामाय तदा हृष्टो बिभीषणः ॥ ४९५
उपवेश्य तमुत्सङ्गे परिष्वज्यावपीडितम् ॥
भ्रातरं लक्ष्मणं स्निग्धं पुनः पुनरुदैक्षत ॥ ४९६
मूर्ध्नि चैनमुपाघ्राय भूयः संस्पृश्य च त्वरन् ॥
उवाच लक्ष्मणं वाक्यमाश्वास्य पुरुषर्षभः ॥ ४९७

कृतं परमकल्याणं कर्म दुष्करकर्मणा ॥
अद्य मन्ये हते पुत्रे रावणं निहतं युधि ॥ ४९८
छिन्नो हि दक्षिणो बाहुः स हि तस्य व्यपाश्रयः ॥
विभीषणहनूमद्भ्यां कृतं कर्म महद्रणे ॥ ४९९
अहोरात्रैस्त्रिभिर्वीरः कथंचिद्विनिपातितः ॥
निरमित्रः कृतोऽस्म्यद्य निर्यास्यति हि रावणः ॥ ५००
स तं भ्रातरमाश्वास्य परिष्वज्य च राघवः ॥
रामः सुषेणं मुदितः समाभाष्येदमब्रवीत् ॥ ५०१
विशल्योऽयं महाप्राज्ञः सौमित्रिर्मित्रवत्सलः ॥
यथा भवति सुस्वस्थस्तथा त्वं समुदाचर ॥ ५०२
एवमुक्तः स रामेण महात्मा हरियूथपः ॥
लक्ष्मणाय ददौ नस्तः सुषेणः परमौषधम् ॥ ५०३
स तस्य गन्धमाघ्राय विशल्यः समपद्यत ॥
तदा निर्वेदनश्चैव संरूढव्रण एव च ॥ ५०४
विभीषणमुखानां च सुहृदां राघवाज्ञया ॥
सर्ववानरमुख्यानां चिकित्सामकरोत्तदा ॥ ५०५

७-युद्धकाण्डम्।

उत्तरार्धम्।

अथ प्रथमः सर्गः।

ततः पौलस्त्यसचिवाः श्रुत्वा चेन्द्रजितो वधम्॥
आचचक्षुरवज्ञाय दशग्रीवाय सत्वराः॥ १
स तं प्रतिभयं श्रुत्वा वधं पुत्रस्य दारुणम्॥
घोरमिन्द्रजितः संख्ये कश्मलं प्राविशन्महत्॥ २
उपलभ्य चिरात्संज्ञां राजा राक्षसपुङ्गवः॥
पुत्रशोकाकुलो दीनो विललापाकुलेन्द्रियः॥ ३
प्रकृत्या कोपनं ह्येनं पुत्रस्य पुनराधयः॥
दीप्तं संदीपयामासुर्घर्मेऽर्कमिव रश्मयः॥ ४
कोपाद्विजृम्भमाणस्य वक्त्राद्व्यक्तमिव ज्वलन्॥
उत्पपात सधूमाग्निर्वृत्रस्य वदनादिव॥ ५
स पुत्रवधसंतप्तः शूरः क्रोधवशं गतः॥
समीक्ष्य रावणो बुद्ध्या वैदेह्या रोचयद्वधम्॥ ६
तस्य क्रुद्धस्य नेत्राभ्यां प्रापतन्नश्रुबिन्दवः॥
दीपाभ्यामिव दीप्ताभ्यां सार्चिषः स्नेहबिन्दवः॥ ७
तमन्तकमिव क्रुद्धं चराचरचिखादिषुम्॥
वीक्षमाणं दिशः सर्वा राक्षसा नोपचक्रमुः॥ ८
रावणः पुत्रशोकेन भृशमाकुलचेतनः॥
संक्रुद्धः खड्गमादाय सहसा यत्र मैथिली॥ ९
वार्यमाणः सुसंक्रुद्धः सुहृद्भिर्हितबुद्धिभिः॥
अभ्यधावत संक्रुद्धः खे ग्रहो रोहिणीमिव॥ १०
मैथिली रक्ष्यमाणा तु राक्षसीभिरनिन्दिता॥
ददर्श राक्षसं क्रुद्धं निस्त्रिंशवरधारिणम्॥ ११

सीता दुःखसमाविष्टा विलपन्तीदमब्रवीत् ॥
यथाऽयं मामभिक्रुद्धः समभिद्रवति स्वयम् ॥
वधिष्यति सनाथां मामनाथामिव दुर्मतिः ॥ १२
बहुशश्चोदयामास भर्तारं मामनुव्रताम् ॥
भार्या मम भवस्वेति प्रत्याख्यातो ध्रुवं मया ॥ १३
एतस्मिन्नन्तरे तस्य अमात्यः शीलवाञ्छुचिः ॥
सुपार्श्वो नाम मेधावी रावणं रक्षसां वरम् ॥ १४
निवार्यमाणः सचिवैरिदं वचनमब्रवीत् ॥ १५
कथं नाम दशग्रीव साक्षाद्वैश्रवणानुज ॥
हन्तुमिच्छसि वैदेहीं क्रोधाद्धर्ममपास्य च ॥ १६
वेदविद्याव्रतस्नातः स्वकर्मनिरतस्तथा ॥
स्त्रियः कस्माद्वधं वीर मन्यसे राक्षसेश्वर ॥ १७
मैथिलीं रूपसम्पन्नां प्रत्यवेक्षस्व पार्थिव ॥
तस्मिन्नेव सहास्माभिराहवे क्रोधमुत्सृज ॥ १८
अभ्युत्थानं त्वमद्यैव कृष्णपक्षचतुर्दशी ॥
कृत्वा निर्याह्यमावास्यां विजयाय बलैर्वृतः ॥ १९
शूरो धीमान्रथी खड्गी रथप्रवरमास्थितः ॥
हत्वा दाशरथिं भीमं भवान्प्राप्स्यति मैथिलीम् ॥ २०
स दुरात्मा प्रतिगृह्य सुहृदावेदितं वचः ॥
गृहं जगामाथ ततो वीर्यवान् राक्षसेश्वरः ॥ २१
आर्तानां राक्षसीनां तु लङ्कायां वै कुले कुले ॥
रावणः करुणं शब्दं शुश्राव परिदेवितम् ॥ २२
स तु दीर्घं विनिःश्वस्य मुहूर्तं ध्यानमास्थितः ॥
बभूव परमक्रुद्धो रावणो भीमदर्शनः ॥ २३
संदश्य दशनैरोष्ठं क्रोधसंरक्तलोचनः ॥
राक्षसैरपि दुर्दर्शः कालाग्निरिव मूर्तिमान् ॥ २४
उवाच च समीपस्थान्राक्षसान्राक्षसेश्वरः ॥
क्रोधाव्यक्तकथस्तत्र निर्दहन्निव चक्षुषा ॥ २५

अद्य बाणैर्धनुर्मुक्तैर्युगान्तादित्यसंनिभैः ॥
राघवं लक्ष्मणं चैव नेष्यामि यमसादनम् ॥ २६
अद्य वानरसैन्यानि रथेन पवनौजसा ॥
धनुः समुद्रादुद्भूतैर्मथिष्यामि शरोर्मिभिः ॥ २७
हतो भ्राता च येषां वै येषां वै तनयो हतः ॥
वधेनाद्य रिपोस्तेषां करोम्यश्रुप्रमार्जनम् ॥ २८
अद्य काकाश्च गृध्राश्च ये च मांसाशिनोऽपरे ॥
सर्वांस्तांस्तर्पयिष्यामि शत्रुमांसैः शराहतैः ॥ २९
कल्प्यतां मे रथः शीघ्रं क्षिप्रमानीयतां धनुः ॥
अनुप्रयान्तु मां युद्धे येऽत्र शिष्टा निशाचराः ॥ ३०
अथानयन्बलाध्यक्षाश्चत्वारो रावणाज्ञया ॥
रथानां नियुतं साग्रं नागानां नियुतत्रयम् ॥ ३१
अश्वानां षष्टिकोटयस्तु खरोष्ट्राणां तथैव च ॥
पदातयस्त्वसंख्याता जग्मुस्ते राजशासनात् ॥ ३२
द्रुतं सूतसमायुक्तं युक्ताष्टतुरगं रथम् ॥
आरुरोह तदा भीमं दीप्यमानं स्वतेजसा ॥ ३३
ततः प्रयातः सहसा राक्षसैर्बहुभिर्वृतः ॥
रावणः सत्त्वगाम्भीर्याद्दारयन्निव मेदिनीम् ॥ ३४
ततः प्रजविताश्वेन रथेन स महाबलः ॥
द्वारेण निर्ययौ तेन यत्र तौ रामलक्ष्मणौ ॥ ३५
ततो नष्टप्रभः सूर्यो दिशश्च तिमिरावृताः ॥
द्विजाश्च नेदुर्घोराश्च संचचाल च मेदिनी ॥ ३६
ववर्ष रुधिरं देवश्चस्खलुश्च तुरङ्गमाः ॥
ध्वजाग्रे न्यपतद्गृध्रो विनेदुश्चाशिवाः शिवाः ॥ ३७
ततो निष्पततो युद्धे दशग्रीवस्य रक्षसः ॥
रणे निधनशंसीनि रूपाण्येतानि जज्ञिरे ॥ ३८
एतानचिन्तयन्घोरानुत्पातान्समवस्थितान् ॥
निर्ययौ रावणो मोहाद्वधार्थं कालचोदितः ॥ ३९

ततः क्रुद्धो दशग्रीवः शरैः काञ्चनभूषणैः ॥
वानराणामनीकेषु चकार कदनं महत् ॥ ४०
तथा तैः कृत्तगात्रैस्तु दशग्रीवेण मार्गणैः ॥
बभूव वसुधा तत्र प्रकीर्णा हरिभिस्तदा ॥ ४१
ततो राक्षसशार्दूलो विद्राव्य हरिवाहिनीम् ॥
स ददर्श ततो रामं तिष्ठन्तमपराजितम् ॥ ४२
स राघवं समासाद्य क्रोधसंरक्तलोचनः ॥
व्यसृजच्छरवर्षाणि रावणो राक्षसेश्वरः ॥ ४३
शरधारास्ततो रामो रावणस्य धनुश्च्युताः ॥
दृष्ट्वैवापतिताः शीघ्रं भल्लाञ्जग्राह सत्वरम् ॥ ४४
ताञ्छरौघांस्ततो भल्लैस्तीक्ष्णैश्चिच्छेद राघवः ॥
दीप्यमानान्महाघोराञ्छरानाशीविषोपमान् ॥ ४५
राघवो रावणं तूर्णं रावणो राघवं तथा ॥
अन्योन्यं विविधैस्तीक्ष्णैः शरवर्षैर्ववर्षतुः ॥ ४६
चेरतुश्च चिरं चित्रं मण्डलं सव्यदक्षिणम् ॥
बाणवेगात्समुत्क्षिप्तावन्योन्यमपराजितौ ॥ ४७
गवाक्षितमिवाकाशं बभूव शरवृष्टिभिः ॥
महावेगैः सुतीक्ष्णाग्रैर्गृध्रपत्रैः सुवाजितैः ॥ ४८
उभौ हि येन व्रजतस्तेन तेन शरोर्मयः ॥
ऊर्मयो वायुना विद्धा जग्मुः सागरयोरिव ॥ ४९
एतस्मिन्नन्तरे क्रुद्धो राघवस्यानुजो बली ॥
लक्ष्मणः सायकान्सप्त जग्राह परवीरहा ॥ ५०
तैः सायकैर्महावेगैः रावणस्य महाद्युतिः ॥
ध्वजं मनुष्यशीर्षं तु तस्य चिच्छेद नैकधा ॥ ५१
सारथेश्चापि बाणेन शिरो ज्वलितकुण्डलम् ॥
जहार लक्ष्मणः श्रीमान्नैर्ऋतस्य महाबलः ॥ ५२
ततः संभावितततरां कालेनापि दुरासदाम् ॥
जग्राह विपुलां शक्तिं दीप्यमानां स्वतेजसा ॥ ५३

लक्ष्मणाय समुद्दिश्य ज्वलन्तीमिव तेजसा ॥
रावणः परमक्रुद्धश्चिक्षेप च ननाद च ॥ ५४
न्यपतत्सा महावेगा लक्ष्मणस्य महोरसि ॥
जिह्वेवोरगराजस्य दीप्यमाना महाद्युतिः ॥ ५५
ततो रावणवेगेन सुदूरमवगाढया ॥
शक्त्या विभिन्नहृदयः पपात भुवि लक्ष्मणः ॥ ५६
तां कराभ्यां परामृश्य रामः शक्तिं भयावहाम् ॥
बभञ्ज समरे क्रुद्धो बलवान्विचकर्ष च ॥ ५७
तस्य निष्कर्षतः शक्तिं रावणेन बलीयसा ॥
शराः सर्वेषु गात्रेषु पातिता मर्मभेदिनः ॥ ५८
अचिन्तयित्वा तान्बाणान्समाश्लिष्य च लक्ष्मणम् ॥
अब्रवीच्च हनूमन्तं सुग्रीवं च महाकपिम् ॥ ५९
लक्ष्मणं परिवार्यैवं तिष्ठध्वं वानरोत्तमाः ॥
पराक्रमस्य कालोऽयं संप्राप्तो मे चिरेप्सितः ॥ ६०
पापात्माऽयं दशग्रीवो वध्यतां पापनिश्चयः ॥
काङ्क्षितं चातकस्येव घर्मान्ते मेघदर्शनम् ॥ ६१
अस्मिन्मुहूर्ते न चिरात्सत्यं प्रतिशृणोमि वः ॥
अरावणमरामं वा जगद्द्रक्ष्यथ वानराः ॥ ६२
एवमुक्त्वा शितैर्बाणैस्तप्तकाञ्चनभूषणैः ॥
आजघान रणे रामो दशग्रीवं समाहितः ॥ ६३
तथा प्रविद्धैर्नाराचैर्मुसलैश्चापि रावणः ॥
अभ्यवर्षत्तदा रामं धाराभिरिव तोयदः ॥ ६४
रामरावणमुक्तानामन्योन्यमभिनिघ्नताम् ॥
वराणां च शराणां च बभूव तुमुलः स्वनः ॥ ६५
विकीर्यमाणः शरजालवृष्टिभिर्महात्मना दीप्तधनुष्मताऽर्दितः ॥
भयात्प्रदुद्राव समेत्य रावणो यथाऽनिलेनाभिहतो बलाहकः ॥ ६६

अथ द्वितीयः सर्गः ।

शक्त्या निपातितं दृष्ट्वा रावणेन बलीयसा ॥
लक्ष्मणं समरे शूरं शोणितौघपरिप्लुतम् ॥
विसृजन्नेव बाणौघान् सुषेणमिदमब्रवीत् ॥ ६७
एष रावणवीर्येण लक्ष्मणः पतितो भुवि ॥
सर्पवच्चेष्टते वीरो मम शोकमुदीरयन् ॥ ६८
शोणितार्द्रमिमं वीरं प्राणैः प्रियतरं मम ॥
पश्यतो मम का शक्तिर्योद्धुं पर्याकुलात्मनः ॥ ६९
अयं स समरश्लाघी भ्राता मे शुभलक्षणः ॥
यदि पञ्चत्वमापन्नः प्राणैर्मे किं सुखेन वा ॥ ७०
लज्जतीव हि मे वीर्यं भ्रश्यतीव कराद्धनुः ॥
सायका व्यवसीदन्ति दृष्टिर्बाष्पवशं गता ॥ ७१
अवसीदन्ति गात्राणि स्वप्नयाने नृणामिव ॥
चिन्ता मे वर्तते तीव्रा मुमूर्षाऽपि च जायते ॥ ७२
विजयोऽपि हि मे शूर न प्रियायोपकल्पते ॥
अचक्षुर्विषयश्चन्द्रः कां प्रीतिं जनयिष्यति ॥ ७३
यथैव मां वनं यान्तमनुयाति महाद्युतिः ॥
अहमप्यनुयास्यामि तथैवैनं यमक्षयम् ॥ ७४
देशे देशे कलत्राणि देशे देशे च बान्धवाः ॥
तं तु देशं न पश्यामि यत्र भ्राता सहोदरः ॥ ७५
किं नु राज्येन दुर्धर्ष लक्ष्मणेन विना मम ॥
कथं वक्ष्याम्यहं त्वम्बां सुमित्रां पुत्रवत्सलाम् ॥ ७६
एकाकी किं नु मां त्यक्त्वा परलोकाय गच्छसि ॥
विलपन्तं च मां भ्रातः किमर्थं नावभाषसे ॥ ७७
राममेवं ब्रुवाणं तु शोकव्याकुलितेन्द्रियम् ॥
आश्वासयन्नुवाचेदं सुषेणः परमं वचः ॥ ७८
त्यजेमां नरशार्दूल बुद्धिं वैक्लव्यकारिणीम् ॥

शोकसंजननीं चिन्तां तुल्यां बाणैश्चमूमुखे ॥ ७९
नैव पञ्चत्वमापन्नो लक्ष्मणो लक्ष्मिवर्धनः ॥
न ह्यस्य विकृतं वक्रं न च श्यामत्वमागतम् ॥ ८०
सुप्रभं च प्रसन्नं च मुखमस्य निरीक्ष्यताम् ॥
पद्मपत्रतलौ हस्तौ सुप्रसन्ने च लोचने ॥ ८१
नेदृशं दृश्यते रूपं गतासूनां विशां पते ॥
सोच्छ्वासं हृदयं वीर कम्पमानं मुहुर्मुहुः ॥ ८२
एवमुक्त्वा महाप्राज्ञः सुषेणो राघवं वचः ॥
समीपस्थमुवाचेदं हनूमन्तं महाकपिम् ॥ ८३
सौम्य शीघ्रमितो गत्वा पर्वतं हि महोदग्रम् ॥
विशल्यकरणीं नाम्ना सावर्ण्यकरणीं तथा ॥ ८४
संजीवकरणीं वीर संधानीं च महौषधीम् ॥
संजीवनार्थं वीरस्य लक्ष्मणस्य त्वमानय ॥ ८५
इत्येवमुक्तो हनुमान्गत्वा चौषधिपर्वतम् ॥
चिन्तामभ्यगमच्छ्रीमानजानंस्ता महौषधीः ॥ ८६
तस्य बुद्धिः समुत्पन्ना मारुतेरमितौजसः ॥
इदमेव गमिष्यामि गृहीत्वा शिखरं गिरेः ॥ ८७
अस्मिंस्तु शिखरे जातामोषधीं तां सुखावहाम् ॥
प्रतर्केणावगच्छामि सुषेणो ह्येवमब्रवीत् ॥ ८८
अगृह्य यदि गच्छामि विशल्यकरणीमहम् ॥
कालात्ययेन दोषः स्याद्वैक्लव्यं च महद्भवेत् ॥ ८९
इति संचिन्त्य हनुमान्गत्वा क्षिप्रं महाबलः ॥
फुल्लनानातरुगणं समुत्पाट्य गिरेस्तटम् ॥ ९०
गृहीत्वा हरिशार्दूलो हस्ताभ्यां समतोलयत् ॥ ९१
स नीलमिव जीमूतं तोयपूर्णं नभस्तलात् ॥
उत्पपात गृहीत्वा तु हनूमाञ्छिखरं गिरेः ॥ ९२

समागम्य महावेगः संन्यस्य शिखरं गिरेः ॥
विश्रम्य किंचिद्धनुमान्सुषेणमिदमब्रवीत् ॥ ९३
औषधीर्नावगच्छामि ता अहं हरिपुङ्गव ॥
तदिदं शिखरं कृत्स्नं गिरेस्तस्याहृतं मया ॥ ९४
एवं कथयमानं तु प्रशस्य पवनात्मजम् ॥
सुषेणो वानरश्रेष्ठो जग्राहोत्पाट्य चौषधीः ॥ ९५
विस्मितास्तु बभूवुस्ते सर्वे वानरपुङ्गवाः ॥
दृष्ट्वा तु हनुमत्कर्म सुरैरपि सुदुष्करम् ॥ ९६
ततः संक्षोदयित्वा तामोषधीं वानरोत्तमः ॥
लक्ष्मणस्य ददौ नस्तः सुषेणः सुमहाद्युतिः ॥ ९७
सशल्यः स समाघ्राय लक्ष्मणः परवीरहा ॥
विशल्यो विरुजः शीघ्रमुदतिष्ठन्महीतलात् ॥ ९८
तमुत्थितं तु हरयो भूतलात्प्रेक्ष्य लक्ष्मणम् ॥
साधु साध्विति सुप्रीता लक्ष्मणं प्रत्यपूजयन् ॥ ९९
एह्येहीत्यब्रवीद्रामो लक्ष्मणं परवीरहा ॥
सस्वजे गाढमालिङ्ग्य बाष्पपर्याकुलेक्षणः ॥ १००
अब्रवीच्च परिष्वज्य सौमित्रिं राघवस्तदा ॥
दिष्ट्या त्वां वीर पश्यामि मरणात्पुनरागतम् ॥
न हि मे जीवितेनार्थः सीतया च जयेन वा ॥ १०१

अथ तृतीयः सर्गः ।

अथान्यं रथमास्थाय रावणो राक्षसाधिपः ॥
अभ्यधावत काकुत्स्थं स्वर्भानुरिव भास्करम् ॥ १०२
दशग्रीवो रथस्थस्तु रामं वज्रोपमैः शरैः ॥
आजघान महाशैलं धाराभिरिव तोयदः ॥ १०३
दीप्तपावकसंकाशैः शरैः काञ्चनभूषणैः ॥
अभ्यवर्षद्रणे रामो दशग्रीवं समाहितः ॥ १०४

स तु तेन तदा क्रोधात्काकुत्स्थेनार्दितो भृशम् ॥
रावणः समरश्लाघी महाक्रोधमुपागमत् ॥ १०५
ततः शरसहस्राणि क्षिप्रहस्तो निशाचरः ॥
निजघानोरसि क्रुद्धो राघवस्य महात्मनः ॥ १०६
स शोणितसमादिग्धः समरे लक्ष्मणाग्रजः ॥
दृष्टः फुल्ल इवारण्ये सुमहान्किंशुकद्रुमः ॥ १०७
यं तस्मै प्रथमं प्रादादगस्त्यो भगवानृषिः ॥
ब्रह्मदत्तं महद्बाणममोघं युधि वीर्यवान् ॥ १०८
ब्रह्मणा निर्मितं पूर्वमिन्द्रार्थममितौजसा ॥
दत्तं सुरपतेः पूर्वं त्रिलोकजयकांक्षिणः ॥ १०९
यस्य वाजेषु पवनः फले पावकभास्करौ ॥
शरीरमाकाशमयं गौरवे मेरुमन्दरौ ॥ ११०
अभिमन्त्र्य ततो रामस्तं महेषुं महाबलः ॥
वेदप्रोक्तेन विधिना संदधे कार्मुके बली ॥ १११
स रावणाय संक्रुद्धो भृशमानम्य कार्मुकम् ॥
चिक्षेप परमायत्तः शरं मर्मविदारणम् ॥ ११२
स वज्र इव दुर्धर्षो वज्रिबाहुविसर्जितः ॥
कृतान्त इव चावार्यो न्यपतद्रावणोरसि ॥ ११३
रुधिराक्तः स वेगेन शरीरान्तकरः शरः ॥
रावणस्य हरन्प्राणान्विवेश धरणीतलम् ॥ ११४
स शरो रावणं हत्वा रुधिरार्द्रकृतच्छविः ॥
कृतकर्मा निभृतवत्स तूणीं पुनराविशत् ॥ ११५
गतासुर्भीमवेगस्तु नैर्ऋतेन्द्रो महाद्युतिः ॥
पपात स्यन्दनाद्भूमौ वृत्रो वज्रहतो यथा ॥ ११६
तं दृष्ट्वा पतितं भूमौ हतशेषा निशाचराः ॥
हतनाथा भयत्रस्ताः सर्वतः संप्रदुद्रुवुः ॥ ११७
ततो विनेदुः संहृष्टा वानरा जितकाशिनः ॥
निपपातान्तरिक्षाच्च पुष्पवृष्टिस्तदा भुवि ॥ ११८

राघवस्तवसंयुक्ता गगने च विशुश्रुवे ॥
साधु साध्विति वागग्र्या देवतानां महात्मनाम् ॥ ११९
आविवेश महान्हर्षो देवानां चारणैः सह ॥
रावणे निहते रौद्रे सर्वलोकभयङ्करे ॥ १२०
भ्रातरं निहतं दृष्ट्वा शयानं निर्जितं रणे ॥
शोकवेगपरीतात्मा विललाप बिभीषणः ॥ १२१
वदन्तं हेतुमद्वाक्यं परिदृष्टार्थनिश्चयम् ॥
रामः शोकसमाविष्टमित्युवाच बिभीषणम् ॥ १२२
नायं विनष्टो निश्चेष्टः समरे चण्डविक्रमः ॥
अत्युन्नतमहोत्साहः पतितोऽयमशङ्कितः ॥ १२३
नैवं विनष्टाः शोचन्ते क्षत्रधर्मव्यवस्थिताः ॥
वृद्धिमाशंसमाना ये निपतन्ति रणाजिरे ॥ १२४
नैकान्तविजयो युद्धे भूतपूर्वः कदाचन ॥
परैर्वा हन्यते वीरः परान्वा हन्ति संयुगे ॥ १२५
इयं हि पूर्वैः संदिष्टा गतिः क्षत्रियसंमता ॥
क्षत्रियो निहतः संख्ये न शोच्य इति निश्चयः ॥ १२६
तदेवं निश्चयं दृष्ट्वा तत्त्वमास्थाय विज्वरः ॥
यदिहानन्तरं कार्यं कल्पं तदनुचिन्तय ॥ १२७
मरणान्तानि वैराणि निवृत्तं नः प्रयोजनम् ॥
क्रियतामस्य संस्कारो ममाप्येष यथा तव ॥ १२८

अथ चतुर्थः सर्गः ।

रावणं निहतं दृष्ट्वा राघवेण महात्मना ॥
अन्तःपुराद्विनिष्पेतू राक्षस्यः शोककर्शिताः ॥ १२९
वार्यमाणाः सुबहुशो वेष्टन्त्यो रणपांसुषु ॥
विमुक्तकेश्यः शोकार्ता गावो वत्सहता यथा ॥ १३०
उत्तरेण विनिष्क्रम्य द्वारेण सहराक्षसैः ॥
प्रविश्यायोधनं घोरं विचिन्वन्त्यो हतं पतिम् ॥ १३१

ददृशुस्ता महाकायं महावीर्यं महाद्युतिम् ॥
रावणं निहतं भूमौ नीलाञ्जनचयोपमम् ॥ १३२
ताः पतिं सहसा दृष्ट्वा शयानं रणपांसुषु ॥
निपेतुस्तस्य गात्रेषु छिन्ना वनलता इव ॥ १३३
बहुमानात्परिष्वज्य काचिदेनं रुरोद ह ॥
चरणौ काचिदालम्ब्य काचित्कण्ठेऽवलम्ब्य च ॥ १३४
उत्क्षिप्य च भुजौ काचिद्भूमौ सुपरिवर्तते ॥
हतस्य वदनं दृष्ट्वा काचिन्मोहमुपागमत् ॥ १३५
काचिदङ्के शिरः कृत्वा रुरोद मुखमीक्षती ॥
स्नापयन्ती मुखं बाष्पैस्तुषारैरिव पङ्कजम् ॥ १३६
दशग्रीवं हतं दृष्ट्वा रामेणाचिन्त्यकर्मणा ॥
पतिं मण्डोदरी तत्र कृपणा पर्यदेवयत् ॥ १३७
ननु नाम महाबाहो तव वैश्रवणानुज ॥
क्रुद्धस्य प्रमुखे स्थातुं त्रस्यत्यपि पुरन्दरः ॥ १३८
ऋषयश्च महान्तोऽपि गन्धर्वाश्च यशस्विनः ॥
ननु नाम तवोद्वेगाच्चारणाश्च दिशो गताः ॥ १३९
स त्वं मानुषमात्रेण रामेण युधि निर्जितः ॥
न व्यपत्रपसे राजन्किमिदं राक्षसेश्वर ॥ १४०
अथवा रामरूपेण कृतान्तः स्वयमागतः ॥
मायां तव विनाशाय विधायाप्रतितर्किताम् ॥ १४१
व्यक्तमेष महायोगी परमात्मा सनातनः ॥
मानुषं रूपमास्थाय विष्णुः सत्यपराक्रमः ॥ १४२
सीतां धर्षयता मान्यां त्वया ह्यसदृशं कृतम् ॥
वसुधाया हि वसुधां श्रियाः श्रीं भर्तृवत्सलाम् ॥ १४३
न कुलेन न रूपेण न दाक्षिण्येन मैथिली ॥
मयाऽधिका वा तुल्या वा तत्तु मोहान्न बुध्यसे ॥ १४४
सीतानिमित्तजो मृत्युस्त्वया दूरादुपाहृतः ॥ १४५
मैथिली सह रामेण विशोका विहरिष्यति ॥

अल्पपुण्या त्वहं घोरे पतिता शोकसागरे ॥ १४६
हा पश्चिमा मे संप्राप्ता दशा वैधव्यदायिनी ॥
या मयाऽऽसीन्न संबुद्धा कदाचिदपि मन्दया ॥ १४७
पिता दानवराजो मे भर्ता मे राक्षसेश्वरः ॥
पुत्रो मे शक्रनिर्जेता इत्यहं गर्विता भृशम् ॥ १४८
हा स्वप्नः सत्यमेवेदं त्वं रामेण कथं हतः ॥
त्वं मृत्योरपि मृत्युः स्याः कथं मृत्युवशं गतः ॥
एवंप्रभावं भर्तारं दृष्ट्वा रामेण पातितम् ॥
स्थिराऽस्मि या देहमिमं धारयामि हतप्रिया ॥ १४९
शयनेषु महार्हेषु शयित्वा राक्षसेश्वर ॥
इह कस्मात्प्रसुप्तोऽसि धरण्यां रेणुगुण्ठितः ॥ १५०
यदा मे तनयः शस्तो लक्ष्मणेनेन्द्रजिद्युधि ॥
तदा त्वभिहता तीव्रमद्य त्वस्मि निपातिता ॥ १५१
साऽहं बन्धुजनैर्हीना हीना नाथेन च त्वया ॥
विहीना कामभोगैश्च शोचिष्ये शाश्वतीः समाः ॥ १५२
प्रपन्नो दीर्घमध्वानं राजन्नद्य सुदुर्गमम् ॥
नय मामपि दुःखार्ता न वर्त्तिष्ये त्वया विना ॥ १५३
प्रवादः सत्यमेवायं त्वां प्रति प्रायशो नृप ॥
पतिव्रतानां नाकस्मात्पतन्त्यश्रूणि भूतले ॥ १५४
इत्येवं विलपन्ती सा बाष्पपर्याकुलेक्षणा ॥
स्नेहोपस्कन्नहृदया तदा मोहमुपागमत् ॥ १५५
कश्मलाभिहताऽऽसन्ना बभौ सा रावणोरसि ॥
संध्यानुरक्ते जलदे दीप्ता विद्युदिवोज्ज्वला ॥ १५६
तथागतां समुत्थाप्य सपत्न्यस्तां भृशातुराः ॥
पर्यवस्थापयामासू रुदत्यो रुदतीं भृशम् ॥ १५७
एतस्मिन्नन्तरे रामो बिभीषणमुवाच ह ॥
संस्कारः क्रियतां भ्रातुः स्त्रीगणः परिसान्त्व्यताम् ॥ १५८
संददौ पावकं तस्य विधियुक्तं बिभीषणः ॥
स्नात्वा चैवार्द्रवस्त्रेण तिलान्दर्भविमिश्रितान् ॥

उदकेन च संमिश्रान्प्रदाय विधिपूर्वकम् ॥ १५९
ताः स्त्रियोऽनुनयामास सान्त्वयित्वा पुनः पुनः ॥
गम्यतामिति ताः सर्वा विविशुर्नगरं ततः ॥ १६०
प्रविष्टासु पुरीं स्त्रीषु राक्षसेन्द्रो बिभीषणः ॥
रामपार्श्वमुपागम्य समतिष्ठद्विनीतवत् ॥ १६१
रामोऽपि सह सैन्येन ससुग्रीवः सलक्ष्मणः ॥
हर्षं लेभे रिपुं हत्वा वृत्रं वज्रधरो यथा ॥ १६२
राघवः परमप्रीतः सुग्रीवं परिषस्वजे ॥
पूज्यमानो हरिगणैराजगाम बलालयम् ॥ १६३
अथोवाच स काकुत्स्थः समीपपरिवर्तिनम् ॥
सौमित्रिं मित्रसम्पन्नं लक्ष्मणं शुभलक्षणम् ॥ १६४
बिभीषणमिमं सौम्य लङ्कायामभिषेचय ॥
अनुरक्तं च भक्तं च तथा पूर्वोपकारिणम् ॥ १६५
एष मे परमः कामो यदिमं रावणानुजम् ॥
लङ्कायां सौम्य पश्येयमभिषिक्तं बिभीषणम् ॥ १६६
एवमुक्तस्तु सौमित्री राघवेण महात्मना ॥
तथेत्युक्त्वा सुसंहृष्टः सौवर्णं घटमाददे ॥ १६७
तं घटं वानरेन्द्राणां हस्ते दत्वा मनोजवान् ॥
व्यादिदेश महासत्त्वः समुद्रसलिलं तदा ॥ १६८
अतिशीघ्रं ततो गत्वा वानरास्ते मनोजवाः ॥
आगतास्तु जलं गृह्य समुद्राद्वानरोत्तमाः ॥ १६९
ततस्त्वेकं घटं गृह्य संस्थाप्य परमासने ॥
घटेन तेन सौमित्रिरभ्यषिञ्चद्विभीषणम् ॥ १७०

अथ पञ्चमः सर्गः ।

ततः शैलोपमं वीरं प्राञ्जलिं प्रणतं स्थितम् ॥
उवाचेदं वचो रामो हनूमन्तं प्लवङ्गमम् ॥ १७१

अनुज्ञाप्य महाराजमिमं सौम्य विभीषणम् ॥
प्रविश्य नगरीं लङ्कां कौशलं ब्रूहि मैथिलीम् ॥ १७२
वैदेह्या मां च कुशलं सुग्रीवं च सलक्ष्मणम् ॥
आचक्ष्व वदतां श्रेष्ठ रावणं च हतं रणे ॥ १७३
प्रियमेतदिहाख्याहि वैदेह्यास्त्वं हरीश्वर ॥
प्रतिगृह्य तु संदेशमुपावर्तितुमर्हसि ॥ १७४
इति प्रतिसमादिष्टो हनूमान्मारुतात्मजः ॥
प्रविशेष पुरीं लंकामनुज्ञाप्य बिभीषणम् ॥ १७५
ततस्तेनाभ्यनुज्ञातो हनूमान्वृक्षवाटिकाम् ॥
संप्रविश्य यथान्यायं सीतया विदितो हरिः ॥
ददर्श मृजया हीनां सातंकां रोहिणीमिव ॥ १७६
दृष्ट्वा समागतं देवी हनूमन्तं महाबलम् ॥
तूष्णीमास्त तदा दृष्ट्वा स्मृत्वा हृष्टाऽभवत्तदा ॥ १७७
सौम्यं तस्या मुखं दृष्ट्वा हनूमान्प्लवगोत्तमः ॥
रामस्य वचनं सर्वमाख्यातुमुपचक्रमे ॥ १७८
वैदेहि कुशली रामः सुग्रीवः सहलक्ष्मणः ॥
कुशलं त्वाह सिद्धार्थो हतशत्रूरमित्रजित् ॥ १७९
बिभीषणसहायेन रामेण हरिभिः सह ॥
निहतो रावणो देवि लक्ष्मणेन च वीर्यवान् ॥ १८०
प्रियमाख्यामि ते देवि भूयश्च त्वां सभाजये ॥
तव प्रभावाद्धर्मज्ञे महात्रामेण संयुगे ॥
लब्धोऽयं विजयः सीते स्वस्था भव गतज्वरा ॥ १८१
मया ह्यलब्धनिद्रेण धृतेन तव निर्जये ॥
प्रतिज्ञैषा विनिस्तीर्णा बद्ध्वा सेतुं महोदधौ ॥ १८२
संभ्रमश्च न कर्तव्यो वर्तन्त्या राक्षसालये ॥
बिभीषणविधेयं हि लङ्कैश्वर्यमिदं कृतम् ॥ १८३
तदाश्वसिहि विस्रब्धं स्वगृहे परिवर्तसे ॥
अयं चाभ्येति संहृष्टस्त्वद्दर्शनसमुत्सुकः ॥ १८४

एवमुक्ता तु सा देवी सीता शशिनिभानना ॥
प्रहर्षेणावरुद्धा सा व्याहर्तुं न शशाक ह ॥ १८५
ततोऽब्रवीद्धरिवरः सीतामप्रतिजल्पतीम् ॥
किं त्वं चिन्तयसे देवि किं च मां नाभिभाषसे ॥ १८६
एवमुक्ता हनुमता सीता धर्मपथे स्थिता ॥
अब्रवीत्परमप्रीता बाष्पगद्गदया गिरा ॥ १८७
प्रियमेतदुपश्रुत्य भर्तुर्विजयसंश्रितम् ॥
प्रहर्षवशमापन्ना निर्वाक्याऽस्मि क्षणान्तरम् ॥ १८८
नहि पश्यामि सदृशं पृथिव्यां तव किंचन ॥
सदृशं यत्प्रियाख्याने तव दत्वा भवेत्सुखम् ॥ १८९
हिरण्यं वा सुवर्णं वा रत्नानि विविधानि च ॥
राज्यं वा त्रिषु लोकेषु एतन्नार्हति भाषितम् ॥ १९०
एवमुक्तस्तु वैदेह्या प्रत्युवाच प्लवङ्गमः ॥
प्रगृहीताञ्जलिर्हर्षात्सीतायाः प्रमुखे स्थितः ॥ १९१
भर्तुः प्रियहिते युक्ते भर्तुर्विजयकांक्षिणि ॥
स्निग्धमेवंविधं वाक्यं त्वमेवार्हस्यनिन्दिते ॥ १९२
युक्ता रामस्य भवती धर्मपत्नी गुणान्विता ॥
प्रतिसंदिश मां देवि गमिष्ये यत्र राघवः ॥ १९३
एवमुक्ता हनुमता वैदेही जनकात्मजा ॥
साऽब्रवीद्द्रष्टुमिच्छामि भर्तारं भक्तवत्सलम् ॥ १९४
तस्यास्तद्वचनं श्रुत्वा हनूमान्मारुतात्मजः ॥
हर्षयन्मैथिलीं वाक्यमुवाचेदं महामतिः ॥ १९५
पूर्णचन्द्रमुखं रामं द्रक्ष्यस्यद्य सलक्ष्मणम् ॥
स्थितमित्रं हतामित्रं शचीवेन्द्रं सुरेश्वरम् ॥ १९६
तमुवाच महाप्राज्ञः सोऽभिवाद्य प्लवङ्गमः ॥
रामं कमलपत्राक्षं वरं सर्वधनुष्मतां ॥ १९७
यन्निमित्तोऽयमारम्भः कर्मणां यः फलोदयः ॥
सा देवी शोकसंतप्ता द्रष्टुं त्वामभिकांक्षति ॥ १९८

सा हि शोकसमाविष्टा बाष्पपर्याकुलेक्षणा ॥
मैथिली विजयं श्रुत्वा द्रष्टुं त्वामभिकांक्षति ॥ १९९
पूर्वकात्प्रत्ययाच्चाहमुक्तो विश्वस्तया तया ॥
द्रष्टुमिच्छामि भर्तारमिति पर्याकुलेक्षणा ॥ २००
एवमुक्तो हनुमता रामो धर्मभृतां वरः ॥
अगच्छत्सहसा ध्यानमीषद्बाष्पपरिप्लुतः ॥ २०१
स दीर्घमभिनिःश्वस्य जगतीमवलोकयन् ॥
उवाच मेघसंकाशं बिभीषणमुपस्थितम् ॥ २०२
दिव्याङ्गरागां वैदेहीं दिव्याभरणभूषिताम् ॥
इह सीतां शिरःस्नातामुपस्थापय मा चिरम् ॥ २०३
ततः सीतां शिरःस्नातां संयुक्तां प्रतिकर्मणा ॥
महार्हाभरणोपेतां महार्हाम्बरधारिणीम् ॥ २०४
आरोप्य शिबिकां सीतां राक्षसैर्वहनोचितैः ॥
राक्षसैर्बहुभिर्गुप्तामाजहार बिभीषणः ॥ २०५
तामागतामुपश्रुत्य रक्षोगृहचिरोषिताम् ॥
रोषं हर्षं च दैन्यं च राघवः प्राप शत्रुहा ॥ २०६
ततो यानगतां सीतां सविमर्शं विचारयन् ॥
बिभीषणमिदं वाक्यमहृष्टो राघवोऽब्रवीत् ॥ २०७
राक्षसाधिपते सौम्य नित्यं मद्विजये रत ॥
वैदेही संनिकर्षं मे क्षिप्रं समभिगच्छतु ॥ २०८
तस्य तद्वचनं श्रुत्वा राघवस्य बिभीषणः ॥
तूर्णमुत्सारणं तत्र कारयामास धर्मवित् ॥ २०९
कंचुकोष्णीषिणस्तत्र वेत्रझर्झरपाणयः ॥
उत्सारयन्तस्तान्योधान्समन्तात्परिचक्रमुः ॥ २१०
तेषामुत्सार्यमाणानां निःस्वनः सुमहानभूत् ॥
वायुनोद्धूयमानस्य सागरस्येव निःस्वनः ॥ २११
उत्सार्यमाणान् दृष्ट्वाऽथ जगत्यां जातसंभ्रमान् ॥
दाक्षिण्यात्तदमर्षाच्च वारयामास राघवः ॥ २१२

किमर्थं मामनादृत्य क्लिश्यतेऽयं त्वया जनः ॥
निवर्तयैनमुद्वेगं जनोऽयं स्वजनो मम ॥ २१३
न गृहाणि न वस्त्राणि न प्राकारतिरस्क्रिया ॥
नेदृशा राजसत्कारा वृत्तमावरणं स्त्रियः ॥ २१४
व्यसनेषु न कृच्छ्रेषु न युद्धेषु स्वयंवरे ॥
न क्रतौ नो विवाहे वा दर्शनं दूष्यते स्त्रियः ॥ २१५
सैषा विपद्गता चैव कृच्छ्रेण च समन्विता ॥
दर्शने नास्ति दोषोऽस्या मत्समीपे विशेषतः ॥ २१६
विसृज्य शिबिकां तस्मात्पद्भ्यामेवापसर्पतु ॥
समीपे मम वैदेही पश्यन्त्वेते वनौकसः ॥ २१७
एवमुक्तस्तु रामेण सविमर्शो बिभीषणः ॥
रामस्योपानयत्सीतां संनिकर्षं विनीतवत् ॥ २१८
ततो लक्ष्मणसुग्रीवौ हनुमांश्च प्लवङ्गमः ॥
निशम्य वाक्यं रामस्य बभूवुर्व्यथिता भृशम् ॥ २१९
लज्जया त्ववलीयन्ती स्वेषु गात्रेषु मैथिली ॥
बिभीषणेनानुगता भर्तारं साऽभ्यवर्तत ॥ २२०
विस्मयाच्च प्रहर्षाच्च स्नेहाच्च पतिदेवता ॥
उदैक्षत मुखं भर्तुः सौम्यं सौम्यतरानना ॥ २२१
तां तु पार्श्वे स्थितां प्रह्वां रामः संप्रेक्ष्य मैथिलीम् ॥
हृदयान्तर्गतं भावं व्याहर्तुमुपचक्रमे ॥ २२२
एषाऽसि निर्जिता भद्रे शत्रुं जित्वा रणाजिरे ॥
पौरुषाद्यदनुष्ठेयं मयैतदुपपादितम् ॥ २२३
गतोऽस्म्यन्तममर्षस्य धर्षणा संप्रमार्जिता ॥
अवमानश्च शत्रुश्च युगपन्निहतौ मया ॥ २२४
अद्य मे पौरुषं दृष्टमद्य मे सफलः श्रमः ॥
अद्य तीर्णप्रतिज्ञोऽहं प्रभवाम्यद्य चात्मनः ॥ २२५
या त्वं विरहिता नीता चलचित्तेन रक्षसा ॥
दैवसंपादितो दोषो मानुषेण मया जितः ॥ २२६

संप्राप्तमवमानं यस्तेजसा न प्रमार्जति ॥
कस्तस्य पौरुषेणार्थो महताऽप्यल्पचेतसः ॥ २२७
लङ्घनं च समुद्रस्य लङ्कायाश्चापि मर्दनम् ॥
सफलं तस्य च श्लाघ्यमद्य कर्म हनूमतः ॥ २२८
युद्धे विक्रमतश्चैव हितं मन्त्रयतस्तथा ॥
सुग्रीवस्य ससैन्यस्य सफलोऽद्य परिश्रमः ॥ २२९
बिभीषणस्य च तथा सफलोऽद्य परिश्रमः ॥
विगुणं भ्रातरं त्यक्त्वा यो मां स्वयमुपस्थितः ॥ २३०
इत्येवं वदतः श्रुत्वा सीता रामस्य तद्वचः ॥
मृगीवोत्फुल्लनयना बभूवाश्रुपरिप्लुता ॥ २३१
यत्कर्तव्यं मनुष्येण धर्षणां प्रतिमार्जता ॥
तत्कृतं रावणं हत्वा मयेदं मानकाङ्क्षिणा ॥ २३२
निर्जिता जीवलोकस्य तपसा भावितात्मना ॥
अगस्त्येन दुराधर्षा मुनिना दक्षिणेव दिक् ॥ २३३
विदितश्चास्तु भद्रं ते योऽयं रणपरिश्रमः ॥
सुतीर्णः सुहृदां वीर्यान्न त्वदर्थं मया कृतः ॥ २३४
रक्षता तु मया वृत्तमपवादं च सर्वतः ॥
प्रख्यातस्यात्मवंशस्य व्यङ्गं च परिमार्जता ॥ २३५
प्राप्तचारित्रसंदेहा मम प्रतिमुखे स्थिता ॥
दीपो नेत्रातुरस्येव प्रतिकूलाऽसि मे दृढा ॥ २३६
तद्गच्छ त्वाऽनुजानेऽद्य यथेष्टं जनकात्मजे ॥
एता दश दिशो भद्रे कार्यमस्ति न मे त्वया ॥ २३७
कः पुमांस्तु कुले जातः स्त्रियं परगृहोषिताम् ॥
तेजस्वी पुनरादद्यात्सुहृल्लोभेन चेतसा ॥ २३८
रावणाङ्कपरिक्लिष्टां दृष्टां दुष्टेन चक्षुषा ॥
कथं त्वां पुनरादद्यां कुलं व्यपदिशन्महत् ॥ २३९
यदर्थं निर्जिता मे त्वं सोऽयमासादितो मया ॥
नास्ति मे त्वय्यभिष्वङ्गो यथेष्टं गम्यतामिति ॥ २४०

एवमुक्ता तु वैदेही परुषं रोमहर्षणम् ॥
राघवेण सरोषेण श्रुत्वा प्रव्यथिताऽभवत् ॥ २४१
सा तदाऽश्रुतपूर्वं हि जने महति मैथिली ॥
श्रुत्वा भर्तुर्वचो घोरं लज्जयाऽवनताऽभवत् ॥ २४२
प्रविशन्तीव गात्राणि स्वानि सा जनकात्मजा ॥
वाक्शरैस्तैः सशल्येव भृशमश्रूण्यवर्तयत् ॥ २४३

अथ षष्ठः सर्गः।

ततो बाष्पपरिक्लिन्नं प्रमार्जन्ती स्वमाननम् ॥
शनैर्गद्गदया वाचा भर्तारमिदमब्रवीत् ॥ २४४
किं मामसदृशं वाक्यमीदृशं श्रोत्रदारुणम् ॥
रूक्षं श्रावयसे वीर प्राकृतः प्राकृतामिव ॥ २४५
न तथाऽस्मि महाबाहो यथा मामवगच्छसि ॥
प्रत्ययं गच्छ मे स्वेन चारित्रेणैव ते शपे ॥ २४६
पृथक्स्त्रीणां प्रचारेण जातिं त्वं परिशङ्कसे ॥
परित्यजैनां शङ्कां तु यदि तेऽहं परीक्षिता ॥ २४७
यदहं गात्रसंस्पर्शं गताऽस्मि विवशा प्रभो ॥
कामकारो न मे तत्र दैवं तत्रापराध्यति ॥ २४८
मदधीनं तु यत्तन्मे हृदयं त्वयि वर्तते ॥
पराधीनेषु गात्रेषु किं करिष्याम्यनीश्वरी ॥ २४९
सह संवृद्धभावेन संसर्गेण च मानद ॥
यदि तेऽहं न विज्ञाता हता तेनास्मि शाश्वतम् ॥ २५०
प्रेषितस्ते महावीरो हनुमानवलोककः ॥
लङ्कास्थाऽहं त्वया राजन्किं तदा न विसर्जिता ॥ २५१
प्रत्यक्षं वानरस्यास्य तद्वाक्यसमनन्तरम् ॥
त्वया संत्यक्तया वीर त्यक्तं स्याज्जीवितं मया ॥ २५२
न वृथा ते श्रमोऽयं स्यात्संशयेऽन्यस्य जीवितम् ॥
सुहृज्जनपरिक्लेशो न चायं विफलस्तव ॥ २५३

त्वया तु नृपशार्दूल रोषमेवानुवर्तता ॥
लघुनेव मनुष्येण स्त्रीत्वमेव पुरस्कृतम् ॥ २५४
न प्रमाणीकृतः पाणिर्बाल्ये मम निपीडितः ॥
मम भक्तिश्च शीलं च सर्वं ते पृष्ठतः कृतम् ॥ २५५
इति ब्रुवन्ती रुदती बाष्पगद्गदभाषिणी ॥
उवाच लक्ष्मणं सीता दीनं ध्यानपरायणम् ॥ २५६
चितां मे कुरु सौमित्रे व्यसनस्यास्य भेषजम् ॥
मिथ्यापवादोपहता नाहं जीवितुमुत्सहे ॥ २५७
अप्रीतेन गुणैर्भर्त्रा त्यक्ता या जनसंसदि ॥
या क्षमा मे गतिर्गन्तुं प्रवेक्ष्ये हव्यवाहनम् ॥ २५८
एवमुक्तस्तु वैदेह्या लक्ष्मणः परवीरहा ॥
अमर्षवशयापन्नो राघवं समुदैक्षत ॥ २५९
स विज्ञाय मनश्छन्दं रामस्याकारसूचितम् ॥
चितां चकार सौमित्रिर्मते रामस्य वीर्यवान् ॥ २६०
नहि रामं तदा कश्चित्कालान्तकयमोपमम् ॥
अनुनेतुमथो वक्तुं द्रष्टुं वाऽप्यशकत्सुहृत् ॥ २६१
अधोमुखं स्थितं रामं ततः कृत्वा प्रदक्षिणम् ॥
उपावर्तत वैदेही दीप्यमानं हुताशनम् ॥ २६२
प्रणम्य दैवतेभ्यश्च ब्राह्मणेभ्यश्च मैथिली ॥
बद्धाञ्जलिपुटा चेदमुवाचाग्निसमीपतः ॥ २६३
यथा मे हृदयं नित्यं नापसर्पति राघवात् ॥
तथा लोकस्य साक्षी मां सर्वतः पातु पावकः ॥ २६४
यथा मां शुद्धचारित्रां दुष्टां जानाति राघवः ॥
तथा लोकस्य साक्षी मां सर्वतः पातु पावकः ॥ २६५
एवमुक्त्वा तु वैदेही परिक्रम्य हुताशनम् ॥
विवेश ज्वलनं दीप्तं निःशङ्केनान्तरात्मना ॥ २६६
जनश्च सुमहांस्तत्र बालवृद्धसमाकुलः ॥
ददर्श मैथिलीं दीप्तां प्रविशन्तीं हुताशनम् ॥ २६७

सा तप्तनवहेमाभा तप्तकाञ्चनभूषणा ॥
पपात ज्वलनं दीप्तं सर्वलोकस्य संनिधौ ॥ २६८
प्रचुक्रुशुः स्त्रियः सर्वास्तां दृष्ट्वा हव्यवाहने ॥
पतन्तीं संस्कृतां मन्त्रैर्वसोर्धारामिवाध्वरे ॥ २६९
तस्यामग्निं विशन्त्यां तु हाहेति विपुलः स्वनः ॥
रक्षसां वानराणां च संबभूवाद्भुतोपमः ॥ २७०
ततो हि दुर्मना रामः श्रुत्वैवं वदतां गिरः ॥
दध्यौ मुहूर्तं धर्मात्मा बाष्पव्याकुललोचनः ॥ २७१
विधूयाथ चितां तां तु वैदेहीं हव्यवाहनः ॥
उत्तस्थौ मूर्तिमानाशु गृहीत्वा जनकात्मजाम् ॥ २७२
तरुणादित्यसंकाशां तप्तकाञ्चनभूषणाम् ॥
रक्ताम्बरधरां बालां नीलकुञ्चितमूर्धजाम् ॥ २७३
अक्लिष्टमाल्याभरणां तथारूपामनिन्दिताम् ॥
ददौ रामाय वैदेहीमङ्के कृत्वा विभावसुः ॥ २७४
अब्रवीत्तु तदा रामं साक्षी लोकस्य पावकः ॥
एषा ते राम वैदेही पापमस्यां न विद्यते ॥
विशुद्धभावां निष्पापां प्रतिगृह्णीष्व मैथिलीम् ॥ २७५
ततः प्रीतमना रामः श्रुत्वैवं वदतां वरः ॥
दध्यौ मुहूर्तं धर्मात्मा हर्षव्याकुललोचनः ॥ २७६
एवमुक्तो महातेजा धृतिमानुरुविक्रमः ॥
उवाच त्रिदशश्रेष्ठं रामो धर्मभृतां वरः ॥ २७७
अवश्यं चापि लोकेषु सीता पावनमर्हति ॥
दीर्घकालोषिता हीयं रावणान्तःपुरे शुभा ॥ २७८
बालिशो बत कामात्मा रामो दशरथात्मजः ॥
इति वक्ष्यति मां लोको जानकीमविशोध्य हि ॥ २७९
अनन्यहृदयां सीतां मच्चित्तपरिरक्षिणीम् ॥
अहमप्यवगच्छामि मैथिलीं जनकात्मजाम् ॥ २८०

इमामपि विशालाक्षीं रक्षितां स्वेन तेजसा ॥
रावणो नातिवर्तेत वेलामिव महोदधिः ॥ २८१
न च शक्तः स दुष्टात्मा मनसाऽपि हि मैथिलीम् ॥
प्रधर्षयितुमप्राप्यां दीप्तामग्निशिखामिव ॥ २८२
नेयमर्हति वैक्लव्यं रावणान्तःपुरे सती ॥
अनन्या हि मया सीता भास्करस्य प्रभा यथा ॥ २८३
विशुद्धा त्रिषु लोकेषु मैथिली जनकात्मजा ॥
न विहातुं मया शक्या कीर्तिरात्मवता यथा ॥ २८४

इत्येवमुक्त्वा विजयी महाबलः प्रशस्यमानः स्वकृतेन कर्मणा ॥
समेत्य रामः प्रियया महायशाः सुखं सुखार्होऽनुबभूव राघवः ॥

अथ सप्तमः सर्गः ।

तां रात्रिमुषितं रामं सुखोदितमरिन्दमम् ॥
अब्रवीत्प्राञ्जलिर्वाक्यं जयं पृष्ट्वा बिभीषणः ॥ २८६
स्नानानि चाङ्गरागाणि वस्त्राण्याभरणानि च ॥
चन्दनानि च माल्यानि दिव्यानि विविधानि च ॥ २८७
अलंकारविदश्चैता नार्यः पद्मनिभेक्षणाः ॥
उपस्थितास्त्वां विधिवत्स्नापयिष्यन्ति राघव ॥ २८८
एवमुक्तस्तु काकुत्स्थः प्रत्युवाच बिभीषणम् ॥
हरीन्सुग्रीवमुख्यांस्त्वं स्नानेनोपनिमन्त्रय ॥ २८९
स तु ताम्यति धर्मात्मा मम हेतोः सुखोचितः ॥
सुकुमारो महाबाहुर्भरतः सत्यसंश्रयः ॥ २९०
तं विना कैकयीपुत्रं भरतं धर्मचारिणम् ॥
न मे स्नानं बहुमतं वस्त्राण्याभरणानि च ॥ २९१
एतत्पश्य यथा क्षिप्रं प्रतिगच्छाम तां पुरीम् ॥
अयोध्यां गच्छतो ह्येष पन्थाः परमदुर्गमः ॥ २९२
एवमुक्तस्तु काकुत्स्थं प्रत्युवाच बिभीषणः ॥

अद्य त्वां प्रापयिष्यामि तां पुरीं पार्थिवात्मज ॥
पुष्पकं नाम भद्रं ते विमानं सूर्यसन्निभम् ॥ २९३
मम भ्रातुः कुबेरस्य रावणेन बलीयसा ॥
हृतं निर्जित्य संग्रामे कामगं दिव्यमुत्तमम् ॥ २९४
त्वदर्थं पालितं चेदं तिष्ठत्यतुलविक्रम ॥ २९५
तदिदं मेघसंकाशं विमानमिह तिष्ठति ॥
येन यास्यसि यानेन त्वमयोध्यां गतज्वरः ॥ २९६
अहं ते यद्यनुग्राह्यो यदि स्मरसि मे गुणान् ॥
वस तावदिह प्राज्ञ यद्यस्ति मयि सौहृदम् ॥ २९७
प्रीतियुक्तस्य विहितां ससैन्यः ससुहृद्गणः ॥
सत्क्रियां राम मे तावद्गृहाण त्वं मयोद्यताम् ॥ २९८
एवमुक्तस्ततो रामः प्रत्युवाच बिभीषणम् ॥
रक्षसां वानराणां च सर्वेषामेव शृण्वताम् ॥ २९९
पूजितोऽस्मि त्वया वीर साचिव्येन परेण च ॥
सर्वात्मना च चेष्टाभिः सौहार्देन परेण च ॥ ३००
न खल्वेतन्न कुर्यां ते वचनं राक्षसेश्वर ॥
तं तु मे भ्रातरं द्रष्टुं भरतं त्वरते मनः ॥ ३०१
मां निवर्तयितुं योऽसौ चित्रकूटमुपागतः ॥
शिरसा याचतो यस्य वचनं न कृतं मया ॥ ३०२
उपस्थापय मे शीघ्रं विमानं राक्षसेश्वर ॥
कृतकार्यस्य मे वासः कथं स्यादिह संमतः ॥ ३०३
एवमुक्तस्तु रामेण राक्षसेन्द्रो बिभीषणः ॥
विमानं सूर्यसंकाशमाजुहाव त्वरान्वितः ॥ ३०४
ततः कांचनचित्राङ्गं वैदूर्यमणिवेदिकम् ॥
कूटागारैः परिक्षिप्तं सर्वतो रजतप्रभम् ॥ ३०५
पाण्डुराभिः पताकाभिर्ध्वजैश्च समलंकृतम् ॥
काञ्चनं काञ्चनैर्हर्म्यैर्हेमपद्मविभूषितैः ॥ ३०६

उपस्थितं तु तं कृत्वा पुष्पकं पुष्पभूषितम् ॥
स तु बद्धाञ्जलिपुटो विनीतो राक्षसेश्वरः ॥
अब्रवीत्त्वरयोपेतः किं करोमीति राघवम् ॥ ३०७
तमब्रवीन्महातेजा लक्ष्मणस्योपशृण्वतः ॥
विमृश्य राघवो वाक्यमिदं स्नेहपुरस्कृतम् ॥ ३०८
कृतप्रयत्नकर्माणः सर्व एव वनौकसः ॥
रत्नैरर्थैश्च विविधैः संपूज्यन्तां बिभीषण ॥ ३०९
सहामीभिस्त्वया लङ्का निर्जिता राक्षसेश्वर ॥
हृष्टैः प्राणभयं त्यक्त्वा संग्रामेष्वनिवर्तिभिः ॥ ३१०
एवमुक्तस्तु रामेण वानरांस्तान्बिभीषणः ॥
रत्नार्थसंविभागेन सर्वानेवाभ्यपूजयत् ॥ ३११
ततस्तान्पूजितान्दृष्ट्वा रत्नार्थैर्हरियूथपान् ॥
आरुरोह तदा रामस्तद्विमानमनुत्तमम् ॥ ३१२
अङ्केनादाय वैदेहीं लज्जमानां मनस्विनीम् ॥
लक्ष्मणेन सह भ्रात्रा विक्रान्तेन धनुष्मता ॥ ३१३
अब्रवीत्स विमानस्थः पूजयन्सर्ववानरान् ॥
सुग्रीवं च महावीर्यं काकुत्स्थः स बिभीषणम् ॥ ३१४
मित्रकार्यं कृतमिदं भवद्भिर्वानरर्षभाः ॥
अनुज्ञाता मया सर्वे यथेष्टं प्रतिगच्छत ॥ ३१५
एवमुक्तास्तु रामेण हरीन्द्रा हरयस्तथा ॥
ऊचुः प्राञ्जलयः सर्वे राक्षसश्च बिभीषणः ॥ ३१६
अयोध्यां प्रति यास्यामः सर्वान्नयतु नो भवान् ॥
अचिरादागमिष्यामः स्वगृहान्नृपसत्तम ॥ ३१७
एवमुक्तस्तु धर्मात्मा वानरैः सबिभीषणैः ॥
अब्रवीद्वानरान्रामः ससुग्रीवबिभीषणान् ॥ ३१८
प्रियात्प्रियतरं लब्धं यदहं ससुहृज्जनः ॥
सर्वैर्भवद्भिः संहितः प्रीतिं लप्स्ये पुरीं गतः ॥ ३१९

क्षिप्रमारोह सुग्रीव विमानं सह वानरैः ॥
त्वमप्यारोह सामात्यो राक्षसेन्द्र बिभीषण ॥ ३२०
ततः स पुष्पकं दिव्यं सुग्रीवः सह वानरैः ॥
आरुरोह मुदा युक्तः सामात्यश्च बिभीषणः ॥ ३२१
तेष्वारूढेषु सर्वेषु कौबेरं परमासनम् ॥
राघवेणाभ्यनुज्ञातमुत्पपात विहायसम् ॥ ३२२
खगतेन विमानेन हंसयुक्तेन भास्वता ॥
प्रहृष्टश्च प्रतीतश्च बभौ रामः कुबेरवत् ॥ ३२३
पातयित्वा ततश्चक्षुः सर्वतो रघुनन्दनः ॥
अब्रवीन्मैथिलीं सीतां रामः शशिनिभाननाम् ॥ ३२४
कैलासशिखराकारे त्रिकूटशिखरे स्थिताम् ॥
लङ्कामीक्षस्व वैदेहि निर्मितां विश्वकर्मणा ॥ ३२५
एतदायोधनं पश्य मांसशोणितकर्दमम् ॥
हरीणां राक्षसानां च सीते विशसनं महत् ॥ ३२६
एष सेतुर्मया बद्धः सागरे लवणार्णवे ॥
तव हेतोर्विशालाक्षि नलसेतुः सुदुष्करः ॥ ३२७
पश्य सागरमक्षोभ्यं वैदेहि वरुणालयम् ॥
अपारमिव गर्जन्तं शङ्खशुक्तिसमाकुलम् ॥ ३२८
हिरण्यनाभं शैलेन्द्रं काञ्चनं पश्य मैथिलि ॥
विश्रमार्थं हनुमतो भित्त्वा सागरमुत्थितम् ॥
एतत्कुक्षौ समुद्रस्य स्कन्धावारनिवेशनम् ॥ ३२९
अत्र पूर्वं महादेवः प्रसादमकरोद्विभुः ॥
एतत्तु दृश्यते तीर्थं सागरस्य महात्मनः ॥
सेतुबन्ध इति ख्यातं त्रैलोक्येन च पूजितम् ॥ ३३०
एषा सा दृश्यते सीते किष्किन्धा चित्रकानना ॥
सुग्रीवस्य पुरी रम्या यत्र वाली मया हतः ॥ ३३१
अथ दृष्ट्वा पुरीं सीता किष्किन्धां वालिपालिताम् ॥
अब्रवीत्प्रश्रितं वाक्यं रामं प्रणयसाध्वसा ॥ ३३२

सुग्रीवप्रियभार्याभिस्ताराप्रमुखतो नृप ॥
अन्येषां वानरेन्द्राणां स्त्रीभिः परिवृता ह्यहम् ॥ ३३३
गन्तुमिच्छे सहायोध्यां राजधानीं त्वया सह ॥
एवमुक्तोऽथ वैदेह्या राघवः प्रत्युवाच ताम् ॥ ३३४
एवमस्त्विति किष्किन्धां प्राप्य संस्थाप्य राघवः ॥
तारया चाभ्यनुज्ञाताः सर्वा वानरयोषितः ॥ ३३५
नेपथ्यविधिपूर्वं तु कृत्वा चापि प्रदक्षिणम् ॥
अध्यारोहन् विमानं तत्सीतादर्शनकाङ्क्षया ॥ ३३६
ताभिः सहोत्थितं शीघ्रं विमानं प्रेक्ष्य राघवः ॥
ऋष्यमूकसमीपे तु वैदेहीं पुनरब्रवीत् ॥ ३३७
दृश्यतेऽसौ महान् सीते सविद्युदिव तोयदः ॥
ऋष्यमूको गिरिवरः काञ्चनैर्धातुभिर्वृतः ॥ ३३८
अत्राहं वानरेन्द्रेण सुग्रीवेण समागतः ॥
समयश्च कृतः सीते वधार्थं वालिनो मया ॥ ३३९
एषा सा दृश्यते पम्पा नलिनी चित्रकानना ॥
त्वया विहीनो यत्राहं विललाप सुदुःखितः ॥ ३४०
एतत्तदाश्रमपदमस्माकं वरवर्णिनि ॥
पर्णशाला तथा चित्रा दृश्यते शुभदर्शने ॥ ३४१
एषा गोदावरी रम्या प्रसन्नसलिला शुभा ॥
अगस्त्यस्याश्रमश्चैव दृश्यते कदलीवृतः ॥ ३४२
एते ते तापसा देवि दृश्यन्ते तनुमध्यमे ॥
अत्रिः कुलपतिर्यत्र सूर्यवैश्वानरोपमः ॥
अस्मिन्देशे महाकायो विराधो निहतो मया ॥ ३४३
असौ सुतनु शैलेन्द्रश्चित्रकूटः प्रकाशते ॥
अत्र मां कैकयीपुत्रः प्रसादयितुमागतः ॥ ३४४
एषा सा यमुना रम्या दृश्यते चित्रकानना ॥
भरद्वाजाश्रमः श्रीमान्दृश्यते चैष मैथिलि ॥ ३४५

इयं च दृश्यते गङ्गा पुण्या त्रिपथगा नदी ॥
शृंगवेरपुरं चैतद्गुहो यत्र सखा मम ॥ ३४६
एषा सा दृश्यते सीते राजधानी पितुर्मम ॥
अयोध्यां कुरु वैदेहि प्रणामं पुनरागता ॥ ३४७
ततस्ते वानराः सर्वे राक्षसाः सविभीषणाः ॥
उत्पत्योत्पत्य संहृष्टास्तां पुरीं ददृशुस्तदा ॥ ३४८
क्रोशमात्रे त्वयोध्यायाश्चीरकृष्णाजिनाम्बरम् ॥
ददर्श भरतं दीनं कृशमाश्रमवासिनम् ॥ ३४९
जटिलं मलदिग्धाङ्गं भ्रातृव्यसनकर्शितम् ॥
फलमूलाशिनं दान्तं तापसं धर्मचारिणम् ॥ ३५०
समुन्नतजटाभारं वल्कलाजिनवाससम् ॥
नियतं भावितात्मानं ब्रह्मर्षिसमतेजसम् ॥ ३५१
पादुके ते पुरस्कृत्य प्रशासन्तं वसुन्धराम् ॥
चातुर्वर्ण्यस्य लोकस्य त्रातारं सर्वतो भयात् ॥ ३५२

अथ अष्टमः सर्गः ।

अथ प्रतिसमादिष्टो हनूमान् मारुतात्मजः ॥
मानुषं धारयन् रूपमयोध्यां त्वरितो ययौ ॥ ३५३
ददर्श भरतं दीनं कृशमाश्रमवासिनम् ॥
तं धर्ममिव धर्मज्ञं देहबन्धमिवापरम् ॥ ३५४
उवाच प्राञ्जलिर्वाक्यं हनूमान् मारुतात्मजः ॥
अस्मिन्मुहूर्ते भ्रात्रा त्वं रामेण सह संगतः ॥ ३५५
निहत्य रावणं रामः प्रतिलभ्य च मैथिलीम् ॥
उपयाति समृद्धार्थैः सह मित्रैर्महाबलैः ॥ ३५६
एवमुक्तो हनुमता भरतः कैकयीसुतः ॥
पपात सहसा हृष्टो हर्षान्मोहमुपागमत् ॥ ३५७

ततो मुहूर्तादुत्थाय प्रत्याश्वस्य च राघवः ॥
हनूमन्तमुवाचेदं भरतः प्रियवादिनम् ॥ ३५८
अशोकजैः प्रीतिमयैः कपिमालिङ्ग्य संभ्रमात् ॥
सिषेच भरतः श्रीमान्विपुलैरश्रुबिन्दुभिः ॥ ३५९
देवो वा मानुषो वा त्वमनुक्रोशादिहागतः ॥
प्रियाख्यानस्य ते सौम्य ददामि ब्रुवतः प्रियम् ॥ ३६०
श्रुत्वा हनुमतो वार्तां भरतः सत्यविक्रमः ॥
हृष्टमाज्ञापयामास शत्रुघ्नं परवीरहा ॥ ३६१
दैवतानि च सर्वाणि चैत्यानि नगरस्य च ॥
सुगन्धमाल्यैर्वादित्रैरर्चन्तु शुचयो नराः ॥ ३६२
राजदारास्तथाऽमात्याः सैन्याः सेनाङ्गनागणाः ॥
ब्राह्मणाश्च सराजन्याः श्रेणीमुख्यास्तथा गणाः ॥ ३६३
अभिनिर्यान्तु रामस्य द्रष्टुं शशिनिभं मुखम् ॥
ततो यानान्युपारूढाः सर्वा दशरथस्त्रियः ॥ ३६४
कौसल्यां प्रमुखे कृत्वा सुमित्रां चापि निर्ययुः ॥
द्विजातिमुख्यैर्धर्मात्मा श्रेणीमुख्यैः सनैगमैः ॥ ३६५
माल्यमोदकहस्तैश्च मन्त्रिभिर्भरतो वृतः ॥
शङ्खभेरीनिनादैश्च बन्दिभिश्चाभिनन्दितः ॥ ३६६
आर्यपादौ गृहीत्वा तु शिरसा धर्मकोविदः ॥
पाण्डुरं छत्रमादाय शुक्लमाल्योपशोभितम् ॥ ३६७
शुक्ले च बालव्यजने राजार्हे हेमभूषिते ॥
कृत्स्नं तु नगरं तत्तु नन्दिग्राममुपाविशत् ॥ ३६८
ततो हर्षसमुद्भूतो निःस्वनो दिवमस्पृशत् ॥
स्त्रीबालयुववृद्धानां रामोऽयमिति कीर्तिते ॥ ३६९
रथकुञ्जरवाजिभ्यस्तेऽवतीर्य महीं गताः ॥
ददृशुस्तं विमानस्थं नराः सोममिवाम्बरे ॥ ३७०
मनसा ब्रह्मणा सृष्टे विमाने भरताग्रजः ॥
रराज पृथुदीर्घाक्षो वज्रपाणिरिवामरः ॥ ३७१

ततो विमानाग्रगतं भरतो भ्रातरं तदा ॥
ववन्दे प्रणतो रामं मेरुस्थमिव भास्करम् ॥ ३७२
ततो रामाभ्यनुज्ञातं तद्विमानमनुत्तमम् ॥
हंसयुक्तं महावेगं निपपात महीतलम् ॥ ३७३
आरोपितो विमानं तद्भरतः सत्यविक्रमः ॥
राममासाद्य मुदितः पुनरेवाभ्यवादयत् ॥ ३७४
तं समुत्थाय काकुत्स्थश्चिरस्याक्षिपथं गतम् ॥
अङ्के भरतमारोप्य मुदितः परिषस्वजे ॥ ३७५
ततो लक्ष्मणमासाद्य वैदेहीं च परन्तपः ॥
अथाभ्यवादयत्प्रीतो भरतो नाम चाब्रवीत् ॥ ३७६
ते कृत्वा मानुषं रूपं वानराः कामरूपिणः ॥
कुशलं पर्यपृच्छंस्ते प्रहृष्टा भरतं तदा ॥ ३७७
अथाब्रवीद्राजपुत्रः सुग्रीवं वानरर्षभम् ॥
परिष्वज्य महातेजा भरतो धर्मिणां वरः ॥ ३७८
त्वमस्माकं चतुर्णां वै भ्राता सुग्रीव पञ्चमः ॥
सौहृदाज्जायते मित्रमपकारोऽरिलक्षणम् ॥ ३७९
बिभीषणं च भरतः सान्त्ववाक्यमथाब्रवीत् ॥
दिष्ट्या त्वया सहायेन कृतं कर्म सुदुष्करम् ॥ ३८०
रामो मातरमासाद्य विवर्णां शोककर्शिताम् ॥
जग्राह प्रणतः पादौ मनो मातुः प्रहर्षयन् ॥ ३८१
अभिवाद्य सुमित्रां च कैकेयीं च यशस्विनीम् ॥
स मातॄश्च ततः सर्वाः पुरोहितमुपागमत् ॥ ३८२
स्वागतं ते महाबाहो कौसल्यानन्दवर्धन ॥
इति प्राञ्जलयः सर्वे नागरा राममब्रुवन् ॥ ३८३
तान्यञ्जलिसहस्राणि प्रगृहीतानि नागरैः ॥
व्याकोशानीव पद्मानि ददर्श भरताग्रजः ॥ ३८४
पादुके ते तु रामस्य गृहीत्वा भरतः स्वयम् ॥
चरणाभ्यां नरेन्द्रस्य योजयामास धर्मवित् ॥ ३८५

अब्रवीच्च तदा रामं भरतः स कृताञ्जलिः ॥
एतत्ते सकलं राज्यं न्यासं निर्यातितं मया ॥ ३८६
अद्य जन्म कृतार्थं मे संवृत्तश्च मनोरथः ॥
यस्त्वां पश्यामि राजानमयोध्यां पुनरागतम् ॥ ३८७
अवेक्षतां भवान्कोशं कोष्ठागारं गृहं बलम् ॥
भवतस्तेजसा सर्वं कृतं दशगुणं मया ॥ ३८८
तथा ब्रुवाणं भरतं दृष्ट्वा तं भ्रातृवत्सलम् ॥
मुमुचुर्वानरा बाष्पं राक्षसश्च बिभीषणः ॥ ३८९
अब्रवीत्तु तदा रामस्तद्विमानमनुत्तमम् ॥
वह वैश्रवणं देवमनुजानामि गम्यताम् ॥ ३९०
ततो रामाभ्यनुज्ञातं तद्विमानमनुत्तमम् ॥
उत्तरां दिशमुद्दिश्य जगाम धनदालयम् ॥ ३९१
शिरस्यञ्जलिमाधाय कैकेयीनन्दिवर्धनः ॥
बभाषे भरतो ज्येष्ठं रामं सत्यपराक्रमम् ॥ ३९२
जगदद्याभिषिक्तं त्वामनुपश्यतु राघव ॥
प्रतपन्तमिवादित्यं मध्याह्ने दीप्ततेजसम् ॥ ३९३
यावदावर्तते चक्रं यावती च वसुन्धरा ॥
तावत्त्वमिह लोकस्य स्वामित्वमनुवर्तय ॥ ३९४
भरतस्य वचः श्रुत्वा रामः परपुरंजयः ॥
तथेति प्रतिजग्राह निषसादासने शुभे ॥ ३९५
ततः शत्रुघ्नवचनान्निपुणाः श्मश्रुवर्धनाः ॥
सुखहस्ताः सुशीघ्राश्च राघवं पर्यवारयन् ॥ ३९६
पूर्वं तु भरते स्नाते लक्ष्मणे च महाबले ॥
सुग्रीवे वानरेन्द्रे च राक्षसेन्द्रे बिभीषणे ॥ ३९७
विशोधितजटः स्नातश्चित्रमाल्यानुलेपनः ॥
महार्हवसनोपेतस्तस्थौ तत्र श्रिया ज्वलन् ॥ ३९८
प्रतिकर्म च रामस्य कारयामास वीर्यवान् ॥
लक्ष्मणस्य च लक्ष्मीवानिक्ष्वाकुकुलवर्धनः ॥ ३९९

प्रतिकर्म च सीतायाः सर्वा दशरथस्त्रियः ॥
आत्मनैव तदा चक्रुर्मनस्विन्यो मनोहरम् ॥ ४००
ततो वानरपत्नीनां सर्वासामेव शोभनम् ॥
चकार यत्नात्कौसल्या प्रहृष्टा पुत्रवत्सला ॥ ४०१
ततः स प्रयतो वृद्धो वसिष्ठो ब्राह्मणैः सह ॥
रामं रत्नमये पीठे ससीतं संन्यवेशयत् ॥ ४०२
ब्रह्मणा निर्मितं पूर्वं किरीटं रत्नशोभितम् ॥
अभिषिक्तः पुरा येन मनुस्तं दीप्ततेजसम् ॥ ४०३
तस्यान्ववाये राजानः क्रमाद्येनाभिषेचिताः ॥
सभायां हेमक्लृप्तायां शोभितायां महाधनैः ॥ ४०४
किरीटेन ततः पश्चाद्वसिष्ठेन महात्मना ॥
ऋत्विग्भिर्भूषणैश्चैव समयोक्ष्यत राघवः ॥ ४०५
छत्रं तस्य च जग्राह शत्रुघ्नः पाण्डुरं शुभम् ॥
श्वेतं च वालव्यजनं सुग्रीवो वानरेश्वरः ॥ ४०६
अपरं चन्द्रसंकाशं राक्षसेन्द्रो विभीषणः ॥
अभिषेके तदर्हस्य तदा रामस्य धीमतः ॥ ४०७
त्रिंशत्कोटीर्हिरण्यस्य ब्राह्मणेभ्यो ददौ पुनः ॥ ४०८
अवेक्षमाणा वैदेही प्रददौ वायुसूनवे ॥
अवमुच्यात्मनः कण्ठाद्धारं जनकनन्दिनी ॥ ४०९
हनूमांस्तेन हारेण शुशुभे वानरर्षभः ॥
चन्द्रांशुचयगौरेण श्वेताभ्रेण यथाऽचलः ॥ ४१०
सर्वे वानरवृद्धाश्च ये चान्ये वानरोत्तमाः ॥
वासोभिर्भूषणैश्चैव यथार्हं प्रतिपूजिताः ॥ ४११
विभीषणोऽथ सुग्रीवो हनूमाञ्जाम्बवांस्तथा ॥
सर्वे वानरमुख्याश्च रामेणाक्लिष्टकर्मणा ॥ ४१२
यथार्हं पूजिताः सर्वे कामै रत्नैश्च पुष्कलैः ॥
प्रहृष्टमनसः सर्वे जग्मुरेव यथागतम् ॥ ४१३

सुग्रीवो वानरश्रेष्ठो दृष्ट्वा रामाभिषेचनम् ॥
पूजितश्चैव रामेण किष्किन्धां प्राविशत्पुरीम् ॥ ४१४
विभीषणोऽपि धर्मात्मा सह तैर्नैर्ऋतर्षभैः ॥
लब्ध्वा कुलधनं राजा लङ्कां प्रायान्महायशाः ॥ ४१५
स राज्यमखिलं शासन्निहतारिर्महायशाः ॥
राघवः परमोदारः शशास परया मुदा ॥ ४१६
पौण्डरीकाश्वमेधाभ्यां वाजिमेधेन चासकृत् ॥
अन्यैश्च विविधैर्यज्ञैरयजत्पार्थिवात्मजः ॥ ४१७
राज्यं दशसहस्राणि प्राप्य वर्षाणि राघवः ॥
दशाश्वमेधानाजह्रे सदश्वान्भूरिदक्षिणान् ॥ ४१८
आजानुलम्बिबाहुः स महावक्षाः प्रतापवान् ॥
लक्ष्मणानुचरो रामः शशास पृथिवीमिमाम् ॥ ४१९
न पर्यदेवन्विधवा न च व्यालकृतं भयम् ॥
न व्याधिजं भयं चासीद्रामे राज्यं प्रशासति ॥ ४२०
निर्दस्युरभवल्लोको नानर्थं कश्चिदस्पृशत् ॥
न च स्म वृद्धा बालानां प्रेतकार्याणि कुर्वते ॥ ४२१
सर्वं मुदितमेवासीत्सर्वो धर्मपरोऽभवत् ॥
राममेवानुपश्यन्तो नाभ्यहिंसन्परस्परम् ॥ ४२२
आसन्वर्षसहस्राणि तथा पुत्रसहस्रिणः ॥
निरामया विशोकाश्च रामे राज्यं प्रशासति ॥ ४२३
नित्यमूला नित्यफलास्तरवस्तत्र पुष्पिताः ॥
कामवर्षी च पर्जन्यः सुखस्पर्शश्च मारुतः ॥ ४२४
स्वकर्मसु प्रवर्तन्ते तुष्टाः स्वैरेव कर्मभिः ॥
आसन्प्रजा धर्मपरा रामे शासति नानृताः ॥ ४२५
धर्म्यं यशस्यमायुष्यं राज्ञां च विजयावहम् ॥
आदिकाव्यमिदं चार्षं पुरा वाल्मीकिना कृतम् ॥ ४२६
पूजयंश्च पठंश्चैनमितिहासं पुरातनम् ॥
सर्वपापैः प्रमुच्येत दीर्घमायुरवाप्नुयात् ॥ ४२७

शृणोति य इदं काव्यं पुरा वाल्मीकिना कृतम् ॥
श्रद्दधानो जितक्रोधो दुर्गाण्यतितरत्यसौ ॥ ४२८
एवमेतत्पुरावृत्तमाख्यानं भद्रमस्तु वः ॥
प्रव्याहरत विस्रब्धं बलं विष्णोः प्रवर्धताम् ॥ ४२९
आयुष्यमारोग्यकरं यशस्यं सौभ्रातृकं बुद्धिकरं शुभं च ॥
श्रोतव्यमेतन्नियमेन सद्भिराख्यानमोजस्करमृद्धिकामैः ॥ ४३०

७-उत्तरकाण्डम् ।

अथ प्रथमः सर्गः ।

प्राप्तराज्यस्य रामस्य राक्षसानां वधे कृते ॥
आजग्मुर्मुनयः सर्वे राघवं प्रतिनन्दितुम् ॥ १
दृष्ट्वा प्राप्तान्मुनींस्तांस्तु प्रत्युत्थाय कृताञ्जलिः ॥
पाद्यार्घ्यादिभिरानर्च गां निवेद्य च सादरम् ॥ २
रामेण कुशलं पृष्टाः सशिष्याः सपुरोगमाः ॥
महर्षयो वेदविदो रामं वचनमब्रुवन् ॥ ३
कुशलं नो महाबाहो सर्वत्र रघुनन्दन ॥
त्वां तु दिष्ट्या कुशलिनं पश्यामो हतशात्रवम् ॥ ४
दिष्ट्या त्वया हतो राजन्रावणो लोकरावणः ॥
दिष्ट्या प्रहस्तो विकटो विरूपाक्षो महोदरः ॥ ५
अकम्पनश्च दुर्धर्षो निहतास्ते निशाचराः ॥ ६
यस्य प्रमाणाद्विपुलं प्रमाणं नेह विद्यते ॥
दिष्ट्या ते समरे राम कुम्भकर्णो निपातितः ॥ ७
विस्मयस्त्वेष चास्माकं तं श्रुत्वेन्द्रजितो वधम् ॥
दिष्ट्या वर्धसि काकुत्स्थ जयेनामित्रकर्शन ॥ ८
श्रुत्वा तु वचनं तेषां मुनीनां भावितात्मनाम् ॥
विस्मयं परमं गत्वा रामः प्राञ्जलिरब्रवीत् ॥ ९
भगवन्तः कुम्भकर्णं रावणं च निशाचरम् ॥
अतिकायं त्रिशिरसं धूम्राक्षं च निशाचरम् ॥ १०
अतिक्रम्य महावीर्यान्किं प्रशंसथ रावणिम् ॥
शक्रोऽपि विजितस्तेन कथं लब्धवरश्च सः ॥ ११
तस्य तद्वचनं श्रुत्वा राघवस्य महात्मनः ॥
कुम्भयोनिर्महातेजा वाक्यमेतदुवाच ह ॥ १२
प्रजापतिः पुरा सृष्ट्वा अपः सलिलसम्भवः ॥

तासां गोपायने सत्त्वानसृजत्पद्मसंभवः ॥ १३
ते सत्त्वाः सत्त्वकर्तारं विनीतवदुपस्थिताः ॥
किं कुर्म इति भाषन्तः क्षुत्पिपासाभयार्दिताः ॥ १४
प्रजापतिस्तु तान्सर्वान्प्रत्याह प्रहसन्निव ॥
आभाष्य वाचा यत्नेन रक्षध्वमिति मानवाः ॥ १५
रक्षाम इति तत्रान्यैर्यक्षाम इति चापरैः ॥
भुंक्षिताभुंक्षितैरुक्तस्ततस्तानाह भूतकृत् ॥ १६
रक्षाम इति यैरुक्तं राक्षसास्ते भवन्तु वः ॥
यक्षाम इति यैरुक्तं यक्षा एव भवन्तु वः ॥ १७
तत्र हेतिः प्रहेतिश्च भ्रातरौ राक्षसाधिपौ ॥
मधुकैटभसंकाशौ बभूवतुररिन्दमौ ॥ १८
सन्ध्यादुहितरं सोऽथ सन्ध्यातुल्यां प्रभावतः ॥
वरयामास पुत्रार्थं हेती राक्षसपुङ्गवः ॥ १९
केनचित्त्वथ कालेन राम सालकटङ्कटा ॥
विद्युत्केशाद्गर्भमाप घनराजिरिवार्णवात् ॥ २०
ततः सा राक्षसी गर्भं घनगर्भसमप्रभम् ॥
प्रसूता मन्दरं गत्वा गङ्गा गर्भमिवाग्निजम् ॥ २१
सुकेशं धार्मिकं दृष्ट्वा वरलब्धं च राक्षसम् ॥
ग्रामणीर्नाम गन्धर्वो विश्वावसुसमप्रभः ॥ २२
तस्य देववती नाम द्वितीया श्रीरिवात्मजा ॥
त्रिषु लोकेषु विख्याता रूपयौवनशालिनी ॥ २३
ततः काले सुकेशस्तु जनयामास राघव ॥
माल्यवन्तं सुमालिं च मालिं च बलिनां वरम् ॥
त्रींस्त्रिनेत्रसमान्पुत्रान्राक्षसान्राक्षसाधिपः ॥ २४
तैर्बाध्यमानास्त्रिदशाः सर्षिसङ्घाः सचारणाः ॥
त्रातारं नाधिगच्छन्ति निरयस्था यथा नराः ॥ २५
दृढप्राकारपरिखां हैमैर्गृहशतैर्वृताम् ॥
लङ्कामवाप्य ते हृष्टा न्यवसन्रजनीचराः ॥ २६

सुमाली जनयामास यदपत्यं निशाचरः ॥
केतुमत्यां महाराज तन्निबोधानुपूर्वशः ॥ २७
प्रहस्तोऽकम्पनश्चैव विकटः कालिकामुखः ॥
धूम्राक्षश्चैव दण्डश्च सुपार्श्वश्च महाबलः ॥ २८
संह्रादिः प्रघसश्चैव भासकर्णश्च राक्षसः ॥
राका पुष्पोत्कटा चैव कैकसी च शुचिस्मिता ॥ २९
नारायणगिरिं ते तु गर्जन्तो राक्षसाम्बुदाः ॥
अर्दयन्तोऽस्त्रवर्षेण वर्षेणेवाद्रिमम्बुदाः ॥ ३०
नारायणोप्युत्ससर्ज मालेश्चक्रं जिघांसया ॥
कालचक्रनिभं चक्रं मालेः शीर्षमपातयत् ॥ ३१
तच्छिरो राक्षसेन्द्रस्य चक्रोत्कृत्तं बिभीषणम् ॥
पपात रुधिरोद्गारि पुरा राहुशिरो यथा ॥ ३२
सुमाली स्वबलैः सार्धं लङ्कामभिमुखो ययौ ॥ ३३
पक्षवातबलोद्धूतो माल्यवानपि राक्षसः ॥
स्वबलेन समागम्य ययौ लङ्कां ह्रिया वृतः ॥ ३४
अशक्नुवन्तस्ते विष्णुं प्रतियोद्धुं बलार्दिताः ॥
त्यक्त्वा लङ्कां गता वस्तुं पातालं सहपत्नयः ॥ ३५
सुमालिनं समासाद्य राक्षसं रघुसत्तम ॥
स्थिताः प्रख्यातवीर्यास्ते वंशे सालकटङ्कटे ॥
ये त्वया निहतास्ते तु पौलस्त्या नाम राक्षसाः ॥ ३६
सुमाली माल्यवान्माली ये च तेषां पुरःसराः ॥
कस्यचित्त्वथ कालस्य सुमाली नाम राक्षसः ॥ ३७
रसातलान्मर्त्यलोकं सर्वं वै विचचार ह ॥
राक्षसेन्द्रः स तु तदाऽचिन्तयत्सुमहामतिः ॥ ३८
अथाब्रवीत्सुतां रक्षः कैकसीं नाम नामतः ॥
सा त्वं मुनिवरं श्रेष्ठं प्रजापतिकुलोद्भवम् ॥
भज विश्रवसं पुत्रि पौलस्त्यं वरय स्वयम् ॥ ३९
सा तु तद्वचनं श्रुत्वा कन्यका पितृगौरवात् ॥
तत्र गत्वा च सा तस्थौ विश्रवा यत्र तप्यते ॥ ४०

एतस्मिन्नन्तरे राम पुलस्त्यतनयो द्विजः ॥
अग्निहोत्रमुपातिष्ठच्चतुर्थ इव पावकः ॥ ४१
अविचिन्त्य तु तां वेलां दारुणां पितृगौरवात् ॥
उपसृत्याग्रतस्तस्य चरणाधोमुखी स्थिता ॥ ४२
विलिखन्ती मुहुर्भूमिमंगुष्ठाग्रेण भामिनि ॥
स तु तां वीक्ष्य सुश्रोणीं पूर्णचन्द्रनिभाननाम् ॥ ४३
अब्रवीत्परमोदारो दीप्यमानां स्वतेजसा ॥
भद्रे कस्यासि दुहिता कुतो वा त्वमिहागता ॥ ४४
एवमुक्ता तु सा कन्या कृताञ्जलिरथाब्रवीत् ॥
आत्मप्रभावेण मुने ज्ञातुमर्हसि मे मतम् ॥ ४५
स तु गत्वा मुनिर्ध्यानं वाक्यमेतदुवाच ह ॥
विज्ञातं ते मया भद्रे कारणं यन्मनोगतम् ॥ ४६
सुताभिलाषो मत्तस्ते मत्तमातङ्गगामिनि ॥
दारुणायां तु वेलायां यस्मात्त्वं मामुपस्थिता ॥ ४७
शृणु तस्मात्सुतान्भद्रे यादृशाञ्जनयिष्यसि ॥
दारुणान्दारुणाकारान्दारुणाभिजनप्रियान् ॥ ४८
प्रसविष्यसि सुश्रोणि राक्षसान्क्रूरकर्मणः ॥
सा तु तद्वचनं श्रुत्वा प्रणिपत्याब्रवीद्वचः ॥ ४९
भगवन्नीदृशान्पुत्रांस्त्वत्तोऽहं ब्रह्मवादिनः ॥
नेच्छामि सुदुराचारान्प्रसादं कर्तुमर्हसि ॥ ५०
कन्यया त्वेवमुक्तस्तु विश्रवा मुनिपुङ्गवः ॥
उवाच कैकसीं भूयः पूर्णेन्दुरिव रोहिणीम् ॥ ५१
पश्चिमो यस्तव सुतो भविष्यति शुभानने ॥
मम वंशानुरूपः स धर्मात्मा च न संशयः ॥ ५२
एवमुक्ता तु सा कन्या राम कालेन केनचित् ॥
जनयामास बीभत्सं रक्षोरूपं सुदारुणम् ॥ ५३
दशग्रीवं महादंष्ट्रं नीलाञ्जनचयोपमम् ॥
ताम्रोष्ठं विंशतिभुजं महास्यं दीप्तमूर्धजम् ॥ ५४

तस्य त्वनन्तरं जातः कुम्भकर्णो महाबलः ॥
प्रमाणाद्यस्य विपुलं प्रमाणं नेह विद्यते ॥ ५५
ततः शूर्पणखा नाम संजज्ञे विकृतानना ॥
बिभीषणश्च धर्मात्मा कैकस्याः पश्चिमः सुतः ॥ ५६
तौ तु तत्र महारण्ये ववृधाते महौजसौ ॥
कुम्भकर्णदशग्रीवौ लोकोद्वेगकरौ तदा ॥ ५७
कुम्भकर्णः प्रमत्तस्तु महर्षीन्धर्मवत्सलान् ॥
त्रैलोक्ये नित्यासंतुष्टो भक्षयन्विचचार ह ॥ ५८
अथ वैश्रवणो देवस्तत्र कालेन केनचित् ॥
आगतः पितरं द्रष्टुं पुष्पकेण धनेश्वरः ॥ ५९
तं दृष्ट्वा कैकसी तत्र ज्वलन्तमिव तेजसा ॥
आगम्य राक्षसी तत्र दशग्रीवमुवाच ह ॥ ६०
पुत्र वैश्रवणं पश्य भ्रातरं तेजसा वृतम् ॥
भ्रातृभावे समे चापि पश्यात्मानं त्वमीदृशम् ॥ ६१
दशग्रीव तथा यत्नं कुरुष्वामितविक्रम ॥
यथा त्वमपि मे पुत्र भवेर्वैश्रवणोपमः ॥ ६२
मातुस्तद्वचनं श्रुत्वा दशग्रीवः प्रतापवान् ॥
अमर्षमतुलं लेभे प्रतिज्ञां चाकरोत्तदा ॥ ६३
दशवर्षसहस्रं तु निराहारो दशाननः ॥
पूर्णे वर्षसहस्रे तु शिरश्चाग्नौ जुहाव सः ॥ ६४
एवं वर्षसहस्राणि नव तस्यातिचक्रमुः ॥
शिरांसि नव चाप्यस्य प्रविष्टानि हुताशनम् ॥ ६५
अथ वर्षसहस्रे तु दशमे दशमं शिरः ॥
छेत्तुकामे दशग्रीवे प्राप्तस्तत्र पितामहः ॥ ६६
पितामहस्तु सुप्रीतः सार्धं देवैरुपस्थितः ॥
तव तावद्दशग्रीव प्रीतोऽस्मीत्यभ्यभाषत ॥ ६७
अथाब्रवीद्दशग्रीवः प्रहृष्टेनान्तरात्मना ॥
प्रणम्य शिरसा देवं हर्षगद्गदया गिरा ॥ ६८

सुपर्णनागयक्षाणां दैत्यदानवरक्षसाम् ॥
अवध्योऽहं प्रजाध्यक्ष देवतानां च शाश्वत ॥ ६९
नहि चिन्ता ममान्येषु प्राणिष्वमरपूजित ॥
तृणभूता हि ते मन्ये प्राणिनो मानुषादयः ॥ ७०
एवमुक्तस्तु धर्मात्मा दशग्रीवेण रक्षसा ॥
उवाच वचनं देवः सह देवैः पितामहः ॥
भविष्यत्येवमेतत्ते वचो राक्षसपुङ्गव ॥ ७१
एवमुक्त्वा तु तं राम दशग्रीवं पितामहः ॥
श्रृणु चापि वरो भूयः प्रीतस्येह शुभो मम ॥ ७२
हुतानि यानि शीर्षाणि पूर्वमग्नौ त्वयाऽनघ ॥
पुनस्तानि भविष्यन्ति तथैव तव राक्षस ॥ ७३
वितरामीह ते सौम्य वरं चान्यं दुरासदम् ॥
छन्दतस्तव रूपं च मनसा यद्यथेप्सितम् ॥ ७४
एवं पितामहोक्तस्य दशग्रीवस्य रक्षसः ॥
अग्नौ हुतानि शीर्षाणि पुनस्तान्युत्थितानि वै ॥ ७५
सुमाली वरलब्धांस्तु ज्ञात्वा चैतान्निशाचरान् ॥
उदतिष्ठद्भयं त्यक्त्वा सानुगः स रसातलात् ॥ ७६
मारीचश्च प्रहस्तश्च विरूपाक्षो महोदरः ॥
उदतिष्ठन्सुसंरब्धाः सचिवास्तस्य रक्षसः ॥ ७७
सुमाली सचिवैः सार्धं वृतो राक्षसपुङ्गवैः ॥
अभिगम्य दशग्रीवं परिष्वज्येदमब्रवीत् ॥ ७८
यत्कृते च वयं लङ्कां त्यक्त्वा याता रसातलम् ॥
तद्गतं नो महाबाहो महद्विष्णुकृतं भयम् ॥ ७९
त्वं च लङ्केश्वरस्तात भविष्यसि न संशयः ॥
त्वया राक्षसवंशोऽयं निमग्नोऽपि समुद्धृतः ॥ ८०
एवमुक्तो दशग्रीवः प्रहस्तेन महाबलः ॥
विवेश नगरीं लङ्कां भ्रातृभिः सबलानुगैः ॥ ८१

अथ द्वितीयः सर्गः ।

राक्षसेन्द्रोऽभिषिक्तस्तु भ्रातृभिः सहितस्तदा ॥
ततः प्रदानं राक्षस्या भगिन्याः समचिन्तयत् ॥ ८२
ददौ तां कालकेन्द्राय दानवेन्द्राय राक्षसीम् ॥
स्वसां शूर्पणखां नाम विद्युज्जिह्वाय राक्षसः ॥ ८३
अथ दत्वा स्वयं रक्षो मृगयामटते स्म तत् ॥
तत्रापश्यत्ततो राम मयं नाम दितेः सुतम् ॥ ८४
तं मयः प्राह दैत्येन्द्रो राक्षसेन्द्रमिदं वचः ॥
इयं ममात्मजा राजन्हेमयाप्सरसा धृता ॥ ८५
कन्या मन्दोदरी नाम पत्न्यर्थं प्रतिगृह्यताम् ॥
बाढमित्येव तं राम दशग्रीवोऽभ्यभाषत ॥ ८६
ततः स सचिवैः सार्धं षड्भिर्नित्यबलोद्धतः ॥
महोदरप्रहस्ताभ्यां मारीचशुकसारणैः ॥ ८७
धूम्राक्षेण च वीरेण नित्यं समरगर्धिना ॥
वृतः संप्रययौ श्रीमान्क्रोधाल्लोकान्दहन्निव ॥ ८८
यक्षा न शेकुः संस्थातुं प्रमुखे तस्य रक्षसः ॥
राज्ञो भ्रातेति विज्ञाय गता यत्र धनेश्वरः ॥ ८९
ततो युद्धं समभवद्यक्षराक्षससंकुलम् ॥
व्यथिताश्चाभवंस्तत्र सचिवा राक्षसस्य ते ॥ ९०
निर्जित्य राक्षसेन्द्रस्तु धनदं हृष्टमानसः ॥
पुष्पकं तस्य जग्राह विमानं जयलक्षणम् ॥
पुष्पकं तु समारुह्य परिचक्राम मेदिनीम् ॥ ९१
ततो मरुत्तं नृपतिं यजन्तं सह दैवतैः ॥
उशीरबीजमासाद्य ददर्श स तु रावणः ॥ ९२
संवर्तो नाम ब्रह्मर्षिः साक्षाद्भ्राता बृहस्पतेः ॥
याजयामास धर्मज्ञः सर्वैर्देवगणैर्वृतः ॥ ९३
दृष्ट्वा देवास्तु तद्रक्षो वरदानेन दुर्जयम् ॥

तिर्यग्योनिं समाविष्टास्तस्य धर्षणभीरवः ॥ ९४
इन्द्रो मयूरः संवृत्तो धर्मराजस्तु वायसः ॥
कृकलासो धनाध्यक्षो हंसश्च वरुणोऽभवत् ॥ ९५
अन्येष्वपि गतेष्वेवं देवेष्वरिनिषूदन ॥
रावणः प्राविशद्यज्ञं सारमेय इवाशुचिः ॥ ९६
स निवृत्तो गुरोर्वाक्यान्मरुत्तः पृथिवीपतिः ॥
तान्भक्षयित्वा तत्रस्थान्महर्षीन्यज्ञमागतान् ॥
वितृप्तो रुधिरैस्तेषां पुनः संप्रययौ महीम् ॥ ९७
रावणे तु गते देवाः सेन्द्राश्चैव दिवौकसः ॥
ततः स्वां योनिमासाद्य तानि सत्त्वानि चाब्रुवन् ॥ ९८
हर्षात्तदाऽऽब्रवीदिन्द्रो मयूरं नीलबर्हिणम् ॥
प्रीतोऽस्मि तव धर्मज्ञ भुजङ्गाद्धि न ते भयम् ॥ ९९
इदं नेत्रसहस्रं तु यत्तद्बर्हे भविष्यति ॥
वर्षमाणे मयि मुदं प्राप्स्यसे प्रीतिलक्षणम् ॥ १००
धर्मराजोऽब्रवीद्राम प्राग्वंशे वायसं प्रति ॥
पक्षिंस्तवास्मि सुप्रीतः प्रीतस्य वचनं शृणु ॥ १०१
यथान्ये विविधै रोगैः पीड्यन्ते प्राणिनो मया ॥
ते न ते प्रभविष्यन्ति मयि प्रीते न संशयः ॥ १०२
मृत्युतस्ते भयं नास्ति वरान्मम विहङ्गम ॥
यावत्त्वां न वधिष्यन्ति नरास्तावद्भविष्यसि ॥ १०३
वरुणस्त्वब्रवीद्धंसं गङ्गातोयविचारिणम् ॥
श्रूयतां प्रीतिसंयुक्तं ततः पत्ररथेश्वरम् ॥ १०४
वर्णो मनोरमः सौम्यश्चन्द्रमण्डलसंनिभः ॥
भविष्यति तवोदग्रः शुद्धफेनसमप्रभः ॥ १०५
हंसानां हि पुरा राम न वर्णः सर्वपाण्डुरः ॥
पक्षा नीलाग्रसंवीताः क्रोडाः शष्पाग्रनिर्मलाः ॥ १०६
अथाब्रवीद्वैश्रवणः कृकलासं गिरौ स्थितम् ॥

हैरण्यं संप्रयच्छामि वर्णं प्रीतस्तवाप्यहम् ॥ १०७
सद्द्रव्यं च शिरो नित्यं भविष्यति तवाक्षयम् ॥
एष काञ्चनको वर्णो मत्प्रीत्या ते भविष्यति ॥ १०८
एवं दत्वा वरांस्तेभ्यस्तस्मिन्यज्ञोत्सवे सुराः ॥
निवृत्ते सह राज्ञा ते पुनः स्वभवनं गताः ॥ १०९
अथ जित्वा मरुत्तं स प्रययौ राक्षसाधिपः ॥
नगराणि नरेन्द्राणां युद्धाकांक्षी दशाननः ॥ ११०
निर्जिताः स्मेत्यभाषन्त ज्ञात्वा वरबलं रिपोः ॥
दुष्कन्तः सुरथो गाधिर्गयो राजा पुरूरवाः ॥ १११
ततो वित्रासयन्मर्त्यान्पृथिव्यां राक्षसाधिपः ॥
आससाद वने तस्मिन्नारदं मुनिपुङ्गवम् ॥ ११२
तस्याभिवादनं कृत्वा दशग्रीवो निशाचरः ॥
अब्रवीत्कुशलं पृष्ट्वा हेतुमागमनस्य च ॥ ११३
नारदस्तु महातेजा देवर्षिरमितप्रभः ॥
अब्रवीन्मेघपृष्ठस्थो रावणं पुष्पके स्थितम् ॥ ११४
क्षीयमाणं दैवहतं क्षुत्पिपासाजरादिभिः ॥
विषादशोकसंमूढं लोकं त्वं क्षपयस्व मा ॥ ११५
अवश्यमेभिः सर्वैश्च गन्तव्यं यमसादनम् ॥
तन्निगृह्णीष्व पौलस्त्य यमं परपुरञ्जय ॥
तस्मिञ्जिते जितं सर्वं भवत्येव न संशयः ॥ ११६
एवमुक्तस्तु लङ्केशो दीप्यमानं स्वतेजसा ॥
अब्रवीन्नारदं तत्र संप्रहस्याभिवाद्य च ॥ ११७
महर्षे देवगन्धर्वविहार समरप्रिय ॥
अहं समुद्यतो गन्तुं विजयार्थं रसातलम् ॥ ११८
एवमुक्त्वा दशग्रीवो मुनिं तमभिवाद्य च ॥
प्रययौ दक्षिणामाशां प्रविष्टः सह मन्त्रिभिः ॥ ११९
तदासीत्तुमुलं युद्धं यमराक्षसयोर्द्वयोः ॥
जयमाकांक्षतोर्वीर समरेष्वनिवर्तिनोः ॥ १२०

ततः संरक्तनयनः क्रुद्धो वैवस्वतः प्रभुः ॥
कालदण्डममोघं तु तोलयामास पाणिना ॥ १२१
तस्मिन्प्रहर्तुकामे तु यमे दण्डेन रावणम् ॥
यमं पितामहः साक्षाद्दर्शयित्वेदमब्रवीत् ॥ १२२
वरः खलु मयैतस्मै दत्तास्त्रिदशपुङ्गव ॥
स त्वया नानृतः कार्यो यन्मया व्याहृतं वचः ॥ १२३
यो हि मामनृतं कुर्याद्देवो वा मानुषोऽपि वा ॥
त्रैलोक्यमनृतं तेन कृतं स्यान्नात्र संशयः ॥ १२४
यदि ह्यस्मिन्निपतिते न म्रियेतैष राक्षसः ॥
म्रियेत वा दशग्रीवस्तदाप्युभयतोऽनृतम् ॥ १२५
एवमुक्तस्तु धर्मात्मा प्रत्युवाच यमस्तदा ॥
एष व्यावर्तितो दण्डः प्रभविष्णुर्हि नो भवान् ॥ १२६
एष तस्मात्प्रणश्यामि दर्शनादस्य रक्षसः ॥
इत्युक्त्वा सरथः साश्वस्तत्रैवान्तरधीयत ॥ १२७
दशग्रीवस्तु तं जित्वा नाम विश्राव्य चात्मनः ॥
आरुह्य पुष्पकं भूयो निष्क्रान्तो यमसादनात् ॥ १२८
ततो रसातलं रक्षः प्रविष्टः पयसां निधिम् ॥
दैत्योरगगणाध्युष्टं वरुणेन सुरक्षितम् ॥ १२९
स तु भोगवतीं गत्वा पुरीं वासुकिपालिताम् ॥
कृत्वा नागान्वशे हृष्टो ययौ मणिमयीं पुरीम् ॥ १३०
निवातकवचास्तत्र दैत्या लब्धवरा वसन् ॥
राक्षसस्तान्समागम्य युद्धाय समुपाह्वयत् ॥ १३१
ततोऽश्मनगरं नाम कालकेयैरधिष्ठितम् ॥
गत्वा तु कालकेयांश्च हत्वा तत्र बलोत्कटान् ॥ १३२
शूर्पणख्याश्च भर्तारमसिना प्राच्छिनत्तदा ॥
श्यालं च बलवन्तं च विद्युज्जिह्वं बलोत्कटम् ॥ १३३
ततो धाराशताकीर्णं शारदाभ्रनिभं तदा ॥
नित्यप्रहृष्टं ददृशे वरुणस्य गृहोत्तमम् ॥ १३४

रावणं त्वब्रवीन्मन्त्री प्रहासो नाम वारुणः ॥ १३५
गतः खलु महाराजो ब्रह्मलोकं जलेश्वरः ॥
गान्धर्वं वरुणः श्रोतुं यं त्वमाह्वयसे युधि ॥ १३६
राक्षसेन्द्रस्तु तच्छ्रुत्वा नाम विश्राव्य चात्मनः ॥
हर्षान्नादं विमुञ्चन्वै निष्क्रान्तो वरुणालयात् ॥ १३७
लङ्कामभिमुखो रक्षो नभस्तलगतो ययौ ॥ १३८

अथ तृतीयः सर्गः ।

निवर्तमानः संहृष्टो रावणः स दुरात्मवान् ॥
जह्रे पथि नरेन्द्रर्षिदेवदानवकन्यकाः ॥ १३९
दर्शनीयां हि यां रक्षः कन्यां स्त्रीं वाथ पश्यति ॥
हत्वा बन्धुजनं तस्या विमाने तां रुरोध सः ॥ १४०
ताभिः सर्वानवद्याभिर्नदीभिरिव सागरः ॥
आपूरितं विमानं तद्भयशोकाशिवाश्रुभिः ॥ १४१
दुःखशोकसमाविष्टाः विलेपुः सहिताः स्त्रियः ॥
कथं नु खलु मे पुत्रो भविष्यति मया विना ॥ १४२
कथं माता कथं भ्राता निमग्नाः शोकसागरे ॥
हा कथं नु करिष्यामि भर्तुस्तस्मादहं विना ॥ १४३
मृत्यो प्रसादयामि त्वां नय मां दुःखभागिनीम् ॥
किंनु तद्दुष्कृतं कर्म पुरा देहान्तरे कृतम् ॥ १४४
अहो धिङ् मानुषं लोकं नास्ति खल्वधमः परः ॥ १४५
यद्दुर्बला बलवता भर्तारो रावणेन नः ॥
सूर्येणोदयता काले नक्षत्राणीव नाशिताः ॥ १४६
इदं त्वसदृशं कर्म परदाराभिमर्शनम् ॥
यस्मादेष परक्यासु रमते राक्षसाधमः ॥ १४७
एवं विलपितं तासां शृण्वन्राक्षसपुङ्गवः ॥
प्रविवेश पुरीं लङ्कां पूज्यमानो निशाचरैः ॥ १४८
ततो निकुम्भिलां नाम लङ्कोपवनमुत्तमम् ॥

तद्राक्षसेन्द्रो बलवान्प्रविवेश सहानुगः॥ १४९
ततो यूपशताकीर्णं सौम्यचैत्योपशोभितम्॥
ददर्श विष्ठितं यज्ञं श्रिया संप्रज्ज्वलन्निव॥ १५०
ततः कृष्णाजिनधरं कमण्डलुशिखाध्वजम्॥
ददर्श स्वसुतं तत्र मेघनादं भयावहम्॥ १५१
तं समासाद्य लङ्केशः परिष्वज्याथ बाहुभिः॥
अब्रवीत्किमिदं वत्स वर्तसे ब्रूहि तत्त्वतः॥ १५२
उशना त्वब्रवीत्तत्र यज्ञसंपत्समृद्धये॥
रावणं राक्षसश्रेष्ठं द्विजश्रेष्ठो महातपाः॥ १५३
माहेश्वरे प्रवृत्ते तु यज्ञे पुम्भिः सुदुर्लभे॥
वरांस्ते लब्धवान्पुत्रः साक्षात्पशुपतेरिह॥ १५४
कामगं स्यन्दनं दिव्यमन्तरिक्षचरं ध्रुवम्॥
मायां च तामसीं नाम यया सम्पद्यते तमः॥ १५५
एतया किल संग्रामे मायया राक्षसेश्वर॥
प्रयुक्तया गतिः शक्या नहि ज्ञातुं सुरासुरैः॥ १५६
अक्षयाविषुधी बाणैश्चापं चापि सुदुर्जयम्॥
अस्त्रं च बलवद्राजञ्छत्रुविध्वंसनं रणे॥ १५७
ततोऽब्रवीद्दशग्रीवः क्रुद्धः संरक्तलोचनः॥
सुरलोकं गमिष्यामि युद्धाकांक्षी सुहृद्वृतः॥ १५८
इन्द्रजित्त्वग्रतः सैन्यान्सैनिकान्परिगृह्य च॥
जगाम रावणो मध्ये कुम्भकर्णश्च पृष्ठतः॥
बिभीषणश्च धर्मात्मा लङ्कायां धर्ममाचरन्॥ १५९
ततः कैलासमासाद्य शैलं वैश्रवणालयम्॥
राक्षसेन्द्रो महेन्द्राभः सेनामुपनिवेशयत्॥ १६०
कैलासं लङ्घयित्वा तु ससैन्यबलवाहनः॥
आससाद महातेजा इन्द्रलोकं दशाननः॥ १६१
ततो युद्धं समभवद्देवदानवरक्षसाम्॥
घोरं तुमुलनिर्ह्रादं नानाप्रहरणोद्यतम्॥ १६२

सुमालिनं हतं दृष्ट्वा वसुना भस्मसात्कृतम् ॥
स्वसैन्यं विद्रुतं चापि लक्षयित्वाऽर्दितं सुरैः ॥ १६३
ततः स बलवान्क्रुद्धो रावणस्य सुतस्तदा ॥
निवर्त्य राक्षसान्सर्वान्मेघनादो व्यवस्थितः ॥ १६४
ततस्तमसि सञ्जाते सर्वे ते देवराक्षसाः ॥
आयुध्यन्त बलोन्मत्ताः सूदयन्तः परस्परम् ॥ १६५
इन्द्रश्च रावणश्चैव रावणिश्च महाबलः ॥
तस्मिंस्तमोजालवृते मोहमीयुर्न ते त्रयः ॥ १६६
स तत्र मायाबलवानदृश्योऽथान्तरिक्षगः ॥
इन्द्रं मायापरिक्षिप्तं कृत्वा स प्राद्रवच्छरैः ॥ १६७
स तं यदा परिश्रान्तमिन्द्रं जज्ञेऽथ रावणिः ॥
तदैनं मायया बद्ध्वा स्वसैन्यमभितोऽनयत् ॥ १६८
ततस्ते दैवतगणा निवृत्ता रणकर्मणः ॥
जिते महेन्द्रेऽतिबले रावणस्य सुतेन वै ॥ १६९
प्रजापतिं पुरस्कृत्य ययुर्लङ्कां सुरास्तदा ॥
तत्र रावणमासाद्य पुत्रभ्रातृभिरावृतम् ॥ १७०
अब्रवीद्गगने तिष्ठन्सामपूर्वं प्रजापतिः ॥
वत्स रावण तुष्टोऽस्मि पुत्रस्य तव संयुगे ॥ १७१
अहोऽस्य विक्रमौदार्यं तव तुल्योऽधिकोऽपि वा ॥
जितं हि भवता सर्वं त्रैलोक्यं स्वेन तेजसा ॥ १७२
कृता प्रतिज्ञा सफला प्रीतोऽस्मि ससुतस्य ते ॥
अयं च पुत्रोऽतिबलस्तव रावण वीर्यवान् ॥ १७३
जगतीन्द्रजिदित्येव परिख्यातो भविष्यति ॥
बलवान्दुर्जयश्चैव भविष्यत्येव राक्षसः ॥ १७४
अथाब्रवीत्स तत्रस्थं मेघनादो महाबलः ॥
श्रूयतां मे भवेत्सिद्धिः शतक्रतुविमोक्षणे ॥ १७५
ममेष्टं नित्यशो हव्यैर्मन्त्रैः संपूज्य पावकम् ॥
संग्राममवतर्तुं च शत्रुनिर्जयकांक्षिणः ॥ १७६

अश्वयुक्तो रथो मह्यमुत्तिष्ठेत्तु विभावसोः ॥
तत्स्थस्यामरता स्यान्मे एष मे निश्चितो वरः ॥ १७७
तस्मिन्यद्यसमाप्ते च जप्यहोमे विभावसौ ॥
युध्येयं देवसंग्रामे तदा मे स्याद्विनाशनम् ॥ १७८
सर्वो हि तपसा देव वृणोत्यमरतां पुमान् ॥
विक्रमेण मया त्वेतदमरत्वं प्रवर्तितम् ॥ १७९
एवमस्त्विति तं चाह वाक्यं देवः पितामहः ॥
मुक्तश्चेन्द्रजिता शक्रो गताश्च त्रिदिवं सुराः ॥ १८०
श्रुत्वैतद्राघवो वाक्यमगस्त्यस्योग्रतेजसः ॥
प्राञ्जलिः प्रणतश्चापि महर्षिमिदमब्रवीत् ॥ १८१
अद्य मे देवतास्तुष्टाः पितरः प्रपितामहाः ॥
युष्माकं दर्शनादेव नित्यं तुष्टाः सबान्धवाः ॥ १८२
विज्ञाप्यं तु ममैतद्धि यद्वदाम्यागतस्पृहः ॥
तद्भवद्भिर्मम कृते कर्तव्यमनुकम्पया ॥ १८३
पौरजानपदान्स्थाप्य स्वकार्येष्वहमागतः ॥
क्रतूनहं करिष्यामि प्रभावाद्भवतां सताम् ॥ १८४
सदस्या मम यज्ञेषु भवन्तो नित्यमेव तु ॥
भविष्यथ महावीर्या ममानुग्रहकांक्षिणः ॥ १८५
अहं युष्मान्समाश्रित्य तपोनिर्धूतकल्मषान् ॥
अनुगृहीतः पितृभिर्भविष्यामि सुनिर्वृतः ॥ १८६
तदागन्तव्यमनिशं भवद्भिरिह संगतैः ॥
अगस्त्याद्यास्तु तच्छ्रुत्वा ऋषयः संशितव्रताः ॥ १८७
एवमस्त्विति तं प्रोच्य प्रयातुमुपचक्रमुः ॥
एवमुक्त्वा गताः सर्वे ऋषयस्ते यथागतम् ॥ १८८

अथ चतुर्थः सर्गः ।

विसृज्य च महाबाहुर्ऋक्षवानरराक्षसान् ॥
भ्रातृभिः सहितो रामः प्रमुमोद सुखं सुखी ॥ १८९
पूर्वाह्णे धर्मकार्याणि कृत्वा धर्मेण धर्मवित् ॥
शेषं दिवसभागार्धमन्तःपुरगतोऽभवत् ॥ १९०
सीताऽपि देवकार्याणि कृत्वा पूर्वाह्णिकानि वै ॥
श्वश्रूणामकरोत्पूजां सर्वासामविशेषतः ॥ १९१
अभ्यगच्छत्ततो रामं विचित्राभरणाम्बरा ॥
त्रिविष्टपे सहस्राक्षमुपविष्टं यथा शची ॥ १९२
अब्रवीच्च वरारोहां सीतां सुरसुतोपमाम् ॥
अपत्यलाभो वैदेहि त्वय्ययं समुपस्थितः ॥ १९३
किमिच्छसि वरारोहे कामः किं क्रियतां तव ॥
स्मितं कृत्वा तु वैदेही रामं वाक्यमथाब्रवीत् ॥ १९४
तपोवनानि पुण्यानि द्रष्टुमिच्छामि राघव ॥
गङ्गातीरोपविष्टानामृषीणामुग्रतेजसाम् ॥ १९५
एष मे परमः कामो यन्मूलफलभोजिनाम् ॥
अप्येकरात्रिं काकुत्स्थ निवसेयं तपोवने ॥ १९६
तथेति च प्रतिज्ञातं रामेणाक्लिष्टकर्मणा ॥
विस्रब्धा भव वैदेहि श्वो गमिष्यस्यसंशयम् ॥ १९७
एवमुक्त्वा तु काकुत्स्थो मैथिलीं जनकात्मजाम् ॥
मध्यकक्षान्तरं रामो निर्जगाम सुहृद्वृतः ॥ १९८
तत्रोपविष्टं राजानमुपासन्ते विचक्षणाः ॥
कथायां बहुरूपाणां हास्यकाराः समन्ततः ॥ १९९
ततः कथायां कस्यांचिद्राघवः समभाषत ॥
काः कथा नगरे भद्र वर्तन्ते विषयेषु च ॥ २००
राघवेणैवमुक्तस्तु भद्रः सुरुचिरं वचः ॥
प्रत्युवाच महाबाहुं प्राञ्जलिः सुसमाहितः ॥ २०१

शृणु राजन्यथा पौराः कथयन्ति शुभाशुभम् ॥
चत्वरापणरथ्यासु वनेषूपवनेषु च ॥ २०२
दुष्करं कृतवान्रामः समुद्रे सेतुबन्धनम् ॥
अश्रुतं पूर्वकैः कैश्चिद्देवैरपि सदानवैः ॥ २०३
रावणश्च दुराधर्षो हतः सबलवाहनः ॥
वानराश्च वशं नीता ऋक्षाश्च सह राक्षसैः ॥ २०४
हत्वा च रावणं संख्ये सीतामाहृत्य राघवः ॥
अमर्षं पृष्ठतः कृत्वा स्ववेश्म पुनरानयत् ॥ २०५
कीदृशं हृदये तस्य सीतासंभोगजं सुखम् ॥
अङ्कमारोप्य तु पुरा रावणेन बलाद्धृताम् ॥ २०६
लङ्कामपि पुरा नीतामशोकवनिकां गताम् ॥
रक्षसां वशमापन्नां कथं रामो न कुत्स्यति ॥ २०७
अस्माकमपि दारेषु सहनीयं भविष्यति ॥
यथा हि कुरुते राजा प्रजास्तमनुवर्तते ॥ २०८
तस्यैवं भाषितं श्रुत्वा राघवः परमार्तवत् ॥
विसर्जयामास तदा वयस्याञ्छत्रुसूदनः ॥ २०९
विसृज्य तु सुहृद्वर्गं बुद्ध्या निश्चित्य राघवः ॥
समीपे द्वाःस्थमासीनमिदं वचनमब्रवीत् ॥ २१०
शीघ्रमानय सौमित्रिं लक्ष्मणं शुभलक्षणम् ॥
भरतं च महाभागं शत्रुघ्नमपराजितम् ॥ २११
निवेदयामास तदा भ्रातॄन्स्वान्समुपस्थितान् ॥
प्रह्वाः प्राञ्जलयो भूत्वा विविशुस्ते समाहिता ॥ २१२
ते तु दृष्ट्वा मुखं तस्य सग्रहं शशिनं यथा ॥
संध्यागतमिवादित्यं प्रभया परिवर्जितम् ॥ २१३
बाष्पपूर्णे च नयने दृष्ट्वा रामस्य धीमतः ॥
ततोऽभिवाद्य त्वरिताः पादौ रामस्य मूर्धभिः ॥
तस्थुः समाहिताः सर्वे रामस्त्वश्रूण्यवर्तयत् ॥ २१४
तान्परिष्वज्य बाहुभ्यामुत्थाप्य च महाबलः ॥

आसनेष्वासतेत्युक्त्वा ततो वाक्यं जगाद ह ॥ २१५
भवन्तो मम सर्वस्वं भवन्तो जीवितं मम ॥
भवद्भिश्च कृतं राज्यं पालयामि नरेश्वराः ॥ २१६
भवन्तः कृतशास्त्रार्था बुद्ध्या च परिनिष्ठिताः ॥
संभूय च मदर्थोऽयमन्वेष्टव्यो नरेश्वराः ॥ २१७
तथा वदति काकुत्स्थे अवधानपरायणाः ॥
उद्विग्नमनसः सर्वे किं नु राजाऽभिधास्यति ॥ २१८
तेषां समुपविष्टानां सर्वेषां दीनचेतसाम् ॥
उवाच वाक्यं काकुत्स्थो मुखेन परिशुष्यता ॥ २१९
सर्वे शृणुत भद्रं वो मा कुरुध्वं मनोऽन्यथा ॥
पौराणां मम सीतायां यादृशी वर्तते कथा ॥ २२०
पौरापवादः सुमहांस्तथा जनपदस्य च ॥
वर्तते मयि बीभत्सा सा मे मर्माणि कृन्तति ॥ २२१
अहं किल कुले जात इक्ष्वाकूणां महात्मनाम् ॥
सीताऽपि सत्कुले जाता जनकानां महात्मनाम् ॥ २२२
जानासि त्वं यथा सौम्य दण्डके विजने वने ॥
रावणेन हृता सीता स च विध्वंसितो मया ॥ २२३
तत्र मे बुद्धिरुत्पन्ना जनकस्य सुतां प्रति ॥
अत्रोषितामिमां सीतामानयेयं कथं पुरीम् ॥ २२४
प्रत्ययार्थं ततः सीता विवेष ज्वलनं तदा ॥ २२५
प्रत्यक्षं तव सौमित्रे देवानां हव्यवाहनः ॥
अपापां मैथिलीमाह वायुश्चाकाशगोचरः ॥ २२६
ततो गृहीत्वा वैदेहीमयोध्यामहमागतः ॥ २२७
अयं तु मे महान्वादः शोकश्च हृदि वर्तते ॥
कीर्त्यर्थं तु समारम्भः सर्वेषां सुमहात्मनाम् ॥ २२८
अप्यहं जीवितं जह्यां युष्मान्वा पुरुषर्षभाः ॥
अपवादभयाद्भीतः किं पुनर्जनकात्मजाम् ॥ २२९
तस्माद्भवन्तः पश्यन्तु पतितं शोकसागरे ॥
नाहि पश्याम्यहं भूतं किंचिद्दुःखमतोऽधिकम् ॥ २३०

श्वस्त्वं प्रभाते सौमित्रे सुमन्त्राधिष्ठितं रथम् ॥
आरुह्य सीतामारोप्य विषयान्ते समुत्सृज ॥ २३१
गङ्गायास्तु परे पारे वाल्मीकेस्तु महात्मनः ॥
आश्रमो दिव्यसंकाशस्तमसांतीरमाश्रितः ॥ २३२
तत्रैतां विजने देशे विसृज्य रघुनन्दन ॥
शीघ्रमागच्छ सौमित्रे कुरुष्व वचनं मम ॥ २३३
न चास्मि प्रतिवक्तव्यः सीतां प्रति कथंचन
तस्मात्त्वं गच्छ सौमित्रे नात्र कार्या विचारणा ॥ २३४
अप्रीतिर्हि परा मह्यं त्वयैतत्प्रतिवारिते ॥
शापिता हि मया यूयं पादाभ्यां जीवितेन च ॥ २३५
ये मां वाक्यान्तरे ब्रूयुरनुनेतुं कथंचन ॥
अहिता नाम ते नित्यं मदभीष्टविघातनात् ॥ २३६
मानयन्तु भवन्तो मां यदि मच्छासने स्थिता ॥
इतोऽद्य नीयतां सीता कुरुष्व वचनं मम ॥ २३७
पूर्वमुक्तोऽहमनया गङ्गातीरेऽहमाश्रमान् ॥
पश्येयमिति तस्याश्च कामः संवर्त्यतामयम् ॥ २३९
एवमुक्त्वा तु काकुत्स्थो बाष्पेण पिहितेक्षणः ॥
संविवेश स धर्मात्मा भ्रातृभिः परिवारितः ॥
शोकसंविग्नहृदयो निशश्वास यथा द्विपः ॥ २३९

अथ पञ्चमः सर्गः ।

ततो रजन्यां व्युष्टायां लक्ष्मणो दीनचेतनः ॥
सुमन्त्रमब्रवीद्वाक्यं मुखेन परिशुष्यता ॥ २४०
सारथे तुरगाञ्छीघ्रान्योजयस्व रथोत्तमे ॥
स्वास्तीर्णं राजवचनात्सीतायाश्चासनं शुभम् ॥ २४१
सीता हि राजवचनादाश्रमं पुण्यकर्मणाम् ॥
मया नेया महर्षीणां शीघ्रमानीयतां रथः ॥ २४२

सुमन्त्रस्तु तथेत्युक्त्वा युक्तं परमवाजिभिः ॥
रथं सुरुचिरप्रख्यं स्वास्तीर्णं सुखशय्यया ॥ २४३
आनीयोवाच सौमित्रिम् मित्राणां मानवर्धनम् ॥
रथोऽयं समनुप्राप्तो यत्कार्यं क्रियतां प्रभो ॥ २४४
प्रविश्य सीतामासाद्य व्याजहार नरर्षभः ॥
त्वया किलैष नृपतिर्वरं वै याचितः प्रभुः ॥ २४५
नृपेण च प्रतिज्ञातमाज्ञप्तश्चाश्रमं प्रति ॥
गङ्गातीरे मया देवि ऋषीणामाश्रमाञ्छुभान् ॥ २४६
शीघ्रं गत्वा तु वैदेहि शासनात्पार्थिवस्य नः ॥
अरण्ये मुनिभिर्जुष्टे अवनेया भविष्यसि ॥ २४७
एवमुक्ता तु वैदेही लक्ष्मणेन महात्मना ॥
प्रहर्षमतुलं लेभे गमनं चाप्यरोचयत् ॥ २४८
वासांसि च महार्हाणि रत्नानि विविधानि च ॥
गृहीत्वा तानि वैदेही गमनायोपचक्रमे ॥ २४९
इमानि मुनिपत्नीनां दास्याम्याभरणान्यहम् ॥
वस्त्राणि च महार्हाणि धनानि विविधानि च ॥ २५०
सौमित्रिस्तु तथेत्युक्त्वा रथमारोप्य मैथिलीम् ॥
प्रययौ शीघ्रतुरगं रामस्याज्ञामनुस्मरन् ॥ २५१
अब्रवीच्च तदा सीता लक्ष्मणं लक्ष्मिवर्धनम् ॥
अशुभानि बहून्येव पश्यामि रघुनन्दन ॥ २५२
नयनं मे स्फुरत्यद्य गात्रोत्कम्पश्च जायते ॥
हृदयं चैव सौमित्रे अस्वस्थमिव लक्षये ॥ २५३
औत्सुख्यं परमं चापि अधृतिश्च परा मम ॥
शून्यामेव च पश्यामि पृथिवीं पृथुलोचन ॥ २५४
अपि स्वस्ति भवेत्तस्य भ्रातुस्ते भ्रातृवत्सल ॥
इत्यञ्जलिकृता सीता देवता अभ्ययाचत ॥ २५५
लक्ष्मणोऽर्थं ततः श्रुत्वा शिरसा वन्द्य मैथिलीम् ॥
शिवमित्यब्रवीद्धृष्टो हृदयेन विशुष्यता ॥ २५६

ततो वासमुपागम्य गोमतीतीर आश्रमे ॥
प्रभाते पुनरुत्थाय सौमित्रिः सूतमब्रवीत् ॥ २५७
योजयस्व रथं शीघ्रमद्य भागीरथीजलम् ॥
शिरसा धारयिष्यामि त्रियम्बक इवौजसा ॥ २५८
सोऽश्वान्विचारयित्वा तु रथे युक्तान्मनोजवान् ॥
आरोहस्वेति वैदेहीं सूतः प्राञ्जलिरब्रवीत् ॥ २५९
सा तु सूतस्य वचनादारुरोह रथोत्तमम् ॥
सीता सौमित्रिणा सार्धं सुमन्त्रेण च धीमता ॥ २६०
आससाद विशालाक्षी गङ्गां पापविनाशनीम् ॥
अध्यर्धदिवसं गत्वा भागीरथ्या जलाशयम् ॥ २६१
निरीक्ष्य लक्ष्मणो दीनः प्ररुरोद महास्वनः ॥ २६२
सीता तु परमायत्ता दृष्ट्वा लक्ष्मणमातुरम् ॥
उवाच वाक्यं धर्मज्ञा किमिदं रुद्यते त्वया ॥ २६३
जान्हवीतीरमासाद्य चिराभिलषितं मम ॥
हर्षकाले किमर्थं मां विषादयसि लक्ष्मण ॥ २६४
ममापि दयितो रामो जीवितादपि लक्ष्मण ॥
न चाहमेवं शोचामि मैवं त्वं बालिशो भव ॥ २६५
तारयस्व च मां गङ्गां दर्शयस्व च तापसान् ॥
ततो मुनिभ्यो वासांसि दास्याम्याभरणानि च ॥ २६६
ततः कृत्वा महर्षीणां यथार्हमभिवादनम् ॥
तत्र चैकां निशामुष्य यास्यामस्तां पुरीं पुनः ॥ २६७
ममापि पद्मपत्राक्षं सिंहोरस्कं कृशोदरम् ॥
त्वरते हि मनो द्रष्टुं रामं रमयतां वरम् ॥ २६८
तस्यास्तद्वचनं श्रुत्वा प्रमृज्य नयने शुभे ॥
नाविकानाह्वयामास लक्ष्मणः परवीरहा ॥ २६९
इयं च सज्जा नौश्चेति दाशाः प्राञ्जलयोऽब्रुवन् ॥
गङ्गां संतारयामास लक्ष्मणस्तां समाहितः ॥ २७०

ततस्तीरमुपागम्य भागीरथ्याः स लक्ष्मणः ॥
उवाच मैथिलीं वाक्यं प्राञ्जलिर्बाष्पसंप्लुतः ॥ २७१
हृद्गतं मे महच्छल्यं यस्मादार्येण धीमता ॥
अस्मिन्निमित्ते वैदेहि लोकस्य वचनीकृतः ॥ २७२
श्रेयो हि मरणं मेऽद्य मृत्युर्वा यत्परं भवेत् ॥
न चास्मिन्नीदृशे कार्ये नियोज्यो लोकनिन्दिते ॥ २७३
प्रसीद च न मे पापं कर्तुमर्हसि शोभने ॥
इत्यञ्जलिकृतो भूमौ निपपात स लक्ष्मणः ॥ २७४
रुदन्तं प्राञ्जलिं दृष्ट्वा कांक्षन्तं मृत्युमात्मनः ॥
मैथिली भृशसंविग्ना लक्ष्मणं वाक्यमब्रवीत् ॥ २७५
किमिदं नावगच्छामि ब्रूहि तत्त्वेन लक्ष्मण ॥
पश्यामि त्वां न च स्वस्थमपि क्षेमं महीपतेः ॥ २७६
शापितोऽसि नरेन्द्रेण यत्त्वं संतापमागतः ॥
तद्ब्रूयाः संनिधौ मह्यमहमाज्ञापयामि ते ॥ २७७
वैदेह्या चोद्यमानस्तु लक्ष्मणो दीनचेतनः ॥
अवाङ्मुखो बाष्पगलो वाक्यमेतदुवाच ह ॥ २७८
श्रुत्वा परिषदो मध्ये ह्यपवादं सुदारुणम् ॥
पुरे जनपदे चैव त्वत्कृते जनकात्मजे ॥ २७९
रामः संतप्तहृदयो मां निवेद्य गृहं गतः ॥
न तानि वचनीयानि मया देवि तवाग्रतः ॥ २८०
सा त्वं त्यक्ता नृपतिना निर्दोषा मम संनिधौ ॥
पौरापवादभीतेन ग्राह्यं देवि न तेऽन्यथा ॥ २८१
आश्रमान्तेषु च मया त्यक्तव्या त्वं भविष्यसि ॥
राज्ञः शासनमादाय तथैव किल दौहृदम् ॥ २८२
तदेतज्जान्हवीतीरे ब्रह्मर्षीणां तपोवनम् ॥
पुण्यं च रमणीयं च मा विषादं कृथाः शुभे ॥ २८३
राज्ञो दशरथस्यैव पितुर्मे मुनिपुंगवः ॥
सखा परमको विप्रो वाल्मीकिः सुमहायशाः ॥ २८४

पादच्छायामुपागम्य सुखमस्य महात्मनः ॥
उपवासपरैकाग्रा वस त्वं जनकात्मजे ॥ २८५
पतिव्रतात्वमास्थाय रामं कृत्वा सदा हृदि ॥
श्रेयस्ते परमं देवि तथा कृत्वा भविष्यति ॥ २८६
लक्ष्मणस्य वचः श्रुत्वा दारुणं जनकात्मजा ॥
परं विषादमागम्य वैदेही निपपात ह ॥ २८७
सा मुहूर्तमिवासंज्ञा बाष्पपर्याकुलेक्षणा ॥
लक्ष्मणं दीनया वाचा उवाच जनकात्मजा ॥ २८८
मामिकेयं तनुर्नूनं सृष्टा दुःखाय लक्ष्मण ॥
धात्रा यस्यास्तथा मेऽद्य दुःखमूर्तिः प्रदृश्यते ॥ २८९
किं नु पापं कृतं पूर्वं को वा दारैर्वियोजितः ॥
याऽहं शुद्धसमाचारा त्यक्ता नृपतिना सती ॥ २९०
पुराऽहमाश्रमे वासं रामपादानुवर्तिनी ॥
अनुरुध्यापि सौमित्रे दुःखे च परिवर्तिनी ॥ २९१
सा कथं ह्याश्रमे सौम्य वत्स्यामि विजनीकृता ॥
आख्यास्यामि च कस्याहं दुःखं दुःखपरायणा ॥ २९२
किं नु वक्ष्यामि मुनिषु कर्म चासत्कृतं प्रभो ॥
कस्मिन्वा कारणे त्यक्ता राघवेण महात्मना ॥ २९३
न खल्वथैव सौमित्रे जीवितं जान्हवीजले ॥
त्यजेयं राजवंशस्तु भर्तुर्मे परिहास्यते ॥ २९४
यथाऽऽज्ञं कुरु सौमित्रे त्यज मां दुःखभागिनीम् ॥
निदेशे स्थीयतां राज्ञः शृणु चेदं वचो मम ॥ २९५
श्वश्रुणामविशेषेण प्राञ्जलिप्रग्रहेण च ॥
शिरसा वन्द्य चरणौ कुशलं ब्रूहि पार्थिवम् ॥ २९६
वक्तव्यश्चापि नृपतिर्धर्मेण सुसमाहितः ॥
जानासि च यथा शुद्धा सीता तत्त्वेन राघव ॥
भक्त्या च परया युक्ता हिता च तव नित्यशः ॥ २९७

अहं त्यक्ता च ते वीर अयशोभीरुणा जने ॥
यच्च ते वचनीयं स्यादपवादः समुत्थितः ॥
मया च परिहर्तव्यं त्वं हि मे परमा गतिः ॥ २९८
यथा भ्रातृषु वर्तेथास्तथा पौरेषु नित्यदा ॥
परमो ह्येष धर्मस्ते तस्मात्कीर्तिरनुत्तमा ॥ २९९
यत्तु पौरजने राजन्धर्मेण समवाप्नुयात् ॥
अहं तु नानुशोचामि स्वशरीरं नरर्षभ ॥ ३००
पतिर्हि देवता नार्याः पतिर्बंधुः पतिर्गुरुः ॥
प्राणैरपि प्रियं तस्माद्भर्तुः कार्यं विशेषतः ॥ ३०१
इति मद्वचनाद्रामो वक्तव्यो मम संग्रहः ॥
निरीक्ष्य माद्य गच्छ त्वमृतुकालातिवर्तिनीम् ॥ ३०२
एवं ब्रुवन्त्यां सीतायां लक्ष्मणो दीनचेतनः ॥
शिरसा वन्द्य धरणीं व्याहर्तुं न शशाक ह ॥ ३०३
प्रदक्षिणं च तां कृत्वा रुदन्नेव महास्वनः ॥
आरुरोह पुनर्नावं नाविकं चाभ्यचोदयत् ॥ ३०४
स गत्वा चोत्तरं तीरं शोकभारसमन्वितः ॥
संमूढ इव दुःखेन रथमध्यारुहद्द्रुतम् ॥ ३०५
मुहुर्मुहुः परावृत्य दृष्ट्वा सीतामनाथवत् ॥
चेष्टन्तीं परतीरस्थां लक्ष्मणः प्रययावथ ॥ ३०६
दूरस्थं रथमालोक्य लक्ष्मणं च मुहुर्मुहुः ॥
निरीक्ष्यमाणां तूद्विग्नां सीतां शोकः समाविशत् ॥ ३०७
सा दुःखभारावनता यशस्विनी यशोधरा नाथमपश्यती सती ॥
रुरोद सा बर्हिणनादिते वने महास्वनं दुःखपरायणा सती ॥ ३०८

अथ षष्ठः सर्गः ।

सीतां तु रुदतीं दृष्ट्वा ते तत्र मुनिदारकाः ॥
प्राद्रवन्यत्र भगवानास्ते वाल्मीकिरुग्रधीः ॥ ३०९

अभिवाद्य मुनेः पादौ मुनिपुत्रा महर्षये ॥
सर्वे निवेदयामासुस्तस्यास्तु रुदितस्वनम् ॥ ३१०
नद्यास्तु तीरे भगवन्वरस्त्री काऽपि दुःखिता ॥
दृष्टाऽस्माभिः प्ररुदिता दृढं शोकपरायणा ॥ ३११
अनर्हा दुःखशोकाभ्यामेका दीना अनाथवत् ॥ ३१२
तेषां तु वचनं श्रुत्वा बुद्ध्या निश्चित्य धर्मवित् ॥
तां सीतां शोकभारार्तां वाल्मीकिर्मुनिपुङ्गवः ॥
उवाच मधुरां वाणीं ह्लादयन्निव तेजसा ॥ ३१३
स्नुषा दशरथस्य त्वं रामस्य महिषी प्रिया ॥
जनकस्य सुता राज्ञः स्वागतं ते पतिव्रते ॥ ३१४
आयान्ती चासि विज्ञाता मया धर्मसमाधिना ॥
कारणं चैव सर्वं मे हृदयेनोपलक्षितम् ॥ ३१५
अपापां वेद्मि सीते ते तपोलब्धेन चक्षुषा ॥
विस्रब्धा भव वैदेहि सांप्रतं मयि वर्तसे ॥ ३१६
आश्रमस्याविदूरे मे तापस्यस्तपसि स्थिताः ॥
तास्त्वां वत्से यथावत्सं पालयिष्यन्ति नित्यशः ॥ ३१७
इदमर्घ्यं प्रतीच्छ त्वं विस्रब्धा विगतज्वरा ॥
यथा स्वगृहमभ्येत्य विषादं चैव मा कृथाः ॥ ३१८
श्रुत्वा तु भाषितं सीता मुनेः परममद्भुतम् ॥
शिरसा वंद्य चरणौ तथेत्याह कृतांजलिः ॥ ३१९
तं प्रयान्तं मुनिं सीता प्राञ्जलिः पृष्ठतोऽन्वगात् ॥ ३२०
तं दृष्ट्वा मुनिमायान्तं वैदेह्या मुनिपत्नयः ॥
उपाजग्मुर्मुदा युक्ता वाल्मीकिरिदमब्रवीत् ॥ ३२१
सीतेयं समनुप्राप्ता पत्नी रामस्य धीमतः ॥
अपापा पतिना त्यक्ता परिपाल्या मया सदा ॥ ३२२
इमां भवत्यः पश्यन्तु स्नेहेन परमेण हि ॥
गौरवान्मम वाक्याच्च पूज्या वोऽस्तु विशेषतः ॥ ३२३

मुहुर्मुहुश्च वैदेहीं परिदाय महायशाः ॥
स्वमाश्रमं शिष्यवृतः पुनरायान्महातपाः ॥ ३२४

अथ सप्तमः सर्गः ।

तत्र तां रजनीमुष्य केशिन्यां रघुनन्दनः ॥
प्रभाते पुनरुत्थाय लक्ष्मणः प्रययौ तदा ॥ ३२५
ततोऽर्धदिवसे प्राप्ते प्रविवेश महारथः ॥
अयोध्यां रत्नसंपूर्णां हृष्टपुष्टजनावृताम् ॥ ३२६
सौमित्रिस्तु परं दैन्यं जगाम सुमहामतिः ॥
रामपादौ समासाद्य वक्ष्यामि किमहं गतः ॥ ३२७
तस्यैवं चिन्तयानस्य भवनं शशिसंनिभम् ॥
रामस्य परमोदारं पुरस्तात्समदृश्यत ॥ ३२८
राज्ञस्तु भवनद्वारि सोऽवतीर्य नरोत्तमः ॥
अवाङ्मुखो दीनमनाः प्रविवेशानिवारितः ॥ ३२९
स दृष्ट्वा राघवं दीनमासीनं परमासने ॥
नेत्राभ्यामश्रुपूर्णाभ्यां ददर्शाग्रजमग्रतः ॥ ३३०
जग्राह चरणौ तस्य लक्ष्मणो दीनचेतनः ॥
उवाच दीनया वाचा प्राञ्जलिः सुसमाहितः ॥ ३३१
आर्यस्याज्ञां पुरस्कृत्य विसृज्य जनकात्मजाम् ॥
गङ्गातीरे यथोद्दिष्टे वाल्मीकेराश्रमे शुभे ॥ ३३२
तत्र तां च शुभाचारामाश्रमान्ते यशस्विनीम् ॥
पुनरप्यागतो वीर पादमूलमुपासितुम् ॥ ३३३
मा शुचः पुरुषव्याघ्र कालस्य गतिरीदृशी ॥
त्वद्विधा नहि शोचन्ति बुद्धिमन्तो मनस्विनः ॥ ३३४
सर्वे क्षयान्ता निचयाः पतनान्ताः समुच्छ्रयाः ॥
संयोगा विप्रयोगान्ता मरणान्तं च जीवितम् ॥ ३३५
तस्मात्पुत्रेषु दारेषु मित्रेषु च धनेषु च ॥
नातिप्रसङ्गः कर्तव्यो विप्रयोगो हि तैर्ध्रुवम् ॥ ३३६

शक्तस्त्वमात्मनाऽऽत्मानं विनेतुं मनसा मनः ॥
लोकान्सर्वांश्च काकुत्स्थ किं पुनः शोकमात्मनः ॥ ३३७
नेदृशेषु विमुह्यन्ति त्वद्विधाः पुरुषर्षभाः ॥
अपवादः स किल ते पुनरेष्यति राघव ॥ ३३८
यदर्थं मैथिली त्यक्ता अपवादभयान्नृप ॥
सोऽपवादः पुरे राजन्भविष्यति न संशयः ॥ ३३९
स त्वं पुरुषशार्दूल धैर्येण सुसमाहितः ॥
त्यजेमां दुर्बलां बुद्धिं संतापं मा कुरुष्व ह ॥ ३४०
एवमुक्तः स काकुत्स्थो लक्ष्मणेन महात्मना ॥
उवाच परया प्रीत्या सौमित्रिं मित्रवत्सलः ॥ ३४१
एवमेतन्नरश्रेष्ठ यथा वदसि लक्ष्मण ॥
परितोषश्च मे वीर मम कार्यानुशासने ॥ ३४२
निर्वृत्तिश्चागता सौम्य संतापश्च निराकृतः ॥
भवद्वाक्यैः सुरुचिरैरनुनीतोऽस्मि लक्ष्मण ॥ ३४३
ततः प्रभाते विमले कृतपूर्वाह्णिकक्रियः ॥
अभिचक्राम काकुत्स्थो दर्शनं पौरकार्यवित् ॥ ३४४
शतं समधिकं तत्र दीप्यमानं स्वतेजसा ॥
प्रविष्टं राजभवनं तापसानां महात्मनाम् ॥ ३४५
उपविष्टानृषींस्तत्र दृष्ट्वा परपुरंजयः ॥
प्रयतः प्राञ्जलिर्भूत्वा राघवो वाक्यमब्रवीत् ॥ ३४६
किमागमनकार्यं वः किं करोमि समाहितः ॥
आज्ञाप्योऽहं महर्षीणां सर्वकामकरः सुखम् ॥ ३४७
तस्य तद्वचनं श्रुत्वा साधुकारो महानभूत् ॥
ऋषीणामुग्रतपसां यमुनातीरवासिनाम् ॥ ३४८
तथा ब्रुवति काकुत्स्थे भार्गवो वाक्यमब्रवीत् ॥
भयानां शृणु यन्मूलं देशस्य च नरेश्वर ॥ ३४९
पूर्वं कृतयुगे राजन्दैतेयः सुमहामतिः ॥
लोलापुत्रोऽभवज्ज्येष्ठो मधुर्नाम महासुरः ॥ ३५०

तस्य पत्नी महाभागा प्रिया कुम्भीनसीति या ॥
विश्वावसोरपत्यं साऽप्यनलायां महाप्रभा ॥ ३५१
तस्याः पुत्रो महावीर्यो लवणो नाम दारुणः ॥
बाल्यात्प्रभृति दुष्टात्मा पापान्येव समाचरत् ॥ ३५२
स प्रभावेण शूलस्य दौरात्म्येनात्मनस्तथा ॥
संतापयति लोकांस्त्रीन्विशेषेण च तापसान् ॥ ३५३
प्रतिज्ञाय तदा तेषां मुनीनामुग्रतेजसाम् ॥
स भ्रातृन्सहितान्सर्वानुवाच रघुनन्दनः ॥ ३५४
को हन्ता लवणं वीरः कस्यांशः स विधीयताम् ॥
भरतस्य महाबाहोः शत्रुघ्नस्य च धीमतः ॥ ३५५
शत्रुघ्नस्त्वब्रवीद्वाक्यं प्रणिपत्य नराधिपम् ॥
कृतकर्मा महाबाहुर्मध्यमो रघुनन्दनः ॥ ३५६
आर्येण हि पुरा शून्या त्वयोध्या परिपालिता ॥
संतापं हृदये कृत्वा आर्यस्यागमनं प्रति ॥ ३५७
प्रेष्ये मयि स्थिते राजन्न भूयः क्लेशमाप्नुयात् ॥
तथा ब्रुवति शत्रुघ्ने राघवः पुनरब्रवीत् ॥ ३५८
एवं भवतु काकुत्स्थ क्रियतां मम शासनम् ॥
राज्ये त्वामभिषेक्ष्यामि मधोस्तु नगरे शुभे ॥ ३५९
निवेशय महाबाहो भरतं यद्यवेक्षसे ॥
शूरस्त्वं कृतविद्यश्च समर्थश्च निवेशने ॥ ३६०
स त्वं हत्वा मधुसुतं लवणं पापनिश्चयम् ॥
राज्यं प्रशाधि धर्मेण वाक्यं मे यद्यवेक्षसे ॥ ३६१
अभिषेकं च काकुत्स्थ प्रतीच्छस्व ममोद्यतम् ॥
अद्यैव पुरुषव्याघ्रमभिषेक्ष्यामि राघवम् ॥ ३६२
पुरोधसं च काकुत्स्थ नैगमानृत्विजस्तथा ॥
मन्त्रिणश्चैव तान्सर्वानानयध्वं ममाज्ञया ॥ ३६३
ततोऽभिषिक्तं शत्रुघ्नमङ्कमारोप्य राघवः ॥
उवाच मधुरां वाणीं तेजस्तस्याभिपूरयन् ॥ ३६४

अयं शरस्त्वमोघस्ते दिव्यः परपुरञ्जयः ॥
अनेन लवणं सौम्य हन्ताऽसि रघुनन्दन ॥ ३६५
एक एव धनुष्पाणिर्गच्छ त्वं मधुनो वनम् ॥
यथा त्वां न प्रजानाति गच्छन्तं युद्धकांक्षिणम् ॥ ३६६
लवणस्तु मधोः पुत्रस्तथा गच्छेरशङ्कितम् ॥
न तस्य मृत्युरन्योऽस्ति कश्चिद्धि पुरुषर्षभ ॥
दर्शनं योऽभिगच्छेत स वध्यो लवणेन हि ॥ ३६७
महर्षींस्तु पुरस्कृत्य प्रयान्तु तव सैनिकाः ॥
यथा ग्रीष्मावशेषेण तरेयुर्जाह्नवीजलम् ॥ ३६८
प्रस्थाप्य च बलं सर्वं मासमात्रोषितः पथि ॥
एक एवाशु शत्रुघ्नो जगाम त्वरितं तदा ॥ ३६९
द्विरात्रमन्तरे शूर उष्य राघवनन्दनः ॥
वाल्मीकेराश्रमं पुण्यमगच्छद्वासमुत्तमम् ॥ ३७०
यामेव रात्रिं शत्रुघ्नः पर्णशालां समाविशत् ॥
तामेव रात्रिं सीताऽपि प्रसूता दारकद्वयम् ॥ ३७१
ततोऽर्धरात्रसमये बालका मुनिदारकाः ॥
वाल्मीकेः प्रियमाचख्युः सीतायाः प्रसवं शुभम् ॥ ३७२
भगवन्रामपत्नी सा प्रसूता दारकद्वयम् ॥
ततो रक्षां महातेजः कुरु भूतविनाशिनीम् ॥ ३७३
तेषां तद्वचनं श्रुत्वा महर्षिः समुपागमत् ॥
बालचन्द्रप्रतीकाशौ देवपुत्रौ महौजसौ ॥ ३७४
जगाम तत्र हृष्टात्मा ददर्श च कुमारकौ ॥
भूतघ्नीं चाकरोत्ताभ्यां रक्षां रक्षोविनाशिनीम् ॥
कुशमुष्टिमुपादाय लवं चैव तु स द्विजः ॥ ३७५
यस्तयोः पूर्वजो जातः स कुशैर्मन्त्रसत्कृतैः ॥
निर्मार्जनीयस्तु तदा कुश इत्यस्य नाम तत् ॥ ३७६
यश्चावरोऽभवत्ताभ्यां लवेन सुसमाहितः ॥
निर्मार्जनीयो वृद्धाभिर्लवेति च स नामतः ॥ ३७७

एवं कुशलवौ नाम्ना तावुभौ यमजातकौ ॥
मत्कृताभ्यां च नामभ्यां ख्यातियुक्तौ भविष्यतः ॥ ३७८
तां रक्षां जगृहुस्ताश्च मुनिहस्तात्समाहिताः ॥
अकुर्वंश्च ततो रक्षां तयोर्विगतकल्मषाः ॥ ३७९
तथा तां क्रियमाणां च वृद्धाभिर्गोत्रनाम च ॥
संकीर्तनं च रामस्य सीतायाः प्रसवौ शुभौ ॥ ३८०
अर्धरात्रे तु शत्रुघ्नः शुश्राव सुमहत्प्रियम् ॥
पर्णशालां ततो गत्वा मातर्दिष्ट्येति चाब्रवीत् ॥ ३८१
तदा तस्य प्रहृष्टस्य शत्रुघ्नस्य महात्मनः ॥
व्यतीता वार्षिकी रात्रिः श्रावणी लघुविक्रमा ॥ ३८२
प्रभाते सुमहावीर्यः कृत्वा पौर्वाह्णिकीं क्रियाम् ॥
मुनिं प्राञ्जलिरामन्त्र्य ययौ पश्चान्मुखः पुनः ॥ ३८३
ततः प्रभाते विमले तस्मिन्काले स राक्षसः ॥
निर्गतस्तु पुराद्वीरो भक्ष्याहारप्रचोदितः ॥ ३८४
ततोऽर्धदिवसे प्राप्ते क्रूरकर्मा स राक्षसः ॥
आगच्छद्बहुसाहस्रं प्राणिनां भारमुद्वहन् ॥ ३८५
स मुमोच महाबाणं लवणस्य महोरसि ॥
उरस्तस्य विदार्याशु प्रविवेश रसातलम् ॥ ३८६
शत्रुघ्नशरनिर्भिन्नो लवणः स निशाचरः ॥
पपात सहसा भूमौ वज्राहत इवाचलः ॥ ३८७
स पुरा दिव्यसंकाशो वर्षे द्वादशमे शुभे ॥
निविष्टः शूरसेनानां विषयश्चाकुतोभयः ॥ ३८८
क्षेत्राणि सस्ययुक्तानि काले वर्षति वासवः ॥ ३८९
तस्य बुद्धिः समुत्पन्ना निवेश्य मधुरां पुरीम् ॥
रामपादौ निरीक्षेऽहं वर्षे द्वादश आगते ॥ ३९०
प्रस्थाप्य तु स शत्रुघ्नं भ्रातृभ्यां सह राघवः ॥
प्रमुमोद सुखी राज्यं धर्मेण परिपालयन् ॥ ३९१

अथ अष्टमः सर्गः ।

ततः कतिपयाहःसु वृद्धो जानपदो द्विजः ॥
मृतं बालमुपादाय राजद्वारमुपागमत् ॥ ३९२
किं नु मे दुष्कृतं कर्म पुरा देहान्तरे कृतम् ॥
रुदन्बहुविधा वाचः स्नेहदुःखसमन्वितः ॥ ३९३
अप्राप्तयौवनं बालं पञ्चवर्षसहस्रकम् ॥
अकाले कालमापन्नं मम दुःखाय पुत्रक ॥ ३९४
राजद्वारि मरिष्यामि पत्न्या सार्धमनाथवत् ॥
ब्रह्महत्यां ततो राम समुपेत्य सुखी भव ॥ ३९५
तथा तु करूणं तस्य द्विजस्य परिदेवनम् ॥
शुश्राव राघवः सर्वं दुःखशोकसमन्वितम् ॥ ३९६
स दुःखेन च संतप्तो मन्त्रिणस्तानुपाह्वयत् ॥
वसिष्ठं वामदेवं च भ्रातॄंश्च सह नैगमान् ॥ ३९७
ततो द्विजा वसिष्ठेन सार्धमष्टौ प्रवेशिताः ॥
राजानं देवसंकाशं वर्धस्वेति ततोऽब्रुवन् ॥ ३९८
राघवः सर्वमाचष्टे द्विजोऽयमुपरोधति ॥ ३९९
तस्य तद्वचनं श्रुत्वा राज्ञो दीनस्य नारदः ॥
प्रत्युवाच शुभं वाक्यमृषीणां संनिधौ स्वयम् ॥ ४००
शृणु राजन्यथाकाले प्राप्तो बालस्य संक्षयः ॥
श्रुत्वा कर्तव्यतां राजन्कुरुष्व रघुनन्दन ॥ ४०१
पुरा कृतयुगे राजन्ब्राह्मणा वै तपस्विनः ॥
अब्राह्मणस्तदा राजन्न तपस्वी कथंचन ॥ ४०२
तस्मिन्युगे प्रज्वलिते ब्रह्मभूते त्वनावृते ॥
अमृत्यवस्तदा सर्वे जज्ञिरे दीर्घदर्शनाः ॥ ४०३
ततस्त्रेतायुगं नाम मानवानां वपुष्मताम् ॥
क्षत्रिया यत्र जायन्ते पूर्वेण तपसाऽन्विताः ॥
वीर्येण तपसा चैव तेऽधिकाः पूर्वजन्मनि ॥ ४०४

ब्रह्म क्षत्रं च तत्सर्वं यत्पूर्वमवरं च यत् ॥
युगयोरुभयोरासीत्समवीर्यसमन्वितम् ॥ ४०५
अपश्यन्तस्तु ते सर्वे विशेषमधिकं ततः ॥
स्थापनं चक्रिरे तत्र चातुर्वर्ण्यस्य संमतम् ॥ ४०६
तस्मिन्युगे प्रज्वलिते धर्मभूते ह्यनावृते ॥
अधर्मः पादमेकं तु पातयत्पृथिवीतले ॥ ४०७
आमिषं यच्च पूर्वेषां राजसं च मलं भृशम् ॥
अनृतं नाम तद्भूतं क्षिप्तेन पृथिवीतले ॥ ४०८
अनृतं पातयित्वा तु पादमेकमधर्मतः ॥
ततः प्रादुष्कृतं पूर्वमायुषः परिनिष्ठितम् ॥ ४०९
पातिते त्वनृते तस्मिन्नधर्मेण महीतले ॥
शुभान्येवाचरँल्लोकः सत्यधर्मपरायणः ॥ ४१०
त्रेतायुगे च वर्तन्ते ब्राह्मणाः क्षत्रियाश्च ये ॥
तपोऽतप्यन्त ते सर्वे शुश्रूषामपरे जनाः ॥ ४११
स्वधर्मः परमस्तेषां वैश्यशूद्रं तदागमत् ॥
पूजां च सर्ववर्णानां शूद्राश्चक्रुर्विशेषतः ॥ ४१२
एतस्मिन्नन्तरे तेषामधर्मे चानृते च ह ॥
ततः पूर्वे पुनर्ह्रासमगमन्नृपसत्तम ॥ ४१३
ततः पादमधर्मस्य द्वितीयमवतारयत् ॥
ततो द्वापरसंख्या सा युगस्य समजायत ॥ ४१४
तस्मिन्द्वापरसंख्ये तु वर्तमाने युगक्षये ॥
अधर्मश्चानृतं चैव ववृधे पुरुषर्षभ ॥ ४१५
अस्मिन्द्वापरसंख्याने तपो वैश्यान्समाविशत् ॥
त्रिभ्यो युगेभ्यस्त्रीन्वर्णान्क्रमाद्वै तप आविशत् ॥ ४१६
त्रिभ्यो युगेभ्यस्त्रीन्वर्णान्धर्मश्च परिनिष्ठितः ॥
न शूद्रो लभते धर्मं युगतस्तु नरर्षभ ॥ ४१७
हीनवर्णो नृपश्रेष्ठ तप्यते सुमहत्तपः ॥
भविष्यच्छूद्रयोन्यां हि तपश्चर्या कलौ युगे ॥ ४१८

अधर्मः परमो राजन्द्वापरे शूद्रजन्मनः ॥
स वै विषयपर्यन्ते तव राजन्महातपाः ॥ ४१९
अद्य तप्यति दुर्बुद्धिस्तेन बालवधो ह्ययम् ॥
यो ह्यधर्ममकार्यं वा विषये पार्थिवस्य तु ॥ ४२०
करोति चाश्रीमूलं तत्पुरे वा दुर्मतिर्नरः ॥
क्षिप्रं च नरकं याति स च राजा न संशयः ॥ ४२१
अधीतस्य च तप्तस्य कर्मणः सुकृतस्य च ॥
षष्ठं भजति भागं तु प्रजा धर्मेण पालयन् ॥ ४२२
षड्भागस्य च भोक्ताऽसौ रक्षते न प्रजाः कथम् ॥
स त्वं पुरुषशार्दूल मार्गस्व विषयं स्वकम् ॥ ४२३
दुष्कृतं यत्र पश्येथास्तत्र यत्नं समाचर ॥
एवं चेद्धर्मवृद्धिश्च नृणां चायुर्विवर्धनम् ॥ ४२४
नारदस्य तु तद्वाक्यं श्रुत्वाऽमृतमयं यथा ॥
दक्षिणां दिशमाक्रामत्ततो राजर्षिनन्दनः ॥ ४२५
शैवलस्योत्तरे पार्श्वे ददर्श सुमहत्सरः ॥
तस्मिन्सरसि तप्यन्तं तापसं सुमहत्तपः ॥
ददर्श राघवः श्रीमाँल्लम्बमानमधोमुखम् ॥ ४२६
राघवस्तमुपागम्य तप्यन्तं तप उत्तमम् ॥
उवाच च नृपो वाक्यं धन्यस्त्वमसि सुव्रत ॥ ४२७
कस्यां योन्यां तपोवृद्ध वर्तसे दृढविक्रम ॥
कौतूहलात्त्वां पृच्छामि रामो दाशरथिर्ह्यहम् ॥ ४२८
तस्य तद्वचनं श्रुत्वा रामस्याक्लिष्टकर्मणः ॥
अवाक्शिरास्तथाभूतो वाक्यमेतदुवाच ह ॥ ४२९
शूद्रयोन्यां प्रजातोऽस्मि तप उग्रं समास्थितः ॥
देवत्वं प्रार्थये राम सशरीरो महायशः ॥ ४३०
न मिथ्याऽहं वदे राम देवलोकजिगीषया ॥
शूद्रं मां विद्धि काकुत्स्थ शम्बूको नाम नामतः ॥ ४३१
भाषतस्तस्य शूद्रस्य खड्गं सुरुचिरप्रभम् ॥

निष्कृष्य कोशाद्विमलं शिरश्चिच्छेद राघवः ॥ ४३२
तस्मिञ्छूद्रे हते देवाः सेन्द्राः साग्निपुरोगमाः ॥
साधु साध्विति काकुत्स्थं ते शशंसुर्मुहुर्मुहुः ॥ ४३३
तस्मिन्मुहूर्ते बालोपि जीवेन समयुज्यत ॥ ४३४
गतेषु तेषु काकुत्स्थः पुष्पकादवरुह्य च ॥
ततोऽभिवादयामास अगस्त्यमृषिसत्तमम् ॥ ४३५
सोऽभिवाद्य महात्मानं ज्वलन्तमिव तेजसा ॥
आतिथ्यं परमं प्राप्य तां रात्रिं समुपाविशत् ॥ ४३६
प्रभाते कल्यमुत्थाय कृत्वाह्निकमरिंदमः ॥
ऋषिं समुपचक्राम गमनाय रघूत्तमः ॥ ४३७
ततोऽर्धदिवसे प्राप्ते पूज्यमानस्ततस्ततः ॥
अयोध्यां प्राप्य काकुत्स्थो मध्यकक्षामवातरत् ॥ ४३८

अथ नवमः सर्गः ।

प्राञ्जलिः स तदा भूत्वा राघवो द्विजसत्तमान् ॥
उवाच धर्मसंयुक्तमश्वमेधाश्रितं वचः ॥ ४३९
तेऽपि रामस्य तच्छ्रुत्वा नमस्कृत्वा वृषध्वजम् ॥
अश्वमेधं द्विजाः सर्वे पूजयन्ति स्म सर्वशः ॥ ४४०
विज्ञाय कर्म तत्तेषां रामो लक्ष्मणमब्रवीत् ॥
प्रेषयस्व महाबाहो सुग्रीवाय महात्मने ॥ ४४१
राजानश्च महाबाहो ये मे प्रियचिकीर्षवः ॥
ऋषयश्च महाबाहो आह्वयन्तां तपोधनाः ॥ ४४२
कांचनीं मम पत्नीं च दीक्षायां ज्ञांश्च कर्मणि ॥
अग्रतो भरतः कृत्वा गच्छत्वग्रे महायशाः ॥ ४४३
ततोऽभ्यगच्छत्काकुत्स्थः सह सैन्येन नैमिषम् ॥
यज्ञवाटं महाबाहुर्दृष्ट्वा परममद्भुतम् ॥
प्रहर्षमतुलं लेभे श्रीमानिति च सोऽब्रवीत् ॥ ४४४
नैमिषे वसतस्तस्य सर्व एव नराधिपाः ॥

आनिन्युरुपहारांश्च तान्रामः प्रत्यपूजयत् ॥ ४४५
वर्तमाने तथाभूते यज्ञे च परमाद्भुते ॥
सशिष्य आजगामाशु वाल्मीकिर्भगवानृषिः ॥ ४४६
संदिष्टौ मुनिना तेन तावुभौ मैथिलीसुतौ ॥
यथोक्तमृषिणा पूर्वं सर्वं तत्रोपगायताम् ॥ ४४७
अथ कर्मान्तरे राजा समाहूय महामुनीन् ॥
पार्थिवांश्च नरव्याघ्रः पण्डितान्नैगमांस्तथा ॥ ४४८
चित्रज्ञान्वृत्तसूत्रज्ञान्गीतनृत्यविशारदान् ॥
एतान्सर्वान्समानीय गातारौ समवेशयत् ॥ ४४९
तेषां संवदतां तत्र श्रोतॄणां हर्षवर्धनम् ॥
गेयं प्रचक्रतुस्तत्र तावुभौ मुनिदारकौ ॥ ४५०
ततः प्रवृत्तं मधुरं गान्धर्वमतिमानुषम् ॥
न च तृप्तिं ययुः सर्वे श्रोतारो गेयसम्पदा ॥ ४५१
हृष्टा मुनिगणाः सर्वे पार्थिवाश्च महौजसः ॥
पिबन्त इव चक्षुर्भिः पश्यन्ति स्म मुहुर्मुहुः ॥ ४५२
ऊचुः परस्परं चेदं सर्व एव समाहिताः ॥
उभौ रामस्य सदृशौ बिम्बाद्बिम्बमिवोद्धृतौ ॥ ४५३
रामो बहून्यहान्येव तद्गीतं परमं शुभम् ॥
शुश्राव मुनिभिः सार्धं पार्थिवैः सह वानरैः ॥ ४५४
तस्मिन्गीते तु विज्ञाय सीतापुत्रौ कुशीलवौ ॥
तस्या परिषदो मध्ये रामो वचनमब्रवीत् ॥ ४५५
दूताञ्छुद्धसमाचारानाहूयात्ममनीषया ॥
मद्वचो ब्रूत गच्छध्वमितो भगवतोऽन्तिके ॥ ४५६
यदि शुद्धसमाचारा यदि वा वीतकल्मषा ॥
करोत्विहात्मनः शुद्धिमनुमान्य महामुनिम् ॥ ४५७
छन्दं मुनेश्च विज्ञाय सीतायाश्च मनोगतम् ॥
प्रत्ययं दातुकामायास्ततः शंसत मे लघु ॥ ४५८
श्वः प्रभाते तु शपथं मैथिली जनकात्मजा ॥
करोतु परिषन्मध्ये शोधनार्थं ममैव च ॥ ४५९
तेषां तद्भाषितं श्रुत्वा रामस्य च मनोगतम् ॥

विज्ञाय सुमहातेजा मुनिर्वाक्यमथाब्रवीत् ॥ ४६०
एवं भवतु भद्रं वो यथा वदति राघवः ॥
तथा करिष्यते सीता दैवतं हि पतिः स्त्रियः ॥ ४६१
तस्यां रजन्यां व्युष्टायां यज्ञवाटं गतो नृपः ॥
ऋषीन्सर्वान्महातेजाः शब्दापयति राघवः ॥ ४६२
वसिष्ठो वामदेवश्च जाबालिरथ काश्यपः ॥
विश्वामित्रो दीर्घतमा दुर्वासाश्च महातपाः ॥ ४६३
पुलस्त्योऽपि तथा शक्तिर्भार्गवश्चैव वामनः ॥
मार्कण्डेयश्च दीर्घायुर्मौद्गल्यश्च महायशाः ॥ ४६४
गर्गश्च च्यवनश्चैव शतानन्दश्च धर्मवित् ॥
भरद्वाजश्च तेजस्वी अग्निपुत्रश्च सुप्रभः ॥ ४६५
नारदः पर्वतश्चैव गौतमश्च महायशाः ॥
एते चान्ये च बहवो मुनयः संशितव्रताः ॥ ४६६
कौतूहलसमाविष्टाः सर्व एव समागताः ॥
राक्षसाश्च महावीर्या वानराश्च महाबलाः ॥ ४६७
तदा समागतं सर्वमश्मभूतमिवाचलम् ॥
श्रुत्वा मुनिवरस्तूर्णं ससीतः समुपागमत् ॥ ४६८
तमृषिं पृष्ठतः सीता अन्वगच्छदवाङ्मुखी ॥
कृताञ्जलिर्बाष्पकला कृत्वा रामं मनोगतम् ॥ ४६९
तां दृष्ट्वा श्रुतिमायान्तीं ब्रह्माणमनुगामिनीम् ॥
वाल्मीकेः पृष्ठतः सीतां साधुवादो महानभूत् ॥ ४७०
ततो हलाहलाशब्दः सर्वेषामेवमाबभौ ॥
दुःखजन्मविशालेन शोकेनाकुलितात्मनाम् ॥ ४७१
साधु रामेति केचित्तु साधु सीतेति चापरे ॥
उभावेव च तत्रान्ये प्रेक्षकाः संप्रचुक्रुशुः ॥ ४७२
ततो मध्ये जनौघस्य प्रविश्य मुनिपुङ्गवः ॥
सीतासहायो वाल्मीकिरिति होवाच राघवम् ॥ ४७३
इयं दाशरथे सीता सुव्रता धर्मचारिणी ॥
अपवादात्परित्यक्ता ममाश्रमसमीपतः ॥ ४७४
लोकापवादभीतस्य तव राम महाव्रत ॥

प्रत्ययं दास्यते सीता तामनुज्ञातुमर्हसि ॥ ४७५
इमौ तु जानकीपुत्रावुभौ च यमजातकौ ॥
सुतौ तवैव दुर्धर्षौ सत्यमेतद्ब्रवीमि ते ॥ ४७६
प्रचेतसोऽहं दशमः पुत्रो राघवनन्दन ॥
न स्मराम्यनृतं वाक्यमिमौ तु तव पुत्रकौ ॥ ४७७
बहुवर्षसहस्राणि तपश्चर्या मया कृता ॥
नोपाश्नीयां फलं तस्या दुष्टेयं यदि मैथिली ॥ ४७८
इयं शुद्धसमाचारा अपापा पतिदेवता ॥
लोकापवादभीतस्य प्रत्ययं तव दास्यति ॥ ४७९
वाल्मीकिनैवमुक्तस्तु राघवः प्रत्यभाषत ॥
प्राञ्जलिर्जगतो मध्ये दृष्ट्वा तां वरवर्णिनीम् ॥ ४८०
प्रत्ययश्च पुरा वृत्तो वैदेह्याः सुरसंनिधौ ॥
शपथश्च कृतस्तत्र तेन वेश्म प्रवेशिता ॥ ४८१
लोकापवादो बलवान्येन त्यक्ता हि मैथिली ॥ ४८२
सेयं लोकभयाद्ब्रह्मन्नपापेत्यभिजानता ॥
परित्यक्ता मया सीता तद्भवान्क्षन्तुमर्हति ॥ ४८३
जानामि चेमौ पुत्रौ मे यमजातौ कुशीलवौ ॥
शुद्धायां जगतो मध्ये मैथिल्यां प्रीतिरस्तु मे ॥ ४८४
तदद्भुतमिवाचिन्त्यं निरैक्षन्त समाहिताः ॥
मानवाः सर्वराष्ट्रेभ्यः पूर्वं कृतयुगे यथा ॥ ४८५
सर्वान्समागतान्दृष्ट्वा सीता काषायवासिनी ॥
अब्रवीत्प्राञ्जलिर्वाक्यमधोदृष्टिरवाङ्मुखी ॥ ४८६
यथाहं राघवादन्यं मनसापि न चिन्तये ॥
तथा मे माधवी देवी विवरं दातुमर्हति ॥ ४८७
मनसा कर्मणा वाचा यथा रामं समर्चये ॥
तथा मे माधवी देवी विवरं दातुमर्हति ॥ ४८८
यथैतत्सत्यमुक्तं मे वेद्मि रामात्परं न च ॥
तथा मे माधवी देवी विवरं दातुमर्हति ॥ ४८९
तथा शपन्त्यां वैदेह्यां प्रादुरासीत्तदद्भुतम् ॥
भूतलादुत्थितं दिव्यं सिंहासनमनुत्तमम् ॥ ४९०

ध्रियमाणं शिरोभिस्तु नागैरमितविक्रमैः ॥
दिव्यं दिव्येन वपुषा दिव्यरत्नविभूषितैः ॥ ४९१
तस्मिंस्तु धरणी देवी बाहुभ्यां गृह्य मैथिलीम् ॥
स्वागतेनाभिनन्द्यैनामासने चोपवेशयत् ॥ ४९२
तामासनगतां दृष्ट्वा प्रविशन्तीं रसातलम् ॥
पुष्पवृष्टिरविच्छिन्ना दिव्या सीतामवाकिरत् ॥ ४९३
अन्तरिक्षे च भूमौ च सर्वं स्थावर जङ्गमम् ॥
तन्मुहूर्तमिवात्यर्थं समं संमोहितं जगत् ॥ ४९४
रसातलं प्रविष्टायां वैदेह्यां सर्ववानराः ॥
चुक्रुशुः साधु साध्वीति मुनयो रामसंनिधौ ॥ ४९५
दण्डकाष्ठमवष्टभ्य बाष्पव्याकुलितेक्षणः ॥
अवाक्शिरा दीनमना रामो ह्यासीत्सुदुःखितः ॥ ४९६
स रुदित्वा चिरं कालं बहुशो बाष्पमुत्सृजन् ॥
क्रोधशोकसमाविष्टो रामो वचनमब्रवीत् ॥ ४९७
अभूतपूर्वं शोकं मे मनः स्प्रष्टुमिवेच्छति ॥
पश्यतो मे यथा नष्टा सीता श्रीरिव रूपिणी ॥ ४९८
साऽदर्शनं पुरा सीता लङ्कां पारे महोदधेः ॥
ततश्चापि मयाऽऽनीता किं पुनर्वसुधातलात् ॥ ४९९
वसुधे देवि भवति सीता निर्यात्यतां मम ॥
दर्शयिष्यामि वा रोषं यथा मामवगच्छसि ॥ ५००
तस्मान्निर्यात्यतां सीता विवरं वा प्रयच्छ मे ॥
पाताले नाकपृष्ठे वा वसेयं सहितस्तया ॥ ५०१
न मे दास्यसि चेत्सीतां यथारूपां महीतले ॥
सपर्वतवनां कृत्स्नां व्यथयिष्यामि ते स्थितिम् ॥ ५०२
नाशयिष्याम्यहं भूमिं सर्वमापो भवन्त्विह ॥
एवं ब्रुवाणे काकुत्स्थे क्रोधशोकसमन्विते ॥ ५०३
ब्रह्मा सुरगणैः सार्धमुवाच रघुनन्दनम् ॥
राम राम न संतापं कर्तुमर्हसि सुव्रत ॥ ५०४

स्मर त्वं पूर्वकं भावं मन्त्रं चामित्रकर्शन ॥
न खलु त्वां महाबाहो स्मारयेयमनुत्तमम् ॥ ५०५
आदिकाव्यमिदं राम त्वयि सर्वं प्रतिष्ठितम् ॥
न ह्यन्योऽर्हति काव्यानां यशोभाग्राघवादृते ॥ ५०६
तं जनौघं विसृज्याथ पर्णशालामुपागमत् ॥
तामेव शोचतः सीतां सा व्यतीता च शर्वरी ॥ ५०७
रजन्यां तु प्रभातायां समानीय महामुनीन् ॥
गीयतामविशङ्काभ्यां रामः पुत्रावुवाच ह ॥ ५०८
ततः समुपविष्टेषु महर्षिषु महात्मसु ॥
भविष्यदुत्तरं काव्यं जगतुस्तौ कुशीलवौ ॥ ५०९

रघुवंशोद्धृता वक्ष्यमाणाः श्लोकाः ।

अथ दशमः सर्गः ॥ १० ॥

ऋषीन्विसृज्य यज्ञान्ते सुहृदश्च पुरस्कृतान् ॥
रामः सीतागतं स्नेहं निदधे तदपत्ययोः ॥ ५१०
युधाजितश्च संदेशात्स देशं सिन्धुनामकम् ॥
ददौ दत्तप्रभावाय भरताय भृतप्रजः ॥ ५११
भरतस्तत्र गन्धर्वान्युधि निर्जित्य केवलम् ॥
आतोद्यं ग्राहयामास समत्याजयदायुधम् ॥ ५१२
स तक्षपुष्कलौ पुत्रौ राजधान्योस्तदाख्ययोः ॥
अभिषिच्य विवेकार्हौ रामान्तिकमगात्पुनः ॥ ५१३
अङ्गदं चन्द्रकेतुं च लक्ष्मणोऽप्यात्मसंभवौ ॥
शासनाद्रघुनाथस्य चक्रे कारापथेश्वरौ ॥ ५१४
इत्यारोपितपुत्रास्ते जननीनां जनेश्वराः ॥
भर्तृलोकप्रपन्नानां निवापान्विदधुः क्रमात् ॥ ५१५
उपेत्य मुनिवेषोऽथ कालः प्रोवाच राघवम् ॥
रहः संवादिनौ पश्येदावां यस्तं त्यजेरिति ॥ ५१६

तथेति प्रतिपन्नाय विवृतात्मा नृपाय सः ॥
आचख्यौ दिवमध्यास्व शासनात्परमेष्ठिनः ॥ ५१७
विद्वानपि तयोर्द्वाःस्थः समयं लक्ष्मणोऽभिनत् ॥
भीतो दुर्वाससः शापाद्रामसंदर्शनार्थिनः ॥ ५१८
स गत्वा सरयूतीरं देहत्यागेन योगवित् ॥
चकारावितथां भ्रातुः प्रतिज्ञां पूर्वजन्मनः ॥ ५१९
तस्मिन्नात्मचतुर्भागे प्राङ्नाकमधितस्थुषि ॥
राघवः शिथिलं तस्थौ भुवि धर्मस्त्रिपादिव ॥ ५२०
स निवेश्य कुशावत्यां रिपुनागांकुशं कुशम् ॥
शरावत्यां सतां सूक्तैर्जनिताश्रुलवं लवम् ॥ ५२१
उदक्प्रतस्थे स्थिरधीः सानुजोऽग्निपुरःसरः ॥
अन्वितः पतिवात्सल्याद्गृहवर्जमयोध्यया ॥ ५२२
जगृहुस्तस्य चित्तज्ञाः पदवीं हरिराक्षसाः ॥
कदम्बमुकुलस्थूलैरभिवृष्टां प्रजाश्रुभिः ॥ ५२३
उपस्थितविमानेन तेन भक्तानुकम्पिना ॥
चक्रे त्रिदिवनिःश्रेणिः सरयूरनुयायिनाम् ॥ ५२४
यद्गोप्रतरकल्पोऽभूत्संमर्दस्तत्र मज्जताम् ॥
अतस्तदाख्यया तीर्थं पावनं भुवि पप्रथे ॥ ५२५
स विभुर्विबुधांशेषु प्रतिपन्नात्ममूर्तिषु ॥
त्रिदशीभूतपौराणां स्वर्गान्तरमकल्पयत् ॥ ५२६
निर्वर्त्यैवं दशमुखशिरश्छेदकार्यं सुराणाम् ॥
विष्वक्सेनः स्वतनुमविशत्सर्वलोकप्रतिष्ठाम् ॥
लङ्कानाथं पवनतनयं चोभयं स्थापयित्वा ।
कीर्तिस्तम्भद्वयमिव गिरौ दक्षिणे चोत्तरे च ॥ ५२७

॥ इति श्री संक्षिप्तवाल्मीकिरामायणं समाप्तम् ॥

॥ श्रीः ॥

अथ

संक्षिप्तवाल्मीकिरामायणस्थविषमपदानां टिप्पणी ।

श्लोकांकः	बालकाण्डम्	श्लोकांक.	बालकाण्डम्.

बालकाण्डम् ॥

५ करुणवेदित्वात्=संजातकरुणत्वात्, ह्रस्वश्छान्दसः, विदेः, सत्तार्थाल्लाभार्थाद्वा णिनिः ।

१२ कुशशब्दस्य कुशीभावः पृषोदरादित्वात् ।

१७ गोबलीवर्दन्यायेन पृथगृषिग्रहणम् ।

१८ तत्र=अयोध्यायामित्यर्थ. ।

२३ श्रोत्राश्रयं=कर्णशष्कुल्याश्रय श्रोत्रेन्द्रियं तस्य सुखं सुखकारकम् ।

३१ शतघ्न्यो नाम प्राकारसंरक्षणार्थमयोभारनिर्मिताः प्राकारस्थापिता आयुधविशेषाः ।

३२ उद्यानाम्रवणेत्यत्र "वनिरन्तःशरेक्षु" इत्यादिना णत्वम् ।

३५ विविक्तं=स्वसमूहाद्भ्रष्टं सहायरहितमिति यावत् ।

„ अपरापरम्=परे पित्रादयः अपरे पुत्रादयस्तैर्हीनम् ।

३८ अतिरथः=दशसहस्रमहारथैर्योद्धा ।

४२ सम्प्रजानतां=पुरराष्ट्रवृत्तान्तं विचारयताम् ।

४७ त्वरितविक्रमः=शीघ्रगामी ।

४९ लालप्यमानस्य=पुनः पुनर्भृशं च विलपतः ।

६२ ब्राह्मणाः=इदं त्रैवर्णिकानामुपलक्षणं द्विजत्वात् ।

„ नाथवन्तः=दासाः शूद्रा इति यावत् ।

६३ सत्तरे=यज्ञे ।

६५ भवन्=अडभाव आर्षः ।

६७ विशशास=विशसन कृतवती "महिष्यश्वासिना कल्पयन्ति" इति सूत्रात् ।

८९ नावमिके=स्वार्थे ठक् ।

„ अदितिदैवत्ये=पुनर्वसौ ।

९० प्रोद्यमाने=उदयं गच्छति सति ।

९४ सार्पे=आश्लेषायाम् ।

१०९ अनूदके=दीर्घत्वमार्षमुदकाभावविशिष्टे देशे ।

११४ वशिष्ठव्यपदेशिनः=वसिष्ठाज्ञानुवर्तिनः ।

११९ क्रोधमुत्स्रष्टुं=शप्तुम् ।

१५९ सरय्वां=लक्षणया सरयूतीर इत्यर्थः ।

„ अरिष्ठ=शुभ रिषेर्हिंसार्थत्वात् ।

१७७ अत्यर्धयोजने=अर्धमतिक्रान्ते अर्धाधिके योजन इति यावत् ।

२१२ सागरसंप्लवे=समुद्रमध्ये ।

२१८ निरीतिका =निराबाधाः ।

२५४ विफलः=विगततृषणः ।

२८५ अकल्पयत=एकवचनमार्षम् ।

२८८ लांगलात्=लांगलपद्धतेः ।

२९७ वीर्यसंदिग्धाः=संदिग्धवीर्याः आहिताग्न्यादित्वान्निष्ठायाः परनिपातः ।

३२४ पुत्रकैः=पुत्रेणेत्यर्थः । कप्रत्ययेनाल्पार्थेन बाल्यद्योतनं जामातृबुध्या महाबलत्वेनेश्वरबुद्धया च पूज्यत्वेन बहुवचनप्रयोगः ।

श्लोकांकः	बालकाण्डम्.
३२९	पर्ययः=अतिक्रमः ।
३३७	उत्तरे=पुंस्त्वमार्षम् ।
३४७	एकान्हा=समासान्तानामनित्यत्वाट्टजभावः सप्तम्यर्थे तृतीया ।
,,	चतसृणा=दीर्घत्वमार्षम् ।
३७३	कन्याधन=यौतकाख्यम् ।
३८२	ससंज्ञाः=ईषत्संज्ञाः ।
३८५	पृथग्जनैः=पामरजनैः ।
३९५	तद्वचनं=द्वंद्वयुद्धवचनम् ।
४०४	यंत्रितकथः=नियमितोच्चैः कथन ।
४०५	अनुरुध्यामहे=अंगीकुर्मः ।
४०९	विश्वामित्रकृतेन=विश्वामित्रभगिन्याः पौत्रत्वेन ।
४३८	पितृकृताइति=पित्रा जनकेन ब्राम्हेण विवाहविधिना दत्ता इति हेतोः ।

अयोध्याकाण्डम् ॥

पूर्वार्धम् ।

श्लोकांकः	अयोध्याकाण्डम्.
५	आमंत्र्य=अभिमुखीकृत्य ।
१०	मां=इत्थंभूताख्यानविषये "कर्मप्रवचनीययुक्ते द्वितीया" इति द्वितीया ।
३९	पश्यमानः=आत्मनेपदमार्षम् ।
४४	पुष्ययोगेन=चन्द्रस्य पुष्ययोगोपलक्षितकाले ।
६०	क्वाप्यकारणेर्ष्यादिरहितम् ।
६३	अघौघेन=दुःखसमूहेन, अघं दुरित दुःखयोरिती कोशः ।
९२	अपास्य=आस्तरणादाकृष्य ।
११८	विप्रकृता=प्रियया पराभूता ।
१३३	मंडले=यंत्रमंडले ।
१६५	पुत्रविक्रायकं=पुत्रेण मूल्येन स्त्रीसुखक्रेतारम् ।
,,	निकरिष्यन्ति=विगर्हिष्यन्ति ।
१७६	आर्तवत्=रोगपीडितवत् । अथवा स्वार्थे वतिः । आर्तं एवेत्यर्थः ।
२०१	अभिदध्युषी=अभिध्यायन्तीत्यर्थे आर्षमिदम् ।
२१९	अतिसृज्य=प्रतिज्ञाय ।
२३५	ब्रूमि=ब्रवीमि ।
२५९	सर्वलोकातिगस्य=जीवनमुक्तस्य ।
२६१	अप्रियशंसिवान्=अप्रियं शसिष्यन् । क्वसुरार्षं. ।
२७३	अप्रजाऽस्मि=असिजभावः समासान्तस्यानित्यत्वात् । संधिर्वा आर्ष. ।
२९१	आनृण्यतां स्वार्थे ष्यञ् ।
३१९	कल्य=उषसि ।
४०५	आचारात्=दूरतः ।
४१०	मूहूर्तस्य=मुहूर्तेनेत्यर्थः ।
४३९	अवस्त=धृतवान् वस् आच्छादने ।
४४८	परमायत्ताः=अत्यन्तखिन्नाः ।
४५६	अन्तपालाः=शुद्धान्तरक्षकाः । राष्ट्रान्तस्थितदण्डधारका इत्यन्ये ।
४६२	पुत्रगर्धिन्या=पुत्रराज्याभिलाषवत्या।
४८३	भ्रातुः=जननीमिति शेषं कृत्वा कौसल्यामिति पदेन संबन्धः ।
५१३	लुलितम्=कलुषम् ।
५३७	अन्वजाग्रत्=अजागरीदित्यर्थे आर्षमिदम् ।
५४४	वत्स्यामहेति संधिरार्षः ।
५५०	नित्यदा=छान्दसो दाप्रत्ययः ।
५५२	शुभस्फ्येत्यादि=स्फ्यः अरित्रम् ।
५६७	ऋश्यं=ऋश्यादयो हरिणभेदाः ।
५७६	गाम्=मधुपर्कांगं महोक्षम् ।
५९६	कठिनकाजं=कठिनं खनित्रम् काजं पेटकं द्वंद्वे एकवद्भावः, कठिनकं खनित्रं आजं चर्मपिनद्धं पेटकमित्यर्थ इत्यन्ये ।.
५९७	संघाटं=प्लवम् ।

श्लोकांकः अयोध्याकाण्डम्

५९९ चेरतुः=भुक्तवन्तौ।

६०३ द्रोणप्रमाणानि=आढकचतुष्टयं द्रोणम्।

६१२ बद्धकटां=बद्धकवाटां छान्दसो वकारलोपः। यद्वा बद्धः कटो वर्षावारको यस्याम्।

अयोध्याकाण्डम्।

उत्तरार्धम्।

३३ पूर्यतः=शत्रन्तत्वमार्षम्।

४४ एकपदी=सूक्ष्ममर्गः। पाउल वाट इति भाषा।

४७ उद्धरम्=अडभाव आर्षः।

,, फलेत्=विशीर्येत्।

६३ कालं करिष्यसि=मृत्यु प्राप्स्यासि।

६५ शब्दवेध्यनुकर्षिणा=पूर्वं शब्दवेधिना पश्चाद्विद्धशल्यानुकर्षणमपि कृतवता।

७२ शुक्रं मार्गगतं=मौढ्यादि विहाय स्वोच्चमार्गगतं शुक्रमिव।

८५ विपथे=कान्तारे।

८७ किंपाक=निबः विषभेदो वा।

९४ राजकर्तारः=राज्ञोऽशेषकार्यकर्तारः।

९९ प्रकीर्यंते=आरोपो न क्रियते फलकाले लुंठाकशंकया।

१०१ स्वक=जीवनम्।

१०३ तम इव=तमसीव, प्रथमार्थे सप्तमी। तमस्यपि तमं तथेति द्विरूपकोशादुकारान्तोऽयम्।

११३ गिरिव्रजं=कैकयराजगृहापरनामकम्।

१२५ मे=शेषत्वविवक्षाया षष्ठी मामित्यर्थः।

१३१ निष्कम्=उरोभूषणम्।

१८९ स्ववृत्तिं=स्वस्य सत्यस्थितिलक्षणां वृत्तिम्।

श्लोकांकः अरण्यकाण्डम्.

१९४ उपगुह्य=आलिंग्य।

२२१ वृथा=श्राद्धादिनिमित्त विना।

२३३ संयानं=प्रेतनिर्हारम्।

२३४ धरणीं गतः=नमस्कृत्वेत्यर्थः।

२३५ आपीतवर्णवदनं=बहुदिवसतैलाव— स्थानोपाधिना वदने पीतत्वप्राप्तिः।

२४४ दशाहं=अत्यतसंयोगे द्वितीया। क्षात्रियस्तु दशाहेन स्वकर्मनिरतः शुचिरिति पराशरः।

२५५ प्रकृतिमान्=सत्वप्रकृतिः।

,, वैद्यः=सर्वज्ञः।

२५७ त्रीणि द्वन्द्वानि=बुभुक्षापिपासे शोकमोहौ, जरामृती। जन्ममरणे सुखदुःखे लाभालाभौ वा।

२६७ विषमाणि=निम्नोन्नतानि।

३०४ मैत्रे=उदयात्तृतीये मुहूर्ते।

३१२ शुध्यते=विश्वसिति।

३२८ मान्त्रिणां=मन्त्रविदाम्।

३२९ स्म तं छान्दसो विसर्गलोपः।

३६३ अध्यर्धं=सार्धयोजनम्।

४१६ निर्वाप चकार=पिंडं ददौ।

४३९ आसक्त=भावे निष्ठा। स्नेहासंगोपेतम्।

४८५ समनुवर्तन्ते=शिष्या इति कर्तृपदस्य शेषः।

४९७ तुभ्यं=तव, षष्ठ्यर्थे आर्षी चतुर्थी।

५३६ संचारं=वृद्धिरार्षी।

अरण्यकाण्डम्॥

२ रूपसंहननं=आपादकेशं सुश्लिष्टसंधिबंधः।

१६ प्रदरः=गर्तः।

२५ मरीचिपाः=रविचन्द्रान्यतरकिरणजीविनः।

श्लोकांक:	अरण्यकाण्डम्.
२५	अश्मकुट्टा:-अपक्वकुटितान्नभक्षका: ।
२६	दन्तोलूखलिन:-दंतातिरिक्तावहननसाधनरहिता: ।
,,	उन्मज्जका =कण्ठदघ्ने जले स्थित्वा तप: कुर्वन्त: ।
,,	अनवकाशिका:=एक पादस्या स्थित्यवकाशदानरहिता: ।
३१	विप्रकारं=दु:खम् ।
४५	कटुकोदय:=कटुकरससंबंध्युदय: ।
१०८	मस्करै:=वेणुभि: ।
१२८	व्यजनं=लक्षणम् ।
१३९	विरूपां=विशिष्ठरूपाम् ।
,,	असतीं=न विद्यते अन्या सती यस्यास्ताम् ।
,,	करालां=अवयवसनिवेशैर्युक्तैर्निम्नोन्नताम्
,,	निर्णतोदरीं=तनुमध्याम् ।
,,	वृद्धां=ज्ञानवृद्धाम् । एषां पंचानामर्थांतरं तु स्पष्टमेव ।
१४८	कर्णनासे=आर्षत्वादेकवत्वाभाव: ।
१५८	औत्पातिकान्=स्वार्थे ठक् ।
१८२	उपजहार=उपहारत्वेन दत्तवान् ।
२२४	रक्षसां=आर्षी षष्ठी । स्वास्तियोगे चतुर्थीप्राप्ते: ।
२३०	शतयोजने=तटात्तत्पर्यंतदेशस्थिते समुद्रे ।
२४७	सुसंहत:=श्लिष्टसधिबन्ध: ।
२४९	विटपीनां=दीर्घं आर्षश्छन्दोऽनुरोधात् ।
२८०	पृषतं=मृगम् ।
२९२	अनार्यकरुणारंभ=अनार्यया कुत्सितया करुणया रामव्यसनेऽपि मद्विषयारंभो मद्रक्षणारंभो यस्य ।

श्लोकांक	किष्किंधाकाण्डम्.
३०७	उपानही=व्रीह्यादिभ्यश्चेतीनि: ।
३३९	लेढि=लेक्षीत्यर्थ: । आर्ष: प्रथमपुरुष ।
,,	न्यायसंयुक्तै:=वैशेषिकाद्युक्ततर्काभासयुक्तैर्हेत्वाभासै: ।
३६८	वेदश्रुती=छान्दसो दीर्घ: ।
३७५	अल्पजीवित:=घटीमात्रावस्थानोचितप्राण ।
३९५	वित्रस्तका=स्वार्थे क: ।
४०५	गोमायु=शिवा ।
४२३	नदीनदम्=नदीसबंधिनद जातावेकवचनम् ।
४२६	अर्जुन:=करवीर: ।
४४०	सीतेति=आर्षम् ।
४४४	प्रश्रितांजलि:=बद्धांजलि: ।
४५४	विकलं=विवर्णम् ।
४५५	अचेतसम्=अस्वस्थम् ।
४५६	इव=एवेत्यर्थ: ।
४६२	बहुशोक्तवान्=आर्षत्वात्संधि: ।
४७२	अन्वेषति=अन्वेषसे ।
४८२	वागुरा=मृगादिबंधनजालम् ।
४८९	दिधक्ष्यामि=दग्धुमिच्छामि श्यन्नार्ष: ।
४९४	गम्य=गत्वा ।
४९८	उदरेमुखं-अमूर्धमस्तकादित्यलुक् ।
५०८	सिद्धा=सिद्धयोगा ।
५१०	मेघघनप्रख्यं=मेघो प्रवर्षुको यो घनस्तद्वन्नीलम् ।
५१६	कुथां-गजास्तरणकंबलाम् ।

किष्किंधाकाण्डम् ॥

१	पुष्करिणी-पम्पानदान्तर्गतं पंपाख्यं मतङ्गाख्यं वा सरोविशेषम् ।
२	सुरभिर्मास:-मधुमास: ।
९	दात्यूहको-जलकुक्कुट: ।

श्लोकांक:	किष्किन्धाकाण्डम्.
२३	सुखाकृता=सुखकरी 'सुखप्रियादानुलोम्य ' इति डाच् ।
५८	गतय:=परिपाका: ।
६०	मार्गाव.=मार्गयाव ।
७८	वानर=वानरस्येदम्, आर्षोऽण् ।
८८	अन्तरं=छिद्रं ।
,,	प्रेप्सुना=दिदृक्षुणा ।
,,	देवश्रुतीमिव=मधुकैटभहृता देवस्य धर्मस्य ब्रह्मणश्च साधनभूता श्रुतित्रयी तामिव दीर्घ आर्ष: ।
९७	प्रियेति=संधिरार्ष: ।
११३	प्रमार्जयत्=प्रामार्जयदित्यर्थ: । अडभाव आर्ष: ।
१३७	विव्याध=परस्मैपदमार्षम् ।
१४२	प्रलम्बीकृतभूषण:=साष्टांगप्रणामवशाल्लबमानावस्थापन्नोर:कंठादिवर्तिसकलभूषण: ।
१४८	भ्रातृगधिनं=अनर्थकभ्रातृव्यपदेशम् ।
,,	गजपुष्पी=नागलता ।
१८६	युद्ध्येतां=अडभाव आर्ष: । अयुध्येतामित्यर्थ: ।
२०६	शल्यक:=खड्गी ।
,,	श्वाविध:=कंटकाकारदीर्घरोमाभिशुनां वेधको जंतु: ।
२२७	श्रमणेन=अर्हतेन ।
२३९	व्यक्तदर्शनं=उद्बोधबोधम् ।
२५७	कालं=जन्ममरणादिरूपम् ।
२६५	चित्रपत्तीभि:=चित्रपदातिभि: दीर्घ आर्ष: ।
२७१	अपसव्यं=अपसव्यप्रदक्षिणम् ।
२७३	शाखामृगमहामात्रा:=वानरबलप्रधाना: ।
३०१	प्राधीता:=प्रक्रान्ताध्ययनाबटव इव ।

श्लोकांक:	सुन्दरकाण्डम्.
३१२	बलाकपंक्ति:=आर्षो ह्रस्व: ।
३२२	उपोपयंति=प्रसमुपोद: पादपूरणे इति द्वित्वम् ।
२३२	चङ्कूर्य=भ्रातृदु:खेन गर्हितं चरित्वा यङ्लुगन्तादार्षोऽसमासे ल्यप् ।
३७०	लज्जित:=अयोध्यातोऽप्यधिकसौभाग्यदर्शनाल्लज्जा । परस्त्रीदर्शनेन कृता लज्जेत्यन्ये ।
४२०	समभिवर्तत=अभ्यवर्तत । अडभाव आर्ष: ।
४३५	ख्यातकर्मापदाना=ख्यातं कर्माणि युद्धेऽपदानं शौर्यं येषाम् ।
४७४	ब्रुवन्=अब्रुवन् अडभाव आर्ष ।
४७५	अनुमान्य=अभिपूज्य ।
४८२	अरिष्टनेमिन=कश्यपस्य, नान्तत्वमार्षम् ।
४८७	अप्सरा=आबन्तत्वमार्षम् ।
५००	उपगतं=दृष्ट्वेति शेष: ।
५११	सांप्रतकालं=सप्तम्यर्थे द्वितीया ।

सुंदरकांडम् ।

४	निष्प्रमाणशरीर:=परिच्छेदातिक्रान्तदेह: ।
१२	पारिहार्यो=वलय: ।
२५	स्फिग्देशेन=कटिप्रदेशेन ।
३८	आलभ्य:=स्पृष्ट्वा ।
५३	वृषदंशकमात्र:=वृषान्मूषकान्दशतीति वृषदंशको मार्जारस्तत्प्रमाण: ।
६२	निर्यूहा:=मत्तवारणा: ।
८५	बाहू उपनिधाय=ईदूदेद्द्विवचनं प्रगृह्यमिति प्रगृह्यसंज्ञायां प्रकृतिभाव: ।
१०३	एकान्तविन्यस्ते=शयनात्पृथग्विन्यस्ते
१२१	वैकृत्य=विकार: स्वार्थे ष्यञ् ।
१२७	पश्यामि=वर्तमानसामीप्ये लट् ।
१५५	स्मृतीम्=आर्षत्वाद्दीर्घ: ।

श्लोकांकः सुन्दरकाण्डम्.

१६३ धारयति=वर्तमानसामीप्ये लट् दधारेत्यर्थः।
१७४ अनुव्रजन्=अडभाव आर्षः।
१७६ बृसीः=आसनविशेषान्। ब्रुवन्तोऽस्यां सीदन्तीति बृसी।
१७७ पानस्य=पानेनेत्यर्थः।
१८५ दिग्धांगीं=रुषितांगीम्।
१८८ तमः=राहुः।
१८९ मृजया=अंगशुद्धया।
१९६ प्रणयस्व=संमाननं कुरु। संमानने नयतेरात्मनेपदम्।
२१२ अकृतात्मान=सदुपदेशाग्राहिबुद्धिम्।
२१४ अनन्या=अभिन्ना।
२२१ कंकवाससः=बाणाः।
२२७ वामः=सव्ये क्रौर्ये सुन्दरे च वाम इति कोशः।
२३९ कस्माचित्=चिदिति पादपूरणे।
२४२ चैत्यं=बुद्धायतनम्।
२४९ प्रतिलोमानुलोमैः=प्रतिकूलानुकूलव्यवहारैः।
,, आवर्जयत=आनुकूल्यं संपादितवान्।
२५० प्रतिगर्जत=प्रत्यगर्जयत्।
२६० सुवर्चला=सूर्यपत्नी, सूर्याभिमुखस्य पुष्पवती काचिदौषधिरित्यन्यः।
२७० मानुषः=मनुष्यज्ञात्युचितः।
२७४ कोकैः=वृकैः।
२७७ सीतया=षष्ठ्यर्थे तृतीया।
२७९ सुमित्रेति=इकारलोप आर्षः।
२९४ विक्रांतः=शूरः।
३२० प्रतिसंहृष्टं=पुलकितम्।
३२४ देवप्रकाशेन=देवावतारेण।
३२५ अग्निपर्वतः=संवर्ताख्यः कालाग्निनिवासभूतः पर्वतः।
३२९ असि=भविष्यसि।

श्लोकांकः युद्धकाण्डम्.

३५० दुःखानां=दुःखहेतुपापानाम्।
३५२ विवासात्=विदूरवासात्।
३५३ शीकेन=परितप्यते इति शेषः।
३६० शची=अनुह्राददैत्यनीताम्।
३६१ मत्तं=मत्त।
३६३ दर्दुरः=पर्वतविशेषः।
३९७ त्रयाणां=कर्मणि षष्ठी।
४२४ सप्तार्चिवर्चसः=रेफलोप आर्षः।
४३९ अब्रवीत्=अप्राक्षीदित्यर्थः।
४४२ व्यलीकं=अपराधम्।
४४३ अर्थानुयायि=शास्त्रानुगतम्।
४४९ वेष्टन्ते=अवेष्टयन्तेत्यर्थः।
४९१ रामप्रतीकारे=रामकर्तव्ये रावणप्रतिकारे दध्यमपदलोपी समासः।
४९३ निसर्गं=आज्ञाम्।
५०४ एनं=एतदंगुलीयकम्।

युद्धकांडम्।

पूर्वार्धम्

६ प्रीतिहृष्टांगः=प्रीतिपुलकितगात्रः।
७ सुग्रीवस्य=सप्तम्यर्थे षष्ठी।
१२ चण्डस्य=उचितकोपस्य।
१६ गर्जो मेघादिसदृशः शब्दः। क्ष्वैला तु सिंहनादः स्यादिति निघण्टुः। निनदः सामान्यशब्द इति प्रत्येकं सूक्ष्मतया भिन्नार्थत्वान्न पुनरुक्तिः।
२२ आनुपूर्व्येण=सेनासंनिवेशक्रमेण।
२३ सहसोत्थितैः=लहरीरूपेणागतैः।
२५ मन्त्रः=विचारः।
४७ फलिष्यति=विशीर्णो भविष्यति।
५१ पश्यति=न पश्यति स्मेत्यर्थः।
५४ अस्य=अस्मै चतुर्थ्यर्थे षष्ठी।
५८ सुनिविष्टं=सुनिविष्टार्थम्।
६१ प्रधानं=ज्येष्ठत्वादिना प्राप्तराज्यम्।
६२ वैद्यं=विद्यावन्तम्।
६७ न भवेत्=न जीवेत्। सोदरत्वेन

श्लोकांकः	युद्धकाण्डम्.
	वधानर्हत्वाद्धिकृातेरेव ते दण्ड इति भावः।
७८	व्यतिष्ठत=तिष्ठतेर्ङिः प्रयोगः निर्भयत्वेनावस्थानसूचनार्थम्।
८३	विपरीतः=मुमूर्षुः।
८६	संरब्धं=संरंभोपेतमित्यर्थः। क्रियाविशेषणम्।
८८	निकृतिज्ञाः=कपटोपायेन गूढविप्रियकरणाभिज्ञाः।
९३	दोषः=रन्ध्रप्रहाररूपः।
९५	प्रणादः=युद्धरूपकोलाहलः।
९८	आनृशंस्यार्थं=अघातुकसिद्ध्यर्थं। आश्रितरक्षणरूपपरमधर्मपालनार्थं वा।
११४	बद्धेत्यादि=गोधा ज्याघातवारणम्।
११६	अनीकपाः=उपसेनापतयः।
१२७	अभिजग्मतुः=अभिग्जमुः। द्विवचनमार्षम्।
१३५	शरपाणिनं=शरपाणिम्।
१४१	उत्तरेण=एनबन्तमव्ययम्।
१४६	मरवे=मरुदेशाय।
१५०	दत्तवरः=सर्ववस्तुनिर्माणसामर्थ्यं इति शेषः।
१६४	अवासर्पत्=अधः पपात
१७१	सुवेलमधिकृत्य=सामीप्ये सुशब्दस्याव्ययीभावः वेलासमीपं परपारमधिकृत्येत्यर्थः।
१७२	स्वातीपथः=छायापथः।
१७४	बभ्रन्तः=लिङ्गव्यत्यय आर्षः।
१८६	संपीड्य=लंका रुद्ध्वा।
१९८	आनंतर्यम्=अनंतरकर्तव्यम्।
२०६	अतिपत्य=मार्गमिति शेषः।
२१९	अक्षौहिणिशतं=आर्षो ह्रस्वः। अक्षौहिन्यामुपसंख्यानमिति वृद्धिः। शतशब्दोऽनन्तवाची।

श्लोकांकः	युद्धकाण्डम्.
२२१	वानरीकृतम्=अभूततद्भावे च्विः। वानररूपानिर्मितरूपमिव कृतम्।
२२७	परिखान्=पुस्त्वमार्षम्।
२३३	चंद्रपाण्डुरपुष्कराः=पुष्कराणि मुखानि।
२३५	ससानुप्रस्थकन्दरः=सानुर्महाप्रस्थः। प्रस्थः क्षुद्रः।
२४८	पताकाध्वजिनः=पताकोपेतध्वजयुक्तान् मत्वर्थीय इनिः।
२५९	अशनिवर्चसः=वज्रवत्तेजस्विनः।
३०४	सन्दानितोऽपि=बद्धोऽपि।
३०७	यथापुरम्=यथापूर्वम्।
३२३	योयुद्ध्येते=पुनः पुनर्युद्धमकुरुतामित्यर्थः।
३२४	आस्य=आच्छिद्य।
३२५	बलाढ्यम्=सेनापतिं प्रहस्तम्।
३३०	अन्ययुद्धात्=अन्यकर्तृकयुद्धात्। हेतौ पंचमी।
३३९	परमायत्तः=परमोद्युक्तः।
३६९	आश्वासयामासुः=प्रापयामासुः।
३७४	महाकाष्ठकटंकरैः=स्थूणादीनां समूहैः कटकटैरित्यपि पाठः। कटंकटः स्तंभभेदः।
३७९	जाजृम्भमाणस्य=पुनः पुनर्जृम्भांकुर्वतः।
३८३	आदत्=अदे लङ्।
३९७	अभ्युपपद्य=अनुगृह्य।
४०९	सर्वकालायसं=सर्वेष्ववयवेषु दण्डादिष्वपि कालायसनिर्मितम्।
४१०	मणिकृतान्तराम्=मणिरचितमध्यदेशाम्।
४१४	पद्भ्यां=तद्वाहनक्षमवाहनाभावात्।

श्लोकाक: युद्धकाण्डम्.

पद्भ्यामेव लंघनम् ।

४३० व्यथया प्रचक्रुः=आमन्तस्य व्यवहितप्रयोग आर्षः ।

४४७ आरक्षस्थाः=द्वारस्थाः ।

४४८ गोपुराट्टप्रतोलीषु=गृहोपरितन गृहं गोपुरं, अट्टः क्षौमं रथ्या वा, प्रतोली अल्परथ्या ।

४४९ पतंति=अपतन् ।

४५० दह्यते=दग्ध ।

४५७ विनेदुषः=क्वस्वन्तम् ।

४६६ निकुंभिलां=दशम्या पूर्वार्धे तत्र गमनम् । निकुंभिला चैत्य तदाख्यदेवालयं वटवृक्षं वा ।

४९४ अवष्टभ्य=अवलंब्य ।

४९९ व्यपाश्रयः=अवलम्बनभूतः ।

५०३ नस्तः=नासिकायां । सप्तम्यां तासिल् ।

युद्धकाण्डम् ।

उत्तरार्धम् ।

२ कश्मलं=मूर्च्छाम् ।

१९ अभ्युत्थानं=समरोद्योगम् ।

३३ रथं=अमायां सूर्योदय इदं रथारोहणम् ।

१४६ ववर्षतु=ववृषतुः ।

४८ गृध्रपत्रैः=गृधबन्धनैः ।

,, सुवाजितैः=सम्यक्संपादितवेगैः ।

५३ संभावितंतरां=अमोघेति सर्वविख्याताम् ।

६२ पतिश्रुणोमि=प्रतिजाने ।

६९ उदीरयन्=जनयन् ।

,, प्राणैः=प्राणेभ्यः ।

७१ लज्जतीव=परस्मैपदमार्षम् ।

८५ सावर्ण्यकरणीं=पूर्ववर्णसमानवर्णकारिणीम् ।

९७ संक्षोदयित्वा=संमर्द्य ।

श्लोकाक: युद्धकाण्डम्.

१०४ ब्रह्मदत्तं=ब्रह्मणा इंद्राय दत्तः स च इद्रेण रामाय दत्तस्तम् ।

१२३ अशंकित=मृत्युशकारहित एव दैवात्पतितः ।

१३० वत्सहताः=अयमत्यासवियोगजशोकमात्रे दृष्टान्त ।

१३६ स्नापयन्ती=ग्लास्नावनुवमां चेति सूत्रेण मित्वस्य वैकल्पिकत्वान्मित्वाभावेन ह्रस्वाभावः ।

१३७ मण्डोदरी=मण्डनभूतोद्दरी कृशोदरीत्यर्थः ।

१४१ अप्रतितर्किता=अचिन्तनीयोपपत्तिकाम् ।

१४३ मान्या=उपास्यदेवताम् ।

१४७ दानवराजः=मयः ।

१७६ मृजया=स्नानादिसंस्कारेण ।

१८१ सभाजये=प्रीणयामि ।

१८३ वर्तन्त्या=वर्तमानया । परस्मैपदमार्षम् ।

२६० आकारसूचितं=भ्रूभंगाद्याकारसूचितम् ।

२८१ तेजसा=पातिव्रत्येन ।

२८३ अनन्या=अर्धो वा एष आत्मनोयत्पत्नीति श्रुतेः । शक्तिशक्तिमतोरभेदाच्च । अनेनाग्निदत्ताया रावणस्पर्शाभावः स्पष्टमेवोक्तः ।

२९६ तादिदं=लंकायां स्थितस्यापि पुष्पकस्यात्युन्नतता शिबिरस्थैरपि दृश्यमानत्वादिदमिति प्रत्यक्षवन्निर्देशः ।

३०० साचिव्येन=मंत्रसहाय्येन ।

३२३ हंसयुक्तेन=वाहकत्वाकारेण निर्मितहंसप्रतिमा हंसशब्देनोच्यते तद्युक्तेनेति व्याख्यातारः ।

श्लोकांकः	उत्तरकाण्डम्.
३२३	प्रतीत=प्रहृष्टचित्तः
३२४	पातयित्वा=संचार्य ।
३२६	आयोघन=युद्धभूमिम् ।
३४३	कुलपतिः=आश्रमवासी कुलमन्वयसंघातगृहोत्पत्याश्रमेषु च इति कोशः ।
३५२	चातुर्वर्ण्यस्य=स्वार्थे ष्यञ् । चतुर्वर्णरूपस्य ।
३६०	प्रियाख्यानस्य=तत्कर्तुः । कर्तरी ल्युट् ।
३६५	सनैगमैः=नैगमा वणिजः ।
३८४	व्याकोशानि=विकसितानि ।
३८६	न्यासं निर्यातितं=न्यासभूतं मयि स्थित तुभ्यं निवेदितम् ।
३९४	चक्रं=ज्योतिश्चक्रम् । अनेन कालावधिरुच्यते ।
,,	वसुंधरा=अनेन देशावधिरुच्यते ।
३९६	श्मश्रुवर्धनाः=श्मश्रुच्छेदकाः नापिता इत्यर्थः ।
३९९	प्रतिकर्म=अलंकरणम् ।
४०५	समयोक्ष्यत=आर्षो लङ् ।
४२६	आर्षं=ऋषिर्वेदस्तत्संबंधि वेदोपबृंहणमिति यावत् ।

उत्तरकाण्डम् ।

श्लोकांकः	उत्तरकाण्डम्.
६	प्रमाणात्=आकारप्रमाणात् ।
८	वर्धसि=वर्धसे ।
१५	यक्षाम=यक्ष पूजायामित्यस्माल्लोटि उत्तमस्य बहुवचनम् ।
२०	सालकटंकटा=एतदाख्येयं रक्षाप्राधान्येन भगवत्स्रष्टत्वाद्राक्षसी ।
२३	दृश्य=दृष्ट्वा=आर्षो ल्यप् ।
२६	सालकटंकटे=माल्यवदादेः पितामही विद्युत्केशपत्नी तदीये वशे । वृद्धाच्छाभाव आर्षः ।
४२	वेलां दारुणा=प्रदोषमित्यर्थः ।
५२	पश्चिमः=कनिष्ठ ।
८५	धृता=धृतगर्भा । प्रसूतेत्यर्थः ।
९३	उशीरबीजं=देशनाम ।
९९	सत्वानि=प्राकार्यवशगृहीतमूर्तिजातीयप्राणिन ।
१०७	क्रोडाः=भुजान्तराणि ।
११२	घने=घनपृष्ठे ।
११८	देवगंधर्वविहार=तल्लोकक्रीडापर ।
१२९	अध्युष्टं=अध्युषितम् ।
१३१	वसन्=अडभाव आर्षः ।
१३४	नित्यप्रहृष्टं=प्रहृष्टजनं ।
१४८	निकुंभिला=लंकापश्चिमद्वारदेशवर्ति कर्मसिद्धिहेतुभूतं काननम् ।
१५०	विष्ठितं=प्रवृत्तम् ।
,,	कमण्डलुशिखाध्वजं=कमण्डलुः शिखाध्वजो दण्डश्च यस्य तम् अर्श आद्यजन्तम् ।
१७२	अहोऽस्य=संधिरार्षः ।
१७८	जप्यहोमे=समाहारद्वन्द्वः ।
१९३	अपत्यलाभ इत्यादि=गर्भलक्षणं तव स्पष्टं वर्तत इति श्लोकार्थः ।
२०७	कुत्स्यते=जुगुप्सते ।
२०८	अनुवर्तते=अनुवर्तन्ते एकवचनमार्षम् ।
२१८	अन्वेष्टव्यो=अनुसरणीयः ।
२२२	बीभत्सा=कुत्सा ।
२२७	महान्वादः=निन्दा ।
२३४	एतत्प्रतिवारिते=एतस्य प्रतिवारणे ।
२५४	शून्यां=सुखशून्याम् ।
२५८	त्रियम्बकः=इयङ् आर्षः ।
२७२	वचनीकृतः=यलोप आर्षः । वचनीयो निन्द्यः कृतः ।

श्लोकांक:	उत्तरकांण्डम्.
२७३	पापं कर्तुं=दोषं ज्ञातुमित्यर्थः ।
२८४	परमकः=अनुकंपायां कन् ।
२९४	राजवंशः=राजसंतानः मयि गर्भस्य विद्यमानत्वादिती भाव. ।
३०२	संग्रहः=मया रामं प्रति वक्तव्यसंदेशस्य संग्रह इत्यर्थः ।
३०३	ऋतुकालातिवर्तिनीं=गर्भलक्षणवतीम् ।
३०६	अनाथवत्=अनाथसदृशी न तु वस्तुतोऽनाथा पूर्णचिद्घनस्वरूपत्वादिति भावः ।
३०८	यशोधरा=पातिव्रत्ययशोवती ।
३२४	परिदाय=तापसीनां हस्ते दत्वा ।
३२५	केशिन्यां=तन्नामकन्याम् ।
३३७	आत्मनात्मानं=अन्तःकरणोपाधिजीवात्मना आत्मानमन्तःकरणम् ।

श्लोकांक:	उत्तरकाण्डम्.
३४५	समधिकं=किंचिदधिकम् ।
३७८	वृद्धाभिः=सूतीगृहे ऋषेः प्रवेशाभावात् ।
”	यमजातकौ=यमलौ ।
३८५	भक्ष्याहारप्रचोदितः=भक्ष्यस्याहार आहरणं तेन प्रेरितः ।
४०७	पातयत्=अपातयत् । अडभाव आर्षः ।
४४३	ज्ञो=विद्वान् ।
४६२	व्युष्टायां=समाप्तायाम् ।
४६३	शब्दापयति=कथयति ।
४९२	गृह्य=गृहीत्वा । ल्यबार्षः ।
४९८	अभूतपूर्वं=पूर्वमप्राप्तम् ।
५००	निर्यात्यतां=परावर्त्य ।
५१५	निवापान्=पिण्डान् ।
५१८	अभिनत्=उल्लंघयामासेत्यर्थः ।

इति संक्षिप्तवाल्मीकिरामायणस्थविषमपदटिप्पणी समाप्ता ।